乡村振兴干部培训教材

乡村振兴论

主编 龚建国 郭国富 陈明金

WUHAN UNIVERSITY PRESS
武汉大学出版社

图书在版编目（CIP）数据

乡村振兴论/龚建国,郭国富,陈明金主编.—武汉：武汉大学出版社,
2023.5
乡村振兴干部培训教材
ISBN 978-7-307-23646-2

Ⅰ.乡…　Ⅱ.①龚…　②郭…　③陈…　Ⅲ.农村—社会主义建设—中
国—干部培训—教材　Ⅳ.F320.3

中国国家版本馆 CIP 数据核字（2023）第 045843 号

责任编辑:韩秋婷　　　责任校对:汪欣怡　　　版式设计:马　佳

出版发行: **武汉大学出版社**　　（430072　武昌　珞珈山）
　　　　　（电子邮箱: cbs22@ whu.edu.cn　网址: www.wdp.com.cn）
印刷:湖北金海印务有限公司
开本:787×1092　1/16　印张:18　字数:339 千字　插页:3
版次:2023 年 5 月第 1 版　　2023 年 5 月第 1 次印刷
ISBN 978-7-307-23646-2　　定价:59.00 元

《乡村振兴论》编委会

左起陈明金、张柏清、龚建国、董盛坤在赤壁调研

郭国富(中)陈明金(左)黎强(右)在一起研究写作题纲

王世海（左）张柏清（中）陈明金（右）在钟祥市调研

序

在我刚刚完成《乡村振兴金融工程笔记》的写作之后，承蒙好友之托，让我为龚建国、郭国富、陈明金主编的《乡村振兴论》作序。翻开书稿，一股春天般的气息扑面而来。我深深地感到这部书的出版，不仅是学术界的一件幸事，而且将是中国乡村伟大战略目标实现过程中的一股强劲东风。它将大大地促进和推动如火如荼的乡村振兴实践活动不断地向前发展。

实施乡村振兴战略是实现中华民族伟大复兴中国梦的重大举措，是解决人民日益增长的美好生活需要和不平衡不充分的发展之间的矛盾，实现全体人民共同富裕和"两个一百年"奋斗目标的必然要求。自2017年10月党的十九大报告首次提出乡村振兴战略，到2022年10月召开的党的二十大进一步强调，乡村振兴战略是高质量发展的"压舱石"。提出要坚持农业农村优先发展，坚持城乡融合发展，畅通城乡要素流动，扎实推动乡村产业、人才、文化、生态、组织振兴，充分说明我们党把农业农村农民问题这个关系国计民生的根本性问题，作为一种全新战略加以高度重视，并采取行之有效的措施努力解决。

乡村振兴战略实施五年多来，无论是学术界进行的理论探讨和研究，还是广大农村干部群众进行的实践探索，都取得了可喜的成绩，令人欢欣鼓舞。《乡村振兴论》借鉴已有的理论成果，总结乡村振兴的实践经验，以全新的视角和具体的实践案例，全面系统地阐述了乡村振兴战略重大意义、实施路径等热点与关切点，让读者对乡村振兴战略有更深层次的理解和更贴心真切的感受。

通读全书，我想谈谈几点感想：

一是编者能够紧紧把握时代的脉搏，主动适应当前形势需求，贯彻落实中共湖北省委"幸福生活、美好环境、共同缔造"的指示，用自己独特的眼光和思考为乡村振兴提供探索指引。作为理论研究者，理应始终站在时代大潮流的最前沿，透析时代的风云变幻，捕获社会发展的核心价值，写出与时代相适应的文章，真正担当起为时代鼓与呼的使命。当前，时值党的二十大闭幕不久，全国人民正在为全面贯彻落实二十大的各项战略部署谋划实施方案。而推进乡村振兴无疑是全党工作的重中之重，也是一条充满挑战和希望的道路，需要广大干部群众和各界有志之士努力探索和真诚奉献。《乡村振兴论》的出版恰逢其时，是对党的二十大战略部署的及时呼应，有深刻的现实意义。该书编者对乡村振兴战略新颖的解读，在乡村振兴战略实践中捕获的鲜活信息与经验，将为乡村振兴的奋斗者提供新的思路和借鉴。这正是该书价值之所在。

二是内容的系统性和全面性。关于乡村振兴战略的文章不少。有领导的讲话，有学者的论文，有基层人员的总结。大多是某个方面、某个观点的论述，处于分散的或碎片化的状态。此前像《乡村振兴论》这样系统性和全面性的专著虽然陆陆续续出版过几本，但不是很多。此书的出版将填补乡村振兴战略研究方面的遗憾，为理论研究园地增加一抹靓丽的色彩。全书分为六个部分，各自独立又相互联系，几乎涵盖乡村振兴战略涉及的方方面面。包括相关概念的界定，乡村振兴的内容研究、方法研究、实践路径研究以及案例研究，等等，从理论到实践，从本土到异域，立意新颖，视野开阔，脉络清晰而又富有逻辑性。全书凝聚了编者的智慧和心血，字里行间无不闪烁着理性的思索和炽热的情怀，无不表现出别具一格的匠心与深思熟虑的布局。我想，为完成这本书，编者们一定阅读了大量的论文、论著，汇聚了各种各样的观点、见解，搜集了最前沿的信息，再加以梳理沉淀构思，最终形之为文；否则，就不会有如此厚重的成果。我为编者们的辛勤耕耘精神点赞。

三是文字表述通俗易懂，突出可读性和实用性。作为一本学术专著，它没有用高深的理论、空洞的说教去显示其高雅和与众不同。由于编者们大多出生在农村，虽然现在生活工作在城市，也经常深入农村，对农民的喜怒哀乐、生活习俗、需求梦想等了如指掌。因此，这本书力求符合大众口味，无论是观点的阐释，还是实例的引证，都尽可能用一种接地气的方式来表达。这绝不是一种简单的风格和特色问题，而是一种负责任的态度，一种努力贴近生活的追求。当你静心阅读的时候，仿佛一位老朋友正在面对面与你交心谈心，没有任何语言障碍。编者们的这种表达方式就是为了让全社会关心乡村振兴的各阶层人都能看得懂，都参与到实际工作中去，为全面实现乡村振兴，让共同富裕之中国梦早日实现而尽一份努力。此书力求在理论研究指导下，将理论与实践密切相结合，务实求真，打破常规，创新发展；结合实际、因地制宜，以实操性为主的实践模式，为人们提供借鉴的范本，从而实现价值的最大化。

另外，从编写的体例来看，全书六个篇目相对独立，篇幅大致相等，且设有思考题，非常适合教学之用。推进乡村振兴战略是一项长期而艰苦的工作，任重道远。迫切需要理论的提升，对实践活动的指导，《乡村振兴论》就是一个很好的选择。

当然，《乡村振兴论》作为理论研究专著并非十全十美，还有许多需要完善的地方。可以期待的是，随着乡村振兴战略逐步推进，许多新情况、新信息，会不断充实我们的思维，给与我们更多的启示。相信《乡村振兴论》在编者的精心打磨下会日臻完善、完美。

　　写完这些文字，我的心潮依然难以平静。我从小生在农村，长在农村。后来恢复高考，进入武汉大学后学的又是经济学。因此，这部书稿及其内容深深地感染着我。我为本书编者们敏锐的政治见识和高度的责任担当所感动。我仿佛再一次站在农村的大地上，看着田野尽头的那一轮红日冉冉升起……

　　是为序！

（武汉大学教授　博士生导师）

2022 年 12 月 10 日于珞珈山

目录 Contents

第三篇　乡村振兴的内容研究

第四篇　乡村振兴的战略研究

第五篇　推进乡村振兴的实践路径研究

第六篇　乡村振兴案例研究

导　言

　　为什么要选择此课题作为研究对象？我们选择此课题作为研究对象的原因有两条：

　　第一，响应党中央的号召，贯彻落实习近平新时代中国特色社会主义思想。

　　2017 年 10 月 18 日，习近平总书记在中国共产党第十九次全国代表大会上的报告中指出：实施乡村振兴战略。农业农村农民问题是关系国计民生的根本性问题，必须始终把解决好"三农"问题作为全党工作重中之重。要坚持农业农村优先发展，按照产业兴旺、生态宜居、乡风文明、治理有效、生活富裕的总要求，建立健全城乡融合发展体制机制和政策体系，加快推进农业农村现代化。巩固和完善农村基本经营制度，深化农村土地制度改革，完善承包地"三权"分置制度。保持土地承包关系稳定并长久不变，第二轮土地承包到期后再延长 30 年。深化农村集体产权制度改革，保障农民财产权益，壮大集体经济。确保国家粮食安全，把中国人的饭碗牢牢端在自己手中。构建现代农业产业体系、生产体系、经营体系，完善农业支持保护制度，发展多种形式适度规模经营，培育新型农业经营主体，健全农业社会化服务体系，实现小农户和现代农业发展有机衔接。促进农村一二三产业融合发展，支持和鼓励农民就业创业，拓宽增收渠道。加强农村基层基础工作，健全自治、法治、德治相结合的乡村治理体系。培养造就一支懂农业、爱农村、爱农民的"三农"工作队伍。

　　党的十九大首次提出乡村振兴战略，指出农业农村农民问题是关系国计民生的根本性问题，必须始终把解决好三农问题作为全党工作的重中之重，实施乡村振兴战略。2018 年 5 月 31 日，中共中央政治局审议《乡村振兴战略规划（2018—2022 年）》，明确到 2020 年全面建成小康社会时和 2022 年召开党的二十大时的目标任务，细化、实化乡村振兴的工作重点和政策举措，具体部署重大工程、重大计划、重大行动，确保文件得到贯彻落实，政策得以执行落地。

　　党的二十大报告进一步强调乡村振兴战略是高质量发展的"压舱石"。要坚持农业农村优先发展，坚持城乡融合发展，畅通城乡要素流动。扎实推动乡村产业、人才、文化、生态、组织振兴。

　　因此，我们选择乡村振兴课题作为研究对象，就是响应党中央的号召，深入贯彻落实习近平新时代中国特色社会主义思想。

第二，研究乡村振兴具有重大的现实意义和深远的历史意义。

(1)实施乡村振兴战略，是实现社会主义现代化建设战略目标的必然要求。

习近平总书记在党的十九大报告中明确提出，到建党 100 年时建成经济更加发展、民主更加健全、科教更加进步、文化更加繁荣、社会更加和谐、人民生活更加殷实的小康社会，然后再奋斗 30 年，到新中国成立 100 年时，基本实现现代化，把我国建成社会主义现代化国家。农业农村现代化是国民经济的基础支撑，是国家现代化的重要体现。中国要强，农业必须强；中国要美，农村必须美；中国要富，农民必须富。任何一个国家尤其是大国要实现现代化，唯有城乡区域统筹协调，才能为整个国家的持续发展打实基础、提供支撑。农业落后、农村萧条、农民贫困，是不可能建成现代化国家的。中国共产党始终把解决 14 亿人的吃饭问题当作头等大事，着力保障主要农产品的生产和供给；始终坚持农业是工业和服务业的重要基础，保护和发展农业，以兴农业来兴百业；始终坚持农村社会稳定是整个国家稳定的基础，积极调整农村的生产关系和经济结构，促进农村社会事业发展，以稳农村来稳天下；始终坚持没有农民的小康就没有全国的小康，千方百计增加农民收入，改善农村生产生活条件，增进农民福祉。改革开放以来，农业农村总体发展较快，现代化水平有了很大提高。但要清醒地看到，我国仍处于社会主义初级阶段，农业农村是国家全面小康和现代化建设中尤其需要补齐的短板；农业受资源和市场双重约束的现象日趋明显，市场竞争力亟待提升；城乡发展差距依然很大，农民收入稳定增长尤其是农村现代文明水平提高的任务十分艰巨。我们必须切实把农业农村优先发展落到实处，深入实施乡村振兴战略，积极推进农业供给侧结构性改革，培育壮大农村发展新动能，加强农业基础设施建设和公共服务，让美丽乡村成为现代化强国的标志，不断促进农业发展、农民富裕、农村繁荣，保障国家现代化建设进程更协调、更顺利、更富成效。

(2)实施乡村振兴战略，是解决我国社会主要矛盾的必然要求。

经过全党和全国各族人民的共同努力，我国经济发展、实力增强、社会进步和人民生活都取得了巨大成就，社会主要矛盾转化为人民日益增长的美好生活需要和不平衡不充分的发展之间的矛盾。当前，城乡发展不平衡是我国最大的发展不平衡，农村发展不充分是最大的发展不充分。加快农业农村发展，缩小城乡差别和区域差距，是乡村振兴的应有之义，也是解决社会主要矛盾的重中之重。习近平总书记强调，任何时候都不能忽视农业，不能忘记农民，不能淡漠农村。我国是一个有着 960 多万平方千米土地、14 亿多人口的大国，城市不可能无边际扩大，城市人口也不能无节制增长。不论城镇化如何发展，农村人口仍会占较大比重，几亿人生活在乡村。即使是城里人，也会向往农村的自然生态，享受不同于都市喧闹的乡村宁静，体验田野农事劳作，品尝生态有机的美味佳肴。现实中，我国不少城市的繁荣华丽与欧洲、美国不相上下，而农村部分地方与发达国家相比差距很大。很难想象，衰败萧条的乡村与日益提升的人民对美好生活的需要可以并存。某些地方农宅残垣断壁、庭院杂草丛生、老弱妇孺留守、陈规陋习盛行，显然是我国发展不平衡不充分的具体体现，必须下大决心、花大力气尽快予以改变。要协调推进农村经济、政治、文化、社会、生态文明建设和党的建设，全面推进乡村振兴，让乡村尤其是那些欠发达的农村尽快跟上全国的发展步伐。确保在全面建成小康社会、全面建设社会主义现代化国家的征程中不掉队。

（3）实施乡村振兴战略，是满足亿万农民对美好生活新期待的必然要求。

以习近平同志为核心的党中央着眼党和国家事业全局，顺应时代发展要求，把握城乡关系变化特征和现代化建设规律，对"三农"工作提出了一系列新论断和新要求，充分体现了以人民为中心的发展思路，科学回答了农村发展为了谁、发展依靠谁、发展成果由谁享有的根本问题。习近平总书记多次指出，小康不小康，关键看老乡；强调农业强不强、农村美不美、农民富不富决定着亿万农民的获得感和幸福感，决定着我国全面小康社会的成色和社会主义现代化的质量；明确要求全面建成小康社会，一个不能少，共同富裕道路上，一个不能掉队。中国共产党一直以来把依靠农民、为亿万农民谋幸福作为重要使命。这些年来，农业供给侧结构性改革有了新进展，新农村建设取得新成效，深化农村改革实现新突破，城乡发展一体化迈出新步伐，脱贫攻坚开创新局面，农村社会焕发新气象，广大农民得到了实实在在的实惠，实施乡村振兴战略、推进农业农村现代化建设的干劲和热情空前高涨。2018年中央一号文件明确提出实施乡村振兴的三个阶段性目标任务：到2020年，乡村振兴取得重要进展，制度框架和政策体系基本形成；到2035年，乡村振兴取得决定性进展，农业农村现代化基本实现；到2050年，乡村全面振兴，农业强、农村美、农民富全面实现。只要我们坚持以习近平新时代中国特色社会主义思想为引领，立足国情农情，走中国特色的乡村振兴道路，就一定能更好地推动形成工农互促、城乡互补、全面融合、共同繁荣的新型城乡工农关系，让亿万农民有更多的获得感，让全体中国人民在共同富裕的大道上昂首阔步、不断迈进。

（4）实施乡村振兴战略，是为世界各国贡献中国智慧的必然要求。

中国共产党人在革命、建设和改革发展进程中，立足中国国情，进行了许多积极有效的实践探索，不仅在国家富强和人民幸福上取得举世瞩目的巨大成就，而且为全球进步、发展提供了有益的借鉴。党的十八大以来，中国围绕构建人类命运共同体、维护世界贸易公平规则、实施"一带一路"建设、推进全球经济复苏和一体化发展等许多方面，提出了自己的主张并付诸行动，得到了国际社会的普遍赞赏。同样，多年来，在有效应对和解决农业农村农民问题上，中国创造的"赤脚医生"、乡镇企业、小城镇发展、城乡统筹、精准扶贫等方面的成功范例，成为全球的样板。在现代化进程中，乡村必然会经历艰难的蜕变和重生，有效解决乡村衰落和城市贫民窟现象是世界上许多国家尤其是发展中国家面临的难题。习近平总书记在党的十九大提出实施乡村振兴战略，既对中国更好地解决三农问题发出号召，又是对国际社会的昭示和引领。在拥有 14 亿多人口且城乡区域差异明显的大国推进乡村振兴，实现产业兴旺、生态宜居、乡风文明、治理有效、生活富裕，实现新型工业化、城镇化、信息化与农业农村现代化同步发展，不仅是惠及中国人民尤其是惠及亿万农民的伟大创举，而且必定能为全球解决乡村问题贡献中国智慧和中国方案。

总而言之，实施乡村振兴战略，是建设现代化经济体系的重要基础，是建设美丽中国的重要举措，是传承中华优秀文化的有效途径，是健全现代化社会治理格局的固本之策，是实现全体人民共同富裕的必然选择，是解决新时代我国社会主义主要矛盾——人民日益增长的美好生活需要和不平衡不充分的发展之间的矛盾的必然要求，也是为世界各国贡献中国智慧的必然要求，具有重大的现实意义和深远的历史意义。

第一篇　乡村振兴论概述

一、乡村振兴论的研究对象

乡村振兴论的研究对象是乡村振兴现象及其发展规律。

二、乡村振兴的界定及相关概念

(一)什么是乡村

乡村是跟城市相对应的概念，即城市以外的地方叫乡村，主要从事农业，人口分布较城镇分散。乡村是具有自然、社会、经济特征的地域综合体，兼具有生产、生活、生态、文化等多重功能，与城镇互促互进、共生共存，共同构成人类活动的主要空间。这是《乡村振兴战略规划（2018—2022 年）》对乡村概念作出的明确描述，是一种对主体性质和功能的描述，没有对地域范围的描述，只是明确"乡村"是与"城镇"相区别的人类活动的主要空间。这是党中央文件和规划中首次对"乡村"概念作出的描述，也是对"乡村"概念作出的规范。

乡村是城镇化进程中城乡融合概念的产物，由农业、农村、农民三者构成。它不仅在城镇化进程中的城乡关系中处于核心地位，而且是人类回归大自然的必然趋势——回归乡村。

在发达国家，许多著名高校、知名企业分布在小镇上。例如日本有很多新兴产业正在向农村转移，这就是人们常说的回归乡村运动。

随着互联网的发展和信息技术的不断进步，城乡之间的差距在逐渐缩小，为新兴产业在乡村发展提供了便利和良好基础。现在的乡村不仅仅是提供农产品的地方，更是一种生态，一种文化，一种社会价值。乡村对满足人们美好生活的愿望正发挥着越来越重要的作用。

在中国的传统文化中，乡村的概念主要建立在宗族社会跟血缘共同体基础之上，具有高度的稳定性。

1949 年以后，乡村建立起极具组织化和动员能力的新型体系，使原来一盘散沙的农村逐渐成为高度组织的平台。

从概念的角度来讲，党的十九大报告把中国农村的称谓在乡村振兴战略的相关文件中恢复为乡村，这一字之差背后的关键含义是不再把乡村视为一个单纯的生产部门，而是更多地把它看作一个社会的组织载体、文化主体和伦理主体。这也算是与国际接轨。

乡村是一个经济概念，它与城市相对应，强调的是物质方面的内容差异。乡村的概念内涵更丰富，内容更综合，更具有感情色彩和人文关怀的生产生活共同体，更加强调精神的价值、生活方式和归属感，它的本质含义是家园。

习近平总书记说过，乡村是我国传统文明的发源地，乡土文化的根不能断，农村不能成为荒芜的农村、留守的农村。这说明，乡村不仅是亿万农民的栖居地，而且是几亿农民的美好家园，我们一定要将中华文明传承物质载体的精神故土守护好、建设好。

(二)什么是乡村振兴

乡村振兴是一个发展的概念，不同的时期有不同的叫法，具有不同的内涵。

1. 乡村振兴提出的时代背景

中国作为世界上最大的发展中国家，自成立以来，发展成就令全世界瞩目，但中国农村发展相对落后，城乡二元经济结构仍然比较突出，发展不平衡、不充分问题仍然存在。在中国，最大的发展不平衡是城乡发展不平衡；最大的发展不充分是农村发展不充分。这种不平衡和不充分主要表现为农业发展质量效益竞争力不高，农民增收后劲不足，农民自我发展的能力不强。解决这些问题是实现中华民族伟大复兴的必然要求。

习近平总书记指出"中国要强，农业必须强；中国要美，农村必须美；中国要富，农民必须富"。[①]

2020 年，中国向世界庄严宣布，中国已解决 9000 多万人脱贫问题，这是世界史

---

① 中共中央文献研究室：《习近平关于社会主义经济建设论述摘编》，北京：中央文献出版社 2017 年版，第 169~170 页。

上的奇迹。为了巩固脱贫攻坚的胜利成果，中央提出了乡村振兴的战略。我们认为：只有农业基础稳固，农村和谐稳定，农民安居乐业，整个大局才有保障，各项工作才能主动。乡村振兴战略正是在这一大背景下提出来的。它是应对城乡发展不平衡、农村发展不充分问题的重大战略部署。它解决了"三农"工作在新时代的发展方向——做什么，乡村振兴战略的总要求为我们解决了怎么做——方法论的问题。

2. 乡村振兴的历史沿革

中华民族历来重视三农问题，远古时期就有农耕文化的谱系。早有炎帝和神农的神话传说，在这个茹毛饮血的时代，先民们在这片热土上，创造了"女娲补天的传说"，打造了繁衍生息的天堂。

中国共产党自成立之日起就一直把为亿万农民谋幸福作为自己重要的历史使命，无论是新民主主义革命时期带领农民翻身求解放，还是社会主义革命和建设时期，为改变农村落后面貌作出不懈的努力，这都是全世界有目共睹的历史性成就。

早在中国共产党成立之初，陈独秀、李大钊、毛泽东等革命先驱，就对医治天下救中国、振兴乡村道路奠定了良好的基础。最著名的应属伟大领袖毛泽东，在革命之初，他就撰写了不朽著作《湖南农民运动考察报告》，开启了中国革命以农村包围城市的革命族谱。他还提出了"打土豪分田地"，对中国"三农"道路进行探索，使革命取得了成果，同时对中华人民共和国治国方略进行了道路的探索，奠定了成功的经验。中华人民共和国成立之初，新中国正如毛泽东形容的，是一张白纸，一穷二白，4亿百姓的基本生活都难以保障，国民经济处于崩溃的边缘；大陆尚未完全解放、国际反华势力处处对我国进行封锁，特别是美帝国主义带领16国联合国军，在朝鲜发动了一场针对中朝两国及社会主义阵营的侵略战争，毛泽东主席率领我国人民，在当时薄弱的经济基础支撑下，硬是在一张白纸上画出了最新最美的图画。

为解决三农问题，我们党进行了不懈的探索，走过了一条漫长而艰辛的道路。

（1）土地改革。

中国的一亩三分地，长期在封建剥削阶级的手中，他们剥削着中国农民和社会，始终在中国社会的舞台上占据着主导地位。以毛泽东同志为首的中国共产党人在革命之初就响亮地指出了"打土豪分田地"，将土地问题纳入了均田地范畴，改变了农户总数不到7%的地主、富户，占有全国总耕地的60%以上，而占全国农户总数57%的贫农、雇农仅占耕地14%的历史事实，蓬勃地进行了土地改革。通过数十年的不懈努力，终于废除了中国封建性及半封建性土地剥削的制度。特别是1947年10月，由中共中央颁布的《中国土地法大纲》实行了耕者有其田的土地制度。

1949年9月，以毛泽东同志为首的中国共产党人，将全国各党派及社会贤达从祖国各地、海内外召集至北京，召开了中国人民政协第一届全体会议，共商建国之计。在会上，大家一致通过《中国人民政治协商会议共同纲领》（具有临时宪法的作用）。其中明确规定："凡已实行土地改革的地区，必须保护农民已得土地的所有权。凡尚未实行土地改革的地区，必须发动农民群众，建立农民团体……实现耕者有其田。"1950年6月又颁布了《中华人民共和国土地改革法（草案）》。根据以上法令，全国开展了轰轰烈烈的土地改革浪潮。根据规定，全国有序没收地主的土地、耕畜、农具和多余的粮食及房屋，分配给了贫苦农民所有；征收了超出规定的出租土地，并保护富农自耕和雇人耕种的土地及其他财产；对中农实行了团结政策并给予保护。

到1952年年底，全国共没收、征收土地7亿亩，免除了全国农民每年交纳给地主3000余万吨粮食的地租。通过土改运动，扭转了占农村人口92.1%的贫农、中农无地可耕的局面，使全国无地农民在全国土地占有量达到了91.4%的耕地总量，此外，农民还获得耕畜296万头、农具3944万件、房屋3795万间、粮食100亿斤。基本完成了土地改革壮举，从根本上铲除了中国封建制度的根基，有力地促进了农村生产力的解放。1952年全国粮棉油总占有量分别增长14.1%、26.5%、12.5%。1953年，全国农民净货币收入与1949年前相比，增长了123.60%。

（2）农业合作社。

土地改革后，农民的生产积极性空前高涨，生产、生活条件得到了改善，但由于单家独户在资金、农具、耕畜、劳动力等方面仍存在着不足，特别是应付自然界的灾情仍然是力不从心，以毛泽东同志为首的党中央和中央人民政府为了积极引导劳动互助和生产合作，决定成立农业生产合作组织，制定了奖励和优待政策，规定农业互助组在享受国家贷款和购买使用优良品种、农业机具、推销农副产品诸多方面享有优先权。同时各级政府大力提倡和扶持农村供销合作社、信用合作社。中共中央认为农业合作就是把广大农民组织起来，逐步走向集体化。必须坚持农民自愿的原则，照顾全国小农经济的特点，采用示范和国家鼓励的方法，与农民自愿的原则相结合，发挥他们的生产积极性。1950年，全国有互助组280万个，参加的农户达1100万户；1952年，全国农村供销合作社超过3万家；兴办农村信用合作社2000余个；有1000多家供销合作社附设信用部，数以万计的信用互助小组活跃在广大农村。通过此举，互助小组数量在全国范围内减少350万个，但参加的农民人数却反而增加。初级农业合作社有1.5万余个，参加的农户有27.5万余户。90%以上的互助组、合作社增产，亩产大多超过单干户。

1954年，根据毛泽东同志为首的党中央的要求，决定停止发展农业合作社，将农村工作的重点转向全力巩固和突出提高，突出抓发展农业生产，同时把互助组办好，压缩部分条件不具备的合作社并将其转为互助组。由于整顿农业合作社取得良好效果，农民的生产积极性得到了恢复，1955年全国保留的65万个农业合作社增产80%以上。

（3）加强农业基础建设。

农业农村农民问题是关系国计民生的根本性问题。从历史上看，中国共产党始终把解决好"三农"问题作为全党工作的重中之重。1956年4月，毛泽东主席发表了著名的《论十大关系》重要讲话，依据我国国情并借鉴苏联的做法，阐述了中国自己的社会主义建设道路，强调把握好工业与农业的关系。1957年10月，中共中央正式下发了《一九五六年到一九六七年全国农业发展纲要（草案）》（即著名的"四十条"），这是中国历史上第一个为农业和农村发展制定的中长期规划，重点突出农业在国民经济中的重要地位和对工业的基础作用。指出农业用粮食和原料供应工业，同时农村为工业提供了巨大的国内市场。强调没有农业合作化，农业难以有较大的发展。明确要提高粮食的产量和其他农作物产量，并提出粮棉等重要农作物在全国不同地区的具体增产指标。

毛泽东主席在批审"四十条"文稿时，特地作了重要批注，要求大兴水利，保持水土，争取7年内基本消灭普通的水灾和旱灾；12年内基本消灭特别大的水灾和旱灾。1957年9月中共中央国务院下发了关于大规模开展兴修农田水利和积肥运动的决定。当年11月全国投入劳动力6000余万；翌年投入劳动力1亿人。经过大干苦干，扩大灌溉面积3.5亿亩；治理低洼易涝耕地2亿余亩，植树造林2.9亿亩，控制水土流失面积16万平方千米；积肥3100亿担。毛泽东主席还为厉家寨批语："愚公移山，改造中国！"

（4）"大跃进"和"人民公社"运动。

1958年，中共中央制定了"鼓足干劲，力争上游，多快好省地建设社会主义"的总路线。主要起因是1957年年底，苏联赫鲁晓夫提出苏联要用15年时间赶上和超过美国。为了党和人民群众的利益，改变中国落后的面貌，以毛泽东主席为代表的党中央提出了中国也要用15年时间在钢产量上赶上和超过英国，据笔者的回忆，当年从报上看到朝鲜也在搞"千里马运动"，即"以钢为纲"的战略。

1957年冬至1958年春在农业生产高潮时，拉开了"大跃进"的序幕。毛泽东主席主持起草了《工作方法六十条（草案）》，要求我党干部要真正懂得业务，懂得科学和技术；要求干部要深入调查研究，同群众打成一片；要正确处理红与专、政治与业务的关系等。这不愧为一套行之有效的好方法，但随着时间的推移，党内逐步产生了一股急于求成和急躁冒进的歪风。

随着浮夸的东西不断增多，全国"大跃进"之风盛行，农业生产上放高产"卫星"。1958年6月，河南遂平县小麦产量报出亩产2105斤；河南西平县小麦亩产7320斤；8月，《人民日报》报道湖北麻城早稻亩产3.69万斤；广西环江县竟报出亩产水稻产量13万斤。于是当时的《人民日报》刊出"人有多大胆，地有多大产""只怕想不到，不怕做不到"的口号。在此推动下，全民大炼钢铁。曾记得，当时有一位叫古大兴的人，受荆门县委委托和任命成为(湖北荆门县城关镇人民公社)城关综合厂厂长，率领1000余人在荆门海慧沟、罗汉山大炼钢铁，同时生产火药、试做肥皂等。此举不仅浪费了大量的人力、物力、财力，而且自然生态环境也遭受到重大破坏，还对工农业生产和机关事业单位的正常工作带来了严重冲击。

1958年7月《红旗》杂志发表文章，提出：毛泽东同志说，我们的方向，应该逐步有序地把"工农商学兵"组成为一个大公社，从而构成为我国社会的基本单位。把合作社变成既有农业合作，又有工业合作的基本单位，实际上农业和工业相结合的人民公社。8月，毛泽东主席视察河南新乡县七里营人民公社和山东历城县北园乡时，称赞"人民公社好"。中共中央通过了《关于在农村建立人民公社问题的决议》，并在当年9月10日的《人民日报》上刊发。到1958年9月29日，全国入社农户占全国农户总数的90.4%；其中有12个省市(区、市、县)100%的农户参加人民公社。到10月底，全国农村人民公社入社农户占比为99%以上，有些省市还在城市里建立了人民公社。

人民公社的特点是"一大二公"：一是规模庞大，平均每社有农户几千户甚至一两万户，基本上是一乡一社或数乡一社，甚至还有一县一社的；二是公有化程度较高，将几十个甚至上百个合作社合并到一起，其土地、耕畜、仓库、农具、社员的自留地、自养牲畜、生产工具等都收归集体所有，而且将国营商业、粮食部门、银行等部门下放给了人民公社，人民公社实行政社合一的体制，既是经济组织，也是政权组织。一个公社划分成若干个生产大队，生产大队划分成若干个生产队，实行三级管理，统一指挥。同时，还大办公共食堂、托儿所、敬老院、缝纫社等公共福利事业。到1958年10月底，人民公社化运动中全国农村建公共食堂265万个，在食堂吃饭的人占全国总人口的70%以上。

1958年年底，以毛泽东同志为首的党中央发现极"左"思潮，导致当年冬天出现了粮油和副食品供应的严重不足。于是专门召开党的六中全会，通过了《关于人民公社若干问题的决议》(简称《决议》)，指出：必须划清集体所有制和全民所有制，社会主义与共产主义的两种界限，农业生产合作社变为人民公社不等于由集体所有制变为全民所有制，更不等于由社会主义变为共产主义。《决议》规定：社员个人所有的生活资料(包括房屋、衣被、家具)和存款、在公社化以后仍然是、永远是社员所有;社员可以保留宅旁的零星树木、小农具、小家畜和家禽等,也可以适度经营一些家庭小副业。《决议》要求利用 5 个月时间搞整改。

1959 年 2 月,毛泽东主席在视察调研中发现了人民公社所有制存在诸多问题:如一个公社有那么多管区、生产队,有经营的好坏之分、收入的多少之分;粮食产量的多少不同、吃的多少也应不同;生产水平不同,分配不能一样。不能人为地搞抽肥补瘦,这样做就是无偿地剥夺了一部分劳动者的劳动产品给另一部分人,应该纠正平均主义和过度集中两种倾向。为此还确定整顿和建设人民公社的基本政策:队为基础、三级核算、合理调剂、等价交换、按劳分配、承认差别之规定。明确取消一县一个体制,规定生产队所有制为人民公社的基本核算单位。这些措施,是对人民公社一大二公模式的部分否定,也符合经济发展的阶段性、特殊性和社会发展规律。

为抓落实,1959 年 3 月下旬召开了党的八届七中全会。1959 年 4 月 29 日毛泽东主席在《党内通讯》上给省以下乃至生产小队各级干部写了一封公开信,要求各级干部包产能包多少,就讲多少,不讲经过努力仍达不到的假话;收获多少,就讲多少,杜绝讲不合实际的假话。并强调要做老实人,表彰一些敢讲真话的人。并说敢讲真话的人,归根结底对人民事业有利,于自己也不吃亏。爱讲假话的人,一害人民,二害自己,总是吃亏。这就是毛泽东主席提倡的"说老实话、做老实事、做老实人"的来历。

(5)"农业六十条"。

1960 年 10 月,中共中央发出指令,扫除"五风"(即共产风、浮夸风、强迫命令、生产瞎指挥风和干部特殊化风)。11 月《关于农村人民公社当前政策问题的紧急指示信》发布,再三重申三级所有、队为基础是现阶段人民公社的根本制度,加强生产队的基本所有制;允许社员经营少量的自留地和家庭小规模家庭副业,恢复农村集市。八届九中全会全面纠正国民经济连续三年"大跃进"给生产生活带来的困难,提出和强调"调整、巩固、充实、提高"八字战略方针,使中国国民经济走上综合平衡、按比例发展的道路。

八届九中全会,在毛泽东主席的倡导下,党中央领导人相继到基层调查研究。毛泽东主席在南下调研中,主持起草了《农村人民公社工作条例(草案)》,共 10 章 60 条(简称"农业六十条")。提出了人民公社各级的规模不宜过大,特别是生产大队的规模不宜过大,以避免队与队之间的平均主义。同年 6 月,党中央召开工作会议,对六十条草案进行修正,明确取消公共食堂和供给制,并提出至少 30 年不变的方针。"农业六十条"对人民公社成立以来农村工作的突出错误作出了修正,并规范化了人民公社的行为方针。对于遏制"共产风",调动农民积极性、恢复发展农业起到了不可估量的作用。

(6)农村"四清"运动。

20世纪60年代初,基层特别是农村中的一些干部存在多吃多占、损公肥私的现象;不少农村的财务管理混乱;有些干部一度以权压人、以势欺人,更有甚者贪污盗窃,社会上更是出现了投机倒把、封建迷信抬头的现象。针对这些情况,1963年2月,中共中央决定,在农村范围内进行一场"四清"运动,开展社会主义教育。1964年年底召开的中共中央工作会议,在会上明确全国城乡社教一律以"清政治、清经济、清组织、清思想"的运动为重要内容。毛泽东主席强调指出:社教运动最基本的方针是抓阶级斗争,把"四清"看作防止和平演变、"反修防修"的重大举措。在毛泽东主席主持下制定了《农村社会主义教育运动中目前提出的一些问题》文件并下发全党。要求运动应当依靠群众的大多数和干部的大多数,由工作队领导改为群众、干部、工作队"三结合"开展运动。充分肯定了农村基层干部和群众是好的和比较好的方针,提出"四清"要落实到建设上,落实到增产增收上。但这个文件也规定了运动的重点是整党内那些"走资本主义道路"的当权派,甚至认为在省里和中央也存在这些人。历时三年有余的"四清"运动在全国开展的地区达到三分之一,1966年上半年运动基本结束。

(7)知识青年上山下乡运动。

在毛泽东主席"反修防修"的思想下,发动了一场无产阶级"文化大革命"。运动之初,1966年下半年,全国红卫兵组织风起云涌,随之暴发了席卷全国的"大串联"。此后毛泽东主席八次接见了红卫兵,在毛泽东主席"炮打司令部"的大字报推动下,全国上下开展了一场轰轰烈烈的无产阶级"文化大革命",学校停课,工厂停产,机关干部不上班,农民不种田;各地"走资派"靠边站,大家齐心协力搞革命。到了1968年年底,在毛泽东主席一声号令下,抓革命促生产,全国相继成立了"革命委员会",国家形势得到了稳定。但此时的红卫兵面临既不能升学又无法就业的情况,从1968年下半年全国积压的"老三届"(1966—1968)初中、高中毕业生约有400万人。毛泽东主席向全国发出"知识青年到农村去,接受贫下中农再教育,很有必要"的号召,于是全国掀起知识青年上山下乡的高潮。在很长的时间内,国家把大批的初中、高中毕业生送到农村、农场或边疆生产建设兵团参加劳动生产。知识青年在农村和新疆生产建设兵团经受了锻炼,进行了实践,增长了才干,作出了贡献。但也存在不足的地方,广大知识青年在此时丧失了继续就学深造的机会,并造成了国家一时之间的人才断层。同时也给相关地区农民组织增添了生产和生活压力,加重了农民的负担。为此,党和政府,以及有关部门为安置知青,转移支付百亿元的安置经费。知识青年的上山下乡,客观上促进了城乡交流的融合,为后来的生产要素的流动和活跃打下了基础,具有深远影响。千万人的大迁徙，是那个时代的产物。在广大的知识青年中也产生了一大批以习近平为首、焯历前行的优秀人才，充实到国家的各级领导岗位执政为民。

（8）家庭联产承包制。

粉碎"四人帮后"，新的党中央从实际出发，对农村政策进行调整。如安徽省明确尊重生产队自主权，允许和鼓励社员经营自留地、家庭副业，更加开放集市贸易。四川省也将农民自留地占耕地面积从 7% 扩大到 15%；支持农民采取包产到组的方式经营土地，鼓励发展多种经营。适时召开的中国共产党第十一届三中全会，树立了一个历史的里程碑，提出了改革开放。这一改革，先从农村取得突破，1978 年冬，安徽凤阳县小岗村的 18 户农民自行"签字画押"，把耕地全部分配到户，冒着风险搞起了包产到户的"大包干"。包产到户的核心是农民在所分得的土地上耕种，在完成了上交国家和集体的任务后，收成就由各家享有，也叫作"交足国家的、留够集体的，剩下全部归自己"。

1982—1984 年，中共中央连续三年以"一号文件"，对家庭联产承包制作出完善，并向全国推广。在昔日农业合作过程中，包产到户、包干到户等虽经几起几落，但仍然有着顽强的生命力。20 世纪 80 年代中期，家庭联产制正式确立，成为我国农村基本经营制度。

时间进入 20 世纪 80 年代，政乡合一的人民公社体制被撤销。1980 年 9 月，四川省向阳人民公社作为体制改革的试点单位，一举改为向阳乡人民政府。至 1984 年年底，全国基本完成政社分离，建成 9.1 万余乡（镇）人民政府。

（9）小城镇建设与乡镇企业崛起。

20 世纪 70 年代，随着我国迈向四个现代化征程(农业现代化、工业现代化、科学现代化、国防现代化)，中央提出农业要以粮为纲，全面发展。在 1975 年农业人口达到人均一亩高产地或稳产农田，全国农业耕作机械化程度已达 40%～50%，并实施了"户卖万斤粮"战略、地方工业"五小"战略(小钢铁、小机械、小化肥、小煤窑、小水泥)。1970 年 5 月，中央投入 80 亿专项资金扶持全国 300 个县市兴建了小钢铁厂；90% 的县建起了小型化肥厂、水泥厂、化纤厂和 1 万多处小水电站。地方"五小"工业和社队企业的发展一方面吸纳了大量的农村富余劳动力，改变了农村经济结构，同时也增加了农民收入；另一方面促进了城乡生产要素的交流，培养和造就了一大批生产经营人才。

20 世纪 80 年代国家大力调整农村产业结构，推行产、加、销相结合，探索工农一体化，发展乡镇企业。提倡农村既重视农副产品的加工转型、增值，又从城市寻找原料、产品市场。还向国有企业"借"人才，"星期天工程师"在乡村企业应运而生。到

1997 年，全国乡镇企业已达 2500 万家，年产值 2 万亿元，吸纳农村富余劳动力 1.3 亿人。

20 世纪 90 年代后期，乡村企业改革改制，以个体加工、家庭工业、合股企业为主体，带动了马路市场、路边餐馆以及各类生产生活、配套服务行业。乡镇企业如春笋般在全国遍地开花。20 世纪七八十年代发展起来的"五小"工业、社队企业、乡镇企业，以及 90 年代后期，随着部分国有企业与集体企业的股权拍卖、厂房租赁和资产重组等，成为民营企业发展壮大的基础。

(10)取消农产品统购统销。

新中国成立之初，粮食严重紧缺。随着经济规模的不断扩大，基本建设投资加大，带动城市和就业人数大幅度增长。一方面，工业和城市对粮食的需求大增；另一方面工业所需经济作物的种植面积扩大，导致粮食的种植面积逐步减少，加之农民自身的消费增加，粮食供求矛盾尤为突出。20 世纪 50 年代，粮食生产和收购量的增长远远跟不上消费量的增长，而农民因粮价看涨普遍存有惜售心理；私营粮商趁机抢购、囤积粮食；一些城市居民也千方百计地增加粮食储存。多种因素叠加下，造成一些大城市和地区粮食供应紧张，甚至发生混乱，所以中央决定实行粮食统购统销政策。1954 年实行棉花统购统销，对棉布及食用油进行定量供应；1955 年 11 月底城镇采用粮食制品凭票供应，农副产品在全国实行定量统购统销供应(俗称"三定")，这一举措有效地保障了人民基本生活需要，支持了国家的经济建设，为维护物价的稳定和社会的稳定，起到了重要作用。

20 世纪 80 年代后，家庭联产承包责任制的全面推行，极大地调动了亿万农民生产的积极性，农村的生产力得到了充分发挥和解放，粮食和主要产品的产量大幅增长。1985 年 1 月，国家决定取消农副产品统购统销制度，除陈化粮棉等少数重要农产品外，由农民自主生产、自由交易。而后，粮食、棉花方面也尊重农民自主权，实行合同内与合同外的收购政策，合同外的可按议价卖给国家，也可以自由出售，促进了我国传统农业向专业化、商品化、现代化迈进。

(11)进城务工人员的出现。

党的十三大确立了党在社会主义初级阶段的基本方针和路线，中国的改革开放事业持续推进。1988 年年初，国务院决定在原有经济特区的基础上，扩大沿海经济开放区改革战略(其中有杭州、南京、沈阳 3 个省会城市和 140 个地方县市)。同时，也在全国城市企业中推行承包经营责任制改革，国家允许民营经济的存在和发展。确立了私营经济是社会主义公有制经济的补充的法律地位，沿海地区城市纷纷兴办外商独资企业和合资企业；不少城市也开展了对外加工的出口贸易，三帆齐进，加快了各地的经济发展。沿海经济的活跃也带动了全国农村劳动力的转移，城市工业的发展和市民消费能力的增强又带动了服务业需求增长的新业态，这就导致中国特殊现象——进城务工人员的出现。到21世纪之初，大批农村劳动力涌进沿海城市和地区。"打工仔""打工妹"活跃在纺织、建筑、机械行业和城市的"三保"（保洁、保安、保姆）等第三产业的诸多领域，这不仅有效地转移了全国农村的富余劳动力，拓展了农民收入途径，而且增强了我国经济的国际竞争力，发展了城市的第三产业，促进了城市经济的发展。这种自然的强力推进，使部分进城务工人员"姓农不唯农"，使人们看到了振兴"三农"的希望。

（12）调整农村农业经济结构。

改革开放使农民人均纯收入持续快速增长。但20世纪90年代后期起，农民收入增幅连续4年下滑，年均增长不到4%，城乡收入差距随之扩大，按照中央决策部署，各地对农业与农村的经济结构进行战略调整。即更加突出农产品的多元化、优质化，更加突出农业的效益、市场竞争力。在农业生产区域布局上主要农产品向优势产区集中，在农业产业结构上大力发展第二、三产业，农业产业化经营模式成为主流。

在农产品结构上，大幅提高优质小麦、"双低"油菜和优质水稻的比重。通过调整结构，优质高效农业局面开始出现，如东部沿海地区和全国不少地区观光、都市农业及农家乐旅游业兴起，各地抓产业，促发展。特别是工商资本下乡和农业"走出去"战略也出现良好态势。如浙江温岭农民"追着太阳种西瓜"，有些省份甚至到国外发展效益农业。通过此举，农业农村"姓农不唯农"，出现新气象，农业经济改革的新生机和新动力显现，又见辉煌！

（13）减轻农民负担和取消农业税。

农民负担问题，是影响农村干群关系和农村社会稳定的关键，也是农业生产发展的重点，广大农民对此反映强烈。当时农民负担重的问题突出表现在如下多个方面。

农民在缴纳农业税后，还要承担突破限制额度的地方提留款和统筹费；更有各种乱收费、乱集资、乱罚款、乱摊派问题，农民戏称"头税（农业税）轻，二税（指提留统筹）重，三税是个（集体摊派与搭车收费）无底洞"。而且由于乱收费、乱罚款、乱集资，全国产生了大量的三角债，已经成为压在农民头上的"三座大山"！不仅严重影响了农民的收入，也严重影响了农民的生产积极性。

在我国经济得到发展，财力也有了不断提升的条件下，党和国家在加大对农业投入的同时，注重让农民休养生息，减少不合理的开支。为了让农民得到更多实惠，中央决定在安徽开展农村税费试点改革，取消各种统筹费、集资费以及各种农村积累工和义务工，农民仅负担农业税及其附加费，凡是不应该由农民出的钱，一律停止。而后的两年中，全国试点范围扩大到 20 个省、市。在经济发达的沿海地区，如浙江省还开始了免征农业税试点。至 2006 年，全国统一取消农业税，延续了 2600 余年的"国税皇粮"，在中国共产党的领导下全面取消，给农村、农业、农民创造了一片蔚蓝的天空，铲平了压在农民头上的"三座大山"！国家给每个农民每年减少的税费就达 1200 余元；减少的各种乱集资、乱摊派、乱收费和农民负担占农民总收入的 10% 以上。

（14）深化农村改革。

在改革开放 30 周年之际，党的十七届三中全会作出了历史性的《中共中央关于推进农村改革发展若干重大问题的决定》，提出现有土地承包关系要保持稳定并长久不变。此后，中央又明确"农村土地承包权、经营权、所有权分置"。国家又出台了一系列对种粮农民生产实行直接补贴的强农惠农政策，不断推进农村创新改革，大力发展现代农业，促进农村全面进步，使农业农村经济持续发展。从 2004 年至 2011 年，全国农民收入和粮食产量均实现八连增。与此同时，国家开展新农村社会养老保险试点，至 2011 年年底，全国试点地区参保人数超过 3.2 亿人。农村医疗保障制度和最低生活保障制度在全国已实现基本覆盖，社会救助体系也基本建立。国家还提高了农村扶贫标准，在一些经济较发达地区尤其是沿海城市以及大城市的郊区，还实施了城乡一体化的社会保障试点。

（15）农村基层自治组织。

改革开放以来，农村基层群众自治组织进一步发展、活跃和壮大。农村民主选举村民委员会，实行村民自我管理、自我教育、自我服务；这种良性循环机制逐渐完善，自治能力不断增强。1998 年 11 月，全国人大通过了《中华人民共和国村民委员会组织法》，将推动村民自治组织与村民行动范畴纳入了法律规范，对推动村民自治发展起到了固本筑基作用。进一步推行民主决策、民主管理、民主监督，在协商议事中维护村民共同的利益，让村民参与农村公共建设。到 2011 年年底，全国共有村民委员会 60 万个；其中 98% 以上的村委会实行直接选举，村民参选率达到 95% 以上。农村基础自治范围日趋扩大。在农业、农村、农民工作中充分展现了中国共产党人倡导的"人民就是江山，江山就是人民"的理念。同时充分展现了我党在农村基层自治工作中，以人权促发展，以发展保人权，以人权促保障，以人权促福禄。

（16）全面建设小康社会。

党的十六大提出，21 世纪头 20 年，要全面建设惠及 14 亿人的更高水平的小康社会，要使中国更加繁荣富强，人民生活更加幸福美好，完成全面建设小康社会的任务，难点和重点仍然在农村。因为全国 60% 的人口仍然居住在农村。同时随着经济发展的提速，城乡发展差距和城乡居民收入差距也在快速拉大。农村科、教、文、卫、体等硬件、软件设施远远落后于城市。没有农民的小康，哪有全国人民的小康；没有农村的现代化、哪有全国的现代化。所以解决"三农"问题就成为全国全面建设小康社会的关键，也是一项艰辛和重大的任务。必须以我国政治、社会、经济、现代化建设的全局来谋划，把解决"三农"问题放在优先发展的位置来考虑；必须跳出"就农业论农业，就农村论农村"的格局。要加大对农业的投入，巩固农业基础地位；积极推动农村城镇化，鼓励农村富余劳动力有序转移，大力改善乡村基础设施建设，促进城乡协调发展。坚持"多予、少取或者不取、放活"理念，保护农民利益，进一步调动亿万农民的积极性、创造性，在全面建设小康社会的征程中，脚踏实地地补上"三农"的短板。这是中国共产党人不忘初心地把"三农"工作做到由薄到厚和魂中之魂的关键。

3. 乡村振兴的概念界定

乡村振兴是一种以产业兴旺为物质基础，以生态宜居为价值取向，以乡风文明为凝心铸魂，以治理有效为刚性保障，以生活富裕为动力源泉，以人才建设为重点，以组织领导为关键的国家战略，是一个全面振兴的综合概念。

总结为四句话：一是坚持产业为基础，全面振兴；二是坚持片区带动，全域提升；三是坚持城乡融合，全要素支撑；四是组织引领，全面行动。这是对乡村振兴界定理解的具体行动。

(三) 乡村振兴与新农村建设

乡村振兴不是新农村建设的升级版。乡村振兴是写入党章的全域性的战略，它与新农村建设是两个不同的概念。如果将二者等同，就混淆了两个发展阶段，模糊了乡村振兴的战略性含义，强化了思维惯性和政策惯性，就会在工作中造成方向偏差，犯方向性错误。

1. 两者提出的背景不同

新农村建设是在经济处于高速发展阶段，以高速城镇化为特点的城乡关系条件下提出的农业农村的指导方针。在价值和认知层面，它没有把城市和乡村看成等值的，往往认为农村不如城市，要"消灭农村""消灭农民"。

乡村振兴的提出是在城乡等值这一理念支配下实行的战略，是中国改革开放 40 多年后对城乡关系认识的一个重大飞跃。城乡没有优劣之分，是等值的。乡村振兴战略就是在这种价值观的指导下建立的。

在原来工业化框架下搞新农村建设，乡村始终是被动、消极、弱势的一方，农村始终是作为城市的附属物而存在。农村工作的重心是满足城市和工业的需要，完成城市和工业发展对农村提出的任务。农村的发展不是着眼于农村本身，而是向着城市和工业发展目标，服从或服务于城市和工业发展的阶段性特色，此时的农村建设只是手段，不构成目的，即农村是无主体性或去主体性的。

乡村振兴是在我国经济已经由高速增长阶段转向高质量发展阶段，正处在转变发展方式、优化经济结构、转变增长动力的关键期提出的。乡村振兴战略就是适应和服务这一发展阶段提出的一个全局性的战略。

乡村振兴不是片面强调以工业、城市带动农村农业，而要使农村建设发展成为目的本身。这赋予了农村与城市平等的主体地位，将农村地区作为独立的，而不是附属的战略地区。这是农村定位的一个根本性变化。这是要建立健全城乡发展的体制机制和政策体系，这是理解振兴含义的关键。

2. 乡村振兴是一种战略新思维

党的十九大报告强调"乡村振兴"而非"农村振兴"，内含着党和国家对"三农"工作的战略新思维。从"乡村"和"农村"两个词汇的内涵来看，"农村"是一个专门从事自然经济和农业产业的经济单位，国家对它在现代经济系统中的功能定位是生产粮食。而"乡村"则不单是一个从事农业生产的经济单元，而是集生活与生产、社会与文化、历史与政治多元要素为一体的人类文明体。从这个意义上讲，乡村振兴不是单纯的农业经济的振兴，更不仅仅是农业产业的振兴，而是政治、经济、文化及治理等各方面的整体振兴。

从"乡村"和"农村"所对应的概念来看，"乡村"对应的是"都市"，而"农村"对应的则是"城镇"。"都市"指的是以非农业产业和非农业人口集聚为主、人口数量达到一定规模的居民点，它是一地的经济、政治及文化中心。根据城市研究专家的概念，"都市"具有以下特征：人口密度高；集聚了不同文化、职业、语言背景且匿名性强的居民；聚集各类社团、企业和机构；人们活动趋向于专业化；居民知识和技能水平高于乡村居民；主要以法律法规为社会契约；生活多样化程度高、时间观念较强、生活节律快、相互之间竞争性强等。对照这些特征，在中国只有地级市以上的城市才能称得上"都市"，而包括县城、集镇、中心村等人口相对聚居地都不具备都市特点，而是更多地带有明显的"乡村"的特性，包括在长期的历史发展中形成的共同血缘关系、互助关系、风俗习惯、文化价值及地方性规范。"城镇"是指具有一定规模工商业的居民聚居点，包括都市、中小城市和集镇。集镇是介于农村与城市之间的过渡型居民点。与对农村的定义相一致，对城镇的定义也多基于其在第二、第三产业上的经济功能。

所谓城镇化，就是指随着生产力的发展、科学技术的进步和产业结构的调整，以农业为主的传统农村型社会向以工业和服务业等非农产业为主的现代城镇型社会转变的过程。农民由村庄向县城、集镇转移是城镇化的一部分，但是新农村建设不包含城镇化。

因此，"乡村"是以县域为范畴的综合性的全域概念，而农村则是以村庄为范畴的单一经济性质的局域概念。"乡村振兴"就是特指都市之外的地域经济社会的振兴，包括县城、中心镇、集镇、中心村及之外的整个乡村社会的全方位振兴，它以县域为基本单元。"新农村建设"则主要是指城镇之外以村庄为基本单元的经济社会建设，而不包括县城和集镇的建设。质言之，乡村振兴本质上是县域振兴，而新农村建设则主要是村庄建设。

3. 乡村振兴与新农村建设的内容不同

乡村振兴与新农村建设在内容上有较大差别。党的十九大报告提出"产业兴旺、生态宜居、乡风文明、治理有效、生活富裕"的乡村振兴总要求，而党的十六届五中全会则提出过"生产发展、生活宽裕、乡风文明、村容整洁、管理民主"的新农村建设总体要求。从字面上看，乡村振兴和新农村建设都是用五句话、二十字来概括各自的总要求，二者主要的项目内容也没有变化，"乡风文明"甚至一字不差，似乎只是在建设的标准和程度上有差别，乡村振兴战略提出了更高的要求。但是当从基本单元的视野来看乡村振兴与新农村建设时，就容易发现二者不仅仅是量上的差别，更本质的是战略上的差别。

（1）产业兴旺与生产发展。

产业兴旺与生产发展，前者以县域为基础，后者以村庄为基础。发展生产实现农民增收一直是党和国家关心的问题。2005年，正值农业税改革阶段，受农业税费的影响，农业生产的积极性尚不高，农业面临供给不足的矛盾，于是"新农村建设"提出发展生产的目标。在集体土地所有制和家庭联产承包责任制不变的情况下，发展生产是农民个体家庭的事情，个体家庭在农业生产上进行自我决策、自我管理和自我承担风险。村庄集体经济组织负责为农业生产提供基本的基础设施建设和社会化服务，但不直接介入农业生产。所以"生产发展"的基本单元是村庄，目标是提高农业综合生产能力，基本措施是取消农业税费、发放种植补贴、完善公共基础设施和公共服务体系、推动土地流转和适度规模经营、提高机械化和科技化水平等。

经过十几年的发展，我国农业综合生产能力得到了较大提高，农民务农的收入增加，同时向城市和沿海地区大量转移的劳动力获得工资性收入，农民家庭总体收入大幅度提高。但是也存在一些问题，比如农业综合效益和竞争力仍然不足，广大中西部农村"三留守"现象严重。为此，要实现更多农民的就近就业，就要推动"产业兴旺"，不仅要实现农业的进一步产业化，还要大力发展第二、三产业。但是问题是，如果还按照过去以村庄为基本单元的思路，那么在村庄狭小的范围内既无法构建现代农业产业体系、生产体系和经营体系，更无法推动农业向第二、三产业延伸，实现农村第一、二、三产业融合发展。同时，在工商业发展上，现在已没有条件再像20世纪八九十年代那样出现"村村点火户户冒烟"的局面，也不可能做到每个村都发展休闲农业、乡村旅游、田园综合体、现代食品产业等，这样做只能是重复建设、同质竞争，会造成资源浪费，农民也不可能从中获利。那么，鉴于城乡居民的消费需求和能力的有限性，要实现"产业兴旺"的目标，必须超越村庄视域，以县域为单位对第一、二、三产业进行统筹规划、协同发展，切忌一个乡镇、一个村庄盲目地一窝蜂搞"大跃进"。比如，要以县为单位进行招商引资，建立工业园区承接东部地区的产业转移，推动县域内的工业发展；在县域内有区位优势和环境优势的个别地方推动乡村旅游、休闲农业和招商引资建田园综合体，这些以城镇中产者为主体的观光消费，建设多了就会出现供给过剩的问题；农业产业化体系也要视县域的农业特色适度推进特色农业的产业化。

总之，"生产发展"的目标可以在"统分结合的双层经营"体制下于村庄内达成，而要促进第一、二、三产业的融合发展，实现乡村产业体系的全面振兴，则需以县域为基本单元和视域。

（2）生态宜居与村容整洁。

生态宜居与村容整洁，前者以县域为基本空间，后者强调村庄空间改造。"村容整洁"是应对当时村庄缺乏规划、人居环境脏乱差的局面提出来的新农村建设目标，该目标在较高层次上是对村庄重新进行规划设计和新村建设，中间层次是进行环境整治和美丽乡村建设，较低层次则是"有钱盖房，没钱刷墙"。经过十几年的"村容整洁"行动，尤其是近年基层组织进行的村庄环境整治、"厕所革命"、城管进村等行动，使村庄人居环境有了根本性的改变，实现了村庄空间的再造。如果说"村容整洁"的治理单元是村庄、治理对象是村庄环境的话，那么"生态宜居"则完全超出了村庄及其环境的范畴。"生态"是一个系统概念，一个村庄及其环境不构成生态，只有在一个地域范围内才能构建起自然和人文相契合的生态系统。生态宜居的治理目标就不是一村一户老百姓的问题，而是满足一定区域内人民群众对优美生态环境的总体需求，那么对它的治理也就不仅仅是村庄内的绿化美化、垃圾污水处理以及村内道路硬化亮化，而是要在区域内对生态环境、城镇村社进行整体规划和总体治理，构建相互协调、相互支持、相互联系的生态体制机制。生态宜居也是整体的、系统的概念，一个地方是否生态宜居，不是看具体的村庄是否生态宜居，而是看具体村庄所嵌入的地域生态系统是否宜居。比如有的村庄生态宜居，但却影响地域的整个生态环境，那么这样的村庄就需要搬迁；还有的村庄有很好的生态环境条件，但是因人口大量减少而变得不宜居，村庄也需要整体搬迁并进行土地整治后还林还草；还有的村庄因人地关系紧张，村庄范围内的自然环境可能并不太好，但是只要地域内整体生态条件好，那么村庄也仍然是生态宜居的。生态宜居也不是"村容整洁"的高标准化，它甚至不需要在村容村貌上做过多的投入，不需要所有村庄环境都达到观光旅游、3A 景区的标准，而只要在保持环境整洁、基本公共设施完备和基本公共服务到位的基础上，保证地域范围内整体的环境是生态和宜居的，那么村庄就是生态宜居的。诸如强化土壤污染管控和修复、控制农业面源污染、扩大退耕还林还草等都不是在村域范围能够做到的。因此，生态宜居的治理空间至少是县域范围。

(3) 治理有效与管理民主。

治理有效与管理民主，前者以县域为治理单元，后者指涉村级民主。管理民主是在部分农村基层管理乱象丛生、微腐败横行、干群矛盾恶化的背景下提出来的村级治理目标，它希望通过强化村民的民主权利来规范村级权力的运行。伴随村财镇管、村级民主规范运行、"八项规定"、纪委督查、从严治党等制度进村，村级管理乱象基本上得到了有效扭转。但是随着农村青壮年外流、农民分化加剧、农民法制观念提高、农民价值观念多元化、农民对公共服务提出更高要求、农村老年人养老恶化、矛盾溢出村庄、外来人口和资本进入农村、土地产权关系复杂化等现象和问题的出现，管理民主已难以应对当前农村多元复杂的治理问题，治理有效的需求也就应运而生。乡村社会治理有效问题之所以需要在县域范围内统筹解决，与以下几个方面有关系。一是治理问题超出了村庄范围。当前乡村社会的许多矛盾、纠纷及争端已经超出了村庄乃至乡镇的范围，需要由县级权威主体出面协调解决。比如交通事故、医疗纠纷、特殊群体信访等问题，不是乡村两级能够处理和解决的。二是治理资源需要在县域范围内统筹安排。中西部地区的行政村多数为无集体经济的村庄，严重缺乏治理资源，国家的转移支付只能维持村级基本运转，而无法进行有效治理。那么，乡村治理所需要的权威性资源、物质性资源、组织人力资源等都需要由县级政府统一配置。乡村治理有了资源才能撬动群众的力量和积极性，才能通过低成本实现有效治理。三是多元化治理的主体只有在县域范围才能找到。乡村治理的主体包括党委政府、村级自治组织、村民、市场以及各类社会组织，依照治理事务性质的不同而将它们交由不同的治理主体进行治理，才能发挥不同治理主体的特色优势和专业技能。诸如市场、社会组织等治理主体只存在于县域范围，因此，它们的资源只能在县域范围进行配置。四是治理的制度、规范和体制机制需要在县域范围内进行统一创设。县级党委政府是权威性的制度创设主体，可以依据县域的实际情况将基层治理经验规范化和制度化。

(4) 生活富裕与生活宽裕。

生活富裕与生活宽裕，前者是指现代农业和工商业基础上的生活状态，后者则是小农经济条件下的生活状况。在"新农村建设"提出之际，农业税费刚取消不久，农村劳动力大规模向城市转移也才兴起，农民就业不充分状况没有很大改观，农民基本医疗和社会保障制度还处于起步阶段，农村义务教育尚未全面免费，农民家庭的收入还处于较低水平，诸如基本生活、医疗、教育、养老、人情、建房、婚姻等方面的开支却大幅度增加，以至于农民家庭的经济状况还比较紧张。因此，"生活宽裕"就是针对该情况提出的农民家庭目标。近十年以来尤其是党的十八大以后，伴随农村青壮年劳动力在城市充分就业，农地适度规模经营成风气，农业补贴增加，农村社会政策不断完善，农民家庭收入水平有了较大提高，基本上实现了生活宽裕的目标。生活宽裕的目标的达成有赖于两重力量的结合，一是农民家庭劳动力的充分调动和合理配置，二是国家社会政策的不断完善。但是农民家庭若要从"生活宽裕"迈向"生活富裕"，则还需要县域这一力量的加入，主要与以下几个方面相关。第一，发展县域工商业，提高农村劳动力的就业程度。目前大量青壮年劳动力到沿海地区务工，务工成本高，还形成了"留守"问题。如果县域工商业得到发展，不仅青壮年男性可以就近务工，年轻女性也可以在本地充分就业，甚至中老年人在务农之余还可以有大量打零工的机会。这可以使一个家庭获得更多的工资性收入。第二，大力发展县域内的基础教育、职业教育和职业技能培训，提高农村劳动力的文化和业务素质。文化业务素质越高，在劳动力市场就越有竞争力，其所获得的成长晋升平台就越高，自然工资收入也就越高。第三，完善县域内的医疗和公共卫生服务体系，提高农民的身体健康素质。身体素质越高，越能承受高强度的智力和体力劳动，劳动时间也越长，所获得的工资收入也越高。第四，完善县域内包括教育、医疗、社保、低保、大病救助等在内的社会政策，提高农民生产生活的保障水平，降低农民家庭的货币化支出。总之，在农民家庭依赖于"半工半耕"的收入模式下，农民"生活富裕"目标单靠农民家庭和社会政策难以达成，需要在县域层面进行政策和制度创新以促进劳动力充分就业和减少农民开支。

(5) 乡风文明和乡村振兴。

"乡风文明"的提法虽然没有变，但在乡村振兴背景下它是指整个县域内乡村优秀传统文化所蕴含的道德风尚、民俗规范、精神价值、思想观念等，是与社会主义核心价值观、现代人文精神、文明素养、科学知识等相结合的产物。就文化社会风气而言，村庄不是孤岛，它受到地域范围内文化社会氛围的影响和渗透。地域范围的风气不好，村庄的风气就不可能是净土。而县域是地域"小传统"与国家"大传统"的结合点，它除了具有行政管理上的统一性之外，还在社会文化和人文风俗上具有共同体性质。乡村振兴要推进乡风文明建设，其切入点应该是县域。在乡风文明建设的一些具体事务上，县域也是基本的治理单元。诸如在治理农村人情酒席泛滥、规范乡村人情风俗中，由于农村的人情圈都在县域范围内，如果只在一个村庄或乡镇内给予新的规范，就很可能造成人情行为的混乱而难以持续，而若在县域范围内对"赶人情"和办酒席进行统一规范，则容易形成新的风俗习惯。再如农村养老问题，在市场经济条件下村庄传统伦理已难以规范农民的养老行为，村庄舆论在村民相互"不得罪"的逻辑下不再发挥作用，只有在县域范围内构建起养老、孝老、敬老的政策支持体系，出台权威性的支持有关养老的村规民约或政策措施，才能营造良好养老社会环境和舆论氛围。

（四）乡村振兴的相关概念

1. 数字乡村

数字乡村是伴随网络化、信息化和数字化在农业农村经济社会发展中的应用，以及农民现代信息技能的提高而内生的农业农村现代化发展和转型进程。它既是乡村振兴的战略方向，也是建设数字中国的重要内容。曾几何时，很多人以为数字化、信息化离乡村距离很远，但其实数字乡村早已在乡村治理、产业振兴、城乡融合等方面暗自发力，融入乡村生活的每个场景，也改变着老百姓的点点滴滴，如手机银行、网上政务、直播带货……从2G、3G到4G、5G，从互联网到物联网，再到人工智能，新一代信息技术创新的空前活跃，让农业农村农民与城市的联通无限接近，城乡发展鸿沟在数字化的作用下渐成弥合态势。

2. "小微权力清单"

"小微权力清单"是村级的权力清单，其权力不大，因此而得名。其涉及村务公开、"三资"管理、组织人事、公共服务等5大类、26项内容，并根据每一项应办事项的法律法规依据、范围界定、办理主体等要求，全面绘制了"小微权力运行流程图"，简化办事程序，做到"小微权力"进清单。

村级"小微权力清单"包含：

①村级重大决策事项：村级重大事项"五议两公开"。

②村级招投标管理事项：物资、服务采购；微型工程；中小型工程；大型工程。

③村级财务管理事项：村级财务支出票据审核；报账员（出纳）现金收支；非村干

部工资报酬发放；招待费支出。

法律依据：《中华人民共和国宪法》第一百一十一条规定，城市和农村按居民居住地区设立的居民委员会或者村民委员会是基层群众性自治组织。居民委员会、村民委员会的主任、副主任和委员由居民选举。居民委员会、村民委员会同基层政权的相互关系由法律规定。

居民委员会、村民委员会设人民调解、治安保卫、公共卫生等委员会，办理本居住地区的公共事务和公益事业，调解民间纠纷，协助维护社会治安，并且向人民政府反映群众的意见、要求和提出建议。

3. 田园综合体

田园综合体是集现代农业、休闲旅游、田园社区为一体的乡村综合发展模式，目的是通过旅游助力农业发展、促进三产融合的一种可持续性模式。

2017年2月25日，"田园综合体"作为乡村新型产业发展的亮点措施被写进中央一号文件，支持有条件的乡村建设以农民合作社为主要载体，让农民充分参与和受益，集循环农业、创意农业、农事体验于一体的田园综合体，通过农业综合开发、农村综合改革转移支付等渠道开展试点示范。

田园综合体与农旅综合体规划都是城乡统筹规划体系的有效补充，是新型城镇化发展路径之一和重要抓手，是农业农村统筹发展、城乡融合的主要规划设计类型。

因此，田园综合体与农旅综合体规划在规划编制上应统筹城乡发展，创新城乡融合运营路径，应强化农业+产业体系构建，增强农业科技引领和持续发展动能。

4. 绿色GDP

绿色GDP是指一个国家或地区在考虑了自然资源(主要包括土地、森林、矿产、水和海洋)与环境因素(包括生态环境、自然环境、人文环境等)影响之后经济活动的最终成果，即将经济活动中所付出的资源耗减成本和环境降级成本从GDP中予以扣除。

从20世纪70年代开始，联合国和世界银行等国际组织在绿色GDP的研究和推广方面做了大量工作。近年来，我国也在积极开展绿色GDP核算的研究。2004年，国家统计局、国家环保总局正式联合开展了中国环境与经济核算绿色GDP研究工作。

绿色GDP核算中主要涉及几个基本概念：绿色GDP总值、绿色GDP净值、资源成本和环境成本。

5. "三支一扶"

"三支一扶"是毕业生基层落实政策,指大学生在毕业后到农村基层从事支农、支教、支医和扶贫工作。计划的政策依据是国家人事部 2006 年颁布的第 16 号文件《关于组织开展高校毕业生到农村基层从事支教、支农、支医和扶贫工作的通知》。其目的在于为高校毕业生向基层单位落实就业问题提供具体的指导和保障。

6. "四个意识""四个自信""两个维护"

"四个意识":政治意识,大局意识,核心意识,看齐意识。

"四个自信":道路自信,理论自信,制度自信,文化自信。

"两个维护":坚决维护全党核心、军队统帅、人民领袖的崇高地位,坚决维护党中央权威和集中统一的领导。

坚持"四个意识"、坚定"四个自信"、做到"两个维护"是检验党员干部政治素质基本标准,更是做好一名合格党员的重要前提。

"两个维护"是党员干部政治建设的首要任务。要从战略高度上深刻领会"两个维护"的重要性,从而提高"两个维护"的自觉性。从根本上让每个党员干部都成为社会主义的宣传员。

7. "两不愁三保障"

"两不愁"即不愁吃、不愁穿,"三保障"即义务教育、基本医疗、住房安全有保障。"两不愁"就是稳定实现农村贫困人口不愁吃、不愁穿;"三保障"就是保障其义务教育、基本医疗和住房安全,是农村贫困人口脱贫的基本要求和核心指标。党中央对 2020 年脱贫攻坚的目标已有明确规定,即到 2020 年,稳定实现农村贫困人口不愁吃、不愁穿,义务教育、基本医疗和住房安全有保障。

8. 城乡融合发展

城乡融合发展是指相对发达的城市和相对落后的农村,打破相互分割的壁垒,逐步实现生产要素的合理流动和优化组合,促使生产力在城市和乡村之间合理分布,城乡经济和社会生活紧密结合与协调发展,逐步缩小直至消灭城乡之间的基本差别,从而使城市和乡村融为一体。经济学界则从经济发展规律和生产力合理布局角度出发,认为城乡一体化是现代经济中农业和工业联系日益增强的客观要求,是指统一布局城乡经济,加强城乡之间的经济交流与协作,使城乡生产力优化分工,合理布局、协调发展，以取得最佳的经济效益。有的学者仅讨论城乡工业的协调发展，可称为"城乡工业一体化"。规划学者从空间的角度对城乡接合部做出统一的规划，即对具有一定内在关联的城乡物质和精神要素进行系统安排。生态、环境学者从生态环境的角度，认为城乡融合是对城乡生态环境的有机结合，保证自然生态过程畅通有序，促进城乡健康、协调发展。

城乡融合发展，是对国家现代化发展规律的深刻洞察，是对我国国情农情、城乡关系的科学把握，也是对统筹城乡发展和城乡发展一体化战略的继承和升华，具有重大的现实和理论意义。推进城乡融合发展是实施乡村振兴战略、实现"两个一百年"奋斗目标的客观需要；是破解城乡二元问题、释放乡村活力的迫切要求；是尊重乡村发展规律、认识乡村价值的必然结果；有助于克服城市中心主义和民粹乡村主义的影响，增强"四化同步"的理论自觉。

9. "三治合一"

"三治合一"最早来源于浙江省桐乡市取得的基层治理成功经验。2013年，桐乡市高桥镇建立了3支植根于民间的团队——百姓参政团、道德评判团、百事服务团，逐渐打开了"大事一起干、好坏大家判、事事有人管"的基层治理新局面；建立"三上三下"民主议决事制度，最广泛动员群众参与决策，从源头上预防矛盾发生；制定村民行为约束"负面清单"和劝导式"正面清单"；设立村级法治大讲堂，引导群众依法维权等方式进行治理。

经过数年的探索和实践，桐乡这种治理机制发展成为自治、法治、德治相结合的基层治理模式。

党的十九大从顶层设计的层面吸收了这一成功经验，提出"加强农村基层基础工作，健全自治、法治、德治相结合的乡村治理体系，打造共建共治共享的社会治理格局"。

2018年，中央一号文件《中共中央 国务院关于实施乡村振兴战略的意见》对"构建乡村治理新体系"作出总体部署，把深化村民自治实践、建设法治乡村、提升乡村德治水平作为坚持自治、法治和德治相结合的政策举措。同年，中共中央、国务院印发的《乡村振兴战略规划（2018—2022年）》进一步对促进自治、法治、德治有机结合作出指标规划，为"三治合一"确定了具体的施工图。

"三治合一"不仅为乡村治理提供指向，还逐步覆盖城市街道社区。2021年，《中共中央 国务院关于加强基层治理体系和治理能力现代化建设的意见》要求，力争用5年左右时间，建立起党组织统一领导、政府依法履责、各类组织积极协同、群众广泛参与，自治、法治、德治相结合的基层治理体系。

三、乡村振兴论的结构与研究方法

（一）乡村振兴论的结构

乡村振兴经过几年的实践和探索，已经形成一个丰富、完整的系统。这个系统具有发展性，一方面是乡村振兴理论体系固有结构自身的发展，另一方面由于实践的客观环境不断发展而引起人们认识的发展与深化。

从理论体系固有结构来看，乡村振兴必须有一套理论指导实践，这个理论体系包括研究对象、研究方法、研究内容、研究路径、研究案例以及相关法律等。

事物的发展不以人的意志为转移。因此，乡村振兴论是一个不断发展、不断丰富、逐步完备的理论。

从实践客观环境看，由于各地的地理环境、经济基础、人员素质、资金保障等条件的差异很大，因此，只能用具体问题具体分析的办法来解决某一地区的乡村振兴的具体问题。

乡亲振兴是一种国家战略，是一项实践性很强的工作，必须根据当地的实际情况，做好项目选择(产业)、人才培养、生态保护、文化建设、社会治理、民生福祉、基层组织等工作。

（二）乡村振兴论的研究方法

任何一门学科都有属于自己独特的研究方法，它可以使理论完善，走向成熟。研究方法及其方法论在很大程度上影响学科研究的发展。在乡村振兴研究过程中所运用的一切科学手段和思维技巧，是乡村振兴论研究方法的总和。在乡村振兴论的研究过程中，采用不同的方法进行研究，呈现出各自不同的特点。

1. 逻辑归纳法

逻辑归纳法是概括经验的方法论体系，直接从乡村振兴的实践经验出发，总结其一般规律，归纳基本原理，提炼乡村振兴的基本特点及其振兴的方法，帮助人们认识乡村振兴的实质，最后通过演绎推导的形式去指导实践。

这种方法直观、简洁，可以获得广泛而丰富的经验材料及规律，通常为大多数研究者使用。当然也是乡村振兴论研究方法的首选。

2. 数学分析法

随着科学的发展，许多数学方法开始向社会科学渗透，如定量分析、统计分析等。在乡村振兴论研究中用数学分析法，引入量的概念，提示乡村振兴活动中各要素之间量的变化及其关系，可以增强研究的科学性，达到"心中有数"、以理服人的目的。

从成本核算与经营管理的角度来看，数学分析法可运用于乡村振兴论的研究。

3. 比较方法

比较方法作为人类认识客观事物的基本方法之一，在自然科学和社会科学诸多领域已有成功应用，为研究乡村振兴提供了理论与实践方面的借鉴。

比较方法是人们认识客观事物的基本形式，它根据一定的标准，对不同事物或同一事物不同性质及运动的比较，认识事物的基本属性及运动规律，它是认识事物的重要方法之一。

有比较才有鉴别。乡村振兴论研究的比较方法有两种不同类型：

（1）横向比较。

横向比较即在一类或几类具有共性的事物中寻找共同点与不同点。

横向比较法具有同时性特点，可以使研究者开阔视野、打开思路。例如本书的案例研究，可以让我们得到一些启示。

横向比较可以让人了解同一时代不同国家、不同地区乡村振兴的发展情况，发现其异同点。

（2）纵向比较。

纵向比较侧重于活动的历史过程，通过不同阶段的比较，找出事物发展的一般规律。

纵向比较诠释活动的时代轨迹，剖析活动中生产力与生产关系对社会文化所产生的促进作用，增强人们对活动规律的了解。

4. 借鉴移植法

借鉴别的学科的成功经验引入其研究方法，从而探索其研究规律，是常用的研究方法。

借鉴移植法只有与乡村振兴实践紧密结合，才能取得实质性进展，从而进入科学层面，为学科发展带来活力，为乡村振兴论的研究形成新的成果。

移植是一种手段，最终目的是要借助相关学科的理论和方法，进一步提示乡村振兴的本质，形成自身的理论体系和方法体系。如将系统论、信息论、控制论、耗散结构论、协同论、突变论等科学原理、方法应用于乡村振兴论的研究之中，分析乡村振兴活动中带有普遍性的规律。乡村振兴论将在科学整体化、统一化的发展趋势中形成，并不断完善，形成一个横向学科群。

5. 多种方法的综合运用

科学发展越来越呈现多学科交叉趋势，在研究手段上也趋于综合化。乡村振兴的复杂性决定了其研究方法的多样性——它绝不可仅采用单一的方法，而是多种方法的综合应用。例如：在逻辑法中常常会用到一种重要的思维方式——比较、判断。比较、判断是逻辑归纳的基础，没有这一思维方式，定性、定量研究都无法完成。

没有一种研究方法是完美无缺的，也没有一种特殊的研究方法是万能的。针对不同的研究对象，采用不同的研究方法，用调查法了解存在的问题和已取得的成就，用观察法掌握实际情况和发现问题，最后用逻辑归纳法提出新的观点。

总之，运用马克思普遍联系、永恒发展的观点，对待乡村振兴中的问题，同时运用习近平新时代中国特色社会主义理论指导乡村振兴论的研究。

思　考　题

1. 什么是乡村振兴？
2. 简述乡村振兴与新农村建设的区别。
3. 理解下列概念：小微权力清单、田园综合体、数字乡村。

第二篇　乡村振兴方法论研究

一、以县域为基本实施单位整体推进乡村振兴战略

乡村振兴战略提出来后，政策研究部门和学界都对其展开了全方位解读、阐发和研究。在对乡村振兴战略的具体实施上主要有两种思路，分别是较为激进的思路和较为稳健的思路。

较为激进的思路是目前研究的主流，认为只有进一步深化农村改革，加速农村人地钱等要素流动，乡村振兴才能落地生根，农民收入才能提高，城乡差距才能缩小。该思路的主要目标是让农民在农村致富，主要措施包括三条。一是推动乡村产业振兴。乡村振兴、产业兴旺是重点，主张要把提高农业综合效益和竞争力作为主攻方向，全面振兴第二、三产业，防止农村产业空心化。二是要将人才留在农村，注重优化乡村人口结构和农业劳动力结构，提高乡村人力资本质量。乡村振兴关键是要有人才，因而要培育现代青年农场主、新型农业经营主体带头人、农业职业经理人等。三是在农村土地上做文章，通过建立相应的用地保障机制来推动乡村振兴，具体办法包括农村建设用地入市、完善农村土地三权分置、土地增减挂钩指标异地交易、盘活闲置宅基地和农房等措施。这些措施需要各级政府出台相应的政策和制度，创设和建立相关的体制机制，还需要有大量的资源投入，因此，资源投放的机制、精准度和效率也成了重要研究课题。

较为稳健的思路的基本主张是大部分农民家庭收入的增长空间在城市，乡村振兴的基本目标是保持农村的基本秩序，为留在农村的农民供给基本的适合生活和方便生产的公共物品和公共服务，实现不同区域农村的有效治理。为此，该思路下的乡村振兴研究主要有以下观点。一是乡村振兴战略要通过各种资金和政策支持让农民继续与土地结合起来，解决农民在与土地结合中面临的问题和困难，从而保证农民获得一定的生活水平。二是谨防城市过剩资本和市民下乡挤占农民的获利空间，保障适度规模经营主体和小农户的利益，健全和完善农业生产的社会化服务体系。三是乡村振兴要

有国际经验的视野。欧、美、日是通过工业化和城镇化走出了中等收入陷阱之后才转而推动乡村振兴，中国不能因为激进的乡村振兴过度消耗国家资源，从而无法走出中等收入陷阱。稳健思路主张在保持现有农村土地制度、基本经营制度、村社集体制度、基层自治制度等不变的前提下，通过提高基层治理能力和加强治理体系现代化建设来实现为农民保底的乡村振兴。

上述两种思路具有根本的区别。激进思路试图通过乡村振兴战略在短时期内一劳永逸地解决"三农"问题，在乡村振兴战略下让农民发家致富，让农村变得跟城市一样现代化。稳健思路认为不能在农村内部解决"三农"问题，而应通过工业化和城镇化的发展在城市解决"三农"问题，乡村振兴就是要为在城市解决"三农"问题腾挪出足够的时间和空间。

这两种思路的共同点就是都认为乡村振兴战略只是在内涵上深化了过去的"新农村建设"，是后者量变意义上的"升级版"而已。事实上，乡村振兴战略是在我国进入中国特色社会主义新时代、社会主要矛盾发生了根本性转变、农业农村现代化提出了新要求的背景下提出来的，它在目标、内容和方略上都与新农村建设有本质区别，它是自成体系的战略设计。我们认为：乡村振兴战略与新农村建设的根本区别是二者的战略目标不同，乡村振兴的战略目标是以县域振兴带动农业农村现代化和农民城镇化，而新农村建设的战略目标则是村庄经济社会的发展和建设。这样二者落地的基本单元也就不同，乡村振兴战略落地的基本单元是县域，而新农村建设的落地单元是村庄。

（一）县在乡村振兴中扮演着独特角色[①]

中国县域治理有着悠久的历史。关于郡县制的起源，学术界的共同看法是起于春秋，形成于战国，而全面推行于秦始皇统一天下之后；而中国历史上的地方政府以县为单位。[②] 历史上，中国县以上的行政区划时常发生变动，但县始终作为最基础的行政机构直接管辖农业人口，这适应了中国农耕社会的社会管理要求。县是历史上最稳定的一级行政区，与其他级别的行政区相比，在幅员、数目与名称方面的变化起伏最小。从政府部门组织架构来看，一方面，始于魏晋南北朝的"官吏分途"使各地郡县长官从由当地精英充任转为由中央政府直接任命调遣；另一方面，流品内外官吏职分两途，官与吏在职业生涯、等级位置、激励设置等组织制度方面的差异越来越大，两者最终为巨大的沟壑所隔离。从国家治理的角度来看，中国的封建社会延续了 2000 多

---

　　① 王立胜：《以县为单位整体推进：乡村振兴战略的方法论》（《中国浦东干部学院学报》2020 年 04 期）。

　　② 周振鹤：《县制起源之阶段说》，《中国历史地理论丛》1997 年第 3 期，第 23 页。

年，说明把县作为安邦治国的基本单位是成功的。

中华人民共和国成立后，县作为具有完整行政功能的基层机构，仍然被保留了下来。就组织架构而言，中国的政府管理层级在实际上从上到下分为五级。"地级市"因20世纪80年代的"市管县"改革而生，虽下辖若干县，但这一级行政区划未得到宪法的确认。就行政功能而言，县作为基层行政机构，具有完整的经济建设、政治建设、文化建设、社会建设、生态文明建设等职能，这与乡村振兴战略要求的"五大振兴"是对应的。也就是说，县具备落实乡村振兴战略的完整行政功能。而乡镇一级的行政功能不如县齐全。举例来说，乡镇一级政府不设纪委、法院、检察院等，且税务、公安等主要职能机构都是县级对口部门的派出站所。乡镇一级政府尽管可直接与农民打交道，但由于本身不具有完整的行政功能，其制定和执行完整的社会经济政策的能力受到很大限制。

与乡镇一级政府相比，县一级政府更具对应的管理权限，也更具必要的执法权限。政府既然是实施乡村振兴战略的主导力量，那么政府的层级与组织形式就必然与落实乡村振兴战略的效果息息相关。从这点上看，县级政府依靠其完整的行政功能成为乡村振兴战略的最基层落实者，这是进行以县为单位的乡村振兴的最重要依据。

在行政管理体制方面，中华人民共和国成立后，我国在行政管理上采取了垂直管理和属地管理相结合的行政体制，形成了"条块"关系。"条"就是从中央部委到地方对应职能部门的垂直管理体系，"块"就是除中央外其他四个层级的地方政府。中央政令的执行通过"条"和"块"进行，"条"以中央部委规章条文逐级对口下达的方式进行管理，强调"统"的一面；"块"即各级地方政府从上级获得授权对辖区进行综合治理，对地区事务有一定的自主性和能动性，可以根据本地情况进行主动决策，强调"分"的一面。两者共同构成统分结合的行政管理体制。

就乡村振兴战略的实施而言，政府主导作用的发挥离不开组织架构和行政管理体制安排。乡村振兴是国家的顶层战略，中央对乡村振兴进行总的统筹，其中各分项规划由中央部委制定并发布，并纳入项目制管理，项目资金也由中央提供，这体现了乡村振兴战略"统"的一面。

同时，乡村振兴总体战略由各省负责实施，由于各级政府在职责和机构设置上高度统一，每级政府都管大体相同的事务，实际上乡村振兴战略的执行就要落到县级。县级政府的职责十分具体，统分结合的"条块"体制在县级实现了汇聚，且县级政府在决策方面具有一定自主性，这体现了"分"的一面。正所谓"上面千条线，下面一根针"，作为政府间"条块"关系的汇聚点，县级政府对接中央部委及上级职能部门就乡村振兴制定的项目并进行落实。县级政府可以根据本地区的具体情况，对乡村振兴战略进行具体规划，使项目真正落地。这些都体现了县作为乡村振兴战略基本实施单位在治理上的作用。正如习近平总书记在会见全国优秀县委书记时指出的，"县委是我们党执政兴国的'一线指挥部'，县委书记就是'一线总指挥'。"①

政府在乡村振兴战略中起主导作用。这种主导作用就在于要始终把握乡村振兴战略的总体目标，也就是要推动县域乡村治理体系和治理能力现代化。从政府组织架构角度来看，《乡村振兴战略规划（2018—2022年）》提到，要"科学设置乡镇机构，构建简约高效的基层管理体制，健全农村基层服务体系，夯实乡村治理基础"。从基层政府治理体系构建来看，党的十九大报告在"实施乡村振兴战略"部分提出，要加强农村基层基础工作，健全自治、法治、德治相结合的乡村治理体系。从行政管理体制安排来看，村委会是基层群众性自治组织，而非上级政府的下级机构，这是社会主义基本政治制度的重要体现。这三方面决定了乡村治理体系的建设与完善，就是要以党的基层组织为核心，以村民自治组织为主体，两者相辅相成，实现德治与法治的结合，最终达到"治理有效"的目的。在新时代乡村治理体系中，村支部和村委会构成了治理的两个主线；在县域治理层次，从下往上的党、政两条线在县级又形成了一个汇聚点；党的领导除了在党组织系统贯彻，还在县级通过政府行政措施延伸到各村。这样在乡村振兴战略的实施过程中，县域治理的重要性体现在县级对上、对下都是汇聚点，起到了连接枢纽的作用，即"上接天线，下接地气"，"对上，要贯彻党的路线方针政策，落实中央和省市的工作部署；对下，要领导乡镇、社区，促进发展、服务民生"。②

（二）以县域为基本单元的乡村振兴特有的优势

从乡村振兴的内容可以看出乡村振兴的实质是县域振兴，就是要通过县域发展带动县域内农民城镇化和农业农村现代化，实现乡村的全面振兴。以县域为基本单元来考察和实施乡村振兴，有以村庄为视域所不具备的优势。

1. 实现城镇化与乡村振兴同步发展

如果把乡村振兴视为新农村建设的"升级版"或是村庄振兴，就会把城镇化与乡村振兴对立起来。城镇是人口、资源和就业机会的集聚地，城镇化是世界工业化和现代化发展的必然趋势，中国经济社会的发展也必然要走城镇化这条道路。从农民的角度来看，城镇化是农民家庭发展的新目标和新阶段。农民在实现温饱和宽裕的

---

① 习近平：《习近平谈治国理政》（第2卷），北京：外文出版社2017年版，第141页。
② 习近平：《做焦裕禄式的县委书记》，北京：中央文献出版社2015年版，第52页。

生活之后，家庭的下一个发展目标就是实现城镇化，这已成为农民在村庄展开社会竞争的最重要的"标的物"，包括农村小孩要进城上学、青年农民结婚要在城镇买房和青壮年劳动力要进城务工。2000年以来，我国年均城镇化率超过1%，到2017年我国平均城镇化率为57.35%。但是即便保持现在的城镇化增长速度，到2035年我国仍然有差不多4.5亿农民留在农村，那么在国家政策上就要考虑这个庞大的农民群体的生产、生活和出路问题，包括让他们共享现代化的成果。在一定意义上，乡村振兴也是应对这一基本国情提出来的长远战略问题。这样一方面农民要城镇化，国家也需要通过城镇化来带动经济社会发展，另一方面又要投入资源进行乡村振兴，这似乎构成了一对矛盾。

如果以村庄为基本单元推进乡村振兴，那么二者就必然是一对矛盾。因为按照这个思路，乡村振兴就是村庄建设，一方面是要通过大量的国家资源的投入，将村庄建设得像城市一样美丽和现代化；另一方面要通过农业产业发展等措施将青壮年劳动力留在村庄以提升村庄人气，而不是将更多的劳动力转移到城镇。这些措施会与农民对城镇化的期待相背离，其结果可能是村庄建设得很好而农民却进城了，导致消耗大量资源的基础设施使用率低，甚至造成纯粹资源的浪费，也使真正需要建设的村镇没有得到很好的建设。以县域为基本单元推进乡村振兴，可以实现城镇化与村庄建设的协同发展。一是对村庄进行分类管理，其中大量人口流失的村庄则对在村人口进行异地搬迁、建设中心村集中居住，对还有大量人口居住的村庄给予基本公共建设和公共服务；二是通过工商业发展和教育机构集中等措施推动集镇、中心镇和县城发展，以此带动农民就地城镇化。这样一来，国家投入资源的瞄准率就相对较高，让本该消失的村庄消失，把节省下来的资源投入到需要建设的中心村镇和城镇化上来，既可以实现农民的城镇化，又可以保证尚未实现城镇化的农民能够在村庄享受与城镇相对均等的公共服务。

以县域为基本单元的乡村振兴既不是要否定城镇化、将农民生拉硬拽地留在农村，也不是要让每个村庄都得到城镇一样的振兴；而是在推动农民就地城镇化的基础上，为尚需要留在村庄里生活的农民构建较好的社会秩序、生活条件和发展环境，从而为他们渐次实现城镇化提供基础。

2. 协调基础建设与全面振兴的关系

根据《乡村振兴战略规划（2018—2022年）》的目标设计，"到2020年，乡村振兴的制度框架和政策体系基本形成，各地区各部门乡村振兴的思路举措得以确立，全面建成小康社会的目标如期实现。到2022年，乡村振兴的制度框架和政策体系初步健全"。

乡村振兴的远景规划是，"到 2035 年，乡村振兴取得决定性进展，农业农村现代化基本实现。农业结构得到根本性改善，农民就业质量显著提高，相对贫困进一步缓解，共同富裕迈出坚实步伐；城乡基本公共服务均等化基本实现，城乡融合发展体制机制更加完善；乡风文明达到新高度，乡村治理体系更加完善；乡村生态环境根本好转，生态宜居的美丽乡村基本实现。到 2050 年，乡村全面振兴，农业强、农村美、农民富全面实现"。根据该规划，乡村振兴分为三步走，第一步从 2018 年到 2022 年是制度设计和完善阶段，第二步从 2023 年到 2035 年是初步实践和决胜阶段，第三步从 2036 年到 2050 年是乡村全面振兴阶段。第一步和第二步所做的工作属于基础建设，包括制度基础和实践基础；第三步则是在前一阶段的基础上实现全面振兴。基础建设和全面振兴需要在县域范围内协调展开。

假设乡村振兴是以村庄为基本单元的话，那么就必然要在每个村庄实现产业振兴、人才振兴、文化振兴、生态振兴和组织振兴，也就必须在基础建设阶段对每个村庄进行普惠式的制度建设和资源投入，然后在全面振兴阶段使每个村都实现"农业强、农村美、农民富"的战略目标。但是，一方面，在工业化、现代化和城镇化背景下村庄走向衰败是必然的趋势，大量的村庄既没有基础也没有必要进行振兴；另一方面，无论是基础建设还是全面振兴，只要在村庄中无差别地全面铺开就必然会耗费国家大量的人力、物力、财力等资源，不但达不到振兴乡村的战略目标，而且会拖累国家其他领域的现代化建设和发展，甚至还可能使国家迈不过中等收入陷阱。

以县域为基本单元推进乡村振兴，可以在有所为有所不为乃至量力而为的基础上，实现乡村振兴的战略目标。比如，以县域为基础对乡村振兴进行总体规划和布局，因地制宜地发展特色产业，在产业发展上不能一窝蜂地都搞农业产业化和乡村旅游，更不需要在每个村庄都搞产业发展。这样就不会在基础建设阶段造成低水平的重复建设和同质竞争。再如，在对村庄进行分类管理的基础上，分步骤、分阶段、分项目地开展基础建设，有的村庄让其逐渐消失，有的村庄保持基本建设水平，而中心村镇则可以进行全面建设。这样在基础建设阶段就可以避免全线出击，使国家资源的投入既有节制又有效果。待到 2035 年后基本实现社会主义现代化，国家走出中等收入陷阱，国力得到极大发展，城市中产阶级进一步壮大，这个时候国家就有足够的能力在基础建设的基础上推进县域范围的全面振兴。到 2050 年，包括保留下来的部分村庄、中心村、集镇、中心镇和县城就都可以实现和都市一样的全面现代化。

3. 有利于促进城乡融合发展

所谓城乡融合，是指城乡人员要素、空间要素、经济要素和自然要素的优化组合和双向流动。城乡融合是对城乡关系新发展的概括，是对以往城市优先、城乡统筹等发展理念的修正与发展，其目的是要达成城乡两种空间、业态、资源系统相互渗透、密切联系和功能互补的新格局。城乡要素的互动是城乡融合的关键，那么哪一层级的城市与农村的互动才能够使城乡要素的互动最充分？都市的资源和生态系统较为完备和独立，它无须与乡村进行深度互动就能自我运转和循环。只有在县域范围内，城镇才既有资源和生态的独立性，又有与农村互动和交换资源的需求，也就是说，在县域才能够实现真正的城乡融合发展。

在城乡融合发展问题上，许多学者认为最根本的是要深化城乡集体产权制度改革，打破户籍制度和城乡二元结构，促进城市的人才、资本流下乡，同时推动农村的劳动力、土地进城，加强城乡公共服务均等化，实现城乡之间的深度互动和资源交流。从县域来看，户籍制度并不是影响农民城镇化的障碍，经济条件能否在城镇获得稳定就业、购房定居才是农民是否真正城镇化的关键。城市资本和人才盲目下乡进入农业生产领域，不仅挤占了在村农民原本狭小的利润空间，而且由于经营成本高而难以获得利润，只能向国家索取高额补贴。若政策放宽，允许农民的耕地和宅基地自由买卖，城市闲置资本下乡大量占有这些资源，很可能使失去土地的进城务工人员在进城失败或是遭遇经济危机失业后没有了退路，从而成为城市流民。因此，在人力资源、土地、资本之间进行所谓双向自由流动很难实现城乡融合，反而可能造成城市对农村的新剥夺和新"剪刀差"。从调查来看，在县域能够实现真正的城乡融合发展，主要表现在以下几个方面。

一是进城农民与在村农民之间的互动。由于村庄与县域城镇的通勤距离较短，进城农民与在村农民互动的机会成本较小，双方基于原有的亲属关系和熟人社会关系而有较密集且良性的互动。主要包括两个层面。其一是代际互动。在县域内实现城镇化，子代可以在周末和节假日、父母生日或父母生病的时候返回农村看望和照顾父辈，父辈也可以经常性地进城看望子女和照顾孙辈。这样就不会造成"三留守"问题，尤其是高龄老年人可以得到子代的及时照顾而不会出现精神空虚等问题。其二是进城农民与在村农民之间的互动，体现为双方的人情往来和社会关系不中断，进城农民可以轻易返回农村参加在村农民酒席，在村农民也可以到城镇吃酒席。

二是城镇资源与农村资源之间的互动。这里的资源包括社会关系资源、物质资源和文化资源等。在物质资源方面，如进城的子代与在村的父代在物质上可以进行较好的互动，子代在城里务工的资源可以输送给父代养老，父代在农村务农的收入可以输送到城市以减轻子代的生活压力。在沿海农村调查发现，当地农村老年人每天清晨乘坐公交车进城给子女送菜米鸡鸭及其他土产品。如进城农民可以在物质上给在村的农民提供帮助，包括借贷和资助。如在消费上也可以实现城乡互动，城镇居民下乡消遣、观光和消费土特产，农民则可以进城逛街购物。调查发现，周末年轻农民带小孩驱车到城镇游乐场游玩，已成为农村新兴的消费活动。再如城镇资源还可以介入农业生产中技术和产后加工环节，提供农业产业的科技含量和产业化水平。在社会关系上，进城农民的社会关系较广、质量较高，可以为在村农民提供相关社会关系服务。在权威资源上，进城的农民由于其在经济能力、社会关系网络等方面的优势而在村庄里有一定的权威，他们可以成为有利于村庄治理的"新乡贤"。

三是农民进城与返乡之间的互动。包括两个层面的内涵。其一是农民可以居住在城镇而耕种在农村。县域范围交通网络越来越发达，公共和私人交通工具愈发便捷，农民可以于农闲时在城镇居住和打零工，农忙时回农村务农。或者白天乘坐公交或自驾车回农村务农，晚上再回城镇居住。例如一些农村中老年人，白天将孙辈送进城镇的学校后骑摩托车回农村干农活，傍晚再回城镇接孙辈放学，能够做到照看孙辈和务工两不误。其二是进城后失败的农民还能够返乡务农。在县域的城镇购买了房子，但是如果没有找到合适的工作，又无法到沿海地区或较大城市务工，那么这样的农民还可以返回农村耕种土地。返乡成为进城失败农民的退路，其前提是在农村还有承包地和宅基地。从县域城镇返回农村的机会成本和心理成本较小，但若是进入大都市后再返乡则要承受较大的机会成本和心理成本，因此农民很难再回得去。在这个意义上，城乡融合发展的空间定位也应该是县域。

4. 契合农民渐进城镇化和半城镇化特性

农民的城镇化需要有家庭收入的支撑。当前农民家庭收入来源于两个方面，一是年轻人外出务工的收入，二是中老年人在家务农的收入。一对年轻夫妇外出务工的货币化收入占家庭收入的七八成，一对中老年夫妇在家务农获得的主要是非货币化的收入。两笔收入加在一起可以达到农村的中等收入水平，可以使一个家庭在农村过上较为体面的生活。但是这个收入水平对农民的城镇化有双重限制，一是限制了农民只能在县域范围内城镇化，超出这个范围就很难实现城镇化；二是农民家庭成员不可能同时实现城镇化。所以，农民的城镇化策略是渐进城镇化和半城镇化，就是在不同阶段实现不同家庭要素和家庭成员的城镇化。农民通过代际合力在县域内的城镇购买房子，年轻人还得外出务工，中老年人在家务农，此时实现的是居所的城镇化。等到孙辈上学的时候，中老年人到城镇照顾孙辈上学，年轻夫妇外出务工，实现孙辈及其教育的城镇化。待到年轻人有一定积蓄、技术和能力在本地就业后，年轻人返回本地城镇居住就业，中老年人返回农村务工，并向子代输送务农获得的资源以减轻子代在城镇生活的负担。这样实际上是子代孙辈城镇化与中老年人留守化的"半城镇化"。到中老年人无法务农之后，他们便将土地流转出去，跟随子代进城生活，从而实现农民家庭的完全城镇化。还有一种情况，等到孙辈成人彻底城镇化，子代年老返回农村种地，维持着年轻人进城和中老年人在农村耕作养老的半城镇化状态。

以县域为基本单元的乡村振兴高度契合农民家庭渐进城镇化和半城镇化的特性和需求。首先，在县域内大力发展第二、三产业，创造更多本地就业空间，推动年轻农民本地就业和就地城镇化。其次，通过大力发展县域中小城镇建设，加强中小城镇公共基础设施建设和公共服务体系建设，为城镇化的农民提供舒适便捷的生活和工作环境。再次，大力发展县域范围的城乡公共交通网络和公共交通工具，以便于进城农民与在村农民的互动。最后，为农村提供基本的公共基础设施建设和公共服务供给，为在村的农民尤其是中老年人提供生产生活便利，降低他们的劳动强度，同时也为进城失败的农民提供能够返回农村生活的基本生产资料。

我国实行的处级治国，县级就是处级。因此乡村振兴的基本单位是县。在新农村建设实践中，有一个深刻的教训：将建设的重点和基本单元设置为一个个村庄，把新农村建设简化为新农庄建设，甚至简化为新房建设。即新房建设→新农庄建设→新农村建设。这种模式资源资金效率低下，利用粗放，各种要素分散，不能形成结构性整体，政府的行政力量和市场配置资源作用不能很好配合，政府的各种力量无法很好地整合。

乡村振兴是县域内的全域振兴。乡村振兴当然要做村庄的整体工作，如果将着眼点放在村庄，就无法将一个区域内的乡村作为一个整体和体系来看待，乡村振兴也无从谈起。因此，以县域为单位，推进乡村振兴，根据县域范围之内的产业基础和资源禀赋，来划分推进乡村振兴的基本单元，可以突破乡镇之间的界限。可以预测，在乡村振兴的规划中，根据资源禀赋和产业发展基础可能突破村庄范围，甚至乡镇范围，即有的村庄要轻型化，有的村庄要消失。

(三)推动县域内城乡融合发展，促进县域功能最大化

新型城镇化建设，不能就城市论城市，必须走城乡融合发展之路；乡村振兴，不能就乡村论乡村，城乡融合发展是其必走之路。城市和乡村要融合发展，县域是其融合发展最合适的空间载体。县域连接城市和乡村，是我国社会治理和经济发展的基本单元，在我国国民经济发展中扮演着重要的角色。因此，加快县域内城乡融合发展，对推进乡村振兴、实施新型城镇化战略尤为重要。

1. 推动县域内城乡融合发展，需要做大做强县域经济

无论从地理距离还是心理距离，县域对农民的吸引力都较高，因此，需要做大做强县域经济，实现县域经济高质量发展。做大县域经济，必须有效整合二元区域的资源优势。一要对接城市。作为城乡衔接地带，特殊的区位优势可以依托大城市资本优势，承接城市产业转移，融入城市产业链和价值链。二要对接农村。畅通农产品的市场之门，构建农产品交易市场和县城农村，建设以县城为核心中枢的城市高质量农产品供应基地，壮大县域经济发展规模要注重前期规划，科学谋划县域经济发展的时间表和路线图，避免走高负债低效益、先污染后治理、先开发后审批的粗放式发展老路，要找准自身的战略定位和发展方向及目标，把县域先天的资源禀赋优势转化为后天的发展竞争优势；要承接适宜产业转移，培育支柱产业，打造农业全产业链，把产业链主体留在县域，让农民更多分享产业增值收益；积极引导社会资金等要素向县域流入，畅通城乡经济循环，发挥县域经济连接城市、服务乡村的重要作用。

2. 推动县域内城乡融合发展，需要提升县域的承载力

当前农村还有众多的常住人口，他们享受的教育、医疗、养老等公共服务与县域内城镇居民有一定差距，农村水电路气网等基础设施还存在不少短板。补齐农村公共服务和基础设施短板，加快县域内城乡融合发展，是人们的迫切需求。要积极统筹县域产业、基础设施、公共服务、基本农田、生态保护、城镇开发、村落分布等空间布局，强化县城综合服务能力，把乡镇建设成为服务农民的区域中心，实现县乡村功能衔接互补；要加快小城镇发展，完善基础设施和公共服务，发挥小城镇的作用；要推进以县城为重要载体的城镇化建设，促进城乡交通、供水、环卫、养老、公共文化服务一体化发展，在有条件的地区按照小城市标准建设县城，推进以人为核心的新型城镇化，促进城乡协调发展。

3. 推动县域内城乡融合发展，需要增加县域内就业机会

县域就业让农村人口不用远离家乡，在家门口就能就业。赚钱、顾家两不误，农村人口自然愿意留下来；同时县域内房价相对稳定，住房相对容易解决，医疗教育相对完善，农村人口也能留得住。因此，在壮大县域经济的同时，要因地因时培育与城乡融合相适应的产业，增加更多合适的岗位，通过劳动技能培训，促进更多农村人口就业，提升县域就业吸纳能力；要建立稳定有效的人才入乡激励机制，推进乡村人才振兴；要为人才引进、人才返乡创业搭建好干事创业平台，落实乡村振兴人才可持续发展机制；要鼓励地方建设返乡入乡创业园和孵化实训基地，吸引各类人才返乡入乡创业。

二、乡村振兴战略对马克思主义方法论的具体诠释①

实施乡村振兴战略，对解决新时代我国社会主要矛盾、实现"两个一百年"奋斗目标和中华民族伟大复兴中国梦都具有重大的现实意义和深远的历史意义。习近平总书记关于"乡村振兴"战略的重要论述，是中国共产党百年实践探索的重要经验启示，是对马克思主义方法论的具体诠释。

（一）乡村振兴战略对马克思主义社会过程理论方法的诠释

马克思主义认为，物质世界是一个发展过程，世界是过程的集合体，而不是事物的集合体。万事万物都处在运动变化发展之中，量变和质变是事物发展变化的两种状态，社会发展体现为一个连续性和非连续性的自然历史过程，量的积累是间接性质变飞跃的前提。

习近平总书记在党的十九大报告中提出全面实施乡村振兴战略，指出农业、农村、农民问题是关系国计民生的根本性问题，到党中央对优先发展农业农村、全面推进乡村振兴作出总体部署，为做好新时代"三农"工作指明方向。从 2018 年 3 月 25 日，国务院总理李克强在《政府工作报告》中指出大力实施乡村振兴战略，到 2021 年 2 月 21 日，《中共中央国务院关于全面推进乡村振兴加快农业农村现代化的意见》即 2021 年中央一号文件发布。从 2021 年 2 月 25 日，"十四五"开局之年，国务院直属机构国家乡村振兴局正式挂牌，迎来乡村振兴的新时代使命，要求做好乡村振兴这篇大文章，到 2021 年 4 月 29 日，十三届全国人大常委会第二十八次会议表决通过《中华人民共和国乡村振兴促进法》，阐明乡村振兴往哪走、怎么走、跟谁走等重大问题。经年求索，积跬步以至千里，积涓流以成江海，厚积薄发，在以习近平同志为核心的党中央领导下，全党全社会掀起了乡村振兴战略理论的大讨论和实践建设的大探索。久久为功，滴水穿石，中国的乡村振兴正在实现量的积累到破茧成蝶的转变。

（二）乡村振兴战略对马克思主义实践基础理论方法的诠释

马克思主义认为实践是认识的源泉，是认识发展的活力。坚持一切从实际出发，

---

① 《乡村振兴战略与马克思主义方法论的结合》，万象文库，2022-08-22。

实事求是，坚持以实践为基础的理论方法，是正确把握客观规律与主观能动性辩证关系的基石。乡村振兴是一项长期的、系统的工程，并非一蹴而就之功，遵循乡村发展客观规律，循序渐进地使乡村精神文明和产业发展不断取得新突破，切忌急功冒进和急于求成。

实践是检验真理的唯一标准。以习近平同志为核心的党中央立足国情农情，科学规划乡村振兴的目标任务和实施路径，统筹推进农村经济、政治、文化、社会、生态建设。一是以人民满意为目标，采取符合当地实情的有效措施，发展地方特色农业、手工业和旅游业，打造"一村一品、一县一业"发展新格局。二是科学把握各乡村资源禀赋的差异性和发展特征，尊重客观规律，分类施策，因村制宜，不搞一刀切，不搞形式主义。三是抓政策落实，"三农"工作队伍特别是党员领导干部扑下身子、沉到一线，深入实际、深入基层、深入群众，细化实化工作重点和政策措施，不断提升实践能力和水平。四是坚持问题导向，真正做到在精细中出彩。研究真问题，真研究问题，对于乡村振兴的每一项工作都做到掌握情况细、分析问题细、制定方案细、配套措施细、工作落实细。五是坚持调查研究，勇于探索乡村振兴的新途径、新思路、新举措，在实践中检验发展成果。

(三)乡村振兴战略对马克思主义社会系统理论方法的诠释

马克思主义社会系统理论蕴含丰富的社会系统论思想，唯物史观把人类社会看成是人们在特定的物质资料生产基础上相互交往、共同活动形成的各种关系的有机系统。社会是由无数相互关联的事物构成的统一整体，在观察和处理问题时要把握住事物的系统性、整体性、全面性，增强大局意识，实现整体的最优目标。

习近平总书记在党的十九大报告中指出，农业农村农民问题是"关系国计民生的根本性问题"，必须始终把解决好三农问题作为"全党工作的重中之重"。全面实施乡村振兴战略，必须从全局和战略的高度把握乡村振兴的科学内涵，明确乡村振兴战略思想总要求，要按照产业兴旺、生态宜居、乡风文明、治理有效、生活富裕的总目标全面实施。一是妥善处理长期目标和短期目标、顶层设计和基层探索等关系，统筹谋划农村经济建设、政治建设、文化建设、社会建设、生态文明建设和党的建设，把乡村产业发展提到优先发展的位置，并从政策上给予保证。二是从制度上保障乡村振兴战略实施，完善承包地三权分置制度，保持土地承包关系稳定并长久不变制度，确保国家粮食安全制度、土地流转制度等，有利于调动农民积极性，营造乡村振兴的良好氛围，积累乡村振兴的群众基础，巩固和完善农村基本经营制度。三是构建现代农业产业体系、生产体系、经营体系，着力推动传统农业向现代化绿色农业转变。四是注重乡村振兴的关联性、系统性、协同性，深刻把握生态系统的整体性、系统性及其内在规律，统筹山水林田湖草沙系统治理，加强农村资源环境保护，做好农村人居环境整治，保护好绿水青山和清新清净的田园风光，推动形成绿色发展方式和生活方式，开创生态文明建设和环境保护新局面，使各项政策相互配合、相互支撑、整体推进，产生共振共鸣、相得益彰的效果。五是完善乡村治理，培育产业人才，做好农业强、农村美、农民富的大文章，抓重点、补短板、强弱项，坚持改革、发展、稳定相统一，城乡互促、全面融合、共同繁荣，推动农业全面升级、农村全面进步、农民全面发展。

(四) 乡村振兴战略对马克思主义社会矛盾理论方法的诠释

人类社会的基本矛盾，不仅是人类社会发展的基本源泉和动力，而且其运动、变化和发展也体现了人类社会发展的基本轨迹及其历史趋势。马克思主义矛盾理论方法启示人们通过解析矛盾把握事物变化发展的客观规律。马克思主义矛盾理论要求我们看问题要学会一分为二，具体问题具体分析，坚持两点论与重点论的统一，这样才能更有效地在实施乡村振兴战略中不断攻坚克难。

实施乡村振兴战略不能平均用力、齐头并进。要注意分清主次矛盾，抓主要矛盾和矛盾的主要方面，注重抓重要领域和关键环节，实现整体推进和重点突破相统一。坚持农业农村优先发展，加快补齐农业农村在资金投入、要素配置、公共服务、干部配备等方面的短板。切实改变农业农村落后面貌，产业兴旺是关键，是解决乡村建设一切问题的"卡脖子"环节。推进乡村振兴，必须产业先行，促进乡村产业发展，做大乡村产业"蛋糕"，引导和推动更多资本、技术、人才等要素向农业农村流动，以产业发展带动农业强起来、农民富起来、乡村美起来。当然，在集中精力抓产业发展重点的时候，生态文明、精神文明等也不能放松，这就是坚持马克思主义两点论与重点论相统一的生动运用，是马克思主义社会矛盾理论方法的生动体现。

(五) 乡村振兴战略对马克思主义人的本质思想方法的诠释[①]

人的本质被费尔巴哈称为"哲学上最高的东西"，是人的最深层次的认识。只有正确认识和深刻理解人的本质，才能更好地认识人自身，促进人和社会的全面发展。马克思主义人的本质思想认为，人的本质普遍关涉人的实践本质和社会本质两大类，而人的类本质和发展本质又是对人的实践本质的展开，人的共同体本质、社会联系本质和社会关系总和本质又是对人的社会本质的展开。

---

① 张立杰、牛佳欣：《马克思主义人的本质思想看乡村振兴》，达达文档网，2020-11-05。

1. 人的类本质和人的发展本质对乡村振兴的影响

激发全社会力量主动参与乡村振兴——人的类本质的体现。人的类本质表明人的活动是自由的有意识的活动。在马克思看来，人与动物最根本的区别就是"人是类存在物"。因为，动物与人有诸多共性，属于最接近的有生命的类，也就最能显示其本质特点。因而，类本质也就成为区别人与动物的根本特性。同时，马克思主义将人与动物进行比较，从二者关于主体与对象的关系、与自然界的关系和二者关于生命活动的区别三方面进行综合分析，指出人与动物最大的区别就是，人的生命活动是自由的、有意识的，动物的生命活动是无意识、无目的的，从而证明人的类本质是自由的、有意识的活动。马克思说："正是在改造对象世界中，人才真正地证明自己是类存在物。这种生产是人的能动的类生活。"①可以理解为，人改造对象世界的活动就是人的实践本质的体现，而人的类本质只有在改造对象世界的活动中才能被加以证明。所以，类本质构成了实践本质的要素，是现实化的实践本质。乡村振兴的根本是"人"的振兴，乡村振兴既要依靠"人"，也是为了"人"。因而，"人"是乡村振兴的目的也是手段。乡村振兴的目的是破解乡村发展的不平衡不充分难题，满足乡村人民对美好生活的需要。这就需要充分发挥全体人民自由的、有意识的类本质特性，全力支持全社会力量参与乡村振兴，畅通社会团体和个人参与乡村振兴路径。同时，要重视乡村人民在乡村振兴中的主体地位，激发乡村人民改造自身和外部世界的内生动力，积极主动改造自然界、社会和人自身，主动承担起乡村振兴的重任。

满足人民对美好生活的需要助推乡村振兴——人的发展本质的体现。人的发展本质表明，人先天具有需要本性。人的发展本质是在人的类本质基础上提出的，为了进一步说明人与动物的根本区别。马克思说："历史不过是追求着自己目的的人的活动而已。"②满足生命的需要是人类活动的终极目的，生产、分工和扩大再生产为这一需要的满足提供了条件，因此，需要成了人的发展本质的核心。他还说："他们的需要即他们的本性"，③也就是说，人的需要来源于人的本性。动物的一切活动出于本能，没有主体需要的意识。因此，需要作为人的发展本质的核心，进一步深化了人与动物的本质区别。乡村人民对美好生活的需要，为实施乡村振兴战略提供了决策依据。人先天具有需要本性，人类活动的终极目的是满足生命的需要，新时代乡村社会发展的不平衡不充分制约着乡村人民追求美好生活愿望的实现。乡村人民对美好生活的追求

---

① 《马克思恩格斯全集》(第3卷)，北京：人民出版社2002年版，第274页。
② 《马克思恩格斯文集》(第1卷)，北京：人民出版社2009年版，第295页。
③ 《马克思恩格斯全集》(第3卷)，北京：人民出版社1960年版，第514页。

和需要本性，客观上又导致了乡村社会发展的不平衡不充分，突出表现在乡村人民在满足对美好生活的需求中逐渐逃离乡村，乡村社会"空心化"现象随之严重。乡村社会的"空心化"源于乡村人民摆脱贫困、追求更好生活的需要，而治理乡村社会"空心化"也应该从满足人的这种需要入手，可行的措施包括出台优惠政策引能干人、发展支柱产业留年轻人、打造生态环境聚有钱人。有了这些能干人、年轻人和有钱人，才能带领乡村人民摆脱贫困、发家致富，最终满足乡村人民过上美好生活的需要。

2. 从马克思人的本质论看乡村振兴过程中以人民为中心的发展思想的体现

马克思人的本质思想内含人的实践本质和社会本质，是二者的统一。实践本质表征人自由自主的能动性与需要本性；社会本质表征人在生产实践和生命延续过程中的社会性需求。可见，无论是实践本质所表征的个体性需求还是社会本质所表征的社会性需求都表明，人的需求是人的本质思想的核心要义，也是以人民为中心的发展思想的出发点。"以人民为中心"这一发展思想充分展示了我们党长期以来坚持的立党之本、执政之基，实施乡村振兴战略就是要遵循其价值观念，解决"乡村振兴为了谁，乡村振兴依靠谁"的问题。对这两个问题的解决，充分显示了我们的乡村振兴战略内蕴着丰富的马克思主义人的本质思想。

发挥乡村人民主体作用是乡村振兴的基本方略。坚持农民主体地位是实施乡村振兴战略的基本原则之一。乡村人民作为乡村振兴服务的对象，不是作为客体，被动地接受振兴，而是作为参与主体，主动地参与乡村振兴。满足乡村人民对美好生活的需要正是乡村振兴的基本目标，这是为民生、顺民意、得民心的伟大事业，必将受到乡村人民群众的拥护和支持，应有足够的信心调动起他们的主动性和创造性，使之积极投身到乡村振兴事业中。

汇聚全社会力量是实施乡村振兴战略的关键。乡村振兴是包含了产业、人才、文化、生态、组织"五位一体"的全方位振兴。因此，必须依靠全社会力量，畅通智力、技术、管理下乡通道，引文化人、教能干人、留有钱人，既造就更多乡土人才，也聚天下人才而用之，为乡村振兴提供政策支持、物质支持、智力支持，把乡村建设成为幸福美丽的新家园。这从根本上回答了"乡村振兴依靠谁"的问题。

满足乡村人民美好生活的需要是乡村振兴的基本目标。乡村人民对美好生活的需要，应该包括乡村人民多层次的主观需要和全方位的客观需要。多层次的主观"美好生活需要"，是在共同富裕的前提下，不同乡村个体所向往的不同层次的美好生活。它主要取决于乡村人民对自身经济条件状况的理性判断，既可以是基础层次的需要，如老有所养、劳有所得、幼有所养/育、病有所医、住有所居，也可以是在满足基础需要之上的更高层次的需要，如更宜居的生存环境、更富裕的物质生活、更丰富的精神生活、更完善的社会保障。全方位的客观"美好生活需要"，主要指乡村全体社会的共同需要，这种"美好生活的需要"不仅扩展了原有乡村人民物质文化需要的种类，从较为基础的物质文化需要扩展到社会、政治、经济、文化、生态等方面的全方位的需要，而且融入了民主、法治、公平、正义、安全等价值观的内容。这从根本上回答了"乡村振兴为了谁"的问题。

马克思主义人民主体理论方法揭示了人类历史发展的基本规律，人民是历史的创造者，是真正的英雄，是推动社会历史发展的根本力量。全面贯彻落实乡村振兴战略，为了人民、依靠人民、人民共享，主要目标是不断增强人民群众的幸福感、获得感、安全感，实现好人民群众对美好生活的向往。

三、坚持绿色发展的乡村振兴方法论

(一)坚持绿色发展理念，提升乡村振兴的美丽颜值

在乡村振兴的道路上，需要进行一场深刻的绿色革命。这既是对现实问题的加工与剖析，也蕴含着解决现实问题的方法论意义。实现生态与资本融通、生活方式对消费方式的引领、主体性与有限性的辩证统一，为乡村振兴的实现路径提供了方法指引。

深化生态与资本融通原则，助推乡村振兴价值颜值双赢。乡村振兴既要环境"美"，也要生产"美"。从方法论上讲，在生产环节预防环境恶化，更多地表现为一种外在"倒逼性"，这种"外源型"发展理念面临如何实现长效性的考验。而发掘和释放生态资源潜在的经济效应属性，是对人及其经济行为的内在自然本性的呼唤与践行，是对人与自然和谐共生原则的遵循与拓展，更多地表现为一种"内源型"发展理念。倘若没有实现生态资源向经济资源的持续转换，生产环节绿色化必然缺乏长效维持的条件和可能。这正是当前乡村生产发展面临的一大难题。

当代经济发展与生态环境的冲突是一个突出的全球性问题。西方生态主义把问题归结于资本本性，并对其进行剖析与批判。这些批判是深刻的，但却是非辩证的。正如对事物的肯定理解中包含着否定的方面，对事物否定的分析中同样也包含着肯定的方面。马克思早就指出，资本在带着"肮脏本质"来到这个世界的同时，也具有"革命性作用"，资本有其特定的历史使命。客观上，资本基于逐利本性也会在一定程度上催生和运用生态逻辑，这一点已被现代化进程中西方一定程度上的生态行为(尽管这些行为可能多处于被动)所证明。资本与生态文明建设的关系，就好比是"切线"与

"圆"的关系，这种关系是脆弱的，需要维护好一定的"度"；一旦驾驭不好资本的力量，资本这条切线就会偏离生态文明建设的轨道。如何把握好这个"度"，实现生态与资本的融通，这是我们探索实现乡村振兴的关键着力点。

回归生活方式引领原则，优化乡村振兴绿色颜值。生活方式绿色化是"生态宜居"的题中之义。广义来讲，生活方式是生产方式在社会生活方面的表现形态，生活方式在自己的领域履行和完成着生产方式交予它的使命。随着现代化的深入，现代社会进入消费社会，社会的基本特征不再是"匮乏"，而是"剩余"。在消费与生产关系的新变化中，生活方式与消费方式的关系发生"颠倒"：不再是生活方式引领消费方式，而是生活方式被消费方式所裹挟。人在生活方式上的行为及其对生态环境的影响日益由潜在变为显性，被裹挟的生活方式已经成为深刻影响乡村全面振兴的重要因素之一。

生活方式何以会被消费方式所裹挟？如果进一步追问的话，问题的实质会在市场逻辑与资本逻辑关系层面获得更为深刻的展开。倘若认为资本逻辑支配一切，市场逻辑必然湮没于资本逻辑之中；倘若认为资本逻辑与市场逻辑没有实质区别，其本质也是用资本逻辑吞没市场逻辑。以资本逻辑的视阈看待世界，生活方式与消费方式关系的颠倒只不过是服从于资本本性的必然结果罢了。中国特色社会主义的实践探索表明，资本逻辑并不必然支配市场逻辑，相反，资本要素力量的释放是在市场配置中实现的。资本和市场被清晰地区分开来，都服从于人类社会发展的理论与实践逻辑。这为乡村在生活方式上实现绿色化发展，提供了现实的可能性与科学的方法指引。

坚持有限主体性辩证法原则，促进乡村振兴美丽颜值。当前，一些地方在推进乡村建设的过程中出现诸多偏颇甚至走样。概括来讲，主要是照搬城建模式，以致破坏乡村文化生态与自然生态，失却了乡村的特色。从实践层面讲，这是在乡村振兴多元主体参与格局下，各关涉主体参与意识和责任界限不明晰的结果。从理论层面讲，这恰恰是忽视客观自然规律和社会发展规律，不自觉放大人的主体性的结果。因此，从主体性的维度来讲，社会发展难题是主体性僭越造成的不良后果。在乡村振兴过程中，人作为能动的实践主体，必须确立一种界限性和有限性意识。

文化是历史的载体，它表征着一种价值理念与行为实践的认同，体现着人的主体性意识。在新时代，实施和推进乡村全面振兴离不开文化的支撑，但是客观地讲，在现代化进程中衍生出诸多现代性问题，这些问题消解或侵蚀着人们的主体性意识和对实践的认同感、参与感。现实中，一些地方村民的主体责任意识不强烈，参与度不够高，"等""靠""要"的现象比较明显。这表征着其主体性意识缺失，未形成或达成有效的文化与价值实践认同。因此，从方法论原则上讲，推进乡村振兴，需要坚持主体性与有限性的辩证统一，以认同感激活村民的参与意识，以积极参与增加获得感，以获得感强化认同感，在合目的性与合规律性的现实活动中促进乡村振兴。

(二)推进"绿色发展"的新思路新举措

一是将"绿色发展"理念植入全面小康社会建设之中。十八大明确提出了全面建成小康社会新的目标要求，其中"生态环境质量总体改善"成为新目标之一，从"十二五"时期的生态环境质量明显改善，到"十三五"时期的生态环境质量总体改善，我国生态环境建设质量经历了一个从无到有、从低到高、从局部到整体的深化提高过程。这要求我们在小康社会建设过程中必须始终坚持绿色发展，并以生态环境质量总体改善为导向，时刻保持发展的平衡性、包容性和可持续性，通过绿色发展理念的渗透，坚定人们走生产发展、生活富裕、生态良好的文明发展道路的决心。

二是全面厘清五大发展理念之间的关系。绿色发展理念与创新、协调、开放、共享发展理念之间应该是相辅相成、紧密联系的。"创新"为绿色发展提供动力，"协调"为绿色发展保驾护航，"开放"为绿色发展提供机遇，"共享"促进绿色发展成果转化。在绿色发展过程中，必须时刻保持对生态环境新情况、新问题的敏感性；创新绿色发展技术、方式、体制、机制，协调经济发展与生态环境之间的矛盾；同时加强对国外先进发展方式和理念的学习与借鉴；及时分享绿色发展的成果。

三是推进绿色发展必须树立全球性生态视野。绿色发展是当前全球所有国家和地区需要面对的复杂课题，我国的绿色发展在起点、规模、程度、速度等方面与西方发达国家仍存在较大差距。因此，绿色发展必须立足中国，放眼世界，善于利用他人先进的技术和方式来增强自身发展实力；同时，在自身发展时也要充分顾及对全球生态环境的影响，统筹国内和国际两个大局，对外要掌握国际绿色发展规则制定的主导权，尽可能维护和争取发展空间；对内要切实加快绿色转型进程，促进发展成果更多地惠及民生。

四是将制度建设贯穿绿色发展全过程。绿色发展要实现从理论到实践的转变必须依靠强有力的制度支撑，用具体的制度对绿色发展理念加以规范和约束，形成全社会共同遵守的客观条例、政策、法规等。对违背绿色发展要求，影响生态环境安全的任何行为坚决用制度加以限制；同时，绿色发展相关制度建设要充分考虑客观条件的许可，考虑具体时期的主要矛盾，有针对性、分时期、按步骤地加以推进；在涉及不同群体的利益时，以及对不同群体产生不同影响时，需要推进和建立更加民主的绿色发展制度和公共决策机制。

四、用唯物辩证法准确把握乡村振兴战略①

马克思主义哲学作为科学的世界观和方法论，为我们提供了行之有效的思想方法和工作方法，能够帮助我们更加深入地把握和更好地实施乡村振兴战略。

(一)坚持普遍联系的观点

唯物辩证法表明，世界是由无数相互关联的事物构成的统一整体，在观察和处理问题时要注意事物的系统性、整体性、全面性，树立全局观念，做出最有利的战略部署，实现整体的最优目标。实施乡村振兴战略事关乡村全面发展，必须从全局和战略的高度把握乡村振兴的科学内涵，注重改革的关联性、系统性、协同性，使各项政策相互配合、相互支撑、整体推进，产生共振叠加、相得益彰的效果。实施乡村振兴战略，要按照产业兴旺、生态宜居、乡风文明、治理有效、生活富裕的总要求，妥善处理长期目标和短期目标、顶层设计和基层探索等关系，统筹谋划农村经济建设、政治建设、文化建设、社会建设、生态文明建设和党的建设，实现第一、二、三产业融合发展，做好农业强、农村美、农民富的大文章，抓重点、补短板、强弱项，坚持改革、发展、稳定相统一，形成工农互促、城乡互补、全面融合、共同繁荣的新型城乡关系，推动农业全面升级、农村全面进步、农民全面发展。

(二)坚持矛盾发展的不平衡性观点

矛盾分析法启示我们，实施乡村振兴战略不能平均用力、齐头并进。要注意抓主要矛盾和矛盾的主要方面，注重抓重要领域和关键环节，实现整体推进和重点突破相统一。当前，我国社会主要矛盾在乡村表现得较为突出，城乡发展不平衡是最大的不平衡，农村发展不充分是最大的不充分。因此，必须把"三农"问题作为全党工作的重中之重，坚持农业农村优先发展，加快补齐农业农村在资金投入、要素配置、公共服务、干部配备等方面的短板，切实改变农业农村落后面貌。乡村振兴要部署若干重大工程、重大计划、重大行动，在各项建设中均要抓住重点，找准突破口，排出优先顺序，突出抓好重要领域和关键环节的改革，以重点突破带动全局工作。比如，在实施乡村振兴战略的总要求中，产业兴旺是关键，是解决农村一切问题的前提。推进乡村振兴，必须产业先行，要紧紧围绕促进产业发展，引导和推动更多资本、技术、人才

---

① 陈晓华、吴修成：《实施乡村振兴战略的哲学思考》，人民论坛网，2019-08-28。

等要素向农业农村流动，以产业兴旺引导农业强起来、农民富起来。当然，在集中精力抓重点的同时，也要学会统筹兼顾。

（三）坚持发展的观点

唯物辩证法认为，一切事物都处在不停息的运动变化发展之中，量变和质变是事物发展变化的两种状态。实施乡村振兴战略，要持续加大强农惠农富农政策力度，使乡村产生显著变化，实现从量变到质变的飞跃和提升。一方面，坚持质量兴农、品牌强农，采取精准措施提高农业创新力、竞争力和全要素生产率。如大力培育新型职业农民和新型经营主体，发展高端农机装备制造，创建特色农产品优势区，实施乡村旅游精品工程等，推动农业由增产导向转向提质。要坚持底线思维，确保在风险可控范围内实现发展目标。如严守耕地红线，严守生态保护红线，划定江河湖海限捕、禁捕区域等。

（四）坚持实践的观点

实施乡村振兴战略的过程是一个认识农村发展存在的问题与促进农村全面发展的实践过程。实践决定认识，认识来源于实践，随着乡村振兴实践活动的深入发展，思维与认识也必须发展。实施乡村振兴战略要从两个方面的实践上下功夫。一方面，要积极贯彻落实党的"三农"政策。党的十八大以来，中央出台了一系列深化农村改革的政策措施，关键是要抓好落实，让政策措施落地生根。"三农"工作队伍特别是领导干部要扑下身子、沉到一线，深入实际、深入基层、深入群众，细化实化工作重点和政策措施，不断提升实践能力和水平。另一方面，要坚持问题导向，坚持调查研究，勇于探索乡村振兴的新途径。如做好农村改革试验区工作，探索小农户和现代农业发展有机衔接，在实践中检验改革成果。

（五）坚持实事求是的观点

马克思主义唯物论告诉我们，实施乡村振兴战略，要坚持一切从实际出发、实事求是，科学确定乡村振兴的目标任务，循序渐进地使乡村振兴不断取得进展，不能超越发展阶段，切忌贪大求快，避免急功冒进和急于求成。要立足国情农情，科学把握乡村的差异性和发展特征，分类施策，因村制宜，不搞一刀切，不搞形式主义。各地要考虑资源禀赋差异，采取符合本地特点的有效方式，发展地方特色农业、手工业和旅游业，打造"一村一品、一县一业"发展新格局。尊重客观规律是实事求是的内在要求，在乡村生态文明建设中表现得尤为突出。要深刻把握生态系统的整体性、系统性及其内在规律，统筹山水林田湖草沙系统治理，加强农村资源环境保护，做好农村人居环境整治，保护好绿水青山和清新清净的田园风光，推动形成绿色发展方式和生活方式，开创生态文明建设和环境保护新局面。

（六）坚持内外因相结合的观点

内因是事物变化发展的根据，外因是事物变化发展的条件。一方面，乡村振兴要坚持农民主体地位，尊重农民的利益诉求，实现好、维护好、发展好农民的利益，保护和调动农民的积极性、主动性、创造性，使乡村振兴成为农民的自觉行动。要调整农村产业结构，发展壮大农村集体经济，进一步提高农民综合素质和农村文明程度，激活乡村内生动力，实现乡村可持续发展。另一方面，乡村振兴也需要强大的外力支撑。如在人才方面，除充分激发乡村现有人才活力外，还需要吸引社会各界人士参与乡村振兴。

乡村是一个大有作为的广阔天地，时代和实践的发展赋予乡村振兴许多机遇。在实施乡村振兴战略的实践中，我们要更好地学习、运用马克思主义哲学的立场、观点和方法，从中汲取智慧和力量，去观察、分析和解决乡村振兴中面临的各种问题，不断深化对乡村振兴战略的认识，以更宽广的视野、更长远的眼光来思考和把握乡村振兴中的问题，增强开展工作的科学性、系统性、预见性和创造性，提高攻坚克难、化解矛盾、驾驭复杂局面的能力，推动乡村振兴战略的深入实施。

五、乡村振兴战略背景下农村社会工作研究

根据国家对乡村振兴的目标设定可知，乡村振兴不是对乡村的简单修补，也不是要回到原来的乡村旧形态，而是在新时代的一种新型乡村建设思路，它追求乡村在物质和精神层面的双提升。因此，乡村振兴是一项涉及多方面、多层次的大型工程，是一场全面的乡村社会变革，需要多学科地加以研究。社会工作作为一门立足平等、价值和尊严的价值观的学科，其使命是倡导社会变革、促进有关人类关系问题的解决并推动人们的增权和解放以增进福祉，理应可以成为乡村振兴战略的重要建构力量，在乡村振兴中作出独特贡献。目前，社会工作对乡村振兴的关注明显不够。尽管有学者研究过社会工作介入乡村振兴的具体模式，认为"社工驻村引领、两委班子决定、村民积极参与"的农村社会工作模式能够回应乡村振兴，但是，这种观点具有功能主义取向，是一种不彻底的系统功能分析，还须结合乡村振兴的系统要求来加以研究。2018年颁布的《乡村振兴战略规划（2018—2022年）》虽然提出要发挥社会工作在乡村

振兴中的功能，但农村社会工作如何因应乡村振兴战略，还须从理论层面加以解答。

（一）社会工作与乡村振兴的关系分析

1. 明确乡村振兴的目的

乡村振兴的提出是为了应对当前农村迫切需要解决的各类社会问题，其实质是要解决城市取向的发展模式导致的城乡发展不平衡不充分问题。在这一因素的影响下，乡村受阻于诸多制度性因素，发展缓慢，问题包括以下几个方面：乡村人口的"空心化"严重，导致乡村分散化、分离化；农民能力不足，缺乏创新思想与发展动力，与乡村新业态的发展要求不相适应；乡村整体面貌较差、基础设施陈旧，环境和生态问题比较突出；支撑乡村发展的政策支撑体系薄弱，导致乡村发展的附属性明显；乡村社会成员组织化程度低，乡村关系呈现出原子化、失范化特点。针对以上难题，习近平同志在湖北视察时再次指出，实施乡村振兴战略是做好"三农"工作的总抓手，关键在于聚焦产业兴旺、生态宜居、乡风文明、治理有效和生活富裕的总要求，着力推进"五个振兴"，即乡村产业振兴、人才振兴、文化振兴、生态振兴和组织振兴。

2. 明确社会工作与乡村振兴的关系

第一，农村社会工作价值理念与乡村振兴的本质趋同。乡村振兴是追求进步的社会变革，它所倡导的乡村整体变革的方向是朝向公平，其目标是通过纠正之前的不公平实现乡村本质的改变。这一理念与社会工作追求公平、社会进步的价值理念完全吻合。国际社会工作者联盟与国际社会工作学院联盟联合议定社会工作立足平等、价值和尊严的价值观，如前文所述，其使命是倡导社会变革、促进有关人类关系问题的解决并推动人们的增权和解放以增进福祉。社会工作的进步价值观以人道主义为基础，在具体实践中倡导尊重、平等、赋权，注重激发服务对象潜能以达到人的改变。当前，社会工作在乡村中的运用日渐丰富，这一价值观在乡村各类社会组织中的影响日益加深，其"助人自助"价值理念被多个领域的社会组织所借鉴。

第二，农村社会工作具体目标与乡村振兴的关注重心吻合。乡村振兴强调人的振兴，尤其注重乡村人才的培养、新型农民的培育等。社会工作以处于弱势境况的人及其行动为关注重心，以弱势群体的问题解决和行为矫正为解决目的，倡导人的能力增长。在具体农村实践中，社会工作关注农民个人（家庭）的各类问题，包括因贫困引发的疾病、辍学、养老、留守等问题以及乡村治理、人际关系、乡风民俗等农村发展的共同问题，帮助个人获得更好的发展。此外，它也注重对农村受助者的教育，通过教育帮助受助者调整行为，适应社会环境。同时，社会工作也积极培育村民的社会资本，帮助增进村民的社会支持网络。可见，农村社会工作尊重村民主体地位，注重发挥"人"的作用的服务目标与乡村振兴对"人"的关注重心相吻合。

第三，农村社会工作理论视角与乡村振兴重视文化变量的作用具有很大的相似性。乡村是我国传统文化的重要载体，乡村文化是我国传统文化的重要组成部分。乡村振兴要实现乡风文明，要注重发挥文化变量在其中的角色和功能。社会工作坚持"人在情境中"的理论视角。这一视角最早由托尔提出，强调个体和其所处的环境是一个整体，不能将二者割裂地独立分析，要研究个体行为，应当了解所在的环境（包括文化、政治、经济等影响因素）。农村社会工作坚持"人在情境中"的理论范式，非常重视从文化场景中理解并干预服务对象的行为，以文化敏感的态度注重对村庄的习俗、语言、信仰等进行细致把握，以此为切入点来重新建构村民与外部环境的关系。由此可见，农村社会工作注重文化变量对人的影响，这与乡村振兴中对文化变量的强调具有很大的相似性，很大程度上可以满足乡村振兴的文化振兴所需。

第四，农村社会工作的问题解决技巧与乡村振兴的进步取向具有互补性。乡村振兴是进步取向的，它尤其关注乡村的组织振兴，以此来实现社会进步与社会团结。农村社会工作注重社会问题的解决，关注人与环境、人与社会的相互嵌入，重建社会团结，这些技巧是对乡村振兴中进步取向的问题解决方式的有益补充。目前，农村家庭关系网络松散化，社会的组织结构单一，功能逐渐丧失。针对这一现象，农村社会工作可以恢复和重建社会支持网络为契机，从两个层面进行介入。在非正式社会网络层面，社会工作可以运用多种专业方法，通过强调服务对象的参与，深入挖掘和重建农村中的同辈群体、家庭以及社区关系网络。在正式社会网络层面，社会工作可以社会组织为主力军，通过发挥政策影响者、宣传者的角色，推进完善农村福利制度。与此同时，社区社会组织可以通过多种方式，加强与村民的联系，促进社区社会资本的形成。

第五，社会工作的服务特点与乡村振兴的具体内容具有共识性。提高广大村民的主动性、创造性、获得感、幸福感是乡村振兴的具体内容。社会工作倡导对人的全面关注，在农村实践中注重坚持"参与式"服务方法，在具体服务过程中遵循平等合作原则，以全面的观点来看待案主，注重深入把握村民的具体特征，倡导社工与案主的平等、良性互动。在此过程中，社工对案主而言不仅仅是使能者，还是支持者、同行者；社工不仅是案主的"专家"，还是案主的伙伴。以上服务特点都是对人的具体关注，有助于从根源上激发村民的主动性、创造性，增进获得感，这些都与乡村振兴的具体内容有着巨大的共识性。

(二)我国农村社会工作的发展模式分析

1. 我国农村社会工作的现状

我国农村社会工作的起源最早可追溯到 20 世纪初，1949 年后我国逐渐形成了一套独特的农村社会服务经验，这也成为现阶段中国特色社会工作的直接体现。王思斌将农村社会工作分为"为农村"的社会工作和"在农村"的社会工作，前者指为解除农村居民的生活困境、促进农村发展的专业社会服务；后者指在农村实地开展的社会工作。从目前来看，我国农村社会工作的发展速度较快，呈现出多模式、融合并存、方法多元以及领域多样的特点。

第一，多样化的发展模式。随着各地对农村工作的重视，逐步形成了"云南绿寨"模式、"湖南湘西"模式、"江西万载"模式、"三区计划""三社联动"等实务模式。"云南绿寨"模式最早成型，强调"政府主导、社会工作者引领、农民广泛参与"在本土化农村社会工作介入中的重要作用。"湖南湘西"模式注重从文化角度提高村民自我身份认同感和村庄归属感。"江西万载"模式可以归纳为"党委统一领导、政府主导推动、部门密切配合、整合现有资源、社工义工联动、公众广泛参与、广大群众受益"。"三区计划"服务实践由"五位一体"模式构成，"三社联动"的特点是"以社区为平台、社会组织为载体、社会工作人才为支撑"。这些模式特点各异，功能不同。

第二，路径融合并存。近年来，我国农村社会工作发展呈现体制内外联动、多种方式并存的特点。在体制内层面，国家陆续制定了相关的规划和政策，为农村社会工作的发展提供宏观层面支持。民政、工青妇等部门越来越注重社会工作的岗位开设与人才使用，政府部门的社会工作队伍逐步扩大。一些农村地区的乡镇、敬老院等都已配置社工人才。例如，广东省的"双百镇(街)社会工作服务五年计划"就在每个乡镇(街道)社工站派驻 3~8 名社会工作者落地开展专业社会工作服务。在体制外层面，规模不断扩大的社会服务机构、草根组织吸纳了大量的社会工作人才，并团结了一大批公益慈善力量。

第三，多领域的服务群体。我国早期的农村社会工作服务主要集中在孤老济困方面，以应急救援、养老、社会救助为主。近几年的服务领域逐步拓展到社区服务、便民服务、心理援助、关系改善、志愿服务、健康保障、能力提升、农村教育、特殊群体关爱等方面，几乎涉及农村的全部人群。一些地区还将农村社会工作与国家战略结合，将触角延伸至精准扶贫、农村环境整治、美丽乡村建设、社区治理创新等领域。可以说，目前农村社会工作的服务领域呈现出多样化特征。

第四，多元化的工作方法。社会工作专业方法比较丰富，包括个案、小组和社区工作三大方法。在具体实务中可以依据工作对象、特点和目标的不同采取单独或结合的工作方式。我国经过多年探索，农村社会工作已形成了政府为主导，非政府组织参与，高校与地方产学研相结合的工作格局。体制的创新带来了专业方法的延伸，在具体农村社会工作实践中三大方法往往融合使用。此外，由于我国农村社会的居住与文化特征，我国农村社会工作特别重视"社区"的作用，一些地方特别注重运用"社区为本"的社会实务模式。也有学者倡导将社区为本和资产为本结合起来，形成一种整合社会工作策略方法，这是一种本土化的农村社会工作模式，对激发服务对象自身潜力，促进社会组织、社会工作与政府的合作具有重要作用。

2. 农村社会工作的特点与短板

我国农村社会工作起步相对较晚，经过了几十年的发展，形成了鲜明的特点。

农村社会工作强调服务为本。近年来，我国农村社会工作非常注重对农村社区、困境家庭、留守群体的服务。随着我国城镇化进程和社会变迁的速度加快，这些群体的规模在不断扩大，其内在需求、文化素养、价值观念、心理素质、未来期望等都呈现出多样化和复杂化特征。他们所面临的多样化和复杂化问题难以通过单一的服务供给来解决，很难在有限的社工服务计划中取得实质性成效。对照乡村振兴战略的目标方向，这类问题的解决要求社会工作不应只把目光局限在服务群体的生活改善上，还应关注农村社会团结的营造、社会资本的培育、各项社会政策的可及性提升、农村公共产品尤其是基础设施的品质提升等。

农村社会工作具有鲜明的治疗取向，将问题聚焦于个人。美国社会工作先驱者、专业个案工作创始人里士满于 1917 年出版了《社会诊断》一书。里士满根据她在慈善组织工作的经验和研究总结出了一套以"诊断"为重点的个案工作方法，这也为社会工作注入了鲜明的治疗取向。目前，我国农村专业社会工作往往注重通过调查诊断了解问题产生的原因，再通过自身能力整合相关资源，给予求助者帮助。治疗取向的农村社会工作能够切实给困境中的农民提供帮助，也能在一定程度上缓和农村的各类社会矛盾。然而，这一特征也导致农村社会工作者从事的多是改良性和修补性工作，其服务立足于影响和改变村民的行为，对农村整体的社会结构关注度较低，缺乏宏观视野和全面视角去改变农村的各类问题，也难以回应乡村全面振兴的各种要求。

我国农村社会工作的问题导向特征明显。受社会工作专业使命和理论的影响，我国农村社会工作的问题导向特征非常明显，充分体现了"专业应对社会问题的行动科学"的特征。全国各地发展农村社会工作的切入点和落脚点往往是解决现实问题，进而展开专业化行动。例如，江西的"万载模式"就是为了探索农村"三留问题"的治理新路。然而，社会问题的出现往往需要一定的过程，发现进而解决问题往往都是事后应对、被动补救。我国农村社会工作的这一特点导致社会工作对乡村问题呈现被动解决特征，对公平、正义、团结等代表着社会进步的议题关注较少。因而，推动诱致型社会变迁较少，无法为乡村发展开出前瞻性的良方。

社会工作协同角色鲜明，对自身的功能定位和发展方向缺乏清晰界定。当前我国的农村社会工作侧重对政策的协同，往往是作为政府工作的协助者、农村治理的参与者和农民发展的同行者。例如，在农村反贫困实践中，社会工作通过在价值观、方法与技术、组织动员社会力量等方面发挥作用，注重帮助政府和农民更好实现各自目标。然而，这一协同色彩也说明农村社会工作本身也存在保守主义取向，对自身在乡村建设中的角色定位和功能发挥缺乏清晰规划，过于注重行动式的实务探索而很少关心制度性问题，这也导致社会工作的未来发展缺乏明确目标和清晰路径，很难深度参与农村体制建设和制度完善。

综合我国农村社会工作的发展现状和特点，可知其参与乡村振兴还存在明显短板。主要体现在以下三个方面。

第一，我国农村社会工作在本质上是一种改良主义，它希望通过解决弱势群体的困难和问题而避免各种社会风险和危机的发生，更多体现的是人本主义和人道主义关怀。在很大程度上它忽视制度变迁取向，对政策、制度的敏感性不强。与其他乡村振兴的解决视角相比，我国农村社会工作呈现出明显的滞后性。

第二，社会工作在参与农村建设中角色单一、功能弱势、方向不明。其服务对象及目标仅仅限于具体个人或家庭，而非群体和社会结构的整体改变，加之社会工作自身能力、农村资源网络等限制，在具体实务中更侧重微观干预而非综合干预。资源的非独立性直接影响社会工作在乡村振兴中处于协同角色，往往扮演着政府政策的倡导者角色，而非主动引领。

第三，社会工作在农村建设中也存在建构性不足的特点。目前我国农村社会工作还处于起步阶段，社会工作参与农村建设和社会治理创新的体制机制还不完善，导致社会工作在参与的广度和深度上有限，难以形成建构成效。一些地区虽然涌现出了较有成效的模式，但在全国层面来看农村社会工作的发展路径和实践模式有待进一步探索和总结。

(三)农村社会工作对乡村振兴的因应

农村社会工作具有多重角色，也具有多种视角，为农村社会工作如何因应乡村振兴提供了一个新的方向。

1. 加强对农村既有结构体制内的嵌入

第一，要加强农村社会工作对既有社会服务体制的嵌入，将服务对象由特殊人群拓展至普通人群。乡村振兴，说到底还是人的振兴，而这个"人"不应该局限于某类群体，而是包含了农村地区的广大农民。由此，农村社会工作的服务群体要加以拓宽、拓广，点面结合。乡村中存在着的诸如贫困人口、留守儿童、留守老人等弱势群体是农村社会工作在"点"上的工作，需重点扶持和服务。但在"面"的工作中，应该将服务群体和服务内容拓展至乡村全体居民，关注他们所遇到的困难和需要，为其提供照顾、治疗、支持、认知重建、心理问题咨询等全面的服务。通过积极的干预措施和资源给付，激发这些群体的潜能，促使其改变行为，恢复和加强自我功能。

第二，加强农村社会工作对乡村社会治理体系的嵌入，将嵌入层级由社区扩展至大社会。目前，我国农村社会工作较为注重社区为本的实践，注重在农村社区之内解决社会问题。但乡村振兴战略的一个重要目标是要完善整个乡村的治理体系，促进乡村进步。它不仅仅要求对乡村社区进行振兴，还要实现社会的全面治理。为了因应这一目标，农村社会工作应继续以社区为依托开展专业服务，总结经验，形成典型，积极发挥专业辐射效应，动员各方面资源，培育建设功能多样的农村社会组织，实现社区与社会的有效互动和协同合作，为整个社会提供更多的服务。在此过程中，社会工作能够扮演组织者、协调者、宣传者等角色，发挥资源整合、政策倡导、组织动员等重要作用，协同推进乡村社会治理。

第三，加强社会工作对乡村振兴战略中有关农民的生产转变、能力提升、文化引导、社会参与等方面的既有政策体系的嵌入。根据乡村振兴的战略要求，农村社会工作者可以通过专业手段积极嵌入"新型农民"培育体系。具体而言，社会工作可以利用多种专业技能激发农民的学习兴趣，组织农民参加职业培训，提高农民生产能力；可以利用小组工作激发农民的创新思维，改变其落后文化观念，从文化上"刨穷根、树新民"；可以用各种方法鼓励农民参与各类乡村组织，改变其小农意识，树立合作、创新意识；可以嵌入乡村既有的教育体系，将服务对象由问题儿童拓展至儿童家庭，对其进行行为矫治；也可以积极开展社区教育，提升社区村民和乡村社区的功能。

2. 倡导乡村发展的新方向，以适应乡村振兴

第一，农村社会工作应积极发挥自身功能，努力推动学科研究话语纳入国家政治话语中。乡村振兴是一个具有中国特色的国家战略，它与其他国家既有的乡村振兴路

径有着全然的不同之处。因此，如何探索适应中国国情的乡村振兴之路也是目前多学科的研究热点。为因应乡村振兴的要求，农村社会工作应该积极发挥专业功能，争取将研究与实践成果转化成政治话语。例如在精准扶贫领域，社会工作对于弱势群体能力已有较深研究，社会工作的评估功能对脱贫评估亦有较多帮助。但是，目前社会工作的研究话语还未纳入精准扶贫的评估体系中，导致社会工作回应精准扶贫的路径较少。

第二，努力将乡村振兴的研究拓展成多学科话语。当前乡村振兴充满着社会学、公共管理学、经济学等学科话语。对乡村振兴展开多样性研究，应在具体的研究中既稳固自身学科领域，又要积极与其他学科进行交叉研究，拓展乡村振兴的研究领域和研究视角，从多角度、多领域提出问题的解决方案。启蒙者功能既强调社会工作要有学科自信，也强调社会工作的交叉性与多元性，推动更多的学科进入乡村振兴研究中。

第三，努力将社会工作伦理价值变成乡村振兴的共识。社会工作伦理和价值观是指导社会工作实践的规范与准则，主要的专业伦理价值包括接纳、尊重、个别化、自觉、知情同意、公平、以人为本、助人自助等。这些伦理与价值原则已得到学界的共识，对社会发展具有重要作用，但还未在农村中形成共识。为此，在宏观层面，应积极将社会工作伦理和价值观渗透进中国农村社会政策体系中，变成乡村振兴政策的伦理和价值观；在微观层面，应通过社会工作的各种实务案例，将社会工作伦理和价值观与本土实践紧密结合，在与各类乡村社会群体、社区进行专业化互动的过程中，提高社会成员对此的价值认同，进而产生文化共鸣。

3. 消除导致乡村衰败的深层因素

现阶段我国乡村的衰败有着深层次的结构原因。在现代化进程中，农村一直被城乡二元结构体制所限制，发展机会受限。革命者角色下的农村社会工作不仅要关注乡村现实存在的困境，更要看到潜在的结构性危机，运用倡导、赋权、变革等方法，积极促进社会结构的变迁。在具体实践中则可以体现为教育者、改革者、组织者、控制者、促进者、经纪人、政策影响人等角色，注重研究、找寻、推翻各类导致乡村衰败的深层因素。

第一，农村社会工作要加强对乡村衰败的体制机制研究。乡村振兴需要既有体制和机制的变革，农村社会工作应该通过自身的专业视角，深入分析导致乡村衰败的制度性因素，再利用社会工作作为政策的反映者角色及时有效督促农村社会政策的完善，辅助提升乡村福利服务水平，进而实现乡村的公平、正义。这些都有利于乡村振兴的体制机制改革。

第二，社会工作者要发挥促进者等角色作用。要从社会层面、村庄层面以及生产生活层面带动和引导重建社会团结。社会团结是一种结构性制度，农村社会工作可以通过帮助乡村居民重新建构社会现实，发挥好联系村民的纽带角色，提升村民作为政策实施监督者角色的参与度，重建乡村社会资本。

第三，农村社会工作要积极倡导乡村新文明。文化振兴是乡村振兴的一个重要目标。农村社会工作可以通过发挥批评者和倡导者角色作用来重构乡村文明。具体而言，积极批评旧有的不适应乡村振兴的观念，教育、引导村民树立乡村新观念。例如，社会工作者可以在绿色环保方面进行社会倡导，引导村民树立维护美好家园的意识，为建设生态宜居乡村而努力。

4. 营造乡村团结、共建美好乡村的共识

在社会工作实务过程中关系的建立是至关重要的，社会工作专业价值观强调真诚、平等、同理、支持等。社会工作者主要通过其专业方法与技巧发挥预防和稳定的作用，对村民沟通、消除限制感和赋予意义进行干预，努力塑造乡村振兴的文化共同体。

第一，增进乡村社会的互动。具体而言，农村社会工作者应积极建构各类群体（底层农民与精英、主流群体与边缘群体、劳动力与非劳动力、照顾者与被照顾者、留守者与外出者等）在乡村振兴各领域内的参与、互动，整合社区资源，组织社区营造，建构各种参与、互动的平台，为社区居民提供相处交流机会，促进社区居民互助与社会网络的发展。

第二，增进乡村社会认同。乡村振兴是乡村生活人群对乡村文化在主观上的再认同过程。农村社会工作者应主动帮助各群体建立对乡村振兴的文化认同，并积极整合社会资源、增强社区凝聚力和农民归属感，促进乡村共同体建设。在此过程中，要注重发扬乡村传统文化的作用，并将其与现代文明进行比较，使居民思想观念与时俱进，避免村民在乡村社会变迁过程中出现价值真空或失范。同时，社会工作者还可以通过对乡土文化进行再解释，引导村民主动摒弃不良风俗陋习，增加对乡土文化的自信。

六、空间重构在乡村振兴战略中的作用研究

在中央财经委员会召开的第五次会议上，习近平同志强调要完善空间治理，形成优势互补、高质量发展的区域经济布局。当前，乡村发展不充分、城乡发展不平衡已成为新时期我国社会主要矛盾的集中体现。补齐乡村发展"短板"、助推乡村振兴是贯

彻落实国家区域发展战略与实现城乡融合发展的有效抓手与重要内容。

（一）如何理解"空间重构"的概念

空间，即我们所在的生活空间；重构，即生活空间各要素的科学调整。因此，空间重构是一个系统学科的概念。

生活空间，分为自然空间和社会空间。

自然空间，包括人、建筑、植物、动物、水、空气、阳光等现实形态的元素。自然空间的重构，在于构建自然元素更加健康合理的生态关系，因此也叫生态功能重构。

社会空间，包括经济关系、科技水平、伦理道德、信仰、法律等意识形态的元素，最终提升为一种文化的元素。社会空间的重构，在于构建意识形态各要素更加合理的文化关系，从而促进自然元素的合理升级，因此也叫文化功能重构。

空间重构必先立足于对自然元素的认知，通过意识形态的升级，然后反作用于自然元素，从意识形态重构开始到实现现实形态重构的整个过程。

（二）"空间重构"给我们生活的启示与运用

我们生活在城市中，往往会对某些事情感到困惑，比如城市主干道为什么总是建了修、修了再建，还有绿化带，不论高大乔木、中低花草灌木还是地被等为什么总是不断更换。如果观察得再仔细一点，我们会发现河道在发生改变、水质在发生改变，我们所处环境的每一个细节都在悄然发生改变。

因为生活，总会不断改变自身的原貌，不止环境、景观，还有我们的行为习惯、理念、文化认知等。环境→（改变）生活质量→（提升）认知理念→（转变）生活方式→（促进）环境升级→（进一步改变）生活质量……在这个相辅相成、不断循环促进的系统中，我们操控着世界发展变化的轨迹。

实现人与自然的和谐共生，让自然更加健康生态，让我们的生活越来越好，这是我们为此而共同追求的目标。这种实现目标的手段，我们称为"空间重构"。它涵盖各行各业，从一个系统的角度进行升级、创新与突破，从而给我们的生活带来巨大改变。如领航时代发展的人工智能化、5G 网络。

回到风景园林领域。相比于互联网科技和文创领域，这个行业对生活环境的改变更能让人感同身受，它看得见、摸得着、嗅得到，能够全方位影响人们的感觉器官，所以"空间重构"很容易引起人们的共鸣。同样，如果我们使用这种思维去看待时下行业的热点，其中要害都会被一一点破。

乡村振兴的实质是在经济空间结构、自然生态结构、伦理结构等方面做出重大调整。所以产业振兴、美丽乡村、农村医保、年轻人回流等成为重点话题，对实际的生态环境到人文意识的整个空间结构进行梳理，从而改善并解决整个农村生活环境存在的问题。

绿水青山就是金山银山。我们正逐渐抛弃工业 GDP 的观念，工业造成的空气污染、水污染等问题已严重威胁我们的健康安全。要解决这些问题，就要恢复生态空间的自然关系，用绿植去解决水土流失、空气漂浮物、热岛效应等问题，同时给野生动植物营造自己的家园，实现人与自然的和谐发展。

生态休闲、全域旅游。基于生态保护的目的，"靠山吃山，近水吃水"的观念要转变为"靠山养山，近水养水"。为了弥补付出多于回报的关系，需要加入新的价值空间。旅游业能吸引高新信息技术产业入驻，旅游产业和信息产业给我们带来了真正意义上的绿色 GDP。

"城中村"改造。部分城市的"拆迁"风暴为人诟病，但是不会停下来，因为"城中村"的交通、信息、卫生等公共设施已经无法满足现代生活的需求，成为城市发展的一个滞后点。在"城中村"环境结构改造的过程中，我们往往会忽略其中的文化空间，导致改造后的空间价值反倒流失更多了。

我们对文化空间重构的认识往往是非常欠缺的，造成的后果很严重。例如我们经常非议一些地方"千城一面""千村一面"，很多特色小镇、田园综合体项目做出来不久就日渐凋零，有了形态却丢掉了核心气质，其缺少特色就缺少了生命力。应从"修旧如旧"到"修新如旧"转变认识，对文化空间重构要有足够的重视。

除了社会热点，在一些新兴的热门领域，"空间重构"手法表现得更加淋漓尽致！

城市景观。一些城市景观越来越精细化、人性化。如今的有些绿化带、花坛、花境等，在恰当区域被设置成野生动物生活家园的案例越来越多，猫坞、鼠洞、鸟巢……有越来越多的动物种类能在城市中觅得自己的生活空间。从人与植物的融合到人与其他动植物的融合，这种景观空间的开发趋向越来越受年轻设计师们的青睐。

夜景旅游。日出而作，日落而游，如今城市的生活越来越丰富，人们在工作之余还有丰富的游乐生活，夜景旅游把游玩时间和工作时间分开，一时之间成为旅游新热点。和白天相比，夜间景观更加纯净、更加梦幻，人们可以在时间、空间上实现更加合理的安排，同时夜间景观的开发空间也会被进一步挖掘拓展。

此外，还有庭院水系统改造、中层植物景观改造、旅游文化体验类改造等，有许多边缘的空间被开发，也有许多成熟的空间被重新调整，所有的创新，内在的实质都源自对"空间重构"的理解。

（三）发挥空间重构在乡村振兴战略中的作用

乡村空间重构是实施推进乡村振兴战略、实现城乡融合发展的重要手段。乡村振兴是为应对乡村内部要素流失与衰退而提出的旨在促进乡村经济、社会、生态等全面复兴的战略，其核心目的是系统构建人口、土地、产业等多种要素的协调发展格局。空间在乡村振兴中肩负着提供资源基础和场所支撑的作用，土地利用是空间的具体表现形式。乡村空间重构的实质是行为主体通过采取政策、经济、工程等手段，以干预土地资源配置为重点，优化乡村生产、生活和生态空间的过程。乡村空间是城乡融合发展的根基。然而，当前我国部分乡村地区生活空间粗放浪费、生产空间细碎分散、生态空间污损恶化等现象严重，致使农业现代化的推进和乡村新业态的培育缺乏空间支撑平台，亟须基于对空间重构层级性、系统性、地域性和多功能性的科学认知，重构乡村生产、生活和生态空间，激活乡村关键发展要素，为推进乡村全面振兴和城乡融合发展搭建新平台。

把握乡村空间重构的层级性。乡村空间优化应先综合考虑城乡地域在空间和功能上的有效衔接，依据区位条件、产业发展支撑能力、公共服务供给范围等因素，构建合理的村镇空间格局体系和结构网络。在此基础上，加快推进农用地综合整治和适度规模经营，推进非农产业向园区、基地集聚发展，优化集约高效的乡村生产空间；推进农村人口适度集中居住，科学配置农村基础设施，重构宜居适度的乡村生活空间；通过建立生态拦截系统、强化污染物综合治理工程、完善农村生态系统廊道等手段，提高乡村生态系统弹性和生态服务功能，构建良好的乡村生态空间格局。

把握乡村空间重构的系统性。乡村空间重构是一项以空间优化为基础，涉及人口、土地、产业等多种要素协调耦合的综合人文过程。乡村聚落重构路径的选择、生产空间的优化布局等均与产业发展、人口非农转移、农户生活方式和价值观念转变等社会经济形态转型密切相关，其后续的有效推进亦离不开产业培育、就业创业扶持、社会组织治理体系重建等社会经济系统的支撑。乡村空间重构的关注点应从对土地的单要素调控向实现区域"人、地、业"多要素耦合转变。统筹空间优化与产业发展，统筹人居环境改善与社会发展主体能力提升，促进乡村地域的可持续发展。

把握乡村空间重构的地域性。作为调控区域人地关系的重要手段，乡村空间重构需要与区域自然本体条件和社会经济发展阶段相适应，按照分区统筹、分类施策的原则，因地制宜地采取相应的重构路径和模式。就宏观尺度而言，在主体功能区划和国土空间开发格局的框架下，依据区域功能定位和问题识别，明确乡村空间重构的方向、目标、重点和总体调控措施。在县市域层面，应基于自然生态条件、地域生产模式、产业发展方向、农户生计类型等，探索推进多元化的乡村空间重构模式。

把握乡村空间重构的多功能性。乡村地域具有生产、生活、生态和文化等多重价值，其中文化功能、生态功能是其有别于城市而具有的独特价值和魅力，尤其是承载着数千年传统村落文明的乡村聚落，具有一旦破坏便难以复原的特性。乡村空间重构的实践有必要重塑乡村重构的价值取向和目标定位，摒弃具有明显城市倾向的城乡建设用地平衡的理念和对经济利益的单纯追逐，基于提高经济效率、逐步缩小城乡差距、传承乡土文化、保护生态环境、实现资源可持续利用的目标定位，将乡村产业培育、空间体系优化、乡土文化传承、生态价值保护、社会公共服务网络的完善有机结合，促进乡村地域"生产—生活—生态—文化"功能的综合提升。

有效发挥政策制度和规划技术对乡村空间重构的支撑和管控作用。一方面，强化资源配置制度的整体设计，综合运用土地、金融、户籍、社保等宏观政策制度，实现对乡村发展要素的优化配置，以助推乡村空间重构；另一方面，建立相关管控机制和预警机制，加强对市场环境和各类行为主体的监管和约束，确保乡村要素市场和空间重构的健康运行。此外，国家层面还应通过系统开展乡村空间规划、公共基础设施配置等关键技术的集成与示范研究，出台适应不同地域类型、不同经济发展水平的乡村规划体系编制技术和标准，以科学重构乡村空间，助推乡村振兴。

思 考 题

1. 以县域为基本单元的乡村振兴有哪些特有的优势？
2. 如何理解乡村振兴战略对马克思主义实践基础理论方法的诠释？
3. 推进"绿色发展"的新思路、新举措有哪些？
4. 如何看待农村社会工作的特点与短板？
5. 怎样发挥空间重构在乡村振兴战略中的作用？

第三篇　乡村振兴的内容研究

党的十九大报告提出实施乡村振兴战略，"要按照产业兴旺、生态宜居、乡风文明、治理有效、生活富裕的总要求，建立健全城乡融合发展体制机制和政策体系，加快推进农业农村现代化"。这是对乡村振兴的集中论述。党的二十大报告进一步强调乡村振兴战略是高质量发展的"压舱石"。要坚持农业农村优先发展，坚持城乡融合发展，畅通城乡要素流动。扎实推动乡村产业、人才、文化、生态、组织振兴。其中产业兴旺是重点，生态宜居是关键，乡风文明是保障，治理有效是基础，生活富裕是根本。可见，乡村振兴内涵十分丰富，既包括经济、文化、社会振兴，又包括治理体系创新和生态文明进步，是一个全面振兴的综合概念。本篇拟从产业兴旺、生态宜居、乡风文明、治理有效、生活富裕、人才建设、组织领导七个方面进行系统研究，对其具体内涵、意义、实施的目标和举措予以探讨。

一、产业兴旺研究

产业兴旺是产业振兴的升级版，是产业振兴应该达到的境界。要实现乡村振兴的战略目标，首当其冲的是产业振兴、产业兴旺。实现乡村产业兴旺，农业是重点、是基础。要紧紧围绕农村第一、二、三产业融合发展，加快构建现代农业产业体系和经营体系，提高农业整体竞争力，在强基础、建体系、增效益、快富裕上做文章。我国在 2017 年提出乡村振兴战略并提出分三步走：一是到 2020 年乡村振兴的制度框架和政策体系基本形成；二是到 2035 年基本实现农村现代化；三是到 2050 年实现乡村的全面振兴。经过三年的推进，到 2020 年我国已经完成了打赢脱贫攻坚战的任务，工作重心也从脱贫攻坚转移到全面实施乡村振兴战略，加快推进农业农村现代化上来。在这个过程中，产业振兴是一个非常关键的点。只有产业振兴了，农村才会"活"起来。

（一）基础与源泉：产业振兴、产业兴旺的战略意义

1. 推动农业高质量发展

农业，是一个古老的、与人类基本生活需要紧密相连的产业，主要包括种植业、林业、畜牧业、渔业、副业五种产业形式。当代世界农业发展的基本趋势和特征是高度的商业化、资本化、规模化、专业化、区域化、工厂化、知识化、社会化、国际化交织在一起，极大地提高了土地产出率、农业劳动生产率、农产品商品率和国际市场竞争力。

我国农业正处于结构性过剩和短缺并存的阶段，农业发展面临的最大问题不是供给不足，而是供给质量不高。面对消费升级的大趋势，我国农业发展水平与消费者需求存在较大差距。我国海关公布的数据显示，2019年，我国农产品进出口额2300.7亿美元，同比增长5.7%。其中，出口额791.0亿美元，减少1.7%；进口额1509.7亿美元，增长10.0%；贸易逆差718.7亿美元，增长26.5%。我国农产品进口量的增加，贸易逆差的加大，有利于充分利用国际、国内两个市场来丰富农产品供给，缓解资源的承载压力，但大量农产品的进口，特别是一些非必需品的进口，会冲击国内的农业，压缩农业结构调整的空间，也会给农民的就业增收带来一定的影响。因此，提高我国农业供给质量，刻不容缓。

农业供给质量不仅是指产品质量，还包括整个农业发展的质量，也包括在乡村能够发展的其他产业。近年来，农业与相关产业融合发展趋势日渐形成，农业多种功能得到不断拓展，农业与文化创意、休闲旅游、教育体育、健康养生等深度融合，创意农业、观光农业、体验农业等新业态层出不穷，为农业发展创造了更多机遇。

2. 促进乡村劳动力就业创业

乡村产业振兴，是新时代农业发展必然趋势，也是拓展农民就业创业渠道，提升劳动力资源利用率和质量，增加农民财产性收入的重要渠道。

近年来，乡村"空心村""老龄化"的问题被广泛关注。随着城镇化进程的推进，乡村大部分的青壮年选择离开乡村打工赚钱，留守在乡村的妇女和老人成为主要劳动力。提升乡村劳动力资源利用率和质量，一方面，要加快实施新型职业农民培训工程，让乡土人才成长起来，更好地带领乡村群众用自己的双手建设美好家园；另一方面要贯彻落实好国务院办公厅发布的《关于支持返乡下乡人员创业创新促进农村一二三产业融合发展的意见》，推进乡村产业振兴，推动"大众创业、万众创新"，引导更多青

年人返乡下乡创业，给予他们资金、税收等政策的扶持，创造良好的创业环境。充分发挥返乡下乡人员的优势，运用新理念和现代生产要素推动农业乡村发展。

国家统计局发布的数据显示，我国粮食产量充足，但是乡村第一产业就业人数持续减少，而农民家庭第三产业收入增长较快。这意味着，新时代拓展农民就业创业渠道，要在第二、三产业上做文章。推动乡村产业振兴，实现乡村第一、二、三产业融合发展，能够吸引城市资本和生产要素进入农业乡村，激活乡村土地、住宅、金融、消费市场，通过改变生产方式和经营模式，培育种植大户、家庭农场、农民专业合作社、龙头企业等现代农业生产经营主体，把小农户引入现代农业轨道，提高农业的组织化程度，健全农业社会化服务体系，实现小农户和现代农业发展有机衔接，形成多种形式的农业适度规模经营，提升乡村产业发展的质量和效益。

农村改革 40 多年的实践启示人们：只有产业振兴，才能增强乡村吸引力，带动资本、人才等生产要素向乡村汇聚；只有产业振兴、经济发展，才能不断提高农民的收入，实现生活富裕的目标，让农民看到"农业强""农村美""农民富"的希望，进而为农村经济社会发展奠定坚实的物质基础。因此，要实现产业振兴，产业兴旺是源头、是基础，有了产业振兴、产业兴旺，乡村振兴才有底气，离开产业的支撑，实施乡村振兴战略就无从谈起。

(二)瓶颈与困境：产业振兴、产业兴旺要正视的问题

推进产业振兴、实现产业兴旺的过程，并非一帆风顺，通常会遇到不少问题，需要克服许多难题。具体而言有四个方面的困境：

一是认知片面、固守传统的农业思维。中国本质上是一个乡土型的农业国，农业国的文化根基就在于乡土，而村落则是乡土文化的重要载体。振兴乡村的本质，便是回归乡土中国，同时在现代化和全球化背景下超越乡土中国。

过去一段时间，人们对农村产业发展存在片面认知，以为"乡村的产业就是农业""农业的功能就是提供农产品"。承袭于这种思维方式，农村产业结构显得较为单一，基本上以传统动能驱动的产业为主。随之而来的问题是，农村经济不活跃，农业生产经营效能低下，农民增收困难，农产品替代率高。这给当下乡村振兴带来的启示就是，必须加快构建农业产业体系、生产体系和经营体系，特别是要促进农村不同产业之间的融合发展。

二是发展质量、效益不高。大部分乡村企业科技创新的能力有待提高，尤其是农产品加工创新能力不足，工艺水平和发达国家相比有差距。农产品供给仍以大路货为主，优质绿色农产品占比较低，休闲旅游普遍存在同质化现象，缺乏小众类、精准化、

中高端产品与服务，品牌溢价有限。

近年来，不少农村不断涌现一些新产业、新业态，比如乡村旅游、农业休闲和农村电商。这些新兴产业的出现和成长，不仅提升了农业的附加值，给农村经济发展注入了新动能，增加了农民收入，夯实了农村集体经济基础，而且促进了产村融合，提升了乡村现代化水平，吸引了一大批回乡返乡创业的农民和下乡休闲置业的城市居民。其发展态势表明，转换农业发展新动能、以农村产业融合带动乡村振兴的时代已经来临，也意味着农村产业融合发展的潜力巨大。

当然，任何事情的发展都是循序渐进的。就当下情况看，农村产业融合发展才刚刚起步，远未形成燎原之势。很多农民还局限于传统的农业生产，对发展乡村旅游、休闲农业等新兴产业还不熟悉，尚未完全掌握借力互联网等信息技术销售农产品的技能，生产绿色优质安全农产品的动力远未完全激发出来。

三是产业要素活力不足。乡村产业稳定的资金投入机制还没有建立，金融服务依旧明显不足。既缺少与市场经济相适应的营销、电商、金融人才，也缺少与乡村发展相关的技术性人才；土地出让金用于农业农村比例偏低。农村资源变资产的渠道还没有打通，阻挡了金融资本和社会资本进入乡村产业。农村土地空闲、低效、粗放利用和新产业新业态发展用地供给不足并存。农村人才缺乏，科技、经营等各类人才服务乡村产业的激励保证机制尚不健全。

四是产业链条仍然较短。一产向后延伸不充分，多以供应原料为主，从产地到餐桌的链条不完善。二产连两头不密切，农产品精深加工不够，副产物综合利用程度低，农产品加工转化率仅为65%，比发达国家低20个百分点。三产发育不够，农村生产生活服务水平不强。产业融合层次低，乡村价值功能开发不充分，农户和企业间的利益联结还不密切。

五是产业基础设施依然薄弱。有些农村供水、供电、供气条件差，道路、网络通信、仓储物流等设施未完成全覆盖。产地批发市场、产销对接、鲜活农产品直销网点等设施相对落伍，物流经营成本高。农村垃圾集收运和废水处理能力有限，先进技术要素向乡村扩散渗透力不强。乡村产业发展的生态环境保护条件和水平较弱，工业"三废"和城市生活垃圾等环境污染扩散等问题依然突出。

（三）多元与创新：产业振兴、产业兴旺的必然选择

要真正实现产业振兴、产业兴旺，必须解放思想，开动脑筋，脚踏实地，勇于探索，在多元与创新上做文章。通过产业振兴、产业兴旺推动乡村振兴和以往乡村产业的构建是不同的，需要新的思路和新的举措，才能真正实现乡村振兴战略的

目标。

1. 因地制宜发展多元化产业

第一，发展特色化产业。俗语说，物以稀为贵。乡村产业发展要做到"人无我有"，不能盲目跟风，照抄照搬其他地方的产业发展经验，一定要选择适合地方水土、气候实际，并有一定发展基础、传统优势强的产业。因地制宜，走特色发展的路子，才能在市场中独树一帜，立于不败之地。如果一哄而上，其他地方发展什么，自己就发展什么，要么会变成"东施效颦"，适得其反，落得水土不服、贻笑大方的尴尬结局；要么会因为产业过剩，供过于求，效益低下，挫伤农村群众的积极性，走上自毁产业的路子。

第二，发展规模化产业。一个地方一旦选准了要发展的特色产业，就要持之以恒地坚持发展下去，并在试点的基础上，根据市场需求，逐步扩大发展规模，走适度规模经营的路子。适度规模经营是实现农业现代化的重要途径，是实现农业增效和农民增收的现实保障，是应对市场竞争的必然选择。2014年11月中央审议通过了《关于引导农村土地经营权有序流转发展农业适度规模经营的意见》，明确了推动农业适度规模经营的政策方针与措施。只有适度规模经营，才能实现现代农业产业的集约化、标准化、品牌化，从而占有市场、赢得市场。

第三，发展绿色产业。过去的产业发展总是以牺牲环境为代价，未来的产业绝不能重蹈覆辙，而是要以习近平生态文明思想为指导，坚持"绿水青山就是金山银山"的理念，将生态文明和环境保护作为守护的红线，构建可持续发展的产业体系。在生产销售绿色农产品的同时守护乡村一方乡土和山水，造福子孙后代。

第四，发展新型化高效化产业。未来农业农村的产业要得到快速发展，发展方式和业态要转型升级。要努力解决在农业农村的产业发展中新的产业比重低、传统产业比重高，高端产业少、低端产业多，科技密集型产业少、劳动密集型产业多等问题，推动农业农村产业新型化发展。同时，农业农村产业不能是一锤子买卖，应注意持续性和经济效益，还要有社会效益，要保证资源的再利用，使产业再循环。

第五，发展融合化产业。当下，中国乡村的基础设施和公共服务依然滞后于城市，而特色小镇作为在乡村植入现代要素的复合平台，应积极发挥功能叠加的优势，实现乡镇融合、人文与自然融合、创新与传统融合、生产生活生态融合。通过集聚和利用乡村资源要素发展特色产业，加快农业农村现代化进程；通过完善人才引进、培养、使用等政策措施为乡村振兴提供人才支撑；通过产业对接、文化交流，优化乡村创业创新生态，促进乡村文化发展与经济发展相得益彰；通过倡导和推广绿色技术、绿色产业、绿色生活等生态环保理念推动乡村绿色发展。总之，要通过各相关功能的叠加和复合，放大综合效应，带动乡村发展。

2. 大力培育新业态和新动能

产业振兴产业兴旺应以农业农村资源为依托，发掘农业多种功能，开发乡村多重价值，丰富业态类型。既需要农村产业规模和效益的大幅度增长，更需要农村产业增长模式的转换，由要素投入带动规模增长转向以新业态新产业为驱动的发展。

重新调整农村产业结构和布局。和传统产业相比，产业结构要向现代的绿色产业结构调整，使其能够为乡村带来新的产业、新的增收项目、新的就业机会和新的生态。既要为社会提供绿色的农产品，又要为社会提供生态文化、旅游产值，还要为社会打造绿色生态和环境。

重视战略性农产品和加工产业。在粮食安全生产的基础上，深度开发一些粮食、肉类、蔬菜等战略性农产品，把粮食生产变成粮食产业，不仅要把口粮握在自己手里，还要保证其他战略性农产品的供给。农产品加工作为产业兴旺的主导产业，在乡村振兴之前虽然获得了一定的发展，但是，相比发达国家，我们的农业产品加工业还很落后，发展潜力巨大。

重点发展田园综合体。田园综合体是农村综合发展的必然产物，是在城乡一体的格局下，适应农村供给侧结构改革、新兴产业发展，结合农村产权制度改革，实现乡村现代化、新型城镇化、社会经济全面发展的一种可持续性模式。田园综合体的发展就是在农民合作社的基础上，让农民积极参与进来，开发出生态农业产业、创意农业产业、循环农业产业、体验农业产业等一系列新型的产业业态。

打造田园综合体，要以乡村资源和土地为依据，以产业为后盾，以文化为灵魂，以体验为活力，创造新乡村消费，促进城乡互动。首先，可以尝试以乡村资源和土地为基础的"基础·资源点"策略。如今的乡村旅游资源，包括人工打造的旅游资源，决定了项目地乡村旅游资源产品开发的核心导向。土地资源决定了田园综合体的规模，影响乡村旅游产品的配比结构。其次，可以开发乡村旅游休闲项目，实行"主导·吸引点"策略。在田园综合体的主导下，合理开发与之相适应的不同类型、不同层次、不同规模的乡村旅游产品，使其成为整个田园综合体的重要吸引点，撬动乡村旅游市场。再次，打造乡村休闲项目，走"配套·支撑点"策略。结合乡村生态环境，生态景观的优势，可建设生态化乡村休闲度假酒店、乡村特色商业街、乡村购物中心等商业设施，作为田园综合体的商业配套板块，综合性地体现生活、休闲、购物、娱乐等多项功能。最后，开发乡村休闲地产，走"核心·盈利点"策略。目前可以开发的地产类型有乡村景观地产、乡村度假地产、乡村养老地产、乡村主题地产等。总之，要形成特色鲜明、内容丰富，集生态环境和文化体创意于一体的新型农业业态，实现经济效益、生态效益和社会效益的全面丰收。

发展乡村社会化服务产业。乡村社会化服务产业是指服务于农业再生产和农村经济发展，通过多种经济形式、多种经营方式、多层次多环节发展起来的一大产业，是现代服务业的重要组成部分。要适应乡村产业的兴旺需求和农村居民日益增长的美好生活需要，在加强政府公益性服务的基础上，积极培育经营性服务组织，拓展服务内容，规范服务行为，推动乡村服务产业有序健康快速发展。乡村社会化服务产业涉及范围很广。如农资配送服务、农业技术推广服务、农机作业服务、农业生产托管、农业废弃物资源化利用服务、农产品流通交易服务等。当务之急是要搭建统一高效、互联互通的信息服务平台，加快建设和汇集各类农业重要基础性信息系统；要健全乡村服务业标准体系，着力规范服务行为，提高服务标准化水平，使农村的现代化农业服务跟上社会发展步伐。

大力发展生态旅游产业。农村有丰富的旅游资源，可以利用田园景观、自然生态及资源条件，结合农林牧渔生产经营活动，农村文化及农家生活，为民众提供休闲娱乐，增进民众对农业农村生活的体验。近年来，随着人们生活水平提高，我国生态旅游休闲农业发展势头强劲，有些地方呈现井喷式增长。从生态旅游特点和当前态势来看，应重点在以下几个方面下功夫：

首先，要打造鲜明的主题，为乡村旅游铸魂。主题的设定决定了如何开发和利用乡村旅游资源，决定了如何进行市场定位，决定了开发过程中核心项目所反映出来的核心旅游产品的内容和形象。

其次，要将物产、住宿、娱乐等项目融入主题当中。比如将商品主题化，打造主题商品品牌，创新泛产业产品，向生活器具等日用品延伸。将售卖方式主题化，创新包装设计。主题化设计产业元素标志，突出本土文化与时尚风潮的结合，注重各类媒介的推广宣传。

最后，强化专业化经营。形成家庭作坊与村办经营主体、社会经营主体参与多样化经营格局，延伸产业链条，明确产业分工。从原来的一个或者几个产业环节，向全面产业环节拓展。从产品的设计生产到物流消费营销，甚至产品和服务的规划咨询，创意设计，农业生产，互联网销售平台等，各个产业链条都要有明确的产业分工，从中获得尽可能多的经济效益。在此基础上，再将主题放大，打造更加精致化的产业。

二、生态宜居研究

生态振兴生态宜居是乡村振兴战略中不可或缺的重要内容和目标。就像习近平同志指出的那样：良好的生态环境是农村最大优势和宝贵财富，要让良好的生态成为乡村振兴的支撑点。生态振兴了，才能成为乡村振兴的助力。生态宜居包括社会文明度、经济富裕度、环境优美度、资源承载度、生活便宜度、公共安全度等适合居住的环境因素。生态宜居是一种理想模式，技术与自然充分融合，生产力得到最大限度的发挥和利用，居民的身心健康和环境质量得到充分保护。建设生态宜居，内核是以人为本。着眼于居民的福祉，时刻紧扣民生，同时又对乡村长远发展胸有成竹，兼有长期目标和短期目标。

党的十九大报告提出，要按照"产业兴旺、生态宜居、乡风文明、治理有效、生活富裕"的总要求，建立健全城乡融合发展体制机制和政策体系，加快推进农业农村现代化。这"二十字要求"，是对此前新农村建设"二十字方针"的演进和升华，尤其将"村容整洁"提升为"生态宜居"，更凸显了生态文明的价值和分量，彰显了新时代农村的生态文化取向。

（一）生态宜居的基本内涵

生态宜居理念最早是城市建设与发展的目标。20世纪60年代之后，联合国相继提出了以绿色低碳为目标的生态城市及以适宜人类生产生活为目标的宜居城市的概念。生态宜居城市融合了生态城市和宜居城市的内涵，着眼于居民福祉的提高及城市可持续发展，以人为本，按照生态学原理进行城市设计，形成生态环境良好，坚持绿色低碳循环发展，较好地满足人类的各种需求，适宜人类生产生活居住的城市。

基于生态宜居城市的概念，生态宜居乡村应在生态文明发展观及可持续发展理念的指导下，以农村社区居民为本，以宜居宜业宜游为导向，因地制宜地建设乡村，实现生态景观优美、人工环境自然、设施舒适齐备、经济繁荣发展、治安条件良好、社会和谐优美、乡俗人情浓郁，让居民在充满归宿感、幸福感的农村聚居环境中安家乐业。

据此，生态宜居的基本内涵就是：尊重自然规律，坚持以人为本，实现人与自然、人与人、人与社会和谐相处、协调发展的目标。

1. 生态宜居理论指导体系

以创新、协调、绿色、开放、共享五大发展理念打造生态宜居乡村，持续改善乡村生态环境，为村民营造优美舒适的人居环境和文化环境。

首先，生态宜居乡村建设需要引进科技人才，为乡村发展贡献自己的力量。其次，乡村的整体规划与空间布局要以尊重乡村发展规律为前提，在满足农民长期居住习惯和需求的基础上，积极探索适合乡村发展的、规范协调的布局结构。再次，乡村振兴要把绿色发展理念放在首位，注重挖掘乡村可持续发展潜力，充分利用自身特色探索生态农业的发展，同时在乡村推广科学绿色的发展方式和生活方式，让绿色发展理念深入人心。又次，在生态宜居建设上应秉持开放发展的理念，充分开发本土特色，坚持对外开放，学习和运用先进的科学技术成果，让乡村在发展中走出去，扩大乡村的知名度。最后，共享发展是生态宜居建设的目标。在生态宜居乡村建设过程中，共享发展体现在村民们的共建共享，共建的过程就是不断共享的过程。

2. 建设生态宜居的模式

生态宜居的构建模式是生态宜居环境中相对稳定的系统结构。它起到了调整生态环境系统功能的作用。近年来，我国各地积极开展乡村人居环境整治工作，在生态保护、常态保洁、垃圾处理、厕所革命、危房改造等方面取得了一定成效，在建设生态宜居乡村方面积累了丰富经验，并创新发展了生态宜居美丽乡村建设模式。主要有非农业带动型、农产品加工带动型、农业旅游业融合带动型、第一二三产业融合带动型、种植结构优化带动型。

3. 健全生态宜居保障体系

一方面，要建立和完善生态宜居保障体系相关的体制机制，综合考虑生态、经济、社会和文化等方面。如建立多元化生态保护补偿机制，打好生态基础；深化乡村集体产权制度改革，推动经济发展；完善社会保障体系，促进社会和谐；弘扬民族优秀传统文化，突出文化特色。另一方面，生态宜居保障体系应该得到政策体系的支持与引导。总之，生态宜居美丽乡村建设得益于体制机制及政策体系的双重保障，只有逐渐完善体制机制，并且从制度源头拉紧生态建设和生态保护的红线，让制度成为"带电的高压线"，才能实现生产空间集约高效、生活空间宜居适度、生态空间山清水秀的目标。

4. 建立生态宜居的评价指标

以提升乡村生态宜居水平为目标，可以从生态环境、美学价值、经济社会及基础设施建设等方面建立生态宜居评价指标。主要包括以下五个方面。一是社会文明度。人类社会的开化状态和进步程度，是人类改造客观世界和主观世界所获得的积极成果的总和。二是经济富裕度。即人们获取生存和生活资料、资源的能力和效率，集中体现在是否拥有充足的休闲时间，是建立在一定劳动生产率的基础之上的。三是环境优美度。即环境状态对人类在生活条件和对优美、舒适、方便等不断增长的需求方面的适应程度。四是资源承载度。即我们所生存的环境，当人类的活动在一定的范围内时，其可以通过自我调节和完善来不断满足人的需求。五是公共安全度。即社会和公民个人从事和进行正常的生活、工作、学习、娱乐和交往所需要的稳定的外部环境和秩序。

(二)生态宜居：建设美丽乡村的自然选择与时代要求

生态宜居具有时代意义。人类最早从自然界起步，与大自然结成生命共同体，遵循着恒久不变的生态原则，在形成"人化自然"和人类社会之后，人们同样必须从自然生态系统中获得物质乃至思想上的给养。马斯洛把人类需求从低到高分为七个层次，即生理需求、安全需求、归宿与爱的需求、尊重需求、求知要求、审美需求和自我实现需求。随着社会经济的快速发展，居民收入及生活水平不断提高，人类需求不仅仅局限于满足最低层次的生理需求，人类迫切需要通过提高居住环境的品质等措施来满足更高层次的需求。因此，生态宜居作为一种可持续的居住形态应运而生。作为都市文明、工业经济的"后花园"，农村历来都是青山绿水、人文乡愁的代名词，在守护和承载生态文明上有着天然的资源优势、环境条件以及文化使命。今天的新农村建设，不再是现代城市建设和工业化模式的机械植入、农村翻版，而是贯彻绿色发展理念、实现人与自然和谐共生的农村建设。"生态宜居"，是加强农村生态文明建设、打造和谐美丽乡村家园的客观要求，构成新农村建设的直观形态，代表乡村振兴战略的生态选择。

生态宜居是时代要求。在新农村建设中，"生态宜居"意味着农村环境因宁静、和谐、美丽而适宜人们居住，具有与新时代历史方位相对应的文化层次和丰富内涵。首先，由于农村环境是包含自然物质、社会人文诸要素的立体式的人化环境，所以，新农村生态宜居要求硬件和软件两方面建设配套。前者如房、路、水、电、气等生活设施建设、教育卫生文化等社会事业建设、农田水利科技等农业基础建设；后者如村容村貌整治、乡风文明建设、物质与非物质文化传承等。其次，新农村建设本质在于对农村工业化的深刻反思，将以城镇化方式"消灭农村"校正为以城乡融合发展方式"建设农村"。其生态宜居要求禁止工业和城市污染向农村转移，避免将工业化、城镇化的发展建立在牺牲农村环境的基础之上，防止"重经济轻环保、先建设后治理"的历史教训在农村重演。再次，新农村建设总要求的五个方面是一个整体，彼此紧密联系、相辅相成，其中生态宜居既是贯穿其他四个方面的一条主线，确保农村农业绿色发展，同时它也离不开其他四个方面的支撑，需由产业兴旺提供物质条件，由乡风文明提供群众基础，由治理有效提供刚性保障，由生活富裕提供动力源泉。此外，新农村建设并非一味求"新"、绝对破"旧"，生态宜居还要求留存具有浓郁地方特色和农村风情的物质形态、人文景观、生态产品，让人们记得住乡愁。

(三)破解生态振兴、生态宜居面临的难题

在实施乡村振兴战略的过程中，虽然农村生态文明建设方面已经取得了一定的成绩，但是仍然存在很多问题和难题。

首先，农民的环境保护意识不强。对于很多农民来讲，环境保护是政府的事情，似乎跟自己没有什么关系，农民的这种意识直接影响了他们的行为，比如对于生活垃圾的处理，他们还是遵从老办法，随心所欲，不会按照政府的要求处理，多数是打扫眼前垃圾，脏乱的地方没人管，缺乏主动的环保意识，这就决定了农民在行动上对村庄环境保护的参与度和积极性不高。

其次，新村建设中的建筑垃圾规模不断扩大。近几年农村建设一直在推进城乡一体化，大拆大建成为常态。很多建设企业是招商引资进来的，在施工时并没有提前规划，不注重整个乡村的规划和生态平衡。因而，产生了大量的建筑垃圾。随着风吹日晒和雨淋，造成了地表水和地下水的严重污染，损害了土壤的质量。有些有机垃圾已经分解，又会给当地的空气造成污染。

最后，乡村的基础设施建设不足，农民的生活质量不高。尽管各级政府都在积极推进环境整治工作，但乡村环境整治需要的资金投入一直都很短缺。有些地方只注重房屋的立面改造，畜禽粪池和垃圾集中堆放场地等设施没有建设到位，农村环境卫生基础设施建设不到位，也没有专门的处理垃圾的焚烧炉，只能找地方随便掩埋。还有就是很多地方的农民，在生活服务方面的基本设施标准很低，农民的生活质量也很低。比如很多地方的农户家里用的都是旱厕，没有全面覆盖水冲式厕所，也没有配备污水处理装置，这就导致生活垃圾没有被循环利用，造成了严重的污染问题。

（四）推进生态振兴、生态宜居的对策

建设生态宜居的新农村是一项复杂的系统工程，必须从文化、技术、制度、经济等方面打响一场全方位的"生态革命"。

一是坚持"绿水青山就是金山银山"的发展理念。以绿色发展为引领，既要加强生态环境治理，改善人居环境，又要依靠独特资源发展特色产业。习近平同志指出，"建设生态文明，是关系人民福祉、关乎民族未来的长远大计"。[1] "我们既要绿水青山，也要金山银山。宁要绿水青山，不要金山银山，而且绿水青山就是金山银山。"[2] 习近平同志关于"绿水青山就是金山银山"的重要论述揭示了发展与保护的关系，体现了在生态振兴中坚持绿色发展理念的重要性。要加强生态知识、生态伦理和生态审美教育与宣传，将"绿水青山就是金山银山"的发展理念，深刻植入大家的骨子里去。通过提升人们的生态文化素质，推动人们的生态行为实践。尤其要提高领导干部在新农村建设决策、实施中的生态保护、环境治理意识和能力，引导农民建立科学的生产方式、生活方式和消费方式。

二是进行技术革新。注重并推进农业绿色产业的发展，结合农村实际，推广农业高新技术，发展农村生态产业和循环经济，实现农业产业化发展，推动乡镇企业和农村经济组织转型升级。运用生态技术将农村生产、生活垃圾"变废为宝"，通过对生物物质资源的回收利用解决农村环境污染问题。

三是进行制度革新。建立完善有关新农村建设的生态法规制度体系，出台配套规范性文件，约束、惩治非生态行为，正向引导生态行为，保障农村、农民的"生态权"。建立健全农村环境监测制度，常态化有效监测环境污染情况，检查生态创建工作。在加强新农村建设的科学规划中，突出新农村的生态主义。引入绿色 GDP 理念，优化政府部门的政绩考核办法。多元化、多渠道筹措资金，增加对农村环境保护和生态建设的经费投入。探索建立对农村的环境生态补偿机制，用于补偿农村因向城市贡献资源和农产品、承担生态责任或承受城市和工业污染所造成的损失。

四是加强农村的宜居工程建设。生态宜居以建设美丽宜居村庄为导向，以农村垃圾、污水处理和村容村貌提升为主攻方向，大力开展农村人居环境整治行动，加大农村基础设施建设力度，使各项基础设施齐全，全面提升农村人居环境质量，使人文环

---

① 中共中央文献研究室：《十八大以来重要文献选编》（上），北京：中央文献出版社 2014 年版，第 46 页。

② 中共中央文献研究室：《习近平关于社会主义生态文明建设论述摘编》，北京：中央文献出版社 2017 年版，第 20~21 页。

境更趋舒适，不仅反映了农村生态环境建设的提升，而且体现了广大农民群众对建设美丽家园的追求。

大力推进生态振兴，持续改善农村人居环境，是建立生态宜居的美丽乡村的重大工程，是社会主义新农村建设的重要内容。

首先，制定科学的规划。这是指导和规范农村人居环境建设的保障。在编制村庄规划时，既要充分考虑广大村民在生产生活和居住方式上的要求，尊重村民意愿，又要坚持因地制宜，根据本地区地域特征和规模，完善村庄布点规划，确定中心和需要保留的自然村，并与农村产业发展、基础设施、公共服务和土地整治等专项规划相衔接。持续改善农村人居环境，依据不同地区的自然环境、生活习惯、民俗风情和经济社会发展水平水平，立足生态宜居新农村建设的新要求，科学制定村庄村落的布局规划。

其次，优化人居环境。一是要解决农村环境污染问题。农村相对于城市而言，垃圾处理没有固定的场所。有些人将生活垃圾、建筑垃圾随处倾倒，污水横流，个别高污染企业建在农村，夜间偷偷排放，卫生厕所建设不够普及，硬化的村道两旁排水设施不配套。这不仅会污染环境，而且结成的冰面会造成交通安全隐患。虽然近几年各地在进行新农村建设，但是，农民受多年生活习惯的影响，没有按照要求及时处理生活垃圾，个别村子给每户发了垃圾桶，但使用率也是非常低，成了摆设。因此，基层干部要加大对农民的环境保护意识的教育，加大检查监督力度，让农民逐步养成良好的生活习惯。二是要从水、电、路等方面出发，完善相应的配套设施，改善农民的生活条件，提升农民的生活质量。例如在人口居住密集的地方建设垃圾、污水处理厂等，发挥群众的力量，监督高污染排放企业合法生产。三是要持续推进绿化建设。为了做好乡村绿化工作，改进对绿化树种的选择，这不仅需要加快落实林业发展质量提升行动，调整优化树种结构，广泛种植乡土树种，而且需要注重乡村绿化的独特性，要使地域特色、文化特色在乡村绿化过程中充分展示出来。

最后，加强思想宣传教育，提高农民的环保意识。人居环境的改善离不开农民的支持与参与，通过对农民进行宣传教育，提高农民的环保意识，帮助他们树立可持续发展观念，保护自然环境，节约资源，不断增强村民的自我约束、自我教育和自我管理能力，共同构建并维护和谐美丽的家园。

三、乡风文明研究

习近平同志指出，乡村振兴，既要塑形，也要铸魂。中国特色社会主义进入新时代，我国社会主义的主要矛盾已经转化为人民日益增长的美好生活需要和不平衡不充分的发展之间的矛盾。在物质生活得到满足的同时，对于文化生活的需求越来越强烈。党的十九大报告把"乡风文明"纳入实施乡村振兴战略、推进城乡融合发展的"二十字"总要求，乡风文明建设成为乡村振兴战略的重要组成部分和保障，是乡村振兴之"魂"。只有抓好乡村文明，才能更有效地推进乡村振兴战略的全面实施。乡风文明建设对于全面推进乡村振兴、加快农业农村现代化具有重要意义。

（一）乡风文明建设的时代特征与现实意义

1. 新时代的乡风文明是传统与现代的融合

中国特色社会主义文化，源自中华民族五千多年历史文明所孕育的中华优秀传统文化，熔铸于党领导人民在革命、建设、改革中创造的革命文化和社会主义先进文化，植根于中国特色社会主义伟大实践。乡风文明建设正是在传统与现代的结合中形成时代特色。乡风文明不仅要传承优秀的家风、村风，继承和发扬尊老爱幼、邻里互助、诚实守信等优秀传统文化，同时也包含了"五位一体"和"五大发展理念"等文明乡风建设的新内容。乡风文明是乡村文明的内核。理论上讲，物质文明、政治文明、精神文明、社会文明、生态文明五种文明形态，共同构成了人类社会发展的文明体系，每一种形态都与社会经济发展阶段、人类认知水平等紧密相关。对乡村文明而言，也涵盖了上述五种文明形态，具有鲜明的系统性特点。特别是随着城镇化进程的加快，以及全域旅游理念的提出，乡村开放程度更深、范围更广、领域更全。乡风文明在乡村文明建设中发挥着统领作用，是乡村文明的内核。

2. 新时代的乡风文明建设体现中国文化与世界文化的融合

文化自信，要体现对乡村文化的自信，中国乡村是文化宝库，蕴含着丰富的生态文明理念，中国的乡风文明建设在吸纳世界文明成果的同时也要对世界文明作出中国贡献。

3. 新时代的乡风文明体现了全面小康的内涵特征

从要素层面上讲，全面小康不仅体现在物质层面，而且体现在精神层面、政治层面、社会层面、生态层面，是立体化、多维度、全方位的小康；从区域层面上讲，全面小康不仅是城镇的小康，而且是乡村的小康，更是广大脱贫地区的小康。随着农村居民物质生活水平的不断提高，精神需求、生态需求等将会逐渐成为消费主题，进而推动乡村精神文明、生态文明建设，提升乡风文明水平。

4. 新时代的乡风文明建设是乡村振兴战略的灵魂

全面实施乡村振兴战略是一个系统工程，具有多元性、艰巨性、长期性特点。无论是党的十六届五中全会提出的社会主义新农村建设，还是党的十九大提出的乡村振兴战略，都将乡风文明作为总的目标要求之一。"文化是一个国家、一个民族的灵魂。"从这个意义上来讲，乡风文明建设是乡村振兴战略的灵魂，既是乡村振兴的内容，也是乡村振兴的目标，更是推进乡村振兴战略的动力源泉。习近平同志指出，"实施乡村振兴战略要物质文明和精神文明一起抓，特别要注重提升农民精神风貌"。[①]充分发挥中华优秀传统文化的独特优势，加强乡风文明建设，有利于形成良好的社会秩序和社会风尚，提高农民的思想道德水平和科学文化素质。

乡风文明建设的重要意义主要在以下几个方面：

(1)乡风文明建设为乡村振兴注入持久精神动力。思想是行动的先导，乡村振兴需要新时代农民新的精神面貌。乡风文明建设在精神动力方面包括三点：传优秀、革陋习、树新风。第一，乡风文明建设离不开乡村本土优秀文化传承，例如良好家风、家训对于协调人与自然、人与社会、人与人之间的关系起着十分重要的作用。第二，乡风文明建设离不开革故鼎新、摒弃陈规陋习。近年来，拜金主义、享乐主义及道德滑坡现象在部分乡村越演越烈；烧香拜佛、占卜问卦、看风水、选阴宅等沉渣泛起；不赡养老人、不守孝道事件时有发生；更有甚者，价值观扭曲，是非不明，好坏不分，出现了儿女请人在老人葬礼上大跳脱衣舞的现象。第三，乡风文明建设必须树立新时代新风尚，用社会主义核心价值观引领乡村振兴。乡村振兴需要用社会主义核心价值观引领，构建健康科学养生方式、和谐邻里关系、安定社会环境。总之，新时代农民除了"富口袋"，更要"富脑袋"。推进乡风文明建设，不断满足农民群众精神文化需求；在农村移风易俗，扭转歪风邪气，打造风清气正的乡村文化；推进乡风文明建设，有利于防治道德滑坡，重构村民内心精神世界。

(2)乡风文明建设为乡村振兴提供智力支持。智力支持包括科学技术和科学知识。科学技术为乡风文明建设创造巨大物质财富，科学知识对乡风文明建设主体农民进行科学知识浸润传播。包括三个方面内容。第一，科学技术是第一生产力。科学技术是农业农村现代化的必然手段和必经阶段，它为乡村振兴创造巨大物质财富。《管子·

---

① 中共中央党史和文献研究院：《习近平关于"三农"工作论述摘编》，北京：中央文献出版社 2019 年版，第 122 页。

牧民》云"仓廪实而知礼节，衣食足而知荣辱"，乡村经济条件决定乡风文明建设的持续性和创新性。第二，用科学技术武装农民头脑，让农民将先进科学技术运用到生产经营中。党的十九大报告指出，培育新型农业经营主体，健全农业社会化服务体系，实现小农户和现代农业发展有机衔接。第三，用科学知识教育农民，提倡科学精神，涤荡乡村落后迷信思想和封建沉渣败叶，形成"相信科学、抵触迷信"的科学风气。总之，提高农民思想道德素质和科技文化素质，才能推动乡村面貌改变和乡村经济发展。只有坚持乡风文明建设，才能让农民解放思想、摒弃陈规陋俗，适应新时代发展要求；只有坚持乡风文明建设，才能在农村社会治理中扶正祛邪，在乡村振兴中激发农民斗志，传播正能量。

（3）乡风文明建设为完善农村基层民主奠定基础。农村基层民主指农村基层组织实行民主选举、民主决策、民主管理和民主监督以及村务和政务公开。其实，农村基层民主除了政治参与意识和参与能力，还包括农民在道德、法律等方面自律自觉。第一，政治方面。农村基层民主需要党组织集中统一领导，需要乡风文明建设促使农民民主意识觉醒，提高他们的主人翁意识，自觉对本村公共事务进行监督，促使村务公开。第二，道德方面。道德约束一直以来是村寨安定祥和的稳定器和压舱石。只有坚持乡风文明建设，建立新乡规民约，树立新乡风，才能让农民群众增强内心自律，自觉遵守村规民约。第三，法律方面。"乡村不是法外之地"。乡风文明建设需要普及法律知识，不断提高广大村民的法律意识，让其"知法、懂法"，养成依法办事习惯。更需要通过打黑除恶，铲除村霸恶势力，进行有效的乡村治理，为推进农村基层民主政治建设打下坚实的基础，为乡村振兴创造良好的社会环境。

总之，乡风文明建设对于培育良好家风、净化民风、提升村民精神面貌、推动社会进步起着不可替代的作用。

（二）乡风文明建设的难点与局限

乡风文明建设对于农村经济和社会发展有着巨大的促进作用，如果处理不好，也会成为农村发展的阻碍。当前，农村社会经济总体形势趋好，但要建成乡风文明的社会主义新农村还任重道远。我们必须正视乡风文明建设的困境和局限，制定行之有效的措施，对症下药，迎难而上。乡风文明建设的主要难点有：

1. 农村基础设施比较落后

当前，农村与城市、农民收入与城镇居民收入差距的拉大，集中体现在农村生产、生活条件与城市的差距过大。长期以来，中央财政、省、市、县等各级政府对城镇基础设施建设和公共服务投入了大量资金，但对农村基础设施建设和公共设施服务投入却不大，甚至几乎是空白。必须指出，建设社会主义新农村，最重要的就是要改变农村基础设施、公共服务落后的状况，基础设施投入是基础中的基础。从总体来看，农村基础设施普遍落后，休闲娱乐少之又少，精神生活较为贫瘠，大好光阴就这样白白流走。

2. 忽视农村文明建设投入

农民经济收入构成发生根本性改变。随着改革开放的不断深入，由于市场经济的蓬勃发展，大量的农村青壮年劳力纷纷走出田野，到沪、苏、浙等发达地区务工、经商，成功地实现了就业转移，为农村带来了巨大的经济效益，成为农村经济的一大支柱，一定程度上有力地拉动了农村经济的发展。但与此形成反差的是，这些外出务工、经商的农村精英们所挣来的钱并未完全用在农村，而是有的到城镇购房，有的在家建房，有的则干脆继续在外发展。所以，巨大的经济收入并未用在发展农村公益事业上面。

3. 农民因礼、因病致穷现象突出

当前，农村名目繁多的"应门面"（指婚丧嫁娶、乔迁、做寿、升学、入伍、开业等）的费用是个无底洞，每户农民每年在这些"恭贺"声中所花的礼钱多则数千元，少则也有五六百元。目前农民最关注的问题还是求医问题，"不怕穷，就怕病"，因病致穷、因病返贫的农民大量存在。就拿治一个普通的感冒来说，以往花几元钱买点药就能解决问题，如今花个百八十元是常有的事，若要住几天院，至少花千儿八百块，如果做一个大点的手术，就可能使一个经济本来很殷实的家庭一夜之间陷入穷困。应该说，农村的"礼多"和"看病难"问题已严重制约了农村经济的发展。

4. 乡村留守儿童教育现状堪忧

当前广大农村，随着大量青壮年劳动力源源流向外地务工、经商，其孩子一般留下来随其祖父母或外祖父母生活，隔代抚养现象相当普遍。由此带来了留守儿童教育难问题。很多老人认为，孙子或孙女书念得怎么样，他们无法保证，只要小孩子不出事，平平安安地交给儿子儿媳就算完成任务了。在这种思想的支配下，作为教育的一种重要形式的家庭教育就几乎无从谈起。老师们普遍感到学生学习水平有所下降，教学难度增大。另外，由于长期缺少父母的管教，少数娇生惯养的青少年行为"出轨"现象，农村青少年打架斗殴、偷盗抢劫的违法犯罪现象呈明显上升趋势。

自《中共中央国务院关于实施乡村振兴战略的意见》颁布以后，各地开始推进乡村文明建设，并取得了一定的成绩。但是在具体实施过程中，暴露出许多问题，成为乡村文明建设的重大局限，必须逐步予以改进。

第一，重视物质文明而轻视乡风文明。乡风文明建设由于周期长、见效慢，且不容易考核，一些地方领导把它当作"虚功""慢活"，不愿投入太多精力。但是，随着城镇化的推进和农村人口的迁徙，过去的社区性集体经济的格局已被打破，情况变化了，乡风建设的方式方法却没有变化。面对一些亟待解决的社会问题，有些地方重视不够，有些地方看到了问题的严重性，却没有解决问题的办法，以致束手无策。另外，有些地方的领导对乡村文明建设认识上有偏差，把乡村文化简单理解为具体的建筑或人物。一提到乡村文化建设，就一哄而上，修古宅，保护古树，挖掘名人逸事等，将这些具体化的因素理解为乡村文化的主要载体，以为没有这些就没有乡村文化。结果造成真正的人文典故和民间习俗等特色文化遗产被埋没了，甚至消失了。

第二，乡村文化建设的同质化比较严重。比如说江南水乡的建设，就是清一色的白墙黛瓦、小桥流水；一谈到庭院布局，就是篱笆围墙，风格统一，毫无特色。反而那些具有自身代表功能和特征的历史文物，因为年代久远，被误认为影响风貌而改造或者拆除了。从表面上看，村落干净利落、外貌整齐，实际上却是把自己独有的特色处理掉了。

第三，重视政府主导作用而轻视农民主体作用。在一些经济欠发达地区，由于投入能力不足，集体经济没有自身积累，往往是政府量力而行地办一些具有民风民俗和文化引导的基础性工作，不注意调动农民的积极性，农民成了局外人。有的把乡风文明建设简单地理解为给农民修活动室、送文化活动。久而久之，农民反而觉得乡风文明建设是政府的事。农民的主体责任没有得到体现，积极性没有发挥出来，使乡风建设的空间越发变得狭窄。

第四，重视硬件建设而轻视组织活动。近年来，通过多部门多渠道投入，各地兴建了一大批乡村文化设施和活动场所，包括乡镇文化站、村文化室、农村电影放映厅、阅览室、农家书屋、文化大院等。然而，一些部门满足于把钱花出去，把项目做了，而不愿意投入精力去组织日常活动和负责日常维护。有些村里的图书室蒙满了灰尘，有的农家书屋成为仓库，有的文化设备从来没有启封，有的活动室常年上锁，农民平时除了看电视就是打牌，正常的文化活动和社会交往缺乏，村委会凝聚力不足，农民的精神世界不够丰富。在文化培育方面，为了应付绩效考核，大家只重视硬件投入，很少在软实力上下功夫。看上去文化建设的数量很多，但是质量上不去。其结果就是花费了大量的资金，村民的参与度不高，对文化建设的认可度也没有那么高。很多文化相关设施不能为大家所用，导致闲置浪费的现象非常严重。

第五，文化建设的功利性太强。有些地方对于发展本地的乡土文化没有足够信心和耐心，只看重短期利益，以及能够快速见效的项目。为了使自己的文化建设更有特色，有些地方胡乱植入一些外来文化，搞得不伦不类，好像是布景道具，没有人愿意理睬，于是就成为一种虚假繁荣的景象。

（三）推进乡风文明建设的基本对策

党的十九大报告把"乡风文明"纳入实施乡村振兴战略、推进城乡融合发展的"二十字"总要求，乡风文明建设成为乡村振兴战略的重要组成部分，是乡村振兴之"魂"。只有做好乡村文明，才能更有效地推进乡村振兴战略的全面实施。推进乡风文明建设，要突出重点领域和环节。总体来说，就是要处理好五种关系，着力做好六项工作举措，精准施策，点滴长效地推动乡风文明建设，稳步推进乡村振兴战略实施。

1. 推进乡风文明建设要处理好五种关系

（1）传统与现代之间的关系。在美丽乡村建设中，乡风文明是目标要求之一。一些地方过多关注传统意义上的乡风文明建设内容，重点依然集中在移风易俗传承好家风，继承和发扬尊老爱幼、邻里互助、诚实守信等方面，没有及时将社会主义核心价值观、"五位一体"和新发展理念等新内容、新要素纳入其中。换句话说，就是没有很好地实现传统元素与现代元素的有效融合。为了解决这个问题，乡风文明建设一方面要传承中华优秀传统文化，另一方面要吸收现代文化元素，并处理好二者之间的关系，以实现目标的精准化。

（2）内容与形式之间的关系。乡风文明建设具有丰富的内容，内容的类型决定其实现形式，彼此之间需要良好的匹配，以达到预期成效。从空间尺度上来说，乡风文明建设既包含了以家庭为单元的家风，又包含了以村为单元的民风，更包含了以乡村为单元的乡风。每一个空间尺度都应处理好内容与形式的关系。特别是民族地区，更需要紧紧把握其村落文化的特点，充分利用民族特有的文化元素符号、民风、民俗，因地制宜地选择乡风文明建设的方式，实现内容与形式之间的匹配与统一。

（3）长期与短期之间的关系。我国乡风文明建设的实践表明，随着社会经济的不断发展，乡村在越来越受到外来因素影响的同时，也会受到内部因素诱变，从而不断出现新问题，也及时体现了相应的时代特点。为此，乡风文明建设的内容也需要紧跟时代的步伐，凸显时代特征。但总体上来讲，乡风文明建设具有长期性，可以说，乡风文明建设伴随着乡村振兴战略实施的全过程、实现农业农村现代化的全过程、全面建成社会主义现代化强国的全过程，更伴随着实现中华民族伟大复兴中国梦的全过程。

（4）继承与创新之间的关系。在乡风文明建设中，处理好继承与创新之间的关系，是马克思主义唯物辩证法的具体应用。然而，在乡风文明建设的理论研究与实践推动中，存在着对中华传统文化的片面认识，甚至将乡村文化称为"糟粕"，这是缺乏辩证思维的典型表现之一。为此，必须遵循实事求是原则，传承中华优秀传统文化。同时，应依据新发展阶段的特点，推动中华优秀传统文化进行创造性转化、创新性发展，增强文化自信。

（5）乡村与城市之间的关系。长期以来存在的城乡二元结构，导致城乡文化基础设施、文化资源、文化人才等方面的差距，乡村居民难以充分享受城市文明。党的十八大以来，党中央、国务院高度关注城乡均衡发展、融合发展，并出台了一系列政策措施，有力地推动了农村文化建设，农村书屋、农村文化广场等设施建设，再加上送文化下乡等系列活动，丰富了乡村居民的精神文化生活。推动乡风文明建设，必须处理好乡村与城市之间的关系，既要发挥乡村传统民俗、民风等村落文化元素符号的作用，也要让农民能够享受到现代城市文化元素符号体现的现代文明，更好地实现乡村文化与城市文化的融合。

2. 推进乡风文明建设应确立六个基本策略

（1）加强乡风文明建设的顶层设计。新发展阶段，实施乡村振兴战略既是做好"三农"工作的总抓手，更是一项基础性、战略性、历史性的任务。从本质上来讲，乡风文明是乡村文化最核心的内容，与乡村居民的联系最紧密，与乡村居民日益增长的美好生活需要相比，乡风文明建设依然存在着不充分不均衡问题。因此，要围绕着全面实施乡村振兴战略，对乡风文明建设进行顶层设计、全面部署、系统推进。明晰乡风文明建设的关键点、路线图、时间表，补齐存在的短板与弱项，提升乡风文明水平，推动乡村高质量发展。

（2）强化乡风文明建设的组织领导。乡风文明建设具有政治性、专业性特点，各级党委要以高度的政治责任感，与党中央保持高度一致，真正重视乡风文明建设，做好"一线总指挥"；同时，各级党委要加强乡风文明领域相关专业知识的学习，提高自身的专业领导能力、决策能力，提高决策的科学性、准确性，为乡风文明建设提供组织保障；基层党组织要切实承担起带领农民全面投入乡风文明建设的政治责任，要敢于亮剑、精准亮剑，对破坏乡风文明的言行要敢抓敢管敢制止，对有助于乡风文明建设的义行善举要善于发现、树立典型。同时，还应加强基层党组织的战斗堡垒作用，充分发挥党组织的凝聚力、影响力、战斗力，以及党员的先锋模范作用。

(3)注重乡风文明建设的内容甄别。从理论上讲，乡风文明是广大农村经过一定的历史时期而形成的一种具有区域特色、思维方式以及历史文化传统的文化形态，是特定社会、经济、政治、文化和道德等状况的综合反映，内容非常丰富，既有个体层面的内容，也有区域层面的内容。因此，在推动乡风文明建设中，需要对其内容进行科学甄别。具体而言，一是从区域空间尺度上对乡风文明建设中的关键内容进行甄别。不同区域乡风文明建设的内容既有共性，也有差异性。因此，应根据乡风文明建设的总体要求，因地制宜地对乡风文明建设的内容进行系统梳理，严格遵守实事求是原则，从中甄别出关键内容；二是从时间尺度上对乡风文明建设内容进行确定。乡风文明建设中，有些内容会伴随乡村振兴战略的全过程，具有长期性，有些内容则会随着时代变化而有所变化。为此，要根据乡村实际及内容特征，将其划分为长期、短期两种类型，提出精准的建设路径及相应策略。

(4)推动乡风文明建设的方式创新。乡风文明建设必须紧跟时代步伐，把准时代脉搏，及时对推进方式进行调整、创新，以实现预期成效，助力乡村振兴战略的实施。特别是现阶段乡村情况发生了巨大变化，如年轻劳动力进城务工，在城市文化的影响下，其人生观、价值观以及思维方式、对传统村落文化的认同感等都会发生一定程度的变化，由此产生传统文化与现代文化、乡村文化与城市文化之间的冲突。同时，信息化发展对中华优秀传统文化传承造成了挑战。当前，网络游戏对乡村手机用户，尤其是对留守儿童带来的影响巨大。此外，国家实施的诸如农家书屋、送文化下乡等活动，在很多地方已经不适应乡风文明建设的实际，必须根据实际情况进行相应调整，避免由此导致的国家财政投入的无效化。时代发展带来了家庭生活空间、生活品质的变化，家教、家风面临的外界环境更加多元，好家风好家训的传承方式也需要进行创新。当前，乡风文明建设应利用大数据技术、新媒体等激活外出村民的乡村记忆，留住乡愁，传承文明。

(5)创新乡风文明建设的有效载体。新时代，乡风文明重在弘扬和践行社会主义核心价值观，将"听党话、感党恩、跟党走"作为乡风文明建设的重要内容，并依据乡村实际，开展富有区域特点的活动。如开展村歌、"村晚"、广场舞等。积分制作为一种有效的治理方式，将其应用于农户参与农村婚俗改革、殡葬习俗改革的行为评价，也将有效地推动乡风文明建设。

(6)建立健全乡风文明建设的长效机制。一是完善考核机制。将乡风文明建设纳入县、乡两级年度工作绩效考核和领导干部考核内容。坚持实事求是原则，紧紧结合区域乡村的实际情况，因地制宜地设置乡风文明建设的考核指标，杜绝形式主义，确保考核的科学性、准确性、有效性。采取多方参与、全程参与的考核方式，特别是政府购买服务方式，由第三方进行评估，避免政府相关部门"既做运动员，又做裁判员"的考核方式，做到公平公正公开，使得考核结果真正发挥作用，更好地推进乡风文明建设。同时，也为对不担当、不作为干部进行问责提供依据。二是建立参与机制。广大农民既是乡风文明建设的主体，也是乡风文明建设的直接受益者，基层党组织应采取有效措施，充分调动农民的主动性、积极性，充分发挥农民的主体作用，真正参与到乡风文明建设的全过程。三是建立监督机制。由村民代表、退休教师或者回乡创业人员等组成监督队伍，并建立相应的监督机制，确保乡风文明建设能够取得预期成效并实现可持续性。

3. 推进乡风文明建设要把握六个着力点

（1）通过基层党建引领，打造乡风文明建设"主心骨"。利用党组织的红色引擎带动作用，增强各级党组织的统揽能力，充分发挥基层党组织在乡风文明建设工作中的战斗堡垒作用。建立"党员三带"工作制度，即党员带头参加环境整治、带头参加移风易俗、带头参加志愿服务，充分发挥党员的带头引领作用，设立党员乡风文明建设专项岗位，引导社区党员争当环境卫生督导员、移风易俗宣传员、乡风文明指导员、志愿服务组织员。做到一人带一人、众人帮一户。

（2）实施清洁家园工程，筑牢乡风文明建设"硬基础"。宣传发动要入楼入户，宣传小卡片和倡议书要覆盖每一个家庭，充分利用社区广场大屏幕、社区广播、楼栋宣传屏、微信微博持续扩大宣传覆盖范围，进一步浓厚活动氛围。坚持问题导向，全面排查整治存在的垃圾清运不及时、车辆乱停乱放、楼道不通畅、毁绿停车、占道经营等突出问题。要巩固完善长效常态，建立环境"日清扫""周督查""月考核"制度，常态化督促责任落实。

（3）贯彻"文化润人"理念，优化乡风文明建设"软环境"。建设社区"党群之家"，打造一站式党群文化活动平台，设置科普馆、图书馆、儿童乐园、书画馆、舞蹈排练厅等功能室场所，满足社区居民文化生活需要。丰富道德讲堂内涵，点滴长效提升居民文化素养，坚持以身边事感动身边人。拓展文化活动形式，开展送戏下乡、周末书场、社区"民星"选拔等文艺演出活动，喜闻乐见地展现社区居民精神新面貌。常态设置精神高地、廉政文化、红黑榜、义举榜、科普、法律等专题模块，形象生动有效地传播正能量、弘扬主旋律。

（4）开展移风易俗活动，引领乡风文明建设"新风尚"。成立"移风易俗"理事会，邀请社区有威望、有影响力、热心服务的老党员、退休教师、乡贤人物、文化名人等群体参与基层社区管理，制定社区居规民约。大力倡导婚事、丧事简办，反对铺张浪费，破除封建迷信，革除陈规陋习，倡导健康文明新生活，建立平等、友爱、互助的人际关系，积极营造健康向上的生活环境。

(5)形成志愿服务品牌，争当乡风文明建设"排头兵"。抓好志愿服务组织的外引内培，成立诸如党员志愿服务队、公益书社、老年之家、社区"搭把手"服务队等志愿服务组织。突出长效管理，抓好志愿服务制度建设。如制定党员志愿者"四亮剑"制度，亮身份、亮形象、亮项目、亮成效。推出志愿者奖励激励计划，对社区志愿者的活动开展情况和成效量化，并拿出一定的"物质奖励"予以激励，如减收物业费、免费使用停车位等，努力形成"有时间做志愿者、有困难找志愿者、挤时间当志愿者"的社区志愿服务氛围。

(6)抓好正面典型选树，树立乡风文明建设"新标杆"。坚持从日常调查走访中，了解核实在勤劳敬业、诚信经营、尊老敬老、热心公益、无私奉献等方面存在的真人真事，并做好跟踪记录工作。开展社区先进模范评选，开展"三最三好"评选活动(最美家庭、最美善举、最美志愿者、好媳妇、好党员、好青年)，树立社区典型品牌。按照"点燃一盏灯，照亮一大片"的原则，通过社区道德讲堂、周末剧场、群众课堂等载体，邀请社区典型人物现身说法，用鲜活教材和生动的细节来传播社区的正能量。

四、治理有效研究

治理有效是乡村振兴的核心。乡村振兴共建共治共享的价值追求契合了"完善和发展中国特色社会主义制度，推进国家治理体系和治理能力现代化"的全面深化改革总目标。致力于乡村治理能力和治理水平现代化，让农村既充满活力又和谐有序，为乡村振兴保驾护航，为共同富裕提供政治保障。稳定、和谐的乡村社会为产业有序发展、百姓安居乐业等提供了良好空间，和谐安定的乡村子单元为推进共同富裕提供了稳定的社会保障。乡村治，百姓安，国家稳。实施乡村振兴战略，不仅需要国家层面的政策支持，需要加大农村基础设施投入，更需要保护和激活乡村治理的主体协同能力，增强乡村社会治理效能。党的十九大报告对实施乡村振兴战略提出了"产业兴旺、生态宜居、乡风文明、治理有效、生活富裕"的总要求。其中，"治理有效"作为推动乡村振兴的保障性要素，在诸因素之中起着举足轻重的作用。乡村振兴，治理有效是基础和根基。加快推进乡村治理体系和治理能力现代化是实现乡村振兴的必由之路。

(一)治理有效的基本内涵和重大意义

治理有效是乡村振兴的关键环节和重要保障。新时代要求实现国家治理体系和治理能力现代化，这个目标的实现亟待打通乡村社会这"最后一公里"。治理有效的基本内涵包括：

健全乡村自治。推动基础民主，实行"阳光村务"，把服务和管理做到基层，持续开展以自然村为单位的村民自治试点工作，培育乡村公益性、服务性组织，开展农村社会志愿者服务，发挥乡绅乡贤的积极作用。

推动乡村法治。在乡村开展普法活动，以村民喜闻乐见的方式，让村民知法懂法，树立健康的法制观念。开展"一村一警"建设，积极处理基层矛盾，将基层矛盾消灭在萌芽状态。

弘扬乡村德治。要在乡村社会树立正能量的道德观，积极开展好家庭、好媳妇、好婆婆等表彰活动，开展最美乡村教师、最美村官、最美乡村医生等活动，宣扬典型案例，传播真善美。

党的十九大站在新的历史方位高度重视"三农"工作，将乡村振兴战略上升为国家发展战略，明确提出要坚持农业农村优先发展，建立健全城乡融合发展体制机制和政策体系，加快推进农业农村现代化。并强调要健全自治、法治、德治相结合的乡村治理体系。继十九大之后，国务院实事求是、与时俱进地出台了《关于加强和改进乡村治理的指导意见》。在新时代背景下，积极推进乡村有效治理具有重要的现实意义。

治理有效是实施乡村振兴战略的客观要求。改革开放以来，我国经历了急剧的社会变迁和社会变革，获得了巨大的物质财富，改变了我国的社会基础和社会面貌。随着工业化和城镇化的发展，农村人口大量进城，乡村的社会结构、社会关系和社会价值观念发生巨大改变。对传统乡村的社会秩序产生冲击，引发诸如农村家庭留守化、离农人口两栖化、土地抛荒化、传统文化断裂、社会道德滑坡等"农村病"。空巢村、老人村、留守儿童村和贫困村已成为当下中国，尤其是西部广大农村不争的客观事实。为了解决这一重大难题，党始终把解决好"三农"问题作为全党工作重中之重，并强调要健全自治、法治、德治相结合的乡村治理体系。这是我们党在新的历史方位对乡村治理提出的重要要求。在乡村振兴战略时代背景下，"三治合一"乡村治理体系的提出，为我国乡村社会走向"乡风文明"、实现"治理有效"开辟了新境界，也为广大农村"产业兴旺""生态宜居""生活富裕"提供了坚实支撑。因此，推进乡村社会现代化，增强乡村社会治理能力，是乡村振兴战略的客观要求，成为现代国家建构中一项重要的任务。当前，乡村振兴的大幕已开启，抓好乡村治理、加快乡村振兴的条件和时机已经成熟。

治理有效是实现国家治理体系和治理能力现代化的必然要求。中国特色社会主义制度是党和人民在长期实践探索中形成的科学制度体系，我国治理一切工作和活动都依照中国特色社会主义制度展开。农村是中国社会的重要组成部分，农村人口在我国总人口中还占有较大比重，农村地区治理能力和治理体系现代化水平的高低，直接关系着国家治理能力和治理体系现代化的实现。因此，顺应时代潮流，提升农村治理能力、优化农村治理体系，是推进国家治理体系和治理能力现代化的必然要求。乡村治理是国家治理体系的重要组成部分，是治理体系中最基本的治理单元。乡村治理的"基石"位置，决定了乡村治理对于整个国家治理的基础性作用。可以说，没有乡村治理的现代化，就没有国家治理体系和治理能力的现代化。

治理有效是满足人们对美好生活需要的时代诉求。良好的社会治理是人民美好生活的重要组成部分。党的十九大报告指出，我国社会的主要矛盾已经转化为人民日益增长的美好生活需要和不平衡不充分的发展之间的矛盾。社会主要矛盾的转化深刻表明我国人民日益增长的美好生活需要日趋多样化、多层次、多方面，不仅对衣食住行等物质产品的质量要求更高，对教育、医疗、养老等公共福利保障也提出了更高要求。对蓝天绿水、清新空气、优美环境的要求也越来越强烈，对民主、法治、公平、正义、安全等方面的需要也越来越突出。随着我国经济社会的持续发展，当前和今后一个相当长的时期内，人民群众对美好生活的需要比以往更迫切、更强烈。这就要求我们党从广大人民群众最关心最直接最现实的利益问题入手，破解乡村社会治理能力不平衡、社会治理机制不协调等问题，构建科学有效的乡村社会治理体系，努力增进乡村人民群众的获得感、幸福感、安全感、参与感。因此，推进乡村治理现代化是应对社会矛盾变化、创造美好生活、满足人民日益增长的美好生活需要的时代诉求。

(二)新时代乡村有效治理的现实困境

经过改革开放40多年的发展，我国各项事业都有了显著发展。在新的历史方位下，我国对各项社会事业提出了新的要求和目标。党的十九届四中全会明确提出，要坚持和完善中国特色社会主义制度，推进国家治理体系和治理能力现代化。虽然我国乡村社会治理水平已有显著的提升，但作为国家治理现代化进程中的薄弱环节，我国乡村治理不仅面临着转型期带来的问题，也有其内在、固有的一些矛盾和难题，治理任务还相当繁重，迫切需要进一步提高乡村基层治理水平，以更好地促进乡村振兴，为实现国家现代化补齐短板。

1. 治理理念尚未完全转变，主体间权责关系不明晰

乡村振兴背景下所讲的乡村覆盖范围较广，一般包括乡(民族乡、镇)、村(含行

政村、自然村)等。村委会治理理念尚未转变,其对应的乡镇政府的治理理念也存在问题。就乡镇政府来看,其对于乡村社会更多是管理为主,并且是单一主体管理模式。因为在乡镇中事务相对繁琐复杂,乡镇的干部并不愿意把部分治理职能转移给其他社会组织。此外,社会治理力量的多元化,也会让每个治理主体衡量自己的权利得失,以至于主体之间的关系错综复杂,难以塑造一个高效的多元化治理格局。由于没有对治理主体的权力和责任划分清楚,导致权责界限一直处于模糊状态,从而形成恶性循环的局面,即需要处理"好事"的时候各治理主体都往上赶,而有"棘手"的事需要处理解决时却互相推诿。久而久之,社会治理主体的公信力被逐步损耗。虽然有多元力量的参与,但只是徒有其表,治理效果甚微。

2. 乡村是"熟人社会",依法治理仍有不足

所谓社会治理的法治化,是指在社会治理的过程中要善于运用"法治思维"来协调各社会成员之间的利益关系,化解社会矛盾,使法律在社会治理中发挥基础性和保障性的作用。乡村是个"熟人社会",更偏向于以"打招呼"的方式办事,致使村委会在处理村务过程中下意识选择"人治"而不是"法治"。在乡村治理过程中,某些村委会的换届选举、村务处理以及村民矛盾调解,并没有真正做到依法处理。个别村委会的换届选举表现出乡村依法治理的不足,如大多数村民法律观念淡薄、民主意识不强,候选人拉票行为严重,村干部竞选演化成宗族势力之间的较量等。这些都是乡村治理法治化过程中的难题。要破解这些难题,维护乡村社会的平稳运行,仍需积极探索新路径。

3. 社会组织参与度不够,协同共治效果甚微

基层社会治理的复杂性决定了政府部门之间、政府与社会之间协同合作的重要性。由于社会组织的规模较小,在一定程度上影响其社会资源网络的辐射。除了参与乡村社会治理的社会组织数量少之外,乡村内在性质和社会组织自身的问题也是影响协同共治有效发挥的重要因素。首先,由于乡村存在一定的排外性,社会组织作为一个"外来物",村民对社会组织治理的专业化水平会产生怀疑,这在一定程度上会影响社会组织的公信力;其次,社会组织参与乡村社会治理还处在探索阶段,其组织结构还有待完善,还需要通过一段时间的实践来设置符合该乡村实际的组织结构;最后,地方政府的社会治理理念没有向多元主体治理理念转变,直接影响社会组织可参与的治理空间以及可享受的社会治理资源。

4. 公民政治参与意识不强，主体作用没有得到充分发挥

实现乡村有效治理最终目标的直接受益者是人民群众。一直以来，有些村民对乡村社会治理缺乏清晰的认识，抱有事不关己、高高挂起的态度。究其原因，一是村民受教育程度低，政治参与意识不强。青壮年为维持生计选择外出打工，留守农村的便是老年人和儿童，这类群体一般无力接受政治教育或还未开始接受政治教育。二是村民参与自治的主动性、积极性不高。对没有涉及自己利益的事务，村民很少去关注。三是政治参与渠道缺乏和机制不健全。有的村民在寻求利益表达时，往往不知道从哪入手。此外，有的村民进行社会监督举报时，个人信息没有得到有效保护，造成信息泄露，给村民的人身安全带来极大隐患。

5. 严重的"三化"阻碍乡村治理的有效实施

一是"碎片化"问题成为当前基层治理面临的现实困境。其产生的主要原因是条块分割的政府管理体制。按照科层制的专业分工与层级节制原则，基层治理的职能分散在不同层级和不同管理部门之中，形成了以"块"为单元的属地管理和以"条"为线的部门管理两种分割的管理模式。二是"原子化"增加了基层治理客体的复杂性。基层治理"原子化"是指由于基层组织解体或无效而产生的基层治理对象离散、无序和低组织化状态。过去在计划经济体制下，国家建立了总体性支配的社会管理体制，城市基层主要依靠"国家—单位—个人"的纵向控制体系将人民群众整合起来，在农村则通过人民公社这一"准单位体制"来达到整合的目的。改革开放以后，总体性支配的社会管理体制解体，大量城市居民离开所属单位，走进市场，更多的农民走出农村，进入城市，逐渐脱离单位和人民公社等组织单元。三是"内卷化"使基层治理的有效性边际递减。基层治理的有效性边际递减是当前基层治理困境的突出表现。近年来，国家通过加大资源投入、加强制度创新、引入新的治理技术等方式来提升基层治理的有效性。但实际效果并没有得到显著提升，反而呈现出"内卷化"的趋势。同时，国家通过加强和创新基层社会治理来破解"内卷化"困境，但基本上处于"改而不变"的状况。针对当前基层治理实践面临的现实困境，仅仅通过基层治理创新并不能解决结构性所带来的问题，还要结合基层治理的具体情境，突破以县域为重点的基层社会治理体系，从更高层级重塑基层治理的结构和功能。市域社会治理作为县域社会治理的延伸，为基层治理困境的实质性化解提供了新的路径。

（三）新时代实现乡村有效治理的基本策略①

现代国家建设的实践是不断从管理社会向管控社会，再向治理社会转型的过程，是不断赋予社会自主权、释放社会活力，形成更具弹性的国家与社会关系的过程。党的十九大根据我国社会治理发展状况，提出要"推动社会治理向基层下移"。新时代社会治理重心向基层下移，客观上要求政府对社会治理理念作出根本性转变，即由社会管控理念转变为社会治理理念，治理资源由城市转向基层，并且要推动政府以更加包容、开放的态度容纳多元主体力量，形成共同推动基层社会和谐发展的合力，真正从社会角度出发巩固国家治理体系和治理能力体系现代化的基层基础。

1. 政府主动转变治理理念，健全完善权责体制机制

过去讲管理民主，其主体是干部，现在强调的是社会治理，主体是整个社会。因此，有的干部治理理念还未完全转变过来，不认同社会治理的多元互动和平等协商理念，这对社会治理的有效实现造成了不良影响。打造多元治理格局是党和国家在深刻把握社会发展规律的基础上提出的。随着社会的发展进步，单一治理主体已不能满足社会的发展需要，这就需要政府适时地转变社会治理理念。"枫桥经验"成功证明，社会治理需要多元力量的参与，真正实现社会的有效治理。与此同时，政府在主动转变治理理念之外，还要规范社会权力的治理领域和实践效能，避免出现无政府主义的极端倾向，倡导有序且充分的公众参与，防止参与式民主嬗变为"多数人的暴政"。政府要逐步健全和完善治理主体间权责关系的体制机制，确保治理主体间的权利和责任有明晰的界限，保证社会的平稳运行。

2. 切实推进"三治"协同发展，不断提高乡村社会治理水平

马克思和黑格尔都认为法律在市民社会中具有重要的作用，需要一定的约束机制，而乡村是法治、自治和德治"三治"协同发展的。首先，法律对于规范政府与社会的关系，对于处理复杂的社会矛盾都具有重要的意义。法治在国家治理中扮演着重要角色，党的十八届四中全会提出要全面推进依法治国，这也是"四个全面"战略布局重要组成部分，而乡村社会的法治化是实现全面依法治国的基础部分。实现乡村的法治化需要全社会参与，渗透全过程。比如村委会的换届选举要公开透明，从干部选拔的

---

① 杨青青、郑兴明：《新时代乡村有效治理的现实困境及路径选择——基于马克思市民社会理论的启示》，《长春理工大学学报》2021 年第 1 期，第 14~18 页。

源头树立村委会的权威。其次，村委会作为群众性自治组织，有必要号召村民一起为村规民约出谋划策，引导村民提高作为主人翁的责任意识。最后，德治是处理村民尖锐矛盾的有力武器。因为德治更讲究一种"同理心"，它可以在理解双方难处的基础上，提出让双方都接受的解决方案。所以，德治可以弥补法治的不足之处。由此可见，在乡村社会有效治理的实现过程中，法治、自治以及德治都发挥了自己独特的作用，三者不可或缺。

3. 打造多元治理格局，充分发挥社会组织在乡村治理中的作用

社会组织对于参与乡村治理的方式以及如何适应乡村治理的需求还处于探索阶段。政府在处理乡村公共事务的过程中，由于治理职能的部分缺位，致使其处于"费力不讨好"的尴尬状态，公权力没有得到最大化的发挥。这就需要政府把这部分没有有效发挥的治理职能转移给一些可以承担起此职能的社会组织，以此来缓解这种尴尬困局。政府要站在推进国家治理体系和治理能力现代化的高度，认识创新社会治理过程中社会组织的作用，并有效发挥社会组织应有的作用。此外，发挥社会组织作用的前提是乡村里有各类社会组织的存在。近年来一些市县开始培育新型社会组织，以适应乡村治理的发展需求。比如山东新泰市依托平安协会化解乡村冲突事件和参与村庄事务协商；广东云浮市依托乡贤理事会，揭阳市依托公益理事会和民主监事会推动农村公共事业建设。这种植根于乡村特色和实际发展需要的社会组织可以承担起政府部分公共治理职能，不仅对当地乡村的和谐稳定、有序发展起到推动作用，而且对于官民冲突也起到很好的缓解作用。

4. 培育公民的主人翁意识，增强乡村社会治理的动力和活力

村民是乡村社会的主体，社会治理的好坏直接影响着村民的生产和生活方式，因此，需要调动村民参与自治的主动性和积极性，激发主体意识。一要强化村民的责任意识。当地政府及村委会要采取村民喜闻乐见的方式来进行宣传教育，加深村民对自治及其重要意义的认识，逐步引导广大人民群众主动自觉参与到社会治理中。二要拓宽村民参与社会治理的渠道。渠道的畅通是村民有效参与社会治理的前提条件，政府要根据当地的特色不断拓宽渠道，让村民真正有参与感。三要构建并完善村民利益表达机制。在社会治理的过程中，村民更多的是出于有自身利益表达的需要才参与社会治理。这就需要政府和村委会不断建立健全利益表达机制，科学处理公共事务，把人民群众关心的事务放在第一位，进一步增强人民群众参与社会治理的责任感和使命感。

（四）新时代实现乡村有效治理的对策

新农村建设的"管理民主"的乡村振兴的"治理有效"有效转变，体现了我国社会治理理念由"管理"向"治理"的过渡。"管理"与"治理"虽然仅有一字不同，其中内涵却别有深意。管理更多地强调主体是领导者、管理者，一般是实行单一主体管理模式，而治理则强调社会各方一起参与，实现社会的有效治理，即多元主体治理模式。当前，我国在顶层设计上强调要把社会治理向基层下移，夯实乡村治理的基础。但是，在乡村治理的实践过程中，由于其面临着固有的内在矛盾和外部环境带来的双重挑战，致使乡村治理发展仍旧处于停滞不前的状态。如何盘活和利用乡村治理资源，寻找乡村治理的有效出路，这是当下我国乡村治理急需解决的难题。[①]

一是壮大乡村产业。这是缓解农村"空心化"问题的必由之路，是实现乡村振兴的基础。只有乡村产业发展起来了，之前外出的青壮劳动力才能在家附近有事做、有钱挣，进而实现"离土不离乡"，为乡村的治理与发展留下"生力军""主心骨"。要加大农业企业的扶持力度，强化乡村产业发展的顶层设计、政策创新、投入保障、人才保证，建立健全集体资产各项管理制度，理顺乡村发展项目的可行性。围绕促进农村第一、二、三产业融合、农产品加工业、乡村休闲旅游、农村创新创业等出台扶持政策，允许因地制宜地调整和优化资金使用要求，着重在财政扶贫资金的使用上予以精准扶持，从而带动创建一批生产功能突出、产业特色鲜明、生产方式绿色、经济效益显著、辐射带动力强的产业项目。要提高产业发展组织化程度。扶持一批以农业产业化龙头企业带动、合作社和家庭农场跟进、广大小农户参与的农业产业化联合体，形成多主体参与、多要素聚集、多业态发展、多模式推进的抱团发展格局。

二是建强基层组织。基层组织是联系国家治理与村民自治的桥梁纽带，是乡村治理的实施主体。因此，推进乡村治理必须建强基层组织，确保基层有人干事。要发挥党建的引领作用。把强化农村基层党组织建设摆在首位，建强基本队伍、基本阵地、基本制度、基本活动、基本保障，发挥村党组织战斗堡垒作用。通过政治教育、思想引导、社会服务把农民组织起来，带领村委会、集体经济组织、社会组织等共同唱好乡村全面振兴大合唱。

三是整治形式主义。让村干部从无意义的形式工作中解脱出来，聚精会神干实事、求实效。根除形式主义顽疾，最根本的是建立长效机制。目前来看，清单制就是一种

---

① 杨青青、郑兴明：《新时代乡村有效治理的现实困境及路径选择——基于马克思市民社会理论的启示》，《长春理工大学学报》2021年第1期，第14~18页。

应用范围广、务实管用的机制，虽然具体形式不同，但归结起来，都是将基层管理服务事项细化为清单，明晰职责边界、优化办事流程、健全评价机制，形成规范化、精细化、具象化的制度办法，有效促进村级组织高效规范运行。要科学编制清单。厘出村级组织自治事项清单、村级组织协助政府工作清单、村级小微权力清单、公共服务事项清单以及评比考核、出具证明清单等。需注意的是，编制清单不能过分求多求全，要以问题为导向，针对本地突出矛盾、基层干部群众关注的突出问题，确定清单类型。要规范清单运行。建立每项清单的运行规则，明确实施的主体、内容、流程等细节，并通过张榜公布、网上公开、漫画图册等方式广为宣传，充分发挥上级党委政府、群众和社会各方面的监督作用，做到让群众按章办事、干部依规履职。另外，减轻村级负担，还要从农村实际出发，渐进提高相关标准要求，不能"一刀切"地以机关的工作标准要求农村工作、以对机关干部的标准要求农村干部。

四是培强集体经济。让村级组织"有钱干事"，是提升农村集体行动能力和公共服务水平的重要支撑。要发挥乡镇主体作用。在村级资源相对有限、村级组织能力不足的情况下，建议以乡镇为基本实施单元推动村集体资源整合和入市工作。要健全带头人发展培养和考核激励机制。制定以村干部、致富能手为主体的带头人长期培养规划，依托大中专院校，设置带头人的1～2年的培养计划，普及理论知识、设置实践课程，切实提升带头人的"头雁作用"；健全带头人与集体经济之间的利益关联机制，科学考核、强化激励，不断激发带头人发展村集体经济的积极性、主动性、创造性。要加快涉农资金统筹整合。目前涉农资金实质性整合统筹推进较慢，需要加快推进顶层设计。要充分赋予基层政府相机施策和统筹资金的自主权，鼓励地方在推进改革过程中积极探索创新，推动实现财政资金与差异化的农村实践相结合。

五是推动移风易俗。推动移风易俗，就是要把农村群众的注意力从那些无意义的陈规陋俗和不合理的消费中转移到有意义的事情上来，把有限的人力、物力、财力用来干"正确的事"。要把村规民约立起来。制度规范的执行，最怕的就是"破窗效应"。村里明确不许大操大办，但有人大操大办了却没有受到惩戒，规范就形同虚设、变成摆设。村规民约，对于正面的、向上的要引导倡导，对于负面的、禁止的也得有细化实化、可操作的细则和罚则。要把党员干部管起来。村看村、户看户，群众看干部。管好了党员干部这个关键，群众工作就好做了。因此，各地在推进移风易俗过程中，首先应要求党员干部带头执行，对于违反者要依据党纪党规予以惩戒。其次，充分发挥红白理事会、村民议事会、道德评议会等群众组织作用，通过有效约束，引导群众贺喜庆祝有分寸、丧葬风俗有尺度，形成良好乡风。

五、生活富裕研究

生活富裕既是乡村振兴的根本，也是实现全体人民共同富裕的必然要求。习近平强调，要构建长效政策机制，通过发展集体经济、组织农民外出务工经商、增加农民财产性收入等多种途径，不断缩小城乡居民收入差距，让广大农民尽快富裕起来。生活富裕是当前阶段实现共同富裕的基本形式，它与消除贫困、改善民生、不断满足人民日益增长的美好生活需要一起，充分体现了我国处于社会主义初级阶段的基本国情和主要矛盾；共同富裕是乡村生活富裕的目标导向和价值追求，彰显了中国特色社会主义的制度优势和发展优势。

（一）实现生活富裕、促进共同富裕的时代特征

人民对美好生活的向往，就是我们的奋斗目标。党的十九大报告指出，中国特色社会主义进入新时代，我国社会主要矛盾已经转化为人民日益增长的美好生活需要和不平衡不充分的发展之间的矛盾。

经过长期努力，我国社会生产力水平总体上显著提高，社会生产能力在很多方面进入世界前列。我国长期所处的经济短缺和供给不足状况已经发生根本性转变，更加突出的问题是发展不平衡不充分。进入新时代，国家经济实力显著提升，全面建成小康社会如期实现，人民对美好生活的向往集中反映了在生产力发展和社会进步基础上人民生活需要的升级。人民群众的需要呈现多样化多层次多方面的特点，期盼有更好的教育、更稳定的工作、更满意的收入、更可靠的社会保障、更高水平的医疗服务、更舒适的居住条件、更优美的环境、更丰富的精神文化生活。实现生活富裕、促进共同富裕是我们党的奋斗宗旨，是实施乡村振兴战略的根本。实现生活富裕、促进共同富裕具有鲜明的时代特征。

（1）彰显人民性。人民是发展的主体，发展的根本目的是增进民生福祉。发展为了人民，发展依靠人民，发展成果由人民共享。以人民为中心的发展思想，不是一个抽象的、玄奥的概念，而要体现在经济社会发展各个方面。要坚持人民主体地位，顺应人民群众对美好生活的向往，不断实现好、维护好、发展好最广大人民根本利益。

（2）涵盖全面性。共同富裕包含两个层面的内涵。

"富裕"反映的是社会财富的拥有状况，是生产力层面的，具体表现为社会生产力发达，社会财富丰富，人均国内生产值、人均收入、人均财政支出等经济指标达到发达国家序列，全体人民享有完善的基本公共服务和社会保障。简言之，就是在经济高

度发展基础上的富裕。

"共同"反映的是社会财富的分配状况，是生产关系层面的，具体表现为三个方面。

一是从财富的内容上看，"共同"不仅指物质富裕、精神富足，还包括影响社会成员幸福感的其他因素。2021 年 5 月 20 日，中共中央、国务院印发的《关于支持浙江高质量发展建设共同富裕示范区的意见》对此进行了界定，那就是全体人民"普遍达到生活富裕富足、精神自信自强、环境宜居宜业、社会和谐和睦、公共服务普及普惠"，这表明，中国特色社会主义共同富裕的时代特征包含了物质文明、政治文明、精神文明、社会文明、生态文明的共同推进，是从生产力到生产关系，从经济基础到上层建筑的共同富裕。

二是从财富的分布来看，"共同"不是统计学意义上的平均主义，也不是某些行业、某些产业、某些地区的"个体"或"群体"富裕，"我们说的共同富裕是全体人民共同富裕，是人民群众物质生活和精神生活都富裕，不是少数人的富裕，也不是整齐划一的平均主义"。①

三是从财富拥有的程度来看，"共同"要求消除两极分化，消除工农差别、城乡差别、体脑差别，但同时允许个体财富存在适度差异，共同富裕绝对不是以损害效率为代价去搞平均主义，更不是"杀富济贫"。要实现"共同"，必须解决发展和分配的公平性问题，必须统筹兼顾好效率与公平的关系。

（3）展现美好性。从生活品质视域看，人民向往满意、舒适、健康、快乐、和谐的美好生活。要把人民对美好生活的热切期待转变为现实，要让人民群众的多样化、多层次、多方面生活需求不断得到满足，让人民群众的获得感成色更足、幸福感更可持续、安全感更有保障。

（4）突出创造性。幸福生活都是奋斗出来的，新时代人民美好生活要靠辛勤劳动、苦干实干来创造。按照中共湖北省委提出的"幸福生活，美好环境，共同缔造"的指示，必须坚持党的统一领导，紧紧抓住经济建设这个中心，充分调动人民群众的积极性、主动性、创造性。把高质量发展同满足人民美好生活需要紧密结合起来。满足人民对美好生活的向往，关键要靠发展。当前，我国发展不平衡不充分问题仍然突出，发展中的矛盾和问题集中体现在发展质量上。这就要求我们必须把发展质量问题摆在更为突出的位置，着力提升发展质量和效益。坚持创新、协调、绿色、开放、共享发展，推动质量变革、效率变革、动力变革，着力解决发展不平衡不充分问题，在更高

①　习近平：《习近平谈治国理政》(第四卷)，北京：外文出版社 2022 年版，第 142 页。

水平上满足人民日益增长的美好生活需要。

（5）遵循渐进性。马克思、恩格斯在将"共同富裕"写在自己的理论旗帜上的时候，就对其进行了科学的谋划：在消灭资产阶级私有制建立公有制的基础上，逐步消灭三大差别，社会生产将以所有人的富裕为目的。马克思同时对社会主义的"按劳分配"和共产主义"按需分配"进行了充分的论证。因此，马克思共同富裕思想从形成开始就指明了共同富裕是不可能一蹴而就的，必须持续推进、久久为功。

中国共产党高举中国特色社会主义旗帜，根据经济社会发展水平和所处的不同历史方位，优化调整推动共同富裕的方针、路线和政策。从党的百年奋斗历程来看，在中华大地全面实现共同富裕需要分阶段、定目标、划任务，"要深入研究不同阶段的目标，分阶段促进共同富裕"，① 需要量力而行、尽力而为、循序渐进。

（6）坚持原则性。改革开放和社会主义市场经济体制的建立，使中国快速融入全球市场，取得了举世瞩目的发展成果。从这个角度来讲，中国人民从"站起来"到"富起来"的历史转变，市场经济功不可没。但是，市场经济本身又存在着诸多有违共同富裕的缺陷。首先，市场经济遵循效率优先原则，在充分竞争的前提下往往会忽视社会公平，容易形成强者恒强、弱者越弱的"马太效应"，必然导致不同区域、不同人群的贫富分化。其次，从收入分配角度看，资本、数据等生产要素参与分配，处于天然的优势地位，导致社会财富的分配中越来越向资本和数据集中，劳动者在收入分配中的不利地位进一步加大，容易引发劳资矛盾和阶层固化。最后，从资源流动角度看，市场经济存在"虹吸效应"，经济条件优越、发展起点较高的地区，可以利用自身的优势，吸引资本、劳动力等各种资源，获得更快的发展，而那些落后地区却因为发展所需的优质资源流失而越发落后，由此区域差距就会越来越大。

因此，实现共同富裕必须坚持公有制为主体的社会主义方向，把社会主义与市场经济相结合是中国共产党对马克思主义政治经济学的重大理论创新。社会主义市场经济是与中国共产党的领导、社会主义公有制、共同富裕的奋斗目标紧密相连的。我们所要实现的共同富裕，在所有制结构、分配方式、宏观调控等方面都拥有鲜明的社会主义性质。

（二）实现生活富裕、促进共同富裕的重大意义

第一，实现生活富裕、促进共同富裕是社会主义本质要求的集中展现。社会主义是人类社会发展的必然趋势，是中国的唯一出路。实现生活富裕、促进共同富裕是社

---

① 习近平：《习近平谈治国理政》（第四卷），北京：外文出版社2022年版，第142页。

会主义与资本主义的一个本质区别。在中国，最紧迫的任务就是要实现现代化，社会主义决定了中国式现代化新道路的性质与方向。在社会主义制度下，劳动者不仅是社会财富的创造者，而且是其享有者。因此，社会主义本身就包含着实现共同富裕的目标要求，社会主义现代化追求的就是全体人民的共同富裕。

第二，实现生活富裕、促进共同富裕是推动高质量发展的现实承载。发展是解决一切问题的基础和关键。站在新的历史起点上，中国式现代化新道路将发展中的矛盾和问题聚焦在发展质量和效益上，着力推动高质量发展。高质量发展不仅强调经济的发展，同时也强调经济与政治、文化、社会、生态的协调发展。通过实现共同富裕，注重解决发展的不平衡问题和社会的公平正义问题，凸显了推动高质量发展、贯彻新发展理念的核心要义。

第三，实现生活富裕、促进共同富裕是实现人民高品质生活的坚实支撑。人民是社会的主体，是社会发展的承担者和推动者。中国式现代化最终是人的现代化，满足人民对美好生活的需要是中国式现代化的价值旨归。实现共同富裕从人民立场出发，更加关注人民高品质生活的需要，表达了人民群众对未来美好社会的期望和憧憬。

(三)实现生活富裕、促进共同富裕面临的现实困扰

第一，粮食是稳定的基础，粮食的价格一直不高，对于吃饭来说，无论是在城镇还是农村，都可以满足。但是，农村的收入却一直相对较低，尤其是物价不断上涨之后，收入远远跟不上消费。

第二，依靠种地收入太低。年龄大了，体力也逐渐衰退，回家是多数农民必然的选择。城镇生活压力太大，买不起房，打不了工，就没有留下的必要。回家面临的不只是吃饭问题，还有更多其他问题。如今的生活虽然收入高了，但是家庭支出也高，孩子的教育、父母的养老、家庭的消费都需要很多的开支，对于种地的人来说，压力越来越大。

第三，以往收入低，粮食价格不高，但是医疗和教育的成本也很低，医院收费不高，孩子上了大学还有补贴，高中住校背着大米就能在食堂搭伙。

第四，随着社会的发展，如今第一代的老人基本已逐渐丧失劳动力，物价的上涨有着多方面的因素，退休的人越来越多，工人可以领取退休金，而农村补贴则是很低的。辛苦工作了几十年，缴纳了社保，领取退休金本是应得的回报，但是农村种地的人保障了所有人的吃饭问题，也是一种奉献。可粮食价格不高，他们无力缴纳社保，也不期待能有工人的待遇，但是几十元的养老补贴也着实难以满足其生活。

第五，农村生活成本很低，但是人情礼节各种成本也在增加。随着自来水以及天然气等普及，生活条件变好，一切都需要资金的支撑，对于农民来说，回乡之后年龄已经很高，收入来源只有种地，困境难以避免。

第六，农村养老缺乏保障。有人说，职工退休是一种情怀，农民退休是一种困扰，一种新的生活开始，两种不同的境遇，无数艺术家镜头里的美，并不是真的美。静谧的乡村里多数人外出务工，劳作的老人无法停歇。有人表示，农民面临的困境是工业化发展之后的结果。对于农民来说，农业支持工业已经是过去式，工业可以创造更多的财富，但也应该给予农业更好的扶持。有人建议，农民是一种职业，生产是一种奉献，粮食的价格关系着所有人的吃饭问题，或许更好的办法不是涨价，而是给予适当的补贴，让农民拥有更好的晚年。即便不能去游山玩水，上公园品茶，也可以相对保障基本的生活需求。

(四)实现生活富裕、促进共同富裕的重大举措

1. 实现生活富裕，必须推动农民创业就业，提高农民收入

第一，要把做强农村产业作为乡村振兴的首要任务。以农业供给侧结构性改革为主线，以高效生态高质为导向，完善现代农业产业体系、生产体系、经营体系，推进农村第一、二、三产业融合发展，进一步打开绿水青山转化为金山银山的通道。大力发展现代农业。采用新品种新技术，推动农业标准化生产、产业化经营、品牌化营销。通过鼓励和引导新型农业经营主体延长农业产业链，对农产品进行深加工，把农业附加值留在农村内部。同时，合理布局生产、加工、包装、品牌，打造完整农村电商产业链。加快发展美丽经济。充分利用美丽乡村建设成果，加快美丽环境向美丽经济转化，大力发展农村旅游经济、生态经济、电商经济、文创经济、养生经济等美丽业态，振兴乡村传统产业，实现乡村经济多元化，增加农民创业收入；要培育创新主体，大力培育家庭农场、农民合作社、农创客、农民企业等新型主体，积极扶持农村实用人才和创新人才，鼓励引导资本人才等要素流向农业农村，让城市要素与乡村资源有机融合。

第二，促进城镇化和充分就业。推动农业农村转移人口市民化。一方面，要继续深化宅基地用益物权，农村土地承包经营权，集体资产股权"三权"到人(户)。另一方面，要深化户籍制度改革和城镇公共服务制度改革。促进农村劳动力充分就业。以新生代进城务工人员为重点，开展职业技能培训，提升素质和技能，扩大灵活就业。完善城乡劳动者平等就业、同工同酬，推动形成平等竞争、规范有序、城乡统一的劳动

力市场。建立健全合理的工薪增长机制，加强劳动用工管理，切实维护进城务工人员合法权益，有效促进进城务工人员工资性收入持续增长。

第三，深化农村产权制度改革，增加农民财政性收入。大力发展合作经济，让资源变资本，资金变股金，农民变股东，加快补齐农民财政性收入短板。增强集体经济分红能力，大力发展集体经济，深化股份合作制改造，加强与工商资本合作，引导农村集体经济组织因地制宜采取资源开发利用、统一提供服务、物业管理、混合经营、异地置业等多种实现形式，增强自我发展，自我服务，自我管理能力。建立符合市场经济要求的集体经济运行新机制，增强集体经济造血能力和发展活力。

第四，完善收入再分配制度，实现农民转移性收入增长。按照城乡一体化要求，健全社会救助制度，扩大社会养老保险的人群覆盖面；完善农业农村支持保护制度，建立动态调整机制；落实农村集体产权制度改革免征契税印花税政策，支持制造业、小微企业等实体经济发展，让更多中小企业享受优惠。

2. 实现生活富裕，必须促进农民全面发展，提高农民总体素质

生活富裕，必须促进农民的全面发展。要优先发展农村义务教育，实施健康乡村战略，推动城乡教育和健康事业一体化发展，全面提高农民文化素质和身体素质。要创新乡村人才培育引进使用机制，强化乡村振兴人才支撑，加大对人才尤其是返乡人才的支持力度。一方面，对农村现有的技术能手、致富明星给予适当奖励，充分激发他们的带动作用；另一方面，对于返乡创业的人才面临的资金、技术和用地等难题给予及时解决，通过乡土人才培育，带动农民增收致富。

3. 实现生活富裕，必须加大扶贫帮困力度，促进共同富裕

脱贫攻坚、消除绝对贫困是乡村振兴战略实施的前提，乡村振兴战略实施是推动共同富裕实现的基础，三者之间环环相扣，形成链条。构建起脱贫攻坚、乡村振兴和共同富裕三者之间的有效衔接，接力推动共同富裕实现是建设社会主义现代化国家的历史性任务。

中国取得了脱贫攻坚的全面胜利，消除了农村绝对贫困现象。提升了脱贫对象的自我发展能力，增加了脱贫地区和脱贫人口的发展机会，但并不等于一劳永逸地解决了乡村贫困问题。脱贫地区受资源、环境、交通和气候等诸多自然因素的影响，产业发展薄弱，再加上贫困文化熏陶下部分脱贫人口对政策性补助的依赖、脱贫质量不稳定及新冠病毒疫情等社会因素的影响，返贫复贫的风险高。因此，坚决守住防止规模性返贫的任务艰巨。构建脱贫攻坚与乡村振兴、共同富裕实现的有效衔接机制，常态

化、动态化地稳扎稳打，在贯彻落实好党中央"摘帽不摘责任、摘帽不摘政策、摘帽不摘帮扶、摘帽不摘监管"的部署下，巩固好脱贫攻坚成果，接续有序推进脱贫地区开启乡村振兴战略，精准施策，志智发力，补齐"技术、设施、营销、人才"短板，挖掘和培育乡村内生发展动力，配置好、衔接好共同富裕的要素、资源、组织和制度等，辅之以人工智能、大数据、物联网、区块链等现代科学技术，不断增强乡村发展的基础力、吸引力和支撑力，推动共同富裕的实现。要树立"一个都不能少"的理念，按照坚守底线、保障民生、统筹城乡、全面覆盖的要求，促进公共资源优化配置，织密织牢扶贫帮困、社会救助安全网，切实做到公共服务与社会保障领域全覆盖、区域全覆盖和人群全覆盖。

第一，要健全最低生活保障制度，做到应保尽保；稳步提高低保标准，低保标准的设定应当与当地经济发展水平和地方财政能力相适应，确保困难群众不因物价上涨影响基本生活。加强与扶贫政策衔接，注重农村低保制度与扶贫开发政策的有效衔接，坚持符合扶贫政策的低保人口应扶尽扶，符合条件的低收入人群应保尽保。

第二，完善精准帮扶和减少相对贫困机制，不断提升低收入农民创业增收能力和自我发展能力。对有劳动能力的贫困人口，强化产业和就业扶持，对完全或部分丧失劳动能力的特殊贫困人口，实施健康扶贫、教育扶贫，发挥农村最低生活保障制度的兜底作用，建立结对帮扶机制，实施区域结对，强弱结对，重点帮扶经济薄弱乡村发展特色生态产业。引导社会参与扶贫，形成大扶贫格局，壮大扶贫力量。完善扶持责任和监督，强化党政一把手负总责的责任制。

第三，健全特殊困难人员供养、自然灾害救助、医疗救助、住房救助、就业救助等专项救助制度。加大资金保障力度，引导社会力量参与，稳步提高社会救助水平，完善社会救助信息管理系统，积极推进社会救助城乡一体化。要聚焦深度贫困地区和特殊贫困群体，以精准脱贫目标、标准为主线，改善贫困地区发展条件，解决特殊贫困群体实际困难，激发贫困人口内生动力，夯实贫困人口稳定脱贫基础，为实现乡村生活富裕打好基础。扎实开展精细精确精微的"绣花式"扶贫，按照贫困户劳力状况、收入来源要素"四类分类"要求，采取"有劳力且有一定技术、有剩余劳力且可输转、有一定劳力在本地打零工、无劳力预备兜底"的办法，对贫困户进行精准分类、精准扶贫，助推脱贫攻坚取得实效。

4. 实现生活富裕，必须建立健全社会保障体系

第一，要推进健康乡村建设，实施农村健康工程，真正做到病有所医。完善农村卫生服务体系，加强慢性病综合防控，加强妇女、儿童、老人、残疾人等重点人群健

康服务。加强基层医疗卫生服务体系建设，改善乡镇卫生院和村卫生室条件。加强基层卫生人员队伍建设，引导和鼓励医学院毕业生到基层工作，推进基层医疗卫生机构特色科室建设。加快建立城乡一体的居民基本医疗保险制度，推动参保人群全覆盖。坚持不懈推进农村的"厕所革命""垃圾革命"，加快农村生活污水治理和无害化卫生厕所建设，完善农民健康体检工作，广泛开展全民健身运动，增强农村居民体质。同时提升农村食品安全保障水平。

第二，完善农村宅基地和住房政策，保障农民建房权和居住权，实现住有所居。要优化乡村规划体系，采取多种类型、多种途径，引导农民有序依法建房，提高居住质量和社区建设水平。遵循规划先行、节约用地、因地制宜、保障安全的原则，完善农村建房技术规范，加强农房建设全过程管理。优化农房建设审批和监管机制，保障农房建设质量安全到位。按照房地一体，统筹推进，依法依规要求，健全农村宅基地及住房确权登记发证长效机制，保护农民合法财产权益。

第三，推进城乡公共服务均等化，健全农村养老服务体系，实现老有所养。促进农村居民基本养老保险，优化个人缴费、集体补助、政府补贴的办法，建立乡村基本养老保险制度。长期以来，由于城乡二元体制，大量优质的公共产品和公共服务集中在城市，城乡公共产品和公共服务差距悬殊，社会公平正义缺失，影响了乡村振兴推动共同富裕实现的品质。因此，推动城乡公共服务均等化是提升乡村振兴推动共同富裕实现品质的重要路径。发展农村老年福利事业，进一步提升托底养老，扩大普惠性养老，推动产业化养老，全面建成以居家为基础、以社区为依托、以机构为补充，医养结合、覆盖城乡的养老服务体系。推进城乡公共服务均等化，关键要强化统筹谋划和顶层设计，健全城乡公共服务均等化的体制机制，加快打通城乡要素平等交换、双向流动的制度性通道。既大力实施乡村建设行动，又推进以人为核心的新型城镇化，从而有效提升乡村振兴推动共同富裕实现的品质。

六、人才建设研究

振兴农村的关键在于人才的振兴。人才是农村振兴的重要基石。"要把人力资本开发放在首要位置，畅通智力、技术、管理渠道应畅通无阻，造就更多乡土人才，聚天下人才而用之。"①实施乡村振兴战略，要坚持农业农村优先发展，按照产业兴旺、生态宜居、乡风文明、治理有效、生活富裕的总要求，建立健全城乡融合发展体制机

---

① 《中共中央 国务院关于实施乡村振兴战略的意见》，新华社，2018年2月4日。

制和政策体系，加快推进农业农村现代化。不论是产业兴旺、生态宜居，还是乡风文明、治理有效、生活富裕，都离不开人才的重要作用。可以说，没有人才振兴，就没有乡村振兴。

(一)乡村人才建设的重要战略意义

农村人才队伍建设能够激发农村经济活力，有助于乡村产业振兴。产业振兴是全面实现小康社会之后乡村崛起振兴的经济基础，实现产业振兴能够推动农村经济高质量发展，有效提升农村经济的竞争活力。人力资源水平对经济发展起决定性作用，加大对人力资源的投资是实现乡村经济稳步增长的关键。

1. 乡村人才建设在整个现代化建设中具有支撑作用

现代化具有以下基本特征：

第一，自觉性。不同于近代工业革命之前人类社会自发变化的过程，现代化是一种自觉的行动。这样我们就可以把现代化与近代以前的社会变迁区别开来。

第二，科技性。现代化是以现代科学技术在生产过程中的广泛应用为契机的，现代科学技术革命及其应用是现代化的实质所在。

第三，整体转变性。现代化不仅是科技革命及其在生产中的应用，而且还引起经济、社会和政治结构的根本转变。

西方国家的现代化过程，从生产力发展看，是先工业化后信息化；从体制机制看，是先商品化后市场化；从空间布局看，是先城市化后国际化。我国是后发国家，现代化过程是把工业化和信息化结合、商品化和市场化结合、城市化和国际化结合。最为典型的是，我国的工业化起飞还没有完全完成，信息化就已经开始了。另外，从体制机制看，我国从自然经济、计划经济转向商品经济的过程中，瞄准市场经济发展的大趋势，发挥后发优势，把商品化和市场化融合起来推进，这也是改革开放40多年来我国推进现代化建设最突出的特征之一。

现代化是一个整体，涵盖各个领域，包括经济现代化、政治现代化、文化现代化、社会现代化以及人类社会与自然界关系的现代化。我们只有从整体的高度将其协调统一起来，才能真正有效地推进现代化。同时，在整个现代化系统中，中心是经济现代化(工业化和信息化)，体制机制表现是商品化、市场化，空间表现形式是城市化、国际化。

现代化表现为生产力—生产关系、经济基础—上层建筑互动变迁的过程。这个过程是国际性、全球性的，动态表现为科技革命引发经济革命、带动体制机制变革，制度和意识形态相对应但不完全对应的变化。

在现代化过程中，人的现代化是整个现代化的本质和关键所在。现代化的过程实际上就是人的活动过程，离开了人的现代化，其他什么现代化都谈不上。一方面，经济现代化、政治现代化、文化现代化、社会现代化、生态文明现代化都需要人力资本予以支撑和保障；另一方面，人的现代化也内在于其他现代化过程之中，相互依存、相互促进、相辅相成。

乡村振兴本质上就是乡村发展，就是乡村现代化，表现为农业现代化和农村现代化。乡村人才建设本质上就是实现乡村人的现代化，表现为农民现代化。从人的现代化在现代化过程中的一般地位出发，乡村人才建设、农民现代化，在整个乡村振兴、农业农村现代化过程中占有重要的战略地位，是乡村振兴和农业农村现代化的本质和关键所在。

2. 乡村人才建设在"五大振兴"的内在联系中具有关键意义①

乡村振兴即乡村的发展和现代化，是一项巨大复杂的社会经济系统工程，主要包括"五大振兴"，即产业振兴、人才振兴、文化振兴、生态振兴和组织振兴。2018 年，习近平同志提出要坚持乡村全面振兴，抓重点、补短板、强弱项，实现乡村产业振兴、人才振兴、文化振兴、生态振兴和组织振兴，推动农业全面升级、农村全面进步、农民全面发展。《乡村振兴战略规划（2018—2022 年）》也明确，要科学有序推动乡村产业、人才、文化、生态和组织振兴。乡村人才建设，在整个乡村振兴系统工程中占有十分重要的战略地位。这一重要战略地位，是由乡村人才建设与其他四大振兴的内在联系决定的，主要表现在以下几个方面：

第一，乡村人才建设为乡村产业振兴提供劳动力和人力资本保障。

推动乡村产业振兴，就是要构建现代农业产业体系、实现农村第一、二、三产业深度融合发展，促进农业内部融合，延伸农业产业链，拓展农业多种功能，发展乡村新产业新业态，壮大乡村产业，扩大农民持续较快增收渠道；构建新型农业生产体系，紧紧围绕发展现代农业，夯实农业生产能力基础，实施农业综合生产能力提升重大工程，确保国家粮食安全和主要农产品有效供给；构建新型农业经营体系，既要培育新型农业经营主体，又不能忽视以亿计的小农户和普通农民，发展家庭经营、集体经营、合作经营和企业经营。谁来构建现代农业产业体系、生产体系、经营体系呢？只能依

---

① 丁文锋、马景、马天昊：《乡村人才振兴的战略地位与实现路径》，https://m.gmw.cn/baijia/2021-05-25/34872597.html，2021-05-25。

靠各类人才，依靠各类管理人才、生产人才、经营人才。也就是说，乡村产业振兴，要以人才建设为基础。

第二，乡村人才建设为乡村文化振兴提供组织者和工作对象。

中华文明根植于农耕文化，乡村是中华文明的基本载体。推动乡村文化振兴，要以乡村公共文化服务体系建设为载体，培育文明乡风、良好家风、淳朴民风；要让中华优秀文化精髓如邻里守望、诚信重礼、勤俭节约的文明之风在乡村兴盛起来。乡村文化振兴，一方面需要大量既有中华优秀传统文化素养又熟悉现代科学文化的文化工作人才；另一方面也需要以各类人才为工作对象，宣传、培育、弘扬社会主义核心价值观，为人才成长发展铸魂，更需要大批乡村优秀文化传承人才、文化产业人才和文化旅游人才。可见，乡村人才振兴是乡村文化振兴的关键。

第三，乡村人才建设为乡村生态振兴提供建设者和生态产品供给者。

推动乡村生态振兴，首先要加快农业转型升级，减量并有效使用农业化学投入物，实现农作物秸秆、畜禽粪污等资源化利用和农用薄膜回收利用，充分发挥农业特有的生态功能，让农业成为生态产品的重要供给者。这就需要一批生态环境保护人才，花大气力做好农民工作，把千千万万农民转变为生态环境保护者和农业生态产品的提供者。推动乡村生态振兴，还需要以绿色发展为引领，推进农业农村绿色发展，加快农村人居环境整治，加强农村污水、垃圾等突出环境问题综合治理，改善农村人居环境，推进农村"厕所革命"，完善农村生活设施，补齐农村生态环境建设短板，让乡村成为生态涵养的主体区。这就需要动员广大农民群众积极行动起来，人人争做发展绿色农业和整治人居环境的建设者。

第四，乡村人才建设为乡村组织振兴提供各类基层组织人才。

推动乡村组织振兴，一是必须加强农村基层党组织建设，需要建设好农村基层党组织带头人队伍。只有这样，才能加强农村基层党组织对乡村振兴的全面领导，完善村民自治制度，发展农民合作经济组织，健全乡村治理体系，提高乡村治理能力，让乡村社会充满活力，具有自我管理和自我服务能力，确保广大农民安居乐业、农村社会安定有序。二是必须加强农村基层党组织和党员队伍建设。为此，需要加大从本村致富能手、外出务工经商人员、本乡本土大学毕业生、复员退伍军人中培养选拔农村党组织带头人力度；加大在青年农民、外出务工人员和妇女中发展党员力度，加强农村党员队伍建设。三是必须进一步完善村民自治制度，规范民主选举程序。需要一批能够胜任议事、办事和监事任务、促进自治法治德治有机结合的村民人才。也就是说，乡村组织振兴要以乡村人才建设为核心，二者密不可分。

可见，乡村振兴归根结底都需要各类人才去振兴、去推动、去担当作为、攻坚克难、创新发展。解决人才问题是全面推进乡村振兴战略的关键，是推动农业全面升级、农村全面进步、农民全面发展的内在和必然要求，是一项十分重要的工作。

3. 乡村人才建设能切实解决乡村人才工作的现状、问题[①]

长期以来，我国乡村中青年、优质人才持续外流，人才总量不足、结构失衡、素质偏低、老龄化严重等问题较为突出，乡村人才总体发展水平与乡村振兴的要求之间存在较大差距。国家统计局第三次全国农业普查数据显示，2016年，全国农业生产经营人员31422万人，其中初中及以下教育程度的人员占91.8%，高中或中专的占7.1%，大专及以上的仅占1.2%。人才匮乏、素质不高长期困扰"三农"工作的开展和乡村社会的发展。

乡村人才建设存在的问题有五点。一是相当一些地区村干部年龄老化、结构僵化、青黄不接，村"两委"副职及委员工资、社保未纳入财政预算。二是留守农村劳动力对自身主体地位的认识不足，新型职业农民队伍建设存在内生动力不足、基础条件薄弱、培训效果不佳等问题。三是新型农业经营主体面临用地难、用钱难、用人难"三难"和"小、散、弱"等问题。大宗农产品价格下行与农资、地租、人工等成本刚性上涨并存，导致相当部分经营主体难以为继。四是"三农"工作队伍较为薄弱，人员紧缺、知识匮乏、能力不足等问题突出，科技特派员、大学生村官等尚未形成有效服务于"三农"的长效机制。五是尽管多地出台了关于支持市民下乡、能人回乡、企业兴乡的政策，但由于尚存一些制度性阻碍，导致"三乡"主体创业创新积极性不高。

面对当前实际存在的问题和挑战，要实现乡村人才建设的宏伟目标，任务光荣而艰巨，更加凸显出解决人才问题是全面推进乡村振兴战略的关键，是实现农民富裕、保障农村长治久安和长远发展的内在必然要求。

(二)人才建设的主要内容和任务

随着新时代"三农"事业的发展，人才建设范围不应该仅限于传统农业产业，不再是单一的农业人才，而是多领域多产业的"大人才"范畴。包括新型职业农民，农村专业人才，农业科技人才，社会各界专业人才等。

第一，加快培养农业生产经营人才，培养高素质农民队伍，突出抓好家庭农场经

---

① 丁文锋、马景、马天昊：《乡村人才振兴的战略地位与实现路径》，https://m.gmw.cn/baijia/2021-05-25/34872597.html，2021-05-25。

营者、农民合作社带头人培育。深入推进家庭农场经营者培养，完善项目支持、生产指导、质量管理、对接市场等服务。

第二，加快培养农村第二、三产业发展人才，培育农村创业创新带头人，加强农村电商人才培育，培育乡村工匠，打造进城务工人员劳务输出品牌。深入实施农村创业创新带头人培育行动，不断改善农村创业创新生态，稳妥引导金融机构开发农村创业创新金融产品和服务方式，加快建设农村创业创新孵化实训基地，组建农村创业创新导师队伍。

第三，加快培养乡村公共服务人才，加强乡村教师队伍建设，加强乡村卫生健康人才队伍建设，加强乡村文化旅游体育人才队伍建设，加强乡村规划建设人才队伍建设。落实城乡统一的中小学教职工编制标准。继续实施革命老区、民族地区、边疆地区人才支持计划，以及教师专项计划和"银龄讲学"计划。

第四，加快培养乡村治理人才，加强乡镇党政人才队伍建设，推动村党组织带头人队伍整体优化提升，实施"一村一名大学生"培育计划，加强农村社会工作人才队伍建设，加强农村经营管理人才队伍建设，加强农村法律人才队伍建设。

第五，加快培养农业农村科技人才，培养农业农村高科技领军人才，培养农业农村科技创新人才，培养农业农村科技推广人才，发展壮大科技特派员队伍。

(三)乡村人才建设存在的问题及原因分析

问题一，激励机制不完善，管理服务不到位。乡村人才面广量多，管理有一定难度，服务上相对滞后。对乡村人才在物质和荣誉等激励措施上办法还不多，表彰、奖励还没有形成制度，资金、技术、信息等方面的激励机制还不够完善，乡村人才参与科技创新，引进新技术、新品种和领办经济实体的积极性不高。

问题二，乡村人才创新能力不强，人才留不住问题突出。现有的专业技术人才创新能力不强，领军作用不明显。所申请的专利中，还没有产生重大影响的发明专利，农业企业自主创新能力不强，自身拥有的技术成果也很少。人才引进和培养投入不足，财政投入不足，制约了人才发展，不利于培养和留住人才，对高层次人才的吸纳和集聚能力不强，存在人才"难引进、留不住"的现状。

问题三，乡村人才年龄结构偏大，返乡创业门槛高。外出务工人口众多，致使农村劳动力流失严重，进而导致农村劳动力比重不断下降，年龄结构偏大。对返乡创业人员和高校毕业生创业扶持政策门槛过高，享受政策范围面比较窄。

乡村振兴是决胜全面建成小康社会，全面建设社会主义现代化强国的一项重大战略任务。当前，制约乡村发展不平衡、不充分的根本原因，就是城乡二元体制以及由此导致的人才及劳动力流失。如何真正推动乡村振兴，人才瓶颈制约成为关键因素。因此，实施乡村振兴战略首要任务是破解乡村振兴的人才瓶颈制约，进一步强化乡村振兴的人才支撑，把人力资本开发放在首要位置，让乡村人才留得安心，更有信心，激励各类人才在农村广阔天地大展才华、大显身手，打造一支强大的乡村振兴人才队伍。

（四）实施乡村人才队伍建设的措施

深入推进乡村人才发展体制机制改革，推动形成更加灵活高效的乡村振兴引才聚才用才机制，优化人才评价、人才激励、人才流动机制等方面工作，切实化解乡村振兴中的人才短缺等突出问题，畅通智力、技术、管理下乡渠道。在人才培养引进上聚焦发力，着力打造乡村人才集聚新高地，把人才支撑落到实处。

一是加大人才招引力度。对乡村现有人才，分行业分类别进行基础信息统计，建立乡村人才资源数据库，真正把农村的"土专家""田秀才""种养能手"等农村实用人才纳入组织视线，并按照每年一更新进行动态管理。实施乡镇专业技术人才招引计划。通过公开考聘、网络招聘、跨区域招聘等方式，招录各领域专业技术人才，并把他们安排到相关项目中去实地锻炼，让其真正在实践中解决问题，使各类优秀人才能够在自己擅长的领域发挥才能，避免高职称人才流向管理岗位，造成人才闲置。探索"岗编适度分离"机制，引导教育、卫生、农业、文化等行业科技人员、专业技术人员向乡村流动。积极为各类人才返乡创业创造有利条件，大力打造乡村人才创新创业基地，力争吸引优秀人才返乡创业，带动群众脱贫奔小康。

二是全面建立职业农民制度。紧扣乡村振兴战略，启动职业农民职称评定试点工作，全方位支持优秀农村实用人才积极申报，对取得中级、初级职称的农民给予一次性补助，鼓励其在乡村振兴战略实施中发挥骨干和示范引领作用，为推进乡村振兴提供人才和智力支持。

三是加强乡村专业人才队伍建设。建立专业人才统筹使用制度，推动人才管理职能部门简政放权，保障和落实基层用人主体自主权。大力推动城乡教师交流，增加交流教师数量，加大乡村教师补充力度，合理调配人员富足学校师资。继续实施"三支一扶"计划，扩大"三支一扶"招聘数量。组织实施高校毕业生基层成长计划，采取公开招聘方式，招聘政治素质好、学习成绩优、有一定社会实践能力的高校毕业生到农村(社区)工作。设立乡村特设公益性岗位，引导高校毕业生到基层就业服务。创新人才培养模式，扶持培养一批农业职业经理人、经纪人、乡村工匠、文化能人、非遗传承人等。

四是实施农技推广服务特聘计划。实施专家服务乡村振兴计划，通过外聘和单位选派方式，每年选派科技、农业、农机、林业、畜牧、水利等专业技术人员深入基层一线开展多样式的服务活动，力争帮助解决基层技术难题。大力加强农业科技项目建设，加大科技创新力度。帮助农业企业、农场做好与大专院校、科研院所的联合，组织引进新品种、新技术，制定技术路线，建立高效的产学研紧密合作平台。

五是建立有效激励机制。研究制定管理办法，选派专业技术人员到农村挂职，为乡镇农业生产提供技术保障。降低政策门槛，扩大政策受益范围，鼓励返乡人员积极创业。吸引懂技术、懂市场外出成功人士返乡创业。制定相应的惩戒机制，建档立卡，列出负面清单，实现动态管理，真正做到选贤任能，能者上、庸者下。此外，尽可能发展建立"不求所有、但求所用、不求常在、但求常来"的"柔性人才引进机制"，支持村两委、乡村企事业单位、农村合作社等部门设置"特聘顾问""特聘专家""特聘技师""特聘书记"等职位，为接续推进乡村振兴战略提供有力的人才支撑。

六是加大人才培养力度。通过开办培训班培养乡土人才。尤其要注重培育乡村实用人才，充分利用农村的田间地头、自然资源等进行实地教学。通过边教边做、边做边学，不断提升农民的知识技能，强化对乡土人才的开发培训，真正实现带领农民增产增收。例如，针对农业技术推广队伍，应进行相关的专业技术水平培训考核，使其能够真正帮助农民提高科学素养，运用先进的知识技术促进生产水平的提升。另外，对人才的教育培训要强化思想政治教育和素质教育相结合，利用乡镇层级的党校、工作会议、网上远程教育等平台开展培训，使村级人才树立正确的义利观，讲政治、懂规矩、守纪律，树立全心全意为人民服务的宗旨理念，努力为村民谋福利、谋幸福。同时，要加强本土手艺传承人的挖掘与培养，通过适当的政策、资金支持，通过"一行一训""一技一训"等教学手段灵活施教，完善传统技艺、手艺等文化技艺教育培训，建立技艺传承的长效发展机制。

七、组织领导研究

实施乡村振兴战略，组织是保障。组织振兴是乡村振兴的"第一工程"，是新时代党领导农业农村工作的重大任务。组织部门作为党委的重要职能部门，要在党委的集中统一领导下，聚焦乡村振兴的新使命、新任务、新要求，认真行使好主责主业，不断夯实乡村振兴的组织力量，为推进乡村振兴提供坚强的组织保证。

(一)实施组织振兴、强化组织领导能力的基本内涵

组织振兴要以提升农村基层党组织组织力为重点，以实现乡村治理体系和治理能力现代化为目标，坚持以党组织建设带动其他组织建设、以组织振兴促进乡村振兴，着力健全完善乡村组织体系，激发乡村各类组织活力，凝聚乡村振兴的整体合力，夯实乡村振兴的组织基础，推动农村基层组织全面进步、全面过硬，打造乡村组织振兴的样板。要构建起乡村振兴的组织体系和政策框架，形成领导有力、运转有序、治理有效的乡村组织振兴制度机制。组织振兴的基本内涵包括：

1. 农村基层党组织坚强有力

党在农村的基本组织、基本队伍、基本活动、基本制度、基本保障健全完善，党的组织有效嵌入、党的工作有效覆盖农村各类组织和群体，党组织政治领导力、组织覆盖力、群众凝聚力、社会号召力、发展推动力、自我革新力得到充分发挥，使农村基层党组织成为宣传党的主张、贯彻党的决定、领导基层治理、团结动员群众、推动改革发展的坚强战斗堡垒。

2. 村民自治组织规范有序

依法选举产生村民委员会，依法推选产生村民代表和村民小组组长，健全人民调解、治安保卫、公共卫生与计划生育、民政事务等下属委员会，实现村务监督委员会应建尽建。村级自治组织相应规章制度健全完善，在村党组织领导下分工负责、有序运行。党组织领导的村民自治机制更加健全规范。

3. 农村集体经济组织健全完善

农村集体产权制度改革推进顺利，农村集体经济组织同步建立，完善治理机制、健全组织章程，在村党组织领导下依法代表成员行使集体资产所有权，履行集体资产管理运营职能。

4. 群团组织基层阵地更加稳固

党建带群建、带社建工作推进有力，共青团、妇联、残联等群团组织在乡村的组织架构健全，队伍建设不断强化，联系服务群众的桥梁纽带作用发挥到位。配齐配强群团组织工作力量，群团组织团结教育、维护权益、服务群众功能得到明显增强；乡村群团组织建设全面加强，组织活力全面提升。

5. 农村合作经济组织和社会组织发展壮大

现代农业经营组织实现管理规范化、生产标准化、经营产业化、服务社会化、产品品牌化；农民专业合作社发展稳健规范，成为提供农业产前产后服务、引导农民进入市场的重要桥梁；培育建立一批服务性、公益性、互助性农村社会组织和群众活动团队。

(二)实施组织振兴、强化组织领导能力的重大意义

建强支部"堡垒"，把好乡村振兴"方向盘"。农村富不富，关键看支部。要想支部强，就要全面提升其组织力，充分激发其战斗堡垒作用。要创新党组织的设置方式，注重在特色产业链、合作社经济上设立党组织，做到党的建设覆盖乡村建设生产的方方面面。要大力实施"领头雁"工程，注重从懂农业、爱农村、爱农民的"三农"实用人才中选配村党组织书记，培养发展村级后备干部和农村青年党员，并持续加大乡土人才培养力度，加快解决农村党员"空心化"和村级党组织"虚弱化"等问题。要做好落实基层党组织运转所需各项保障的"服务员"，健全完善村干部报酬正常增长机制和奖励机制，畅通基层干部晋升渠道，改善基层工作环境条件，切实提升基层党组织和党员干部的干事创业积极性主动性。

驱动经济"引擎"，激活乡村振兴"动力源"。发展壮大村级集体经济是实现乡村振兴的必由之路，也是巩固基层政权的重要基础。要站在党的建设层面，运用推动经济社会发展的思维和手段，组织引导基层党组织和党员干部发展村级集体经济，夯实乡村振兴的经济基础。基层党组织要发挥好"动力引擎"作用，凝聚民心，统筹用好人、财、物等多方面资源服务发展村集体经济"中枢神经"。要深入分析本地的资源优势和区位条件，积极探索多元化发展路子，找到适合自己发展的集体经济，打造特色产业。要加大支持保障力度，健全结对帮扶机制，精准帮扶村级集体经济发展。支持农村专业技术人员领办、兴办村级企业，发展集体经济，带领群众致富，鼓励退休或非领导职务干部到村任职、村级干部交叉任职，激活组织人才"一池春水"，壮大村集体经济发展助推乡村振兴。

优化治理"网格"，筑牢乡村振兴"支撑点"。全面推进乡村振兴，必须做好乡村治理工作，才能为全面推进乡村振兴提供源源动力。要坚持党的领导，深化村民自治实践，把群众组织起来、发动起来，建立完善村规民约，规范设立村务监督委员会、村民理事会等自治机构，让村民自己"说事、议事、主事"。要把让群众"腰包鼓"与"书包鼓"有机结合起来，坚持党建引领，推进农村的法治和德治建设，以法治政府建设

为抓手，依托乡镇司法所、综治办和党群服务中心筑牢法治阵地，深入开展群众思想道德教育，大力弘扬中华优秀传统文化，不断提升基层广大群众的整体素质水平，通过开展"文明之星""五好家庭""最美儿媳"等表彰活动，弘扬农村德治正气。同时，要推动融合发展，实现城市与乡村在多方面"接轨"，追求生产要素、生态要素、文化要素的相互融合，实现城乡融合，让城乡居民实现共享发展。

(三)实施组织振兴、强化组织领导能力存在的问题及成因

随着改革开放的进一步深入和社会主义市场经济的发展，农村经济发展面临诸多新情况和新问题，这对加强和改进基层党组织建设提出了新的更高的要求。然而，有少部分基层党组织和党员在带领群众共同致富中作用发挥得不够好，在发展农村经济和社会发展中没有很好地发挥战斗堡垒和先锋模范作用。主要表现在五个方面：

第一，受内外因素影响，基层领导班子建设不力，作用发挥不够。有些以家族、宗族势力为基础形成的村内派系对立。为了家族或某个人的声誉问题和对方较劲，他们大多以经济支持或社会关系支持，在幕后操纵村里的干部进行内斗，进而干扰村务。村内或周边村庄的黑恶势力、"村霸"以威胁胁迫或经济利益输送的方式，操纵村干部，插手村内事务，使村支部书记和村委会主任对立，损害群众利益，导致村"两委"之间关系不和谐，相互对立，前任与后任干部之间矛盾重重，村务公开形式化甚至根本不公开，缺乏民主议事的氛围环境。

第二，思想政治教育不够，责任意识缺失。有些村干部对现代科学文化知识和新时期党的方针政策缺乏深入学习，应付了事；对农村党支部成员及党员教育管理不严，有的党员干部服务意识淡化，责任意识缺失，缺乏奉献精神；有些村党组织成员缺少应有的领导水平和能力，缺乏带领群众发展经济的知识和本领；有的村干部缺乏真抓实干、艰苦奋斗的精神，威信不高，没有战斗力和凝聚力，发挥不了"领头雁"作用。

第三，缺乏战略眼光，不重视培养年轻后备力量。农村党员队伍总体年龄偏大，年轻的优秀党员发展不足，造成农村党组织的后备力量空虚，党员年龄结构上出现了青黄不接的现象；农村党组织缺乏对党员的关爱，致使党员的荣誉感、归属感降低，青年人普遍缺乏入党的意愿，党组织缺少发展新党员的动力，出现了有的村多年没发展党员的现象。

第四，受经济和社会大环境的影响，基层党支部对群众的影响力下降。在自主生产经营方式下，群众对基层组织的依赖性大大减少，基层组织对农民的影响力大大减弱；村党组织在发展公益事业、提供服务等方面没有财力支撑，在依法管理村务方面缺乏管控能力；村党组织班子在发展村经济上有畏难情绪，大部分村存在"等、靠、

要"思想，自我发展意识不强。个别村党组织负责人对发展村集体经济是想从中获取个人利益，不少村党支部书记忙于日常工作，没有长远的发展计划。

第五，基层党组织的设置模式创新不及时，组织活动载体不丰富。建设社会主义新农村，基层党组织建设是关键。随着农村经济发展和产业结构调整，党组织设置模式化，组织活动载体单一化的弊端逐渐显现。一是单纯按照村民小组和党员居住地设置党小组的做法不利于行业相似、分工相近的党员相互交流致富心得，推广实用技术，讨论疑难问题，不能充分调动党员的积极性，创新性，不利于党员科技素质和致富能力提高，不利于农民党员典型示范带头作用的发挥。二是基层党组织活动载体不巩固，落实不到位，活动载体单一，创新性不够。

(四)实施组织振兴、强化组织领导能力的重要举措

第一，加强农村过硬党支部建设。深入推进"两学一做"学习教育常态化制度化，扎实开展"不忘初心、牢记使命"主题教育，组织农村基层党组织和广大党员群众用党的创新理论武装头脑，增强"四个意识"，坚定"四个自信"，坚决维护习近平总书记在党中央和全党的核心地位，坚决维护党中央权威和集中统一领导。推进党支部规范化标准化建设，细化党组织评星定级实施细则和评价标准。通过定期评定、动态调整、晋位升级，全面落实"三会一课"、主题党日、组织生活会、民主评议党员等党的组织生活制度，不断扩大先进支部增量、提升中间支部水平、整顿后进支部。深化党员量化积分管理，县(市、区)党委制定量化积分办法和考核标准，区分党员年龄、身体状况、从业、外出流动等不同情况，分类研究细化差异化的设岗定责、积分评价和考核奖惩办法，将评价结果与评先树优、党员民主评议挂钩，教育引导广大党员充分发挥先锋模范作用，为乡村振兴贡献力量。

第二，推动乡村各类组织健康发展。以县(市、区)为单位统一组织修订和完善村民自治章程、村规民约，落实群众性自治组织特别法人制度，支持村民委员会在党组织领导下依据自治章程、村规民约开展群众自治工作，依据职能从事民事活动。深入推进农村集体产权制度改革，建立健全农村集体经济组织，构建归属清晰、权能完整、流转顺畅、保护严格的集体产权制度。深化群团组织改革，着力推进农村共青团、妇联组织区域化建设，不断发展壮大基层群团组织阵地；支持和鼓励群团组织承接适合群团组织承担的公共服务职能。加快发展现代农业经营组织，吸引农业龙头企业、专业大户共同参与，引导农民合作社按产业链、产品、品牌等组建联合社，提高农民群众组织化程度；鼓励党支部、党员领办创办合作社，深入推进合作社、示范社建设；探索建立退出机制，促进合作组织规范发展。大力发展各类专业化服务组织，制定完

善农业社会化服务标准，鼓励在乡镇成立社区社会组织联合会，推进农业生产全程社会化服务。鼓励引导农民合作经济组织、社会服务组织等，以市场化、社会化手段参与村级事务，开展为民服务，支持党组织健全规范的经济组织、社会组织并优先承接基层公共服务项目。

第三，健全党组织领导的村级工作运行机制。推动把加强党的领导有关要求写入村民自治组织、农村集体经济组织等相关组织章程；积极推进村党组织书记通过规定程序担任村委会主任、农村集体经济组织主要负责人，推动村党组织班子成员、党员担任村务监督委员会、集体经济组织负责人，提高村委会成员、村民代表中的党员比例。对不服从党组织领导、违反法律法规、履职不到位、群众反映强烈的村民自治组织和集体经济组织负责人，探索建立退出机制。健全完善党组织领导的村级事务运行机制，严格落实"四议两公开"等民主决策制度，严格执行经济责任审计等制度，全面推行党务村务财务公开，引导群众在党组织领导下进行自我管理、自我教育、自我服务、自我监督。建立村党组织领导的基层协商民主制度，及时反映和处置群众诉求、维护群众合法权益，预防化解矛盾纠纷，促进乡村和谐稳定，全面建立党组织领导的民事民议、民事民办、民事民管的村级协商机制。

第四，提高乡村法治、德治水平。开展法治宣传教育和法律进农村活动，建立村级法律顾问制度，健全农村公共法律服务体系。深入开展扫黑除恶专项斗争，依法严厉打击黑恶霸痞等违法犯罪行为，坚决防止黑恶势力侵蚀扰乱乡村组织。充分发挥基层党组织政治功能，引导党员面对黑恶势力敢于发声亮剑，组织发动群众坚决同一切不良风气和违法犯罪作斗争。加强乡村综治中心标准化建设，深入实施"雪亮工程"，创新社会治安综合治理，深化平安智慧村庄(社区)创建，强化安全生产保障，组织开展好社会治安防控、矛盾纠纷化解、重点特殊人群服务管理等综治维稳工作，建设平安乡村。推动社会治安防控力量下沉，统筹各类组织和党员队伍、网格管理队伍、志愿者团队等方面力量，构建"多网融合、一网统筹"的网格化服务管理体系，实行乡村网格化服务管理中心与综治中心一体化运行。

推动基层党组织把农村道德建设抓在手上，大力弘扬社会主义核心价值观，组织好各类群众性文化活动；推进新时代文明传习中心建设，深入实施"四德工程"，开展"文明家庭"和"五好家庭"创建、寻找"最美家庭"等活动，扎实推进移风易俗行动，教育引导党员群众崇德向善，自觉抵制各种陈规陋习、封建迷信，自觉抵御邪教破坏、境外宗教渗透，自觉抵制宗族宗派势力影响，提高乡村文明程度。积极培育富有地方特色和时代精神的新乡贤文化，壮大新乡贤队伍，发挥新乡贤作用，为村庄治理和发展建言献策、贡献力量。

第五，推进村党组织带头人队伍整体优化提升。建立健全村党组织书记履职情况定期评估、动态调整机制，对不胜任、不合格、不尽职的村党组织书记及时进行调整。以县(市、区)为单位建立村党组织书记后备人才库，统筹各方面人才资源，有序推进村党组织书记优化升级、新老交替。根据基层实际工作需要，从各级党政机关、企事业单位选派优秀党员干部到基础薄弱村担任党组织书记。选派村党组织书记到先进地区进行集中培训；市县分级负责，村党组织书记集中轮训；依托农业院校、职业学院、广播电视大学、新型农民学校等培训机构以及智慧党建、智慧教育等信息化平台，开展农村干部学历及非学历教育。全面实行村党组织书记规范化管理，健全选拔任用、履行职责、激励保障、考核监督等管理体系，落实村干部"小微权力清单"、坐班值班、岗位目标责任制、民主评议等制度，督促村干部履职尽责、为民服务。

第六，培育乡村组织振兴骨干力量。拓宽农村发展党员视野，对扶贫工作重点村、基础薄弱村实行发展党员计划单列，对长期不发展党员的村党组织进行组织整顿。加强优秀后备人才递进培养，注重从各类组织负责人、专业大户、农村实用人才、青年农民、村医村教、外出务工经商人员、返乡创业人员、高校毕业生、退役军人等人员中发现优秀人才，把符合条件的优秀人才发展为党员，把优秀党员培养为村干部。坚持和完善村"两委"成员集中轮训、农村党员冬训春训制度，全面推行农村党员干部进党校、县级以上党校送学下乡村制度，确保农村党员干部全部参加一次县级以上党校组织的集中培训；每个县(市、区)依托本地先进村打造一定数量的乡村振兴培训基地，培育一批乡村组织振兴的"土专家"。实施"村村都有好青年"选培计划，为乡村组织振兴储备人才。

第七，推动工作力量向乡村下沉。建立选派第一书记工作长效机制，在实现第一书记对扶贫工作重点村、软弱涣散村全覆盖的基础上，全面推行向集体经济空壳村选派第一书记，给予相应扶持政策。开展机关企事业单位党支部与村党组织结对共建活动，通过对口帮包、联系帮带、干部驻村、双向挂职等方式，助推乡村组织振兴。对未选派第一书记和开展结对共建的村，探索以县乡为主体选派乡村振兴指导员，实现对乡村组织的工作指导全覆盖。加强基层农技推广人才队伍建设，积极组织农业、科技、卫生、文化、乡村规划等方面人才和青年志愿者到村开展志愿服务，每年选调优秀高校毕业生到基层工作，从高校毕业生中招募"三支一扶"人员到基层服务，充实乡村组织振兴工作力量。

第八，搭建乡村组织作用发挥的平台载体。发挥党的组织优势和群众工作优势，扎实做好组织群众、宣传群众、凝聚群众、服务群众的工作。因地制宜丰富实践载体，加强对乡村振兴重大决策部署和各项政策的宣讲普及，全方位了解群众诉求、收集村情民意，确保各项政策全面落实到位、切实发挥效益，使推动乡村振兴成为各类组织和广大农民群众的自觉行动。完善县、乡、村三级为民服务平台建设，统筹整合乡村公共文化服务等资源，依托村级组织活动场所加强村级服务站(点)建设，积极推进村(农村社区)党群服务中心建设，统一为群众提供生产生活服务。充分发挥党组织的组织功能，引导党员在脱贫攻坚、农村人居环境整治、美丽乡村建设等工作中发挥带头带动作用，把农民群众组织起来，全面参与乡村振兴各项工作。推行包片联户、设岗定责、承诺践诺、志愿服务等制度，实行服务项目认领制，组织有能力的党员参与志愿服务，引导乡村各类组织主动承担服务事项，形成党组织引领、多方参与的为民服务格局。

第九，建立乡村组织和基层干部激励关爱机制。积极推动《关于关心关爱基层干部减轻基层工作负担的十条意见》《关于进一步加强农村村级党组织建设的若干意见》的贯彻落实，定期开展督促检查，确保基层减负、待遇福利、关爱帮扶、选拔使用、力量配备等各项政策措施得到有效落实。统筹整合乡村振兴各项政策、项目、资金、信息、人才、技术等资源，以乡镇(街道)、村(农村社区)党组织为主渠道承接，带领其他各类组织共同抓好落实，确保乡村组织振兴有抓手、有资源。研究制定并全面落实对农村合作经济组织、农村社会组织参与乡村振兴的扶持政策。探索分类制定乡村组织服务乡村振兴的考核评价和激励制度，对表现突出的组织和个人给予物质或精神奖励。省、市、县定期推选宣传一批"乡村振兴好支书"；根据乡镇编制空缺情况，每年从优秀村党组织书记中考录一批乡镇机关公务员、招聘一批乡镇事业编制人员，调动和激发乡村组织和基层干部的积极性主动性。

第十，强化乡村组织运行保障。严格落实财政保障村级组织运转经费、村干部报酬待遇等政策规定，建立村级组织运转经费正常增长机制。积极推进村级集体经济发展三年行动计划，加强区域统筹规划，以县(市、区)为单位，研究制定发展壮大村级集体经济实施方案，用好用足农村综合改革、土地规模经营、精准扶贫、美丽乡村建设等政策，增加集体收入，提高村级组织自我保障能力。深化扶持发展壮大村级集体经济试点，统筹整合涉农资金、扶贫资金等专项资金，重点扶持集体经济薄弱村。

八、相关链接：践行"两山"理论的"堰河样本"

襄阳市谷城县五山镇堰河村曾是被人描述为"看山山秃头、看路路断头、看水水断流、看人人发愁"的偏僻贫困小山村。20世纪90年代初，新任党支部书记闵洪艳认识到："堰河穷是因为山，出路和希望也在山。"堰河村因此确定了"做好山水文章、发展特色产业、改善生态环境、建设绿色家园"的发展思路，提出了"管好山、护好水、修好路、育好人、建好村、脱好贫"的发展口号。从此，堰河村从改善生态环境入手，探索出通过保护生态、整治环境、壮大产业和移风易俗，来实现旧貌换新颜的成功路径。经过 30 多年的持续努力，堰河村在绿色产业、乡村旅游和宜居村庄建设上形成了自己的特色，实现了生态环境保护和经济社会发展的双赢，把一个偏僻落后的穷山村，变成了全国文明村、中国最美休闲乡村，成为践行"两山"理论的典范。

2005 年 8 月 15 日，时任浙江省委书记习近平在安吉县余村调研时，首次提出了"绿水青山就是金山银山"的科学论断。党的十八大以来，习近平总书记站在实现中华民族永续发展的战略高度，在多个重要场合反复强调"两山"理论。目前，"两山"理论已经成为全党、全社会的共识和行动，成为新发展理念的重要组成部分。随着"两山"理论在全国落地生根，建设美丽中国走上了生产发展、生活富裕、生态良好的文明发展道路。在襄阳大地上，堰河村正是这样一个生动样本。

青山拥抱清流，茶园流翠飘香，绿道九曲回肠，农宅古朴典雅，村民安居乐业，游客徜徉其间，这是湖北省襄阳市谷城县五山镇堰河村现如今最日常的图景。

绿水青山颜值高。2.1 万亩版土全部披上绿装，森林覆盖率达 81%；堰塘河流水质清澈，鸟飞鱼游；山水辉映，美不胜收，吸引了国内外大量游客。

金山银山成色足。目前，村集体经济年收入达 200 多万元，村集体资产累积超亿元；乡村旅游年接待游客达 50 万人次，旅游综合收入近亿元。

百姓生活品质好。居民年人均纯收入达到 3 万多元，基本实现"一家一栋小洋楼，一家一部小轿车，一家有一个致富项目，人均存款超十万元"。公共服务设施完善，村风文明和谐，呈现出前所未有的繁荣景象。

声名远播美名扬。堰河村先后获得全国文明村、全国先进基层党组织、全国休闲农业示范点、全国生态文化村、全国生态村、全国绿色小康村、全国创先争优先进单位、国家 4A 景区等荣誉。国内"三农"问题专家将其作为成功范例加以研究。多位党和国家领导人曾经视察堰河村，11 个国家和地区的政要也曾前往考察。

一、堰河村的蝶变是怎么来的

堰河村位于谷城县西部山区，版图面积 16 平方公里，辖 4 个村民小组，303 户，1050 人。该村 80%以上版土都是山地，交通信息曾经十分闭塞，既无矿产资源，更无工商基础，祖祖辈辈的堰河人靠山吃山，发展进程缓慢。

曾经的堰河村：笃信靠山吃山，深陷贫困泥淖。自新中国成立至改革开放后的 20 世纪 80 年代，堰河村村民吃粮靠供应，用钱靠砍山，住房"干打垒"。山上人挣钱靠烧木炭、砍毛竹，山下人挣钱靠淘沙子、卖石头。堰河人长期地"靠山吃山"，没有换来好日子，村民生活贫困，村庄破旧落后，村集体债台高筑。对山林资源的过度攫取，使植被本就脆弱的堰河村，出现"山秃头、水断流"的痛心景象。20 世纪 90 年代初，一场洪水来袭，因水土流失严重，沿堰河边的百十亩好田好地被水毁殆尽。祖祖辈辈靠山吃山的堰河人，在艰难求生中违背了大自然的规律，遭到大自然无情的惩罚。

思变的堰河村：守护绿水青山，厚积发展基础。1992 年，新任村支书闵洪艳从中央文件精神中捕捉到鼓励发展绿色企业的号召，有了很大启发。经过深入的总结反思，村支"两委"认识到"堰河穷在山，但出路和希望也在山"，决定把发展茶叶产业作为全村脱贫致富的支柱来抓。经过十多年艰苦努力，堰河山青了、水绿了，茶叶产业发展起来了，基础设施逐渐改善了。随着物质条件的改善，堰河村抓住新农村建设的机遇，引导村民树立生态环保理念，请来专家教，带群众出去学，从 2003 年开始先后实施垃圾分类、"一建四改""厕所革命"，实现了污水归池(沼气池)不入河、垃圾归筒不乱扔，村组道路干干净净，房前屋后清清爽爽，人居环境根本改观。

今天的堰河村：转化绿水青山，走上康庄大道。堰河村的变迁，不仅吸引了大批关注"三农"的干部前来参观学习，慕名而来的游客也日渐多了起来。堰河村从中敏锐地捕捉到新的商机，抓住国家支持发展乡村旅游的机遇，利用生态环境优势，发动村民开办农家饭庄、民宿，逐步完善旅游接待设施，开始向乡村生态旅游业进军。2007 年，堰河村成立生态旅游经济专业合作社，网罗全村的农家乐、民宿、农副特产专卖店，鼓励农户参股入社，统一管理、规范经营，通过农特产品销售、劳务用工、股金分红等方式，带动农户发家致富。2016 年，投资4700 多万元建成了民俗园。依托民俗园，复原传统手工艺作坊，传承农村生产生活记忆，丰富乡村旅游的内涵；依托民俗园，举办年俗文化节，将堰河村建成周边农副产品集散地、城里人购年货的目的地。随着旅游经济的发展，堰河村现已成为中国乡村旅游模范村。堰河村通过发展乡村旅游，促进了农业与旅游业的融合，催化了"山水变风景，资源变资本，产品变商品，农民变股民"，真正把"绿水青山"变成了"金山银山"。

二、堰河村做对了什么

从绿色村庄建设到生态休闲旅游，从接受生态环保理念，到村民自发关爱大自然、追求新生活、参与生态旅游发展，堰河村实现蝶变的成功实践，最关键的是走对了"三步棋"：

第一步，生态为本，绿色先行。堰河村紧紧抓住生态环境这个根本，把改善生态环境与建设美丽乡村结合起来，探索出通过保护生态、整治环境、壮大产业和移风易俗来实现旧貌换新颜的成功路径。首先，大搞护山造林。堰河村为了引导村民亲近自然、敬畏自然、保护自然，先是对村干部、党员等乡村精英骨干分子进行环境保护和可持续发展的系统培训，让他们先知先觉、先行一步，带领党员干部带头植树造林，消灭荒山。其次，大力开展环保教育。组织农民参加环境整治义务劳动，建立村民小组长、乡村道路养护员和保洁员"三位一体"保洁制度。倡导告别陋习、走向文明的新风尚，实现人改造环境、环境影响人的良性互动。再次，整治人居环境。堰河村推行垃圾分类，在湖北农村是首创。引导每家每户配备3个垃圾篓，分别装可有机处理的湿垃圾、可回收的干垃圾、有害垃圾。每个村民小组聘1名专兼职保洁员，专门对垃圾进行统一收集、分类。最后，建设美丽乡村。按照"总体布局显山露水，交通道路依山傍水，产业结构保山护水，生态资源养山润水"的理念，坚持因地制宜、因山就势，规划先行、有序建设，最大程度保留农村传统的乡风民俗，以原生态村庄嫁接现代文明，不盲目模仿，不大拆大建，实现了村在山水中、屋在树木中、路在花丛中、人在图画中。

第二步，产业为基，强村富民。堰河村通过发展特色产业、做活山水文章、建设绿色家园，坚持走经济生态化、生态经济化之路，走出了一条"生态美、产业兴、百姓富"的可持续发展之路。堰河村的变迁始于以茶兴村。转型之初，堰河村大力开荒种茶，将茶产业作为主导产业来发展，连续奋战三年，将村里的荒坡山丘全部种上茶叶，让所有"秃山头"都成为一个个"小银行"。村民种茶、采茶、制茶、卖茶，"一叶生财"，带来了实实在在的经济效益。茶产业奠定了全村农民脱贫致富的基础。堰河村的巨变来自茶旅融合。堰河村秉持流翠飘香的生态茶园、干净整洁的绿色小道、古朴典雅的农家宅院等乡村特色，相继开发了百日山、甲板洞等自然景观，开通旅游循环路线，建起了集观光、会务、休闲、游乐、品茗、食宿于一体的乡村旅游接待中心，新建了具有地域特色的民俗园和陆羽庄园，完善了景点标识等配套设施，推动整村发展乡村旅游。

第三步，党建引领，培根铸魂。多年来，堰河村党委一班人始终心系堰河村的发展、群众的幸福，有效发挥基层党组织在发展生态经济中的领导、指导、带头示范作用，形成了聚民心、抓发展、干事业的合力，这是堰河村蝶变与振兴的"根"和"魂"。一是找对方向，先行一步。"方向比速度更重要"。政策引领方向，思路决定出路。每当党的全国代表大会、中央全会以及全国"两会"召开后，堰河村党委都先学一步，善于从中寻找党和政府关于农村的各项方针政策，捕捉绿色发展的新理念、新政策。同时，坚持从村情、民情出发，围绕上级政策、本地实际、群众需求，改变观念，提升理念，转变方式，创新思维，明方向、找机遇，先行一步，抢抓落实。二是坚定执着，始终如一。村支"两委"班子始终不忘为民初心，坚持率先垂范，做给群众看、带着群众干，以终年不止的愚公精神和艰苦卓绝的顽强毅力重新塑造新堰河村。村党委书记闵洪艳荣获全国脱贫攻坚奋进奖，被党中央、国务院授予"全国脱贫攻坚先进个人"称号。三是党群联动，同心发力。堰河村党委坚持把支部建在产业上，四个党支部分别由一名党委成员牵头，在各自负责的产业链上大显身手，带动党员群众参与，做到村里有产业，农户有项目，人人有事干，个个有钱赚。在管理机制上，创建"三三制"：组织架构实行"三位一体"，即村党组织、自治组织、经济组织三驾马车一套班子；民主管理实行"三会治事"，即村民委员会议事、村民代表会议定事、村务监督委员会监事；推动发展实行"三联共建"，即支部联产业、干部联项目、党员联农户，共同奔富路。这种机制使得堰河村党委班子决策正确，向心力强，说话有人听，干事有人跟，奋斗更来劲。

三、从堰河村样本里得到什么启示

堰河村的探索充满艰辛，然而他们有足够的定力保持发展道路的连续性，几十年来从未有过动摇，终于实现了从贫困小山村到全国生态文明村的转变。堰河村是个十分普通的村庄，因此，它的成功更具有普遍的典型意义和重要的时代价值。

第一，践行"两山"理论，必须深入贯彻习近平总书记生态文明思想，处理好经济发展和环境保护的关系。

习近平同志强调，既要绿水青山也要金山银山，宁要绿水青山，不要金山银山，而且绿水青山就是金山银山。这里"既要绿水青山，也要金山银山"强调二者的统筹兼顾，"宁要绿水青山，不要金山银山"强调绿水青山的优先地位，"绿水青山就是金山银山"强调绿水青山既是自然财富、生态财富，又是社会财富、经济财富。要将"绿水青山"这个财富"蛋糕"做大，首先必须尊重自然规律。唤醒全社会对良好生态环境重要性的认识，大力推进生态环境治理和保护，让生态资源成为稀缺资源。其次才是适度开发利用。发展以良好生态环境为基础的生态农业、生态工业、生态旅游等生态经济，让生态资源成为生产资料参与经济活动，实现其生态价值和经济价值。堰河村从20世纪90年代就开始践行"经济生态化、生态经济化"，到21世纪贯彻落实"两山"理论，始终坚持绿色发展之路，始终把改善生态环境与发展特色产业、建设美丽乡村有机结合起来，最终实现了蝶变。

堰河村的变迁表明：经济发展绝不是对资源和生态环境的竭泽而渔，生态环境保护也不应是舍弃经济发展的缘木求鱼，而是要坚持在经济发展中保护生态，在生态保护中发展经济，推进经济活动的绿色化、生态化。生态资源好的地区往往也是生态环境比较脆弱的地区，这些地区虽然无法承载大规模工业经济，但只要拥有良好的交通条件，依托互联网等现代信息技术，完全可以成为生态经济新业态、新模式的创新高地。

第二，践行"两山"理论，必须打通释放绿水青山生态价值和经济价值的通道，推进绿水青山向金山银山转化。

马克思主义认为，自然资源作为劳动资料是构成生产力的基本要素，在社会生产中人和自然是同时起作用的，没有自然界，没有感性的外部世界，就什么也不能创造；同时，人是生产力中最活跃的因素。绿水青山作为自然资本，虽然在经济社会发展中占据重要地位，但并不是说，绿水青山会自动变成金山银山。良好生态虽蕴含着无穷的经济价值，但要想把绿水青山转化为金山银山，必须为生态产品和生态服务找到有效的价值实现机制，建立相应商业模式和盈利方式。用经济学理论来解释，就是要将不容易计量或计价的商品或服务，借助委托品交易出去。比如在生态产品市场开发相应的"生态委托品"或"生态载体"，实现可计价、可交易，其核心是让生态资源参与经济活动，获取经济收益。堰河正是通过大力培育发展有机茶、休闲旅游、民宿、采摘园等生态经济，使生态资源的价值和作用得到释放和发挥，实现了从"卖树木沙石到卖乡景乡情"的蝶变。

第三，践行"两山"理论，必须推动形成绿色发展方式和生活方式，促进人与自然和谐共生。

"两山"理论是对绿色发展的形象概括。绿色发展的真谛是"取之有度，用之有节"。堰河村曾因没有做到"取之有度，用之有节"，对山林资源进行无节制的攫取，最终遭受了大自然的惩罚。但痛则思变，堰河30年前将发展思路转向尊重自然、顺应自然、保护自然，走对了"保山护水、植树育林"的路子，终于把16平方公里的穷水恶水变成了灵山秀水，实现了人改造环境、环境影响人的良性互动。人与自然是生命共同体，是马克思主义自然辩证法的基本观点，也是中国传统哲学天人合一观的重要内涵。践行"两山"理论，要求我们节约优先、保护优先，推动形成绿色生产方式和生活方式，形成节约资源和保护环境的产业结构。

第四，践行"两山"理论，必须要有强有力的基层党组织引领推动和精准落实。

我们国家地域广阔，各地情况千差万别，党中央的统一部署能否贯彻落实到最基层，关键是看各地党组织是否能够把大政方针与本地实际结合起来，是否能够把上级的部署变成群众的自觉行动。堰河村实现蝶变，一条核心经验是党委领导、村委主导、专家指导、群众参与。堰河村党委认真学习"三农"政策，正确把握农村发展大势，精准抓住发展机遇，坚持一张蓝图绘到底，一茬接着一茬干，接续奋斗不动摇；坚持把村集体经济发展同扶贫攻坚相结合，确保群众共享发展成果，推动实现共同富裕；坚持党建引领，发挥组织优势，带领群众艰苦奋斗、团结奋斗、长期奋斗，其创业历程验证了"群雁高飞靠头雁"的党建规律。

堰河村切实践行"两山"理论取得明显成效，实证了习近平总书记"两山"理论的思想伟力。开启新征程，必须顺应人民群众对优美生态环境的新期待，正确践行"两山"理论，实现绿色崛起。

思　考　题

1. 怎样实现产业振兴、产业兴旺？
2. 为什么说生态宜居是建设美丽乡村的自然选择与时代要求？
3. 简述乡风文明建设的重要意义。
4. 实现乡村有效治理的基本策略有哪些？
5. 生活富裕的时代特征是什么？
6. 简述人才建设的主要内容和任务。
7. 简述实施组织振兴、强化组织领导能力的重要举措。

第四篇　乡村振兴的战略研究

　　乡村振兴战略是中国特色社会主义进入新时代后的一项国家战略，是中共中央的一项重大战略部署，可系统认识理解新时代城乡发展全局的思想体系和方法准则。

　　乡村振兴战略包括总要求，原则、目标，主要任务和规划保障，包括时代背景、理论内涵、资源利用、人才支撑、组织建设、产业体系等内容。它不是农业农村工作若干任务目标的简单叠加。

一、实施乡村振兴战略的意义、指导思想、要求、原则和目标

(一)实施乡村振兴战略的重大意义

　　实施乡村振兴战略，是中国共产党对"三农"问题进行研判之后作出的伟大决策，它意味着我们党在"三农"工作上的重大战略转型。如果说脱贫攻坚战解决了乡村的"生存"问题，那么"三农"工作历史性地转向全面推进乡村振兴，则是要着力解决乡村的"发展"问题，关注和解决乡村"活得好不好"的问题，努力实现"活得跟城市一样好"的目标，让中国建设和改革的成果惠及全国人民。启动实施乡村振兴战略，在中华民族伟大复兴的历史进程中，具有特殊的时代价值和重大意义。

1. 实施乡村振兴战略是新时代"三农"工作的总抓手

　　"三农"工作任务最繁重最复杂，但同时又是最基础最重要的。在中国共产党的领导下，中国打赢了脱贫攻坚战，实现了人类历史上从未有过的壮举，消除了绝对贫困。在取得了脱贫攻坚伟大胜利之后，中国乡村面临如何巩固拓展脱贫攻坚成果，推进解决接下来的"发展"问题。

　　长期以来，在城乡二元结构体制之下，城乡发展不平衡展不充分的矛盾尤其突出。随着我国经济发展水平的提高。作为一个传统的农业大国，"三农"问题仍关系着相当一部分人口，关涉到相当一部分产业。中国共产党人始终不忘初心和使命，始终把农

民的切身利益放在第一位，认识到农民应当同其他社会主义的劳动者、建设者、拥护者一道，共享国家改革发展成果，让农民随着国家发展、社会的进步，同样获得满足感、幸福感、安全感。

乡村振兴战略是新时代"三农"工作的总抓手，既能巩固拓展好乡村脱贫攻坚的丰硕战果，又能以"乡村振兴"为联结点，与中国特色社会主义事业"五位一体"总体布局和"四个全面"战略布局形应对接，配合国家治理重心的下移，对于实现国家治理体系和治理能力现代化，实现全体人民共同富裕，推动农业全面升级、农村全面进步农民全面发展具有重大战略意义。

2. 农业农村现代化是实施乡村振兴战略的总目标

在解决"三农"问题上，要注重和注意整体与部分、全面系统与重点突出的关系。从整体与部分的角度出发，乡村振兴如果抛开了"五位一体"总体布局就称不上科学，"四个全面"战略布局如果排除了乡村就称不上全面。党的十九大报告就已经详细描绘了 2020 年我国全面建成小康社会之后，开启全面建设社会主义现代化国家的宏伟蓝图。如今，我们已经如期打赢了脱贫攻坚战，全面建设社会主义现代化国家的宏伟征程已经全面开启，实现农业农村现代化自然也列入了国家的议事日程。没有农业农村的现代化，就没有国家的现代化。

从全面系统与重点突出的角度出发，农业农村的现代化既是对长期以来城乡二元结构之下城市优先发展、乡村发展相对落后的结构性完善与补充，同时又重点突出了今后国家现代化建设的重心。长期以来，农业农村的现代化依赖城市的现代化建设，依赖城市的"反哺"，自主能力差，物质生活水平低，可动员和调动的资源相对较少。农业农村的现代化主要依靠城市化的推进，通过由农村向城市的二元跨越来实现农业农村的现代化。在现代化进程中，这种发展模式的确在提高城镇化率、提升农业农村经济发展水平方面起到了一定的作用。

然而，从新时代背景之下实现国家治理体系和治理能力现代化的立场考虑，由乡村向城市的二元跨越的现代化推进模式在加快城镇化、提升城镇化率的同时，也在以乡村的自我牺牲为代价，消减了农业农村的有生力量。在此背景之下，由乡村向城市的二元跨越的现代化建设模式显然已经不再适用。因此，要注意总结农业农村在现代化建设中，诸如在农业结构和农产品供给质量以及农村基础设施、公共服务、社会治理等方面存在的突出问题，在集中力量解决上述问题的过程中，实现农业农村现代化。

2022 年中央一号文件指出，从容应对百年变局和世纪疫情，推动经济社会平稳健康发展，必须着眼国家重大战略需要，稳住农业基本盘、做好"三农"工作，接续全面推进乡村振兴，确保农业稳产增产、农民稳步增收、农村稳定安宁。2022 年中央一号文件突出年度性任务、针对性举措、实效性导向，部署了 2022 年全面推进乡村振兴的重点工作，明确了两条底线任务，即保障国家粮食安全和不发生规模性返贫；提出三方面重点工作，即乡村发展、乡村建设、乡村治理；强调推动实现"两新"，即乡村振兴取得新进展、农业农村现代化迈出新步伐。

3. 实施乡村振兴战略是关系全面建设社会主义现代化国家的全局性、历史性任务

没有农业农村的现代化，就没有整个国家的现代化。乡村发展是目前国家发展的薄弱环节，是经济发展的短板，乡村振兴是否能够实现关系全面建设社会主义现代化国家的全局。从"木桶原理"的角度来看，乡村振兴关系社会主义现代化建设能够在多大程度上实现人民群众对美好生活的向往。全国脱贫攻坚工作取得了伟大胜利，中国人民在中国共产党的领导下已经实现全部脱贫，消除了绝对贫困，不用再在生存线上挣扎。如何确保脱贫群众不返贫，如何引导群众在解决了温饱问题之后，能够开始追求更加富足、有质量的新生活，是中国共产党新的历史任务。

2021 年 2 月 25 日，习近平总书记在全国脱贫攻坚总结表彰大会上指出："乡村振兴是实现中华民族伟大复兴的一项重大任务。要围绕立足新发展阶段、贯彻新发展理念、构建新发展格局带来的新形势、提出的新要求，坚持把解决好'三农'问题作为全党工作重中之重，坚持农业农村优先发展，走中国特色社会主义乡村振兴道路，持续缩小城乡区域发展差距，让低收入人口和欠发达地区共享发展成果，在现代化进程中不掉队、赶上来。"[①]温饱问题、生存问题从本质上讲是事实问题、基本需求，而乡村振兴战略要着力解决中国乡村的发展问题，从本质上属于价值问题、高级需求。

面对新的历史任务，我们不仅要明确下一步的重点工作，还应凝聚国家、城市、乡村的基本共识，达成一致的奋斗目标。这就是完善政策体系、工作体系、制度体系，以更有力的举措、汇聚更强大的力量，加快农业农村现代化步伐，促进农业高质高效、乡村宜居宜业、农民富裕富足。补齐农业农村短板弱项，推动城乡协调发展；构建新发展格局，潜力后劲在"三农"，迫切需要扩大农村需求，畅通城乡经济循环；应对国内外各种风险挑战，基础支撑在"三农"，迫切需要稳住农业基本盘，守好"三农"基础。全面实施乡村振兴战略，是解决新时代我国社会主要矛盾、实现第二个百年奋斗目标和中华民族伟大复兴的中国梦的必然要求，具有重大现实意义和深远历史意义，

① 习近平：《习近平谈治国理政》（第四卷），北京：外文出版社 2022 年版，第 139 页。

必须进一步提高认识，切实增强促进乡村全面振兴的责任感、使命感和紧迫感，坚决完成这个关系全面建设社会主义现代化国家的全局性、历史性任务。

(二) 乡村振兴的指导思想

1. 坚持中国共产党的领导

党中央多次提出要加强党对"三农"工作的全面领导。如前文所述，2022年中央一号文件提出，"从容应对百年变局和世纪疫情，推动经济社会平稳健康发展，必须着眼国家重大战略需要，稳住农业基本盘、做好'三农'工作，接续全面推进乡村振兴，确保农业稳产增产、农民稳步增收、农村稳定安宁"。作为新时代"三农"工作总抓手，我们在实施乡村振兴战略时必须把坚持党的领导作为最根本的指导思想，保证党的路线方针政策在乡村振兴工作中得到全面贯彻和有效执行，是坚持党始终作为总揽全局、协调各方的领导核心的题中应有之义。

2. 贯彻创新、协调、绿色、开放、共享新发展理念

目前，我国已进入开启全面建设社会主义现代化国家新征程、向第二个百年奋斗目标进军的新发展阶段。全面推进乡村振兴是实现中华民族伟大复兴的一项重大任务，站在新的历史起点上推动实现乡村全面振兴，必须准确把握新发展阶段，深入贯彻新发展理念，加快构建新发展格局，推动"十四五"时期高质量发展，确保全面建设社会主义现代化国家开好局、起好步。

其中，创新发展注重的是解决发展动力问题，协调发展注重的是解决发展不平衡问题，绿色发展注重的是解决人与自然和谐问题，开放发展注重的是解决发展内外联动问题，共享发展注重的是解决社会公平正义问题。新发展理念是对以往发展问题、发展难题的破题之举。为此，《中华人民共和国乡村振兴促进法》把贯彻新发展理念作为指导思想之一。

3. 走中国特色社会主义乡村振兴道路

走中国特色社会主义乡村振兴道路，让农业成为有奔头的产业，让农民成为有吸引力的职业，让农村成为安居乐业的美丽家园。如果乡村振兴战略实施进展顺利，"三农"问题就不再是制约国家发展的弱项、短板，而将一跃成为完善我国产业布局、提升国民经济增长的又一重要发展引擎。我国乡村振兴道路怎么走，只能靠我们自己去探索，走中国特色社会主义乡村振兴道路，要做好以下几个方面的工作。

一是巩固拓展脱贫攻坚成果同乡村振兴有效衔接，把脱贫攻坚中磨炼锻造的坚强有力的工作队伍、高效务实的工作机制、精准有效的工作办法等运用到全面推进乡村振兴上来，建立健全上下贯通、各司其职、一抓到底的乡村振兴工作体系。

二是立足我国人多地少的国情和农村基本经营制度，坚持农村土地集体所有，坚持家庭经营基础性地位，坚持稳定土地承包关系，完善农村产权制度，健全农村要素市场化配置机制。

三是加强和创新乡村治理体系，健全党委领导、政府负责、社会协同、公众参与、法治保障、科技支撑的现代乡村社会治理体制，健全自治、法治、德治相结合的乡村社会治理体系，使乡村社会既充满活力又和谐有序。

四是重塑城乡关系，走城乡融合发展之路。要坚持以工补农、以城带乡，推动形成工农互促、城乡互补、协调发展、共同繁荣的新型工农城乡关系。

4. 促进共同富裕

党的十九大报告指出，新时代是全国各族人民团结奋斗、不断创造美好生活、逐步实现全体人民共同富裕的时代。"为中国人民谋幸福，为中华民族谋复兴"是中国共产党人的初心和使命。实现共同富裕、让改革发展成果惠及全体人民正是中国共产党人"不忘初心、牢记使命"之举。2017 年中央农村工作会议指出："实施乡村振兴战略，是解决人民日益增长的美好生活需要和不平衡不充分的发展之间矛盾的必然要求，是实现'两个一百年'奋斗目标的必然要求，是实现全体人民共同富裕的必然要求。"[1]为此，《中华人民共和国乡村振兴促进法》把促进共同富裕作为全面实施乡村振兴战略的指导思想之一。

(三) 乡村振兴的总体要求

习近平总书记鲜明提出了全面推进乡村振兴战略的目标和方向，指出农业农村现代化是实施乡村振兴战略的总目标。乡村振兴战略实施得好，不仅可以为整个国家现代化提供一个稳定有力的支撑，而且伴随着国家治理重心的下移、政策的倾斜、资金的投入、技术的支持，乡村发展极有可能成为国家发展的又一强有力的引擎。因此，要坚持把解决好"三农"问题作为全党工作重中之重，举全党全国全社会之力推动乡村振兴，促进农业高质高效、乡村宜居宜业、农民富裕富足。

实施乡村振兴战略，要坚持农业农村优先发展，按照产业兴旺、生态宜居、乡风

---

① 《中共中央 国务院关于实施乡村振兴战略的意见》，新华社，2018 年 2 月 4 日。

文明、治理有效、生活富裕的总要求，建立健全城乡融合发展体制机制和政策体系，加快推进农业农村现代化。这就深刻点明了乡村振兴战略的丰富内涵。乡村振兴战略总要求的提出一方面是针对党中央提出的"生产发展、生活宽裕、乡风文明、村容整洁、管理民主"的社会主义新农村建设的要求、顺应时代作出的优化升级，另一方面也是"五位一体"总体布局在乡村振兴工作的具体展开。

"五位一体"总体布局为乡村振兴战略的具体推进提供了工作思路，指明了工作重点。具体来说，在经济层面，从"生产发展"到"产业兴旺"，反映了农业农村经济适应市场需求变化、加快优化升级、促进产业融合的新要求；在政治层面，治理有效，是乡村振兴的重要保障要从"管理民主"到"治理有效"，是要推进乡村治理能力和治理水平现代化，让农村既充满活力又和谐有序；在文化层面，乡风文明，是乡村振兴的紧迫任务，重点是弘扬社会主义核心价值观，保护和传承农村优秀传统文化，加强农村公共文化建设，开展移风易俗，改善农民精神风貌，提高乡村社会文明程度；在社会层面，生活富裕，是乡村振兴的主要目的，从"生活宽裕"到"生活富裕"，反映了广大农民群众日益增长的美好生活需要；在生态文明层面，生态宜居，是乡村振兴的内在要求，从"村容整洁"到"生态宜居"，反映了农村生态文明建设质的提升，体现了广大农民群众对建设美丽家园的追求。

由此可见，乡村振兴是包括产业振兴、人才振兴、文化振兴、生态振兴、组织振兴的全面振兴，是"五位一体"总体布局、"四个全面"战略布局在"三农"工作中的具体体现。因此，要注意将党的建设融入其中，保证党始终发挥总揽全局、协调各方的领导核心作用，促进农业全面升级、农村全面进步、农民全面发展。

(四)乡村振兴的重要原则

1. 坚持农业农村优先发展

党的十九大提出实施乡村振兴战略，强调要坚持农业农村优先发展。2018年中央一号文件(《中共中央国务院关于实施乡村振兴战略的意见》)提出："把实现乡村振兴作为全党的共同意志、共同行动，做到认识统一、步调一致，在干部配备上优先考虑，在要素配置上优先满足，在资金投入上优先保障，在公共服务上优先安排，加快补齐农业农村短板。"2019年中央一号文件(《中共中央国务院关于坚持农业农村优先发展做好"三农"工作的若干意见》)以"坚持农业农村优先发展做好'三农'工作"为主题，提出要坚持农业农村优先发展总方针，全面推进乡村振兴。同时强调，各级党委和政府必须把落实"四个优先"(即实施乡村振兴战略，在干部配备上优先考虑，在要素配置上优先满足，在资金投入上优先保障，在公共服务上优先安排）的要求作为做好"三农"工作的头等大事，扛在肩上、抓在手上，同政绩考核联系到一起，层层落实责任。

《中华人民共和国乡村振兴促进法》贯彻落实党中央的明确要求，把坚持农业农村优先发展作为全面实施乡村振兴战略的重要原则之一。"四个优先"有利于加强党对"三农"工作的集中统一领导，健全城乡要素合理流动体制机制，加大公共财政对乡村的支持力度，补齐乡村的基础设施建设短板，是针对农业农村发展的难点、痛点作出的优先部署。同时坚持农业农村优先发展，也要坚持尽力而为、量力而行，不能超越发展阶段，不能追求脱离实际的目标，更不能搞形式主义和"形象工程"。

2. 坚持农民主体地位

坚持人民主体地位是马克思主义及其政党的本质要求，乡村的主体是农民，乡村振兴的出发点和落脚点是农民，要想实现乡村振兴就必须坚持农民主体地位。2018年中央一号文件提出："充分尊重农民意愿，切实发挥农民在乡村振兴中的主体作用，调动亿万农民的积极性、主动性、创造性，把维护农民群众根本利益、促进农民共同富裕作为出发点和落脚点，促进农民持续增收，不断提升农民的获得感、幸福感、安全感。"2019年中央一号文件提出："发挥好农民主体作用。加强制度建设、政策激励、教育引导，把发动群众、组织群众、服务群众贯穿乡村振兴全过程，充分尊重农民意愿，弘扬自力更生、艰苦奋斗精神，激发和调动农民群众积极性主动性。"

《中华人民共和国乡村振兴促进法》坚持以人民为中心的发展思想，将坚持农民主体地位，充分尊重农民意愿，保障农民民主权利和其他合法权益，调动农民的积极性、主动性、创造性，维护农民根本利益作为全面实施乡村振兴战略的基本原则之一，真正使农民成为乡村振兴的参与者、支持者和受益者。

3. 坚持人与自然和谐共生

坚持人与自然和谐共生，走乡村绿色发展之路，让良好生态成为乡村振兴的支撑点。党的十九大报告指出，人与自然是生命共同体，人类必须尊重自然、顺应自然、保护自然。同时强调，生态文明建设功在当代、利在千秋。我们要牢固树立社会主义生态文明观，推动形成人与自然和谐发展现代化建设新格局。习近平总书记生态文明思想强调，新时代推进生态文明建设必须牢牢把握"坚持人与自然和谐共生""绿水青山就是金山银山""良好生态环境是最普惠的民生福祉""山水林田湖草是生命共同体""用最严格制度最严密法治保护生态环境"等。

《中华人民共和国乡村振兴促进法》将坚持人与自然和谐共生，统筹山水林田湖草沙系统治理，推动绿色发展，推进生态文明建设作为全面实施乡村振兴战略的基本原则之一。

4. 坚持改革创新

党的十九大报告提出要坚定实施创新驱动发展战略，强调要坚持解放和发展社会生产力，坚持社会主义市场经济改革方向，提出要深化供给侧结构性改革、加快建设创新型国家。2018年9月21日，习近平总书记在十九届中共中央政治局第八次集体学习时指出，在实施乡村振兴战略中要注意处理好充分发挥市场决定性作用和更好发挥政府作用的关系，要进一步解放思想，推进新一轮农村改革。要从农业农村发展深层次矛盾出发，聚焦农民和土地的关系、农民和集体的关系农民和市民的关系，推进农村产权明晰化、农村要素市场化、农业支持高效化、乡村治理现代化，提高组织化程度，激活乡村振兴内生动力。要以市场需求为导向，深化农业供给侧结构性改革，不断提高农业综合效益和竞争力。要优化农村创新创业环境，放开搞活农村经济，培育乡村发展新动能。

《中华人民共和国乡村振兴促进法》将坚持改革创新，充分发挥市场在资源配置中的决定性作用，更好发挥政府作用，推进农业供给侧结构性改革和高质量发展，不断解放和发展乡村社会生产力，激发农村发展活力作为全面实施乡村振兴战略的基本原则之一。要特别注意的是，农村改革不论怎么改，都必须坚守社会主义国家的政治、经济体制，坚守维护农民利益的底线，决不能犯颠覆性错误。

5. 坚持因地制宜、规划先行、循序渐进

马克思主义启示我们既不能违反事物发展的一般规律，尊重事物的普遍性，又要重视事物的特殊性。城市发展的同质化问题也同样启示我们，在全面推进乡村振兴的进程当中，应顺应乡村发展规律，根据乡村的历史文化、发展现状、区位条件、资源禀赋、产业基础分类推进。2018年9月，习近平总书记在十九届中共中央政治局第八次集体学习时指出，在实施乡村振兴战略中要注意处理好顶层设计和基层探索的关系。党中央已经明确了乡村振兴的顶层设计，各地要解决好政策落地问题，制定出符合自身实际的实施方案。

编制乡村规划不能简单照搬城镇规划，更不能搞一个模子套到底。要科学把握乡村的差异性，因村制宜，精准施策，打造各具特色的现代版"富春山居图"。要发挥亿万农民的主体作用和首创精神，调动农民的积极性、主动性、创造性，并善于总结基层的实践创造，不断完善顶层设计。2018年中央一号文件提出："科学把握乡村的差

异性和发展走势分化特征，做好顶层设计，注重规划先行、突出重点、分类施策、典型引路。既尽力而为，又量力而行，不搞层层加码，不搞一刀切，不搞形式主义，久久为功，扎实推进。"此外，还要注意循序渐进，处理好长期目标和短期目标的关系，切忌贪大求快、刮风搞运动，防止走弯路、翻烧饼。

《中华人民共和国乡村振兴促进法》将坚持因地制宜、规划先行、循序渐进，顺应村庄发展规律，根据乡村的历史文化、发展现状、区位条件、资源禀赋、产业基础分类推进作为全面实施乡村振兴战略的基本原则之一。

(五) 乡村振兴的发展目标

2018 年 9 月，中共中央、国务院印发《乡村振兴战略规划 (2018—2022 年)》，以五年规划的方式，提出了 22 项主要指标和 7 个方面、59 项重点任务，部署了 82 项重大工程、重大计划、重大行动，为全面推进乡村振兴战略提供了行动指南，描绘了乡村振兴的宏伟蓝图。

《乡村振兴战略规划 (2018—2022 年)》明确了乡村振兴到 2022 年的发展目标，即到 2020 年，乡村振兴的制度框架和政策体系基本形成，各地区各部门乡村振兴的思路举措得以确立，全面建成小康社会的目标如期实现。到 2022 年，乡村振兴的制度框架和政策体系初步健全。国家粮食安全保障水平进一步提高，现代农业体系初步构建，农业绿色发展全面推进；农村第一、二、三产业融合发展格局初步形成，乡村产业加快发展，农民收入水平进一步提高，脱贫攻坚成果得到进一步巩固；农村基础设施条件持续改善，城乡统一的社会保障制度体系基本建立；农村人居环境显著改善，生态宜居的美丽乡村建设扎实推进；城乡融合发展体制机制初步建立，农村基本公共服务水平进一步提升；乡村优秀传统文化得以传承和发展，农民精神文化生活需求基本得到满足；以党组织为核心的农村基层组织建设明显加强，乡村治理能力进一步提升，现代乡村治理体系初步构建。探索形成一批各具特色的乡村振兴模式和经验，乡村振兴取得阶段性成果。

二、实施乡村振兴战略的系统性理论研究

系统论是研究系统的一般模式、结构和规律的学问。它研究各种系统的共同特征，用数学方法定量描述其功能，寻求并确立适用于一切系统的原理、原则和数学模型，是一门具有逻辑和数学性质的科学。

系统论是多种多样的，可根据不同的原则和情况来划分系统的类型，按人类干预

的情况可划分为自然系统和人工系统，按科学领域可分为自然系统、社会系统和思维系统。系统论认为整体性、关联性、等级结构性、动态平衡性、时序性等是所有系统的共同基本特征，这些既是系统所具有的基本思想观点，也是系统方法的基本原则，表现了系统论不仅是反映客观规律的科学理论，而且具有科学方法的含义。

实施乡村振兴战略是全局性、总体性的战略部署，必须从系统性出发对乡村振兴战略进行把握。

(一)实施乡村振兴战略有利于推进国家治理体系的改革与治理能力的提升

党的十九大报告明确指出："必须坚持和完善中国特色社会主义制度，不断推进国家治理体系和治理能力现代化，坚决破除一切不合时宜的思想观念和体制机制弊端，突破利益固化的藩篱。"这一重要论述，深刻阐述了推进国家治理体系和治理能力现代化是新时代变革的组成部分和必要环节。

20世纪后期以来，中国的人口、资金、信息、物资的规模和频次极其巨大地流动，带来了一个时期的经济繁荣。在保持社会和经济活力的前提下适当降低流动性，或者做到在更大程度上可预期、可管理、可控，提高治理绩效，是当务之急。实施乡村振兴战略是重要、非常有效的治理手段。

一方面，乡村振兴战略的实施过程包含了一定的国家治理能力需求，包括顶层设计与制度供给能力、资源配置能力、乡村治理体系建构能力等，当实践过程出现治理能力需求同治理能力供给低匹配困境时，这种需求便转化为国家治理能力现代化的直接动力，进而推动国家在制度建设与制度执行、全面深化改革、综合发展与协调发展、国家与乡村社会关系协调等方面的治理能力变革。另一方面，国家治理能力的现代化建设则为乡村振兴战略顺利实施提供了治理能力保障，具体体现在激发主体活力、提升发展的有序性、增强资源配置效率、减少政策执行阻滞。

随着户籍政策改革稳步推进，农业功能丰富完善，农村基础设施水平大幅提高，农村产权制度改革持续深入，农村社会事业不断发展，农村生活环境不断改善，持续了十几年的社会主义新农村建设为乡村振兴提供了基本的物质条件，为比较自然顺利地降低流动性准备了必要前提。农村宅基地所有权、资格权、使用权三权分置的政策，也为大批农民返乡创业居住提供了更好的条件。

从政策供给上看，主要有以下方面。一是着眼于农业农村优先发展、深化农村土地制度改革，尤其是进一步完善城乡建设用地增减挂钩政策，更好发挥农村土地要素效能，创造社会资金全面参与乡村振兴的政策环境，摆脱目前单纯依靠地方政府财政投入的困境。二是创造条件引导鼓励外出农民返乡创业。可以将经济资本、社会资本、管理经验与乡土资源、信任关系很好结合，实现"资合"与"人合"的内在统一，实现企业与农村社区的高度融合，从而实现十九大报告提出的"健全自治、法治、德治相结合的乡村治理体系"目标。三是以建设新型农村生产生活共同体为目标，重新确定农村地区基本治理单元。新型农村生产生活共同体打破行政村界限进行空间重构，统一建设高标准生产生活基础设施，统筹使用耕地和集体建设用地；依托高效农业和先进农产品加工业进行产业重构，在高度分工的基础上实现工农商学研一体化，实现职业农民在本区域的充分就业和稳定增收；通过多种纽带达成农民的再组织化，实现社会空间重构，农业生产过程与农民生活过程相统一，企业与社区互为内在，形成农民与农民、农民与市场、农民与集体组织之间的新型联系。四是在发挥集体经济解决农民就业、增加农民收入功能的同时，赋予集体经济组织担负一定的为本社区提供公共服务的职能，使农民共享集体经济的基础设施，以各种类型的具有集体主义色彩、体现社会主义性质的农村经济体，重塑农村社区居民的生活习惯、心理结构和精神面貌，使生产组织与生活共同体在空间上高度融合，利益诉求方面高度一致，实现物质、人口和精神三个再生产的统一，这将是乡村振兴的理想图景，也是全面提升治理绩效的理想结果。

（二）实施乡村振兴战略有利于在经济发展新阶段实现经济发展目标

乡村振兴战略就是要优先发展农业农村，加快农业农村现代化，促进城乡资源双向流动，不断提供乡村宜居度和吸引力，促进农业高效高质、乡村宜居宜业、农民富裕富足，真正实现"美丽家园、绿色田园、幸福乐园。"

在经济发展新阶段，我们认为，这仍然是中国无可比拟的独特优势，甚至是无论如何都要保持的独特优势，在前一阶段现代化建设结束而进入新时代的背景下，通过实施乡村振兴战略，稳固并且进一步发挥这种独特优势。更好发挥农村作为政策武器的关键性作用，是保持经济平稳健康发展的基础。

乡村振兴战略的实施将建设的重点放到农村，可以将城市开发建设的成熟经验、充裕的社会资金供给、农民改善生活条件的强烈愿望、地方政府积极的行政作为充分结合起来，使农村作为今后一段时间的建设主战场，有效化解过剩产能，全面改善农村基础设施条件、农民居住生活条件，提升农村地区负载产业和人口的能力水平。

第一，实施乡村振兴战略，将提升大都市乡村产业现代化水平。通过准确把握城市乡村发展功能定位，以满足城市居民需求的导向，促进第一、二、三产业融合发展，培育引导乡村产业新业态新模式，全面构建与城市相适应的现代乡村产业体系。第二，实施乡村振兴战略，能够统筹农村生产生活生态，提升乡村基础设施水平，持续改善农村人居环境，补齐乡村民生短板，不断缩小公共服务领域的城乡差别，提升乡村治理能力和水平，努力实现高水平的城乡融合。第三，促进深化农村各项制度改革，健全城乡融合发展机制，推动城乡要素平等交换、双向流动、激发农村资源要素活力。

（三）实施乡村振兴战略有利于弘扬中华优秀传统文化、推进生态文明建设

传承与发展传统文化是乡村振兴的重要内容，也是乡村振兴战略的应有之义。

文化传承要有载体，传统村落聚居模式是中华传统文化的重要载体。生态文明根植于中国深厚传统之中，不仅是一种发展理念，也是一种生活方式。中国传统文化是在乡土文化基础上孕育出来的，乡村文化是整个民族文化的土壤和源泉，传承和弘扬优秀传统文化，有利于乡村文化的繁荣和发展，也有助于广大农民增强文化的自信和民族自豪感。充分挖掘传统文化精华，激发乡村文化活力，促进乡村文化振兴，是传承中华优秀传统文化的战略选择。乡村振兴战略，顺应了广大农民群众对美好生活的热切期盼。实施乡村文化振兴既是社会重构的重要组成部分，又是推动乡村社会转型和社会重构的重要力量和精神支撑。乡村振兴战略的实施不仅给农村发展带来了难得机遇，而且对农村优秀文化传承发展产生了积极影响。从国家层面来讲，由高速增长阶段转为高质量发展阶段，也意味着资源环境已经无法负载原有的发展模式和生活方式，再持续下去会面临严重的问题。因此，传统文化也罢，生态文明也罢，都不是领导人自身的偏好，而是大势所趋。在客观限制条件给定、难以改变的情况下，转换观念、改变生活方式是必需的、正确的战略选择。实施乡村振兴战略正是这样一个战略性举措。

实施乡村振兴战略必须全面提升政策供给配套性。单纯强调发展集体经济，改善农村金融供给，发挥农民合作社功能，推进农村土地制度改革，却没有相应的政策环境，很难取得实质性的进展。在农村税费改革、新农村建设过程中都存在严重的政策不配套问题，在一段时间内负面影响巨大。这更加要求从总体性出发，从战略高度出发，增强政策供给配套性，保证乡村振兴战略顺利实施。

三、乡村振兴战略与新时代农业农村工作研究

党的十九大报告提出实施乡村振兴战略，明确指出要坚持农业农村优先发展，按照产业兴旺、生态宜居、乡风文明、治理有效、生活富裕的总要求，建立健全城乡融合发展体制机制和政策体系，加快推进农业农村现代化。乡村振兴战略，是我们做好新时代农业农村工作的总遵循。

（一）全面理解实施乡村振兴战略的理论和政策创新的丰富内涵

实施乡村振兴战略，既是完成全面实现小康决胜阶段任务的重要举措，又是对全面实现小康之后农村发展建设的新的总体战略布局。要对照党的十九大报告提出的总要求，建立健全城乡融合发展体制机制和政策体系，加快推进农业农村现代化。

一要坚持农业农村优先发展总方针。"三农"问题是关系国计民生的根本性问题，必须始终把解决"三农"问题作为全党工作重中之重。坚持农业农村优先发展，是党中央为加快补齐农业农村短板作出的重大部署，是决定全面建成小康社会和全面建设社会主义现代化强国的必然要求。在干部配备、要素配置、资金投入、公共服务等方面把农村发展放在优先位置，是一个重大理论和政策创新。

二要充分理解生活富裕的丰富内涵。生活富裕不是一个孤立的要求，只要"产业兴旺、生态宜居、乡风文明、治理有效"的要求达到了，生活富裕就是顺理成章、水到渠成的结果。或者说，前面的四个要求是实现生活富裕目标的先决条件，生活富裕取决于前面四个目标的实现。习近平总书记反复强调"绿水青山就是金山银山"，而推进乡风文明、去除陋俗鄙俗同样可以大幅度提高农民生活和福利水平。因此，这五个方面的要求具有完整的内在逻辑一致性。

三要高度重视产业发展。产业是脱贫之基、致富之源。没有产业发展带动，很难脱贫；缺乏产业支撑，脱贫难以持续。给钱给物只能是救急解渴，兴办产业才能开流活源。"产业兴旺"就是要立足于城乡融合发展的时代定位，着眼于第一、二、三产业融合发展的现实要求，这个要求呈现出了更为广阔的视野和宏大的战略思维。

四要坚持质量兴农，绿色兴农。实现农业高质量发展，关键是把质量兴农、绿色兴农作为核心任务，提高农业供给体系质量和效率。党的十九大以来，习近平总书记多次强调"坚持质量兴农、绿色兴农"，并强调要以农业供给侧结构性改革为主线，加快构建现代农业产业体系、生产体系、经营体系，提高农业创新力、竞争力和全要素生产率，加快实现由农业大国向农业强国转变。这些重要论述丰富了现代农业发展理论，对于促进农业高质量发展，建设现代化农业强国具有重要意义。

五要提升乡村治理能力和治理水平的现代化。党的十九大报告提出"治理有效"，在政策导向上以"健全自治、法治、德治相结合的乡村治理体系"为目标，这就要求打破思维定势，突破概念束缚，综合使用多种手段，调动传统与现代、政治经济文化多方面资源，整合基层党组织、村民自治组织、农村经济组织、新型社会组织力量，重视和有效利用乡村文化网络系统，构建更加完备的中国特色乡村治理体系。这是走中国道路的坚实步伐，是完善我国社会治理的重大理论创新和实践创新。

(二)切实解决实施乡村振兴战略的几个关键问题

第一，要推进农村土地制度改革，增加农村内生性动力。农村土地制度是农村基本经济制度的核心。无论是农村承包地、宅基地还是集体建设用地改革，都应当以促进农村稳定、农业发展、农民利益为依据，而非一味地以推进城市化和发展工业为目的。农村土地制度改革，关键要明确土地产权，完善法律制度。制定明确的土地产权制度是保障农民生产生活和农村的基础，有利于推动农业经济发展。法律部门应严格规范农村经营模式，鼓励开展合法的规模化经营，完善合法有偿制度和农村土地流转体系。要高度重视转移土地承包权。农村土地承包权在农村经济建设中具有重大意义：一是将承包权真正交给农民，能够保障土地的合理使用，保证农村经济发展；二是土地承包权在农民手中可以促进集中统一化管理，节约工作中的经济和人力投入；三是通过土地承包权交还的方式，能够保证农村土地流转有法可依，强化土地管理，优化农村地区经济的发展前景。

第二，探索农村集体经济多种实现形式，发挥集体经济综合功能。相比传统的农村集体经济，新型农村集体经济是基于农村集体产权制度改革后的集体经济组织，以共同富裕为目标，以市场化资源配置为核心，产权更清晰，集体资产底数更清楚，集体成员资格更明确，引入现代企业管理制度，多种经营模式的一种新型经济形式。要鼓励基层和农民群众在创新集体经济组织形式、产权形式上进行大胆实践，在实践基础上实现集体经济实现形式理论和政策的创新。如何真正发挥合作经济和共有产权在农村的积极作用，成为农村集体经济的重要形式，是关键性的课题；要将集体经济发展与农村基本治理单元相结合，通过发展集体经济构建农村新型生产生活共同体，在保障农民权益的同时全面提升农村社会治理水平。应当在发挥集体经济解决农民就业、增加农民收入功能的同时，通过政策安排，赋予集体经济组织担负一定的为本社区提供公共服务的职能，使农民共享集体经济的基础设施，以各种具有集体主义色彩、体现社会主义性质的农村经济体，重塑农村社区居民的生活习惯、心理结构和精神面貌，使生产组织与生活共同体在空间上高度融合，利益诉求方面高度一致，实现物质、人口和精神三个再生产的统一，这将是乡村振兴的理想图景。

第三，以自治、法治、德治相结合，构建良性乡村治理体系。当前，乡村社会结构、利益格局、文化生态发生了重大变化，党的十九大报告明确指出："加强农村基础工作，健全自治、法治、德治相结合的乡村治理体系。"这为乡村振兴和乡村治理指明了方向。自治是法治与德治的基础，也是完善乡村治理体系的核心；法治是自治和德治的保障，是依法治国背景下对乡村治理体系的必然要求；德治是自治与法治的引导和补充，能够为乡村治理打造良好的社会氛围。要准确把握当前乡村的实际情况，坚持自治、法治、德治相结合的道路，努力实现乡村治理体系的完善和乡村善治的美好愿望。

第四，注意保护小农户利益。"家家包地、户户务农"是我国农业生产经营组织方式的常态，小农户与现代农业发展所要求的市场体系、金融体系、法律体系、科研体系之间的矛盾仍然非常突出。必须正视这一问题并且实事求是地提出应对解决办法，而不是一味地推进土地流转，扶持规模经营。一方面，小农户经营在我国人地关系高度紧张的国情下有天然的合理性。实践证明，在当前普遍较为粗放的生产经营方式和低下的管理水平下，较大规模经营几乎无法做到土地产出率、资源利用率和劳动生产率同步提高，往往导致单产下降，浪费宝贵耕地资源。而"半耕半工"的家庭生计模式，在解决农村中老年人就业的同时，能够充分发挥精耕细作的传统农业优势，在保障粮食安全方面作用巨大。因此，不能在观念上将小农户和新型经营主体对立起来，贴上绝对的落后与先进的标签，必须立足中国国情，走中国特色现代农业道路。另一方面，土地流转水平其实是城镇化水平在农村土地上的投影，换言之，有多少农村人口永久离开土地进入城市生活，决定了农村土地流转水平。因此，提高农村土地流转水平、实现农业规模经营不是一厢情愿的事情，而是决定于城镇化水平这一基本约束条件。必须以大力发展各种新型经营主体、实施多种创新形式缓解小农户经营导致的土地碎片化带来的一系列问题。

第五，重视新技术革命对现代农业产业体系、生产体系、经营体系的促进作用。落实党的十九大报告指出的"构建现代农业产业体系、生产体系、经营体系"，不能把眼光仅仅局限在良种良法结合、农机农艺配套等具体农业科技上，更要注意到高速互联网的全面覆盖、物联网技术的成熟、人工智能技术的广泛应用，在促进生产力发展的同时对农村生产关系领域的深刻影响。例如，在互联网、物联网技术广泛应用的条件下，中小型农产品生产者与若干消费者直接结合成为虚拟社区，甚至形成网上消费合作社等多种组织形式，通过可视技术监控生产全过程，以全程可追溯地保证农产品质量信誉；农产品定制化服务，通过已经成熟发达的物流配送网络送净菜进城，降低城市垃圾生成量。这就给以小农户、小型家庭农场及其组合为主要形式的生产经营组织替代辐射广大区域的大型蔬菜市场在一定程度上提供了条件，整个鲜活农产品生产经营模式将发生质的变化，也将使新的农业组织方式、经营方式、农产品流通方式成为可能。

四、从政治经济学视角对乡村振兴战略的研究

中国特色社会主义已进入新时代，我国社会主要矛盾在农村有其特殊表现："我国最大的发展不平衡，是城乡发展不平衡；最大的发展不充分，是农村发展不充分"，这反映在"农业发展质量效益竞争力不高，农民增收后劲不足，农村自我发展能力弱，城乡差距依然较大"。[①] 要解决这个矛盾，实施乡村振兴战略是必然选择。解决好"三农"问题，实施乡村振兴战略，实现农业农村现代化，是未来几十年建设社会主义现代化强国这一总体目标的必然要求。

（一）由二元分割到融合发展：城乡关系的重塑

随着我国经济的不断发展，城镇化加速与农村逐渐衰落形成了鲜明对比。一方面，大量人才从农村走向城市。尤其是技术人才外流严重；另一方面，在推进城镇化进程中，城市用地面积不断扩大，同时对农村生态环境造成了极大破坏。乡村振兴战略的提出正是对我国农业农村现代化与城镇化发展相对不协调的回应，它充分体现了中国共产党对新时期城乡关系新的认识，即城乡融合发展。

城乡融合是马克思主义关于解决城乡关系问题的基本主张。马克思在 1847 年《哲学的贫困》中写道："城乡关系一改变，整个社会也跟着改变"。[②] 马克思主义城乡关系理论认为，城乡关系演进与生产力发展水平密切相关，生产力的发展推动着人类生产方式与生活方式的变革，由此带动城乡关系不断演进；在人类社会发展的历史长河中，城乡关系要依次经历城乡依存、城乡分离、城乡融合三个阶段（白永秀、王颂吉，2014）。在马克思主义相关理论的基础上，总结中国实践经验，剖析中国国情，可发现城乡关系不断处于变化之中，且具有明显的阶段性特征。城乡关系这一本质问题集中表现为"三农"问题。解决城乡对立问题，就必须要解决"三农"问题，解决"三农"问题又必须实施乡村振兴战略。

城乡关系的阶段性变化不仅体现在对"三农"问题的认识上，还体现在一系列针对"三农"问题的政策设计上。"三农"问题是一个什么范畴的问题？这是认识城乡关系的核心和突破口。"就'三农'论'三农'，已经难以从根本上解决'三农'问题。我们只有跳出'三农'抓'三农'，用统筹城乡发展的思路和理念，才能切实打破农业增效、农民

---

① 《乡村振兴，决胜全面小康的重大部署》，《人民日报》2017 年 11 月 16 日。
② 《马克思恩格斯选集》（第 1 卷），北京：人民出版社 2012 年版，第 237 页。

增收、农村发展的体制性制约"。① 这意味着,"三农"问题是一个整体,表面上看三农分别涉及农业、农民、农村三个方面,指农业效益低、农民收入低、农村发展水平低,而这种低是与工业、城市居民、城市相比较得到的结论。因此,"三农"问题本质上是这一发展过程中工业农业、农民市民、城市乡村发展的失衡,即城乡对立问题。由于工业和市民集中在城市,"三农"问题本质也就是城乡关系和矛盾的不平衡。就"三农"本身论"三农"问题,解决不了"三农"问题,而应该把焦点放在城乡二元分割的体制上。城乡二元经济结构是发展中国家工业化过程中出现的特定现象,城市中以制造业为主的现代化部门和农村中以传统生产方式为主的农业出现并存。就中国而言,城乡二元结构也出现在经济发展过程中,而体制性因素进一步强化了这一结构。

从 1978 年以前的中国经济看,城乡关系实质上是工农业关系的延伸表现,工农业关系是城乡关系的核心问题。在推行农村经济体制由个体经济、合作经济再向"政社合一"的集体经济转变过程中,城乡分隔的壁垒也逐步形成,农民被束缚于既有的土地和社区内不得自由流动。这就是所谓的城乡"二元结构"。具体而言,从中华人民共和国成立开始国家采取了优先发展重工业的政策,为此采取农产品统销统购和工农产品价格剪刀差,以农业剩余实现对工业化的支持。为了保证支持的效果,国家采取了城乡分割的二元体制,包括城乡分割的生产资料所有制和户籍管理制度,以及在此基础上的农村以人民公社体制为标志的城乡二元社会就业、教育、福利保障等治理机制。这种城乡二元分割体制使农民在既有的土地和农村中不得自由流动,既集中力量于农业积累为国家的工业化服务,又减少了对城市的就业、粮食供应等各方面的冲击。应该说,改革开放前的"三农"状况的主导因素是国家的重工业优先发展战略形成的工业农业关系,工业农业关系决定了农民的身份和农民市民关系,也决定了城乡关系的实质,从而形成了"三农"问题的体制因素。中国的农业、农民、农村在改革开放前为中国的工业化作出了巨大贡献,这些工业成就和相应的城市发展为改革开放积累了良好的物质基础。

1978 年党的十一届"三中全会"以后,过去完全由政府控制的城乡关系开始越来越多地通过市场来调节,但是农业支持工业、乡村支持城市的趋向并没有改变。

这一时期,农民的劳动力转移开始以市场的方式实现,但市场化的经济发展本身也会存在市场经济惯有的拉大发展差距的倾向,相比农村发展,城市产业的聚集效应使高生产率的产业都集中在城市,这会拉大城市和农村的发展差距,农村的乡村工业和乡镇企业也必须适应这种聚集的过程。农民可以从农村移居城市,加入城市化和工

---

① 习近平:《之江新语》,浙江:浙江人民出版社 2007 年版,第 43 页。

业化浪潮，但对进城务工人员来说，由于之前在农村受到的教育层次低导致的知识水平限制，高生产率和高收入水平的职业机会难觅。并且，城乡二元体制只是松动，城乡分割的体制仍然存在，"三农"仍处于为工业化城市化服务的附属地位，农业成为工业的附属，农村与农民成为城市的附属，只不过表现形式有所变化。

党中央历来重视农业问题，在改革开放初期的1982—1986年连续六年发布了五个中央一号文件，对当时农村以承包制为核心的体制改革和农业发展做了部署，当时中央关注"三农"问题的核心在于农业生产的发展，中央农业政策激发了广大农民的积极性，农业发展取得了极大的成效。随着改革开放和城市化的进一步发展，城乡发展差距继续拉大，"三农"问题更加突出。"三农"问题不再只是农业落后于工业的问题，更在于"三农"问题系统性和整体性的变化，因农产品附加价值低，农民仅从事农业生产，导致收入增加缓慢，这又导致农村发展缓慢。1991年十三届八中全会是改革开放多年后召开的一次专门讨论农业及农村问题的重要会议，这次会议不再只关注农业，而是把农业与农村发展联系起来。2001年党的十六大提出了全面建设小康社会的宏伟目标，解决好"三农"问题，是其中的关键。至此，十六大跳出了传统的以农业论农业、以农村论农村，工作重点只是在于农业粮食增长的思路，提出了"统筹城乡经济社会发展，建设现代农业，发展农村经济，增加农民收入"，这首次明确了统筹城乡发展、缩小城乡发展差距、解决"三农"问题的方式。十六大还明确了土地承包经营权流转，反映了农村土地集体所有制实现形式适应经济发展需要的新要求，十六大还提出了走中国特色城镇化道路，为农村劳动力有序流入城镇做了部署。2003年十六届三中全会将统筹城乡发展的目的进一步界定为逐步改变城乡二元经济结构，为此国家要加大对农业和农村的财政投入，对在城市有稳定职业、住所的农业人口，放宽户籍管理的规定。

中国发展进入了统筹城乡发展和城乡一体化发展阶段。随着我国社会主义经济建设不断取得巨大成就和日益暴露出的发展中的一些问题，党中央逐步确立了科学发展观的指导思想。科学发展观的确立是21世纪以来中国发展理念层面上的一次重大变化，其要求是实现全面协调可持续的发展，提出了"五个统筹"，其中第一位的就是统筹城乡发展，这也反映了新世纪以来党把"三农"工作提高到关系发展全局的战略高度。这种发展不同于过去单纯的农业增产，而是关注社会民生和协调发展的农村全面发展，农民全面增收，最终实现消除城乡二元差别。这也表明，相对之前农业为工业化服务，中国城乡关系进入了工业反哺农业、城市支持乡村的新阶段，我国工业化和城市发展的巨大成就使得这种反哺与支持既有可能，也更为必要。

消除城乡二元差别，彻底解决"三农"问题，一直是党中央工作的重中之重，2004

年开始每年的中央一号文件都体现了这种重视。除了政策部署，在发展战略上，继"城乡统筹发展"的提法之后，2007年十七大提出了"缩小城乡差别，加速城乡一体化"，十七届三中全会指出，以工促农、以城带乡，形成城乡一体化发展新格局。城乡一体化的一个核心是要实现基本公共服务的均等化，这触及城乡一体化的本质，意味着继以往的城乡差别户籍制度改革之后，城乡在基础设施、教育、医疗、社保等领域也要缩小公共服务差距。原来城乡居民间因身份差异导致公民权利和应享基本服务的巨大差异是中国城乡二元差异的本质，在以往"三农"重点是农业增产为工业服务思路中，粮食生产是重点，在21世纪中央重视"三农问题"和提出城乡统筹发展之后，关注的重点开始转移到如何增加农民收入和城乡共同发展上。在城乡一体化发展战略阶段，解决因身份造成的公共服务待遇差异，不再因户籍差异造成享有权益的不平等这一城乡最大的不平等，真正触及了城乡二元分割这一"三农"问题的实质。

党的十八大以来，以习近平同志为核心的党中央对"三农"问题和城乡一体化发展做出了适应新时代发展要求的重大部署，并在实践中形成了一系列新理念、新战略和新思想。十八大报告明确提出了城乡发展一体化是解决"三农"问题的根本途径。除此之外，还提出了走中国特色"新四化"道路，即新型工业化、信息化、新型城镇化和农业现代化同步发展，农业现代化、工业化与城镇化并列，突出强调了三者之间协调发展和互相促进的关系。城镇化是农业人口通过空间集聚而转化为非农产业人口的过程，而新型城镇化则是强调以人为核心的城镇化，为移居城镇的人口提高其素质和生活质量。从根本上说，由于传统农业生产率低，现代农业劳动力需求不大，农民增收问题不可能依靠农业自身来解决，只能通过农村富余劳动力移居到城镇从事工业和三产来解决。因此，"四化"同步，归根到底是实现可持续的协调发展局面，而城乡一体共同发展正是其中的重要部分。习近平总书记在十八届三中全会上指出：我国"城乡二元结构没有根本改变，城乡发展差距不断拉大趋势没有根本扭转。根本解决这些问题，必须推进城乡发展一体化"。[①] 十八届三中全会决定提出，城乡二元结构是制约城乡发展一体化的主要障碍。必须健全体制机制，形成以工促农、以城带乡、工农互惠、城乡一体的新型工农城乡关系。为此，要推进城乡要素平等交换和公共资源均衡配置，完善城镇化健康发展体制机制，促进城镇化和新农村建设协调推进。这些新思路和新做法在理念上已经接近城乡融合的实质性内容。党的十九大对解决"三农"问题的认识又前进了一大步。十九大报告首次提出了乡村振兴战略问题，乡村振兴战略是城乡融合为旨归的重要战略。

---

① 习近平：《习近平谈治国理政》，北京：外文出版社2014年版，第81页。

从"城乡统筹发展"，到"城乡发展一体化"，再到"城乡融合发展"，反映了党和政府对解决"三农"问题的战略设计的与时俱进，城乡融合发展在消除城乡二元体制上与之前的战略是一致的。创新的地方在于不仅强调了政府对于城乡公共服务均衡配置的责任，更强调了乡村与城市的共存共生关系和和谐发展局面。以往"城乡统筹"和"城乡一体化"注重的是缩小城乡差距，注重的是政府的统筹兼顾和公共政策导向，以城带乡、以城补乡，乡村发展是被动的，是被带动和被补贴的发展，乡村发展仍然滞后，城市导向的农村公共政策的结果仍是村庄凋敝。城乡融合发展更强调了乡村自身的发展动力机制和潜在的发展比较优势，乡村与城市互相带动、互相促进。在以往强调工业化和城市化的推进过程中，农业附属于工业、农村附属于城市的格局之所以尚未得到根本改观，就在于乡村缺乏自我发展的功能，以农村人口向城市转移可以增加收入，但这并不能改变农村发展的落后局面。我国至今仍有约一半的人口居于乡村，解决"三农"问题也不可能只依靠城市化的一端。城乡齐头并进，是新时代中国特色社会主义融合发展的必由之路，而其中重点在于农村，乡村振兴战略正是站在新时代的高度，着眼于增强乡村的造血机能，而不仅仅是进行财政转移支付，根本是要改变城乡之间乡村发展被动和依赖的一面，这无疑才是从根本上解决"三农"问题，实现可持续的协调发展，实现社会主义共同富裕的顶层战略。

(二) 从轻"农"重"工"到协调发展：农村发展地位的演进

中国社会主要矛盾已经由人民日益增长的物质文化需要同落后的社会生产之间的矛盾，转化为人民日益增长的美好生活需要和不平衡不充分的发展之间的矛盾，这一主要矛盾在乡村最为突出。发展不平衡不充分的问题在量与质方面都有体现，分布于政治、经济、文化、社会、生态这五个方面。政治和经济方面的表现是，农村基层党建存在薄弱环节，乡村治理体系和治理能力亟待强化；农产品阶段性供过于求和供给不足并存，农业供给质量亟待提高；农民适应生产力发展和市场竞争的能力不足，新型职业农民队伍建设亟须加强；国家支农体系相对薄弱，农村金融改革任务繁重，城乡之间要素合理流动机制亟待健全。文化、社会和生态方面表现为，农村基础设施和民生领域欠账较多，农村环境和生态问题比较突出，乡村发展整体水平亟待提升。从工业化发展战略的历史选择看，"三农"问题存在的根本原因在于国家工业化发展战略重点、排序和资源配置导向侧重于重工业和城市，从而导致国民收入再分配不利于"三农"发展。1949 年后，国家在制定新的经济发展和社会变革的宏伟纲领中，总是特别强调国家工业化目标。在推进国家工业化过程中，一段时期选择了以"统购统销"为特征的牺牲农民利益来积累国家工业化资金的道路。新时代中国社会主要矛盾具有整体性，发展不平衡不充分是一个系统性、整体性问题。因此，只有把上述问题纳入乡村振兴战略，才能从根本上解决乡村的主要矛盾。

1981年党的十一届六中全会指出，在现阶段，我国社会的主要矛盾是人民日益增长的物质文化需要同落后的社会生产之间的矛盾。发展生产力是解决这一主要矛盾的根本途径，改革开放也是为了这一根本任务而采取的措施。20世纪80年代，农村掀起的"联产承包责任制"改革和乡镇企业发展浪潮，一度使我国农村呈现欣欣向荣的景象。但是随着城市综合改革和市场经济体制的逐步建立，全社会的资本和资源逐步向第二、三产业和城市聚集，大量的农村资本和资源通过各种渠道流出乡村。在追求经济高速发展的形势下，由于农业本身的特点和效益状况，在追求经济增速中处于附属地位，农业的任务就是为城市人口提供廉价农产品，农民为工业化提供廉价的劳动力，农村为城市的发展扩张提供廉价的资金和土地。"三农"的附属地位是客观存在的：从市场经济角度看，工业和城市的集聚功能自然会吸引资金和人力资源，市场经济的发展自然会导致发展的天平朝向工业和城市一端，而计划经济时期形成的城乡二元体制又使得资源过度向工业和城市倾斜，乡村的发展既然对GDP和经济增长不如工业和城市那么起作用，那么乡村的工作也难免不被重视。

从经济发展角度看，随着经济的高速增长，人民日益增长的物质文化需要同落后社会生产之间的矛盾得到了极大缓解。但是，追求总量的增长使资源汇集于城市，城市成为经济发展和现代化的动力，而发展的代价是城乡差距的拉大，就城乡而言，主要矛盾表现在城市居民收入的快速增长上，而农村居民收入增长缓慢。在新世纪，"三农"工作的重心和矛盾解决的侧重点转到了农民增收上，以往对农业的重视并不必然带来农民增收，这主要因为农村劳动力丰裕但土地资源有限，农业的生产率低。农民增收的主要途径是农村人口从低收入的农业转移到工业和第三产业，并移居到城市。因此，21世纪以来的"三农"政策除了给农民减负，增加农业科技扶持，主要的方法是工业化和城镇化。

城镇化已成为我国经济增长的关键因素，我国的城镇化率每增加1%，就可拉动当年国内生产总值1%~2%，城镇化是解决我国"三农"问题的根本途径。但城镇化中除了镇区所在人口外，其余的大中小城市人口与农村在空间距离和产业分布上都相去甚远，城镇化实现了人的转移，城镇化不可能完全替代农村的发展。而且，城镇化让人口往城市集中，使得农村中最具生产力的劳动力外流，这容易使乡村出现"空心化"和凋敝现象，这也是城乡二元经济发展中容易出现的城市与乡村的矛盾，它拉大了城市与乡村发展上的差距。在地域空间上，农村的广大与城市的狭小形成了鲜明对比，农村的发展还具有空间格局的问题，包括资源开发和生态环境的空间格局，也包括乡村文化和社会环境的空间格局，这使得农村发展具有特殊而重要的意义。

2015年4月30日，习近平总书记在中央政治局第二十二次集体学习时的讲话中提出，应推进新农村建设，使之与新型城镇化协调发展、互惠一体，形成双轮驱动，这高度概括了农村发展与城镇化的齐头并进的关系。21世纪以来在党和政府的关怀下，我国农村发展在新农村建设的战略指引下取得了长足发展，这不仅反映在农村基础设施的改善和农村居住条件以及周边环境的改善上，也表现在农村社会事业的发展和乡村工作的改进上，这包括农村义务教育经费国家保障制度、新型农村合作医疗制度、农村最低生活保障制度和新型农村社会养老保险制度等，这些都反映了中央对农村的关心和财政对农村的强大支持。

在新的历史时期，我们的主要任务就是要集中精力解决人民日益增长的美好生活需要和不平衡不充分的发展之间的矛盾。尽管农业占GDP的比重会进一步下降，但农业的基础地位不会变，农业保障国家安全的战略地位不仅不会下降而且还会进一步加强。习近平总书记讲过，饭碗要牢牢端在自己手里。尽管城镇化水平将进一步提高，但大量农民生活在乡村的国情不会改变，他们对美好生活的追求也会日益增长。从农业增产到农民增收，再到农村发展，以往党中央的一系列相关政策侧重的是"三农"的某一方面或某些方面，而十九大提出的乡村振兴战略，则是综合性的整体战略设计，是新时代"三农"工作的总方针。乡村振兴战略把农业增产、农民增收、农村发展作为一个整体来安排。在整体性的视野中，农业增产和农民增收是为了实现农村发展，这与过去侧重于强调发展农业是为工业化积累作贡献，农民是为工业化和城市化提供劳动力的思路是不一样的。乡村振兴战略更加强调农村全面发展的重要性，关注更加综合和全面的农村发展。十九大提出了农业农村现代化，与十八大"新四化"的农业现代化相比，增加了农村现代化，表明了农村发展和农村现代化的整体性意义，这比单纯强调农业现代化更加全面和深刻。

乡村振兴这种整体性的战略安排与过去提出的"城乡统筹"和"城乡一体化"的发展思路也有所不同。它是以城乡融合为根本理念的，应当说，"城乡融合"是对"城乡统筹"和"城乡一体化"的进一步发展和超越。"城乡统筹"和"城乡一体化"着眼的是以工补农和以城统乡，农村成为各种政策和补贴的接受者，这种思路虽然比城乡对立的理念有所进步，对解决"三农"问题有所裨益，但从发展理念上讲仍然是以城市为中心的发展模式，按照这种思路也不会改变总量发展下城乡结构差距拉大的情况。城乡差距既然成为新时代解决主要矛盾的主攻方向之一，那么，强调乡村与城市是共存共荣互相推动的两个空间发展布局，从以往城市为中心转变到城市与乡村的双中心，乡村不再是依附城市的发展而要有自己的独立性和自主的发展格局，这种思路就成为必然选择。乡村振兴战略正是"城乡融合"理念在国家实践层面的具体实施，着眼的是农村发展与乡村振兴，使农村发展形成与城市发展既有共性又有差异性，形成农村自主发展的格局，最终消除城乡发展差距。因此，无论从"三农"问题本身来看，还是从消除城乡发展差距来看，乡村振兴战略都是解决"三农"问题和消除城乡差距的政策交汇点。通过增强农村的全面发展，来彻底解决"三农"和城乡发展差距问题，就是解决发展不充分和不平衡的问题。

(三)"五位一体，整体推进"：乡村振兴战略实施的思路

党的十九大报告明确提出，"要按照产业兴旺、生态宜居、乡风文明、治理有效、生活富裕的总要求建立健全城乡融合发展体制机制和政策体系，加快推进农业农村现代化"。这五大要求既是"五位一体，立体布局"在乡村振兴战略上的体现，也是解决乡村社会主要矛盾的路径：产业兴旺和产业振兴针对经济问题，生态宜居和生态振兴针对生态问题，乡风文明和文化振兴是文化层面的要求，治理有效和组织振兴是政治领域的表现，生活富裕和人才振兴是社会方面的体现。具体而言，建立健全城乡融合发展体制机制和政策体系，加快推进农业农村现代化。巩固和完善农村基本经营制度，深化农村土地制度改革，完善承包地"三权"分置制度。保持土地承包关系稳定并长久不变，第二轮土地承包到期后再延长30年。深化农村集体产权制度改革，保障农民财产权益，壮大集体经济。确保国家粮食安全，把中国人的饭碗牢牢端在自己手中。构建现代农业产业体系、生产体系、经营体系，完善农业支持保护制度，发展多种形式适度规模经营，培育新型农业经营主体，健全农业社会化服务体系，实现小农户和现代农业发展有机衔接。促进农村第一、二、三产业融合发展，支持和鼓励农民就业创业，拓宽增收渠道。加强农村基层基础工作，健全自治、法治、德治相结合的乡村治理体系。培养造就一支懂农业、爱农村、爱农民的"三农"工作队伍。

2018年中央农村工作会议对贯彻乡村振兴提出了八点要求：一是坚持加强和改善党对农村工作的领导，为"三农"发展提供坚强政治保障；二是坚持重中之重的战略地位，切实把农业农村优先发展落到实处；三是坚持把推进农业供给侧结构性改革作为主线，加快推进农业农村现代化；四是坚持立足国内保障自给的方针，牢牢把握国家粮食安全主动权；五是坚持不断深化农村改革，激发农村发展新活力；六是坚持绿色生态导向，推动农业农村可持续发展；七是坚持保障和改善民生，让广大农民有更多的获得感；八是坚持遵循乡村发展规律，扎实推进美丽宜居乡村建设。这八点要求是对乡村振兴战略的落实，也是应遵循的原则。

十九大报告提出的乡村振兴战略五大要求，实质上是为农村发展定下的总基调，

这与十八大提出的"五位一体"总体布局是完全一致的，是"五位一体"总体布局在乡村领域的具体化。十九大报告进一步明确了"五位一体"也是新时代中国特色社会主义建设事业的战略部署和路线图，乡村振兴战略因此也是新时代中国特色社会主义"三农"工作的总路线图；与新时代"五位一体"总体布局是一个有机整体一样，乡村振兴战略也是一个有机整体，从物质文明、政治文明、精神文明、社会文明、生态文明各个角度一致和协同地推动乡村的整体振兴和乡村的现代化。

进入新时代，伴随着主要矛盾的转化，中国经济从高速增长阶段进入了高质量发展阶段，以新发展理念为指导，建设现代化经济体系是跨越这个阶段性转变关口的迫切要求和实现高质量发展的战略目标。现代化经济体系是质量第一、效益优先的体系，包含实体经济、科技创新、现代金融、人力资源协同发展的产业体系和市场机制有效、微观主体有活力、宏观调控有度的经济体制。在建设现代化经济体系的六个方略中，乡村振兴战略作为其中之一，地位十分重要。从农业农村现代化角度，农业农村发展也是现代化经济体系的有机成分，本身也要注重质量和效益，实现高质量发展的转变；新发展理念崇尚创新、注重协调、倡导绿色、厚植开放、推进共享，是农业农村现代化的发展方向；现代化经济体系的产业体系方向和市场机制准则为农业农村现代化指明了攻关方向。

乡村振兴战略的总要求是一个内容全面的战略要求，是一个有机整体。《国务院关于促进乡村产业振兴的指导意见》（国发〔2019〕12号）指出："产业兴旺是乡村振兴的重要基础，是解决农村一切问题的前提。"要实现农业农村现代化，首要条件是产业兴旺。乡村振兴战略要实现"城乡融合"理念，在新时代农村发展也需要从原来附属和被动的发展地位改变为内生和主动的发展地位，产业兴旺是重点。就农业发展而言，产业兴旺包含了农业现代化。就农民增收而言，过去在以城市为主导的经济发展格局下，农民增收的主要途径不是靠农业农村的就业机会，在新型城镇化的配合下，乡村产业兴旺就是要让剩下的农民在农村能有好的就业和收入，从而实现农民增收的内生循环的长效机制。就农村发展而言，产业兴旺更是意味着实现农村发展的自我造血机能，产业兴旺可以带来农村社会、文化等方方面面的兴旺，从而为农村发展带来可持续的发展格局。产业兴旺也不仅仅是指发展现代农业来提高农民收入，更是要依靠促进农村第一、二、三产业的融合发展。以现代农业为基础，发展农产品加工流通业和依托农业农村的观光、休闲、旅游、文化、养老等服务业，以及依托农业农村的绿色科技产业，来实现农业农村发展的新动能。

生态宜居是乡村振兴的关键，是建设生态文明的重要组成部分。良好的生态环境是农村最大优势和宝贵财富。在以往工业化和城市化过程中，环境污染日益严重，这不可避免地影响到农村，农村环境问题一方面是农村农药化肥污染问题，这方面的环境治理与发展现代绿色农业是结合在一起的。乡村振兴要牢固树立"绿水青山就是金山银山"的理念，遵循乡村自身发展规律，践行绿色发展。一个生态宜居的农村，不仅有利于农民的身心舒畅和农村的持续发展，还与产业兴旺密切联系，只有生态宜居的农村才能实现农村大旅游大健康产业等新型服务业和绿色科技产业。一个生态宜居的农村，桃红柳绿，丹桂飘香，怡人的田园风光本来就是中华传统文化称颂的人文场景，是中华传统优秀文化在当代的继承与实现。

乡风文明是乡村振兴的灵魂保障，是文化建设的重要组成部分。在乡村振兴战略五个方面的总体要求中，乡风文明蕴含着丰富的文化内涵。乡风文明要继承和发扬中华传统优秀文化和区域特色非物质文化，并体现在乡村精神风貌中，这对乡村的产业兴旺也有重要的促进作用，它使乡村新型服务业带有文化内涵并具有本土文化特色。乡村文明要推动社会主义精神文明建设，开展移风易俗，弘扬时代新风，使农村成为精神生活朝气蓬勃、人民安居乐业的社会主义新农村。

治理有效是乡村振兴的基础。治理有效是政治建设的重要内容，是国家治理能力和治理体系现代化的重要成分。十九大报告提出"健全自治、法治、德治相结合的乡村治理体系"，就是中国特色乡村治理体系的提纲挈领的提法。自治是基于农村地广人散的乡情，这样可以顺应农村的具体乡土风情，减少治理成本，也是社会主义民主政治在乡村基层的实践；法治是"四个全面"中全面推进依法治国在乡村治理中的贯彻，在坚持和完善党领导下的依法治国，在乡村治理中不仅要维护各种法律的尊严，确保法律的实施，更要坚持和完善党的领导，这是农村工作和乡村治理的基本原则；德治是乡村熟人半熟人社会传统文化习俗对治理影响的反映，道德风尚不仅包括传统习俗，更要提倡社会主义价值观。乡村工作治理有效不仅能促进乡风文明，更能通过乡村工作推动产业兴旺和生态文明，为乡村振兴的各个方面提供保障。

在产业兴旺、生态宜居、乡风文明、治理有效的社会主义新农村，生活富裕是顺理成章、水到渠成的结果。产业兴旺是生活富裕的物质保障，生态宜居是生活富裕的环境保障，乡风文明是生活富裕的文化保障，治理有效是生活富裕的政治保障。在乡村振兴战略中的生活富裕，也不是单指物质生活的富裕，那只是基础，生活富裕还包括生态、文化精神、政治生活的充实富裕，是一种综合全面美好的富裕，是社会主义现代化和美丽中国的具体体现，也是社会主义本质即解放和发展生产力、实现共同富裕的美好愿景的具体体现！[①]

① 王立胜、陈健、张彩云：《深刻把握乡村振兴战略》，《经济与管理评论》2018年第4期。

（四）改革创新，质量兴农：农村发展的举措

乡村振兴战略的核心是农业农村的现代化，这需要坚持农业农村优先发展的政策，乡村振兴中实现产业兴旺是重点和前提，农村产业的核心是农业，发展方向是现代农业及围绕农业农村的各种加工业和服务业。总的来说，城镇化仍是中国经济发展的首要因素。在新时代，解决城乡二元矛盾是破解"三农"问题的主线，解决"三农"问题要围绕城乡关系展开。过去的工业化是城市驱动，农村单方面向城市输送资金、劳动力和土地，引起农村发展的"空心化"，在新时代主要矛盾转换的情况下，乡村振兴要实现城镇和乡村的双轮驱动，在城乡关系上要实现城乡要素的双向流动，而这是以新型城镇化的发展为前提的。农村人口转移为新型城镇化助力，农村劳动力转移为土地规模适度经营、发展现代农业、提高农业效益提供空间。当然，这也同样是以现代化农业和农村新兴产业的发展为前提的，只有实现产业兴旺、生态宜居、乡风文明、治理有效，才能进一步调动城乡积极性，吸引城镇各种要素流向农村。

第一，要实施以市场为主导的农业供给侧结构性改革，使经济进入高质量发展的新时代。2017 年 1 月《中共中央国务院关于深入推进农业供给侧结构性改革加快培育农业农村发展新动能的若干意见》对深化农业供给侧结构性改革提出了指导意见，"围绕农民增收、农业增效、农村增绿，加强科技创新引领，加快结构调整步伐，加大农村改革力度，提高农业综合效益和竞争力"，农业供给侧结构性改革与整体经济的供给侧结构性改革是完全一致的，是现代化经济体系的重要构成。农业提高供给质量和效益，注重创新引领，是农业现代化的基本要求。高效益的现代农业为农村产业兴旺提供基础，为农民增收提供动力。要优化农业产业结构，在保证粮食总产量稳步增长的前提下，结合地方资源条件、产业基础和种植模式，因地制宜发展设施农业，促进农业新品种新技术应用，打造农业精品节点，优化农业结构，改善生态环境水平，鼓励发展农产品深加工等。要积极发展适度规模经营，在第一、二、三产业融合发展方面，提档升级农业园区，加快园区主导产业发展，推进基地规模化、加工园区化、园区产业化，延长产业链，提升农产品加工业发展质量和效益。在新型城镇化下农村劳动力的转移缓解了人地关系，规模经营需要土地经营制度的变革，十九大报告提出"保持土地承包关系稳定并长久不变，第二轮土地承包到期后再延长三十年"，这与第二个百年奋斗目标契合，使广大农民吃了长效定心丸。在此基础上，农村土地形成所有权、承包权、经营权三权分置，经营权实现流转，实现了三权之间"变"与"不变"的辩证统一，为土地流转和适度规模经营提供产权保障。十八届三中全会《中共中央关于全面深化改革若干重大问题的决定》提出了"建立城乡统一的建设用地市场"，这有

利于提高集体土地的补偿标准，打破城乡二元土地制度壁垒。此外，《中共中央国务院关于实施乡村振兴战略的意见》也提出"适度放活宅基地和农民房屋使用权"，为使用权的转让适度开了绿灯，这都有助于增加农民的财产性收入。更重要的是，这些产权制度的改革和经营权的流转为以规模经营为特点的城市资金、技术及其他要素流入现代农业和服务业创造了条件。

第二，要巩固和完善农村基本经营制度，党的二十大报告指出，"巩固和完善农村基本经营制度，发展新型农村集体经济，发展新型农业经营主体和社会化服务，发展农业适度规模经营。"现代农业是适度规模经营的农业。我国农业在长期的历史过程中是小户耕作经营，家庭联产承包责任制更是突出了这点，这有利于农户积极性的发挥，但也存在小户经营与现代农业发展如何有机衔接的问题，《中共中央国务院关于实施乡村振兴战略的意见》关注了这一问题，提出要"发展多样化的联合与合作，提升小农户组织化程度"。现代农业呼唤新型职业农民制度，与传统小户农民不同，新型职业农民以农业为专业，爱农业、懂技术、善经营，包括各种农业专业大户和农业企业中的专门职业人员等，他们一头推行高质量高效益的现代农业，另一头连接市场，对接各种专业化的农业产业服务组织，包括销售服务、技术服务、信息服务、融资服务等，以其专业技术知识和规模经营获得在市场中的抗风险能力。此外，社会资金包括城乡各类资金也可以成立专业化市场化服务组织，推进农业生产全程社会化服务。改革开放以来的实践证明，农村基本经营制度既能调动农民家庭经营的积极性，又能追求农业经营的规模效应，是一项符合中国国情的制度安排。中国农村是建立在土地集体所有的集体经济基础上的，发展现代农业和其他现代产业，与小户农民对接需要集体经济的发展。我国农村的集体经济是统分结合的双层经营体制，如何协调"统"和"分"的关系，实现产业兴旺的要求，是其中的重大课题。2013年"两会"期间，习近平总书记指出："当时中央文件提出要建立统分结合的家庭承包责任制，实践的结果是，'分'的积极性充分体现了，但'统'怎么适应市场经济、规模经济，始终没有得到很好的解决"。在"统"和"分"的对立统一关系中，分田到户适应了当时小户农民低水平生产的需要。在发展现代农业的新时代，随着社会主义初级阶段主要矛盾的转换，应重视"统"的一面，发展集体经济。在乡村振兴战略中，集体经济将发挥前所未有的作用，产业兴旺要求的第一、二、三产业融合发展，提高产品、服务档次和附加值，这大多不是传统小户农民能胜任的，需要的是企业化的力量，集体经济在此大有所为。同样，在增加农民财产性收入上，盘活农村集体资产也是重要途径。农村集体经济是中国特色社会主义公有制经济的重要形式和组成部分，集体经济的资产，包括土地和其他经营资产是农业农村现代化的既有物质基础，这些家底不能丢，壮大集体经济既是我国社会主义基本经济制度的要求，也是实现共同富裕的基本保障之一。与资本下乡相比，农村集体经济创造的收益归全体村民所有，这对于防止农村两极分化，让广大农民分享经济发展成果，实现共同富裕都是十分重要的。

第三，要发挥政府统筹调节作用。乡村振兴要形成城乡双轮驱动的发展，乡村的自主和内生性发展是其中的关键。由于过去城乡发展的不平衡，单纯依靠市场机制推动乡村内生发展是远远不够的，农村底子差、基础薄弱的局面未完全改观，城市因为发展的饱和使要素流入到农村的局面也难以自发实现，这都意味着有为政府的重要性。在具体政策上，农业农村的发展首先离不开农业农村基础设施，包括水利、电力、交通、通信等的改善，2017年中央农村工作会议提出要"把公共基础设施建设的重点放在农村"，《中共中央国务院关于实施乡村振兴战略的意见》提出要"推动农村基础设施提档升级"，改善农村人居环境，包括推进农村"厕所革命"，加快农村基础设施建设，推动城乡基础设施互联互通。加强农村社会保障体系建设，推进健康乡村建设需要政府的财政投入。多年来的新农村建设通过加大对农村基础设施和民生保障的投入，取得了很大成效，新时代的乡村振兴战略将在城乡基础设施互联和城乡基本公共服务均等化等方面取得更大成效。建立职业农民制度需要完善的配套政策，这需要政府加快职业农民教育培训制度建设，以及通过各种政策加强农村专业人才队伍建设，吸引技术人员和社会各界投身乡村建设，激发农村创业创新活力。除了人才短缺的问题，乡村振兴也面临资金短缺的问题，这方面除了需要政府建立健全乡村振兴战略财政投入保障制度，还要创新投融资机制，形成社会积极参与的多元投入格局，把更多金融资源配置到农村经济社会发展的重点领域和薄弱环节。在土地上，乡村振兴需要政府因地制宜地对乡村土地进行规划，盘活资产，用活资源。可见，在乡村振兴急需的人、钱、地上，在农户与市场对接和集体经济体制改革上，政府都发挥着不可或缺的作用。

第四，要建立健全党委领导、政府负责、社会协同、公众参与、法治保障的现代乡村社会治理体制，健全自治、法治、德治相结合的乡村治理体系。其中，党的领导是关键，乡村振兴要解决的是农村发展这个中国发展最大的短板，乡村振兴战略的政策和工作方针千头万绪，没有一个坚强的领导核心是无法实现的。农村基层党组织是党在农村全部工作和战斗力的基础。要认真落实《中国共产党农村基层组织工作条例》，组织群众发展乡村产业，带领农民共同致富；动员群众参与乡村治理，增强主人公意识，维护农村和谐稳定，把群众紧紧团结在党的旗帜下。只有坚持党的领导，才能正确遵循新时代中国特色社会主义思想的路线方针，正确实施乡村振兴战略，发挥社会主义制度的根本优势，凝聚起全党和全国人民的智慧和力量，完成中国特色社会主义乡村振兴的伟大事业。

要坚持县乡联动，推动社会治理和服务重心向基层下移，把更多资源下沉到乡镇和村，提高乡村治理效能。要加强统筹谋划、落实领导责任，强化大抓基层的工作导向，增强群众工作本领。2017年12月中央农村工作会议强调"要健全党委统一领导、政府负责、党委农村工作部门统筹协调的农村工作领导体制"，《中共中央国务院关于实施乡村振兴战略的意见》提出了研究制定中国共产党农村工作条例，各级党委和政府主要领导干部要懂"三农"工作，健全党委统一领导、政府负责、党委农村工作部门统筹协调的农村工作领导体制。党政一把手是第一责任人，五级书记抓乡村振兴，特别是县委书记要当好乡村振兴"一线总指挥"，乡村振兴的考核结果作为选拔任用领导干部的重要依据。上面千条线，下面一根针。农村基层党组织是落实方针政策的关键，《中共中央国务院关于实施乡村振兴战略的意见》强调加强农村基层党组织建设，强化农村基层党组织领导核心地位，并推动村党组织书记通过选举担任村委会主任，以与村民自治体制相适应。通过这些工作部署，乡村振兴战略与以往农村发展政策呈现出的最大不同就是党的组织领导和政治保障功能得以突出，形成上下齐抓共管的新局面，真正把党管农村工作的要求落到实处。可以说，党管农村工作，是中国特色乡村振兴的最大特色所在，是建设社会主义现代化和实现乡村振兴的最根本的保障力量。

我国城乡融合的发展不仅是顺应生产力发展的一个客观过程，在中国特色社会主义制度优越性的推动下，在党的坚强领导下，城乡融合发展更是一个主观能动的过程，从新农村建设到乡村振兴战略，都是这个过程的体现。《中共中央国务院关于实施乡村振兴战略的意见》指出："我们有党的领导的政治优势和社会主义的制度优势，有亿万农民的创造精神，有强大的经济实力支撑，有历史悠久的农耕文明，有旺盛的市场需求。"这"五个有"全面总结了中国特色乡村振兴道路的体制优势和有利条件，必将推动农业全面升级、农村全面进步、农民全面发展，谱写新时代乡村全面振兴新篇章！

五、完善农村基本经营制度，推进乡村振兴战略实施

(一)农村基本经营制度的中国特色

农村基本制度是在一定社会制度和宏观经济环境制约下，农业经营主体围绕着土地这一基本生产资料的占有、使用、收益等所演化出的各种经济关系的总和，以及以农地经济关系为基础，实现与其他农业生产资源优化配置的一系列运行、管理、分配和积累制度及与该农业经营方式相适应的组织制度。

农村基本经营制度是中国特色社会主义政治经济学的重要内容，深化系统地研究其科学内涵对于坚持和完善农村基本经营制度具有重要的理论价值和现实意义。农村基本经营制度包括农地产权制度、农业经营主体和农业经营方式三大构成要素。

农地产权制度构成是农村基本制度的基础。因为对于农民来说，农地是他们最重要的生产资料，也是他们最关心的问题，农村土地的所有权如何分配、使用权如何配置以及收益如何分配等问题直接关联到农民基本的生存需要，所以一定要解决好农村产权制度问题。

农业经营制度是构成农村基本经营制度的运行要素。农民有了地，该如何去经营？如果只是一味地给农民土地，而不管他们如何经营，那也是徒劳的。所以解决"谁来经营农业""怎样经营农业"的问题(农业经营主体和农业经营方式两大内容)迫在眉睫。

改革开放以来，我国农村实行以家庭承包经营为基础、统分结合的双层经营体制，这也是我国农村的基本经营制度。集体和农户两个经营层次，既在坚持基本生产资料集体所有的前提下让农户与集体签订合同，承包一定的土地或生产任务，并根据劳动成果取得劳动收入；又把集体统一经营和分散经营结合起来，宜统则统，宜分则分，统分结合。

农村基本经营制度是党的农村政策的基石。坚持党的农村政策，首要的就是坚持农村基本经营制度。坚持农村基本经营制度，不是一句空口号，而是有实实在在的政策要求。具体来讲，有三个方面的要求。

第一，坚持农村土地农民集体所有。这是坚持农村基本经营制度的"魂"。农村土地属于农民集体所有，这是农村最大的制度。农村基本经营制度是农村土地集体所有制的实现形式，农村土地集体所有权是土地承包经营权的基础和本位。坚持农村基本经营制度，就要坚持农村土地集体所有。

第二，坚持家庭经营基础性地位。家庭经营在农业生产经营中居于基础性地位，集中体现在农民家庭是集体土地承包经营的法定主体。农村集体土地应该由作为集体经济组织成员的农民家庭承包，其他任何主体都不能取代农民家庭的土地承包地位。农民家庭承包的土地，可以由农民家庭经营，也可以通过流转经营权由其他经营主体经营，但不论承包经营权如何流转，集体土地承包权都属于农民家庭。这是农民土地承包经营权的根本，也是农村基本经营制度的根本。

第三，坚持稳定土地承包关系。现有农村土地承包关系保持稳定并长久不变，这是维护农民土地承包经营权的关键。任何组织和个人都不得剥夺和非法限制农民承包土地的权利。要强化对土地承包经营权的物权保护，完善土地承包经营权权能，依法保障农民对承包地占有、使用、收益、流转及承包经营权抵押、担保权利。建立土地承包经营权登记制度，是实现土地承包关系稳定的保证，要把这项工作抓紧抓实，真正让农民吃上"定心丸"。

（二）实施乡村振兴战略必须完善农村基本经营制度

我国农村改革已经有了40多年的实践积累。进入新发展阶段，回望历史，对全面推动乡村振兴及相关问题进行讨论研究，一方面，要看到农村发生的翻天覆地的巨大变化，充分肯定农村改革对于建立社会主义市场经济体制及促进农业农村现代化的历史价值和历史意义。另一方面，也要敢于直面自推行农村改革以来出现的问题，如：很多农田被粗放经营甚至被撂荒；农村青壮年劳动力务农的越来越少，一些村庄的正常农业生产经营活动难以为继；小农户进入市场难的问题长期得不到解决；农村集体经济实力普遍薄弱；农村基层党组织虚化弱化边缘化现象比较普遍；财政涉农资金使用效率不高，等等。实施乡村振兴战略，就要针对这些实实在在的真问题，找到解决问题的有效办法。

那么，到底该如何解决农村改革以来积累的问题呢？需要先充分理解习近平总书记系列重要讲话精神。中共中央政治局就实施乡村振兴战略进行第八次集体学习时，习近平总书记强调："党中央已经明确了乡村振兴的顶层设计，各地要制定符合自身实际的实施方案，科学把握乡村的差异性，因村制宜，发挥亿万农民的主体作用和首创精神，善于总结基层的实践创造。"①然而现实中，部分领导干部和专家学者缺乏对习近平总书记关于"三农"工作的一系列重要讲话精神的深入学习领会，就贸然作出评断，既缺乏政治上的严肃性，又缺乏学术上的严谨性。要想扎扎实实推进乡村振兴战略，各级领导干部和专家学者应在学懂弄通党中央对乡村振兴的顶层设计方面下一番真功夫，明确树立政治意识、大局意识、核心意识、看齐意识，自觉同以习近平同志为核心的党中央保持一致，把习近平总书记关于乡村振兴的系列重要讲话精神学深悟透。

习近平总书记关于乡村振兴系列论述的核心思想内涵，就是走中国特色社会主义乡村振兴道路。我们也必须认识到，走中国特色社会主义乡村振兴道路，必然不会是轻松惬意的，而是充满艰辛曲折的。2017年中央农村工作会议主要内容之一就是走中国特色社会主义乡村振兴道路，习近平总书记明确指出：改革是乡村振兴的重要法宝，要解放思想，逢山开路、遇河架桥，破除体制机制弊端，突破利益固化藩篱，让农村资源要素活化起来，让广大农民积极性和创造性迸发出来，让全社会支农助农兴农力

---

① 习近平：《习近平谈治国理政》（第三卷），北京：外文出版社2020年版，第261~262页。

量汇聚起来。① 这明示我们，农业农村发展仍存在诸多问题难以解决，实施乡村振兴战略，必须沿着中国特色社会主义道路深化改革。这也是解决农村改革中存在的各种问题必须明确的大思路。

1. 现行农业经营体制机制的基本特征——统分结合

我国农村集体经济组织实行家庭承包经营为基础统分结合的双层经营体制，是我国宪法确立的农村集体经济组织的经营体制。"双层经营"包含两个经营层次，即家庭分散经营层次和集体统一经营层次。在新型双层经营体制中，集约化家庭生产经营就是要致力于克服原有农业双层经营体制中家庭经营数量庞大、规模细小、生产粗放的缺陷；产业化合作服务经营就是要致力于克服原有集体统一经营服务乏力、产业化经营利益矛盾突出、农民专业合作社弱小单薄的缺陷。把统一经营层次中的村集体基础服务、产业化经营服务、专业合作服务和农业社会化服务等优点加以叠加，从而切实解决小农户与大市场难以有效对接的根本问题，有效提升农业产业化和农民组织化水平，实现农业生产经营方式的根本转变。

但是，在具体实践中，对于统与分之间的界限不很明确。"统的不足，分的有余"是目前农村基本经营制度的突出问题，承包地大部分在农户手中，并且承包期限不断延长。伴随着农村劳动力从农村向城市的大量外流，"谁来种田"成为社会关注的问题。而农村集体"统"的职能却没有充分发挥出来，农户之间的合作分工不足，农村集体组织能力弱化。这种双层经营体制的偏差，使得农业依然是国民经济的薄弱环节。

2. 重"分"轻"统"的弊端——务农成本上升，规模经营遇阻

统分结合的双层经营体制，应该是农户分散经营与集体统一经营两类经营模式共存、结合的经营体制。但是，在具体实践中往往会出现一些问题，即土地承包到农户之后，永远不再调整了，土地产权由农户自行处置，发包土地的集体无权干预。如此改革，可能导致土地集体所有制虽然名义上还没有废止，但集体对土地既丧失了处置权，又没有收益权，土地的私有产权在事实上确立起来了，可谓由分而私。注重"分"而忽视"统"，甚至由分而私，必然导致种种问题。

第一，随着城镇化进程不断推进，农民获得了自主择业的选择权，在非农产业收入较高的利益机制引导下，务农机会成本提高，越来越多的农民脱离农业农村进城经

---

① 中共中央党史和文献研究院：《习近平关于"三农"工作论述摘编》，北京：中央文献出版社 2019 年版，第 16 页。

商务工，无法专心致志甚至无力照看原来的家庭农业经营项目，导致土地粗放经营甚至撂荒。

第二，承包土地的农民外出就业后把土地流转出去收取租金，增加了土地承租人的农业生产成本；租金归土地承包户所有，不仅集体的土地所有权被架空，更重要的是集体经济组织丧失了收入来源及相应的统一服务功能，农田水利等农业基础设施建设及公共服务无法进行，无形中加大了留在农村务农者的生产成本，降低了务农收益。

第三，适度规模经营遇阻。由于分业经营很难组织一个工业化的农业，也难以在全国建立统一的质量安全标准体系。我国出口产品频频遭遇技术标准限制性规格壁垒，在很大程度上降低了农产品的出口数量。单打独斗，各唱各戏，导致诸如公共设施建设、组织开发性生产、发展乡镇企业和经济实体等需要集体经营，统一协调的事情进行得不很顺畅，限制了农村经济发展的规模与速度。

3. 在市场经济体制下巩固和完善农村基本经营制度

以家庭承包经营为基础、统分结合的双层经营体制即农村基本经营制度为我国建立社会主义市场经济体制奠定了基础。进入新发展阶段，遵循党中央确立的顶层设计，实施乡村振兴战略，必须改革由分而私的农业经营体制，巩固和完善农村基本经营制度，使之符合中国特色社会主义制度的本质要求，激发出农民务农的内生动力。

第一，要坚持和完善以家庭承包经营为基础、统分结合的双层经营体系。农村基本经营制度既能调动农民家庭经营的积极性，又能追求农业经营的规模效应，是一项符合中国国情的制度安排。在推进农村基本经营制度完善和创新过程中，要坚持"三固化""三创新"。"三固化"即坚定走中国特色社会主义道路不变、坚持社会主义公有制不变、坚守"耕者有其田"的初心不变；而"三创新"则是为了适应农业生产力发展的需要，创新发展模式、经营方式和利益联结机制。巩固和完善农村基本经营制度，必须要坚持人民至上，把保障农民利益、推动农民增收致富作为出发点，主要把握三点：一是探索土地所有权、承包权和经营权的权利细分体系，适应不断变化的城乡关系、集体与农民关系、小农户与新型经营体关系等；二是探索土地承包权退出流转机制，构建新型农业经营主体进入和退出制度，探索工商资本流转土地的资格认证制度；三是探索新的经营方式。根据农民意愿，可以统一连片整理耕地，将土地折股量化、确权到户，经营所得收益按股分配，也可以引导农民的承包地入股，建立土地股份合作组织，通过自营或委托经营等方式发展农业规模经营。第二，切实保障农业健康发展，加快培育新型农业经营主体。

坚持培育与规范并重，以密切与农民利益联结为核心，以提升为农服务能力为根本，加快培育壮大一批新型农业生产经营服务主体。要重点引导、培植、壮大农业服务型主体，为农民提供生产、加工、贮藏、营销、科技、信息、融资、保险等社会化服务。进一步创新农民合作社运行机制，积极发展生产合作、供销合作、信用合作于一体的合作经营。结合开展农民合作社示范社联创活动，培育一批农业社会化服务示范合作社，将农业社会化服务型合作组织优先纳入各级政府扶持目录。支持基层为农服务中心建设，为农民提供"一站式"服务，打造为农服务综合平台。

坚持依法、自愿、有偿原则，引导土地经营权有序流转。强化农村经营管理体系建设，建立土地流转监测制度，加强农村土地经营权流转交易管理和服务，完善县、乡、村三级服务网络，为流转双方提供信息发布、政策咨询、合同鉴证等服务。鼓励农民以承包地入股组建土地股份合作组织，允许农民以承包经营权入股发展农业产业化经营。鼓励专业大户、家庭农场、农民合作社和农业企业等各类新型农业经营主体开展多种形式的合作与联合，发展公益性与经营性有机结合的农业社会化服务。

第三，加快新品种新技术的推广应用。加强农业主导品种和主推技术的筛选发布和跟踪验证，引导农业生产者广泛采用先进技术成果。坚持以产业需求为导向，加强现代农业产业技术体系创新团队建设，有针对性地开展重大关键技术研发、集成配套和转化推广。加大农业重大应用技术创新、科技成果转化、技术推广等项目实施力度，支持鼓励各类市场主体按照产出高效、产品安全、资源节约、环境友好的现代农业发展要求，加强实用技术的自主研发、创新和应用。强化基层农技推广体系建设，支持各类服务主体参与农业技术推广，着力解决农业科技推广和服务"最后一公里"问题。

思　考　题

1. 乡村振兴的重要原则。
2. 如何理解实施乡村振兴战略有利于在经济发展新阶段实现经济发展目标？
3. 农村发展战略的新定位是什么？
4. 为什么说实施乡村振兴战略必须完善农村基本经营制度？

第五篇　推进乡村振兴的实践路径研究

实施乡村振兴战略，是党的十九大作出的重大决策部署。如期实施第一个百年奋斗目标并向第二个百年奋斗目标迈进，最艰巨、最繁重的任务在农村，最广泛、最深厚的基础在农村，最大的潜力和后劲也在农村。要从国情农情出发，顺应亿万农民对美好生活的向往，坚持把农村的经济建设、政治建设、文化建设、社会建设、生态文明建设作为一个有机整体，统筹协调推进，促进农业全面升级，农村全面进步，农民全面发展。坚持以产业兴旺为重点，生态宜居为关键，乡风文明为保障，治理有效为基础，生活富裕为根本，书写好乡村振兴这篇大文章。

前面已经从理论层面对乡村振兴战略作了较为系统的论述，从认识上对乡村振兴战略有了一个基本的解读。本篇将从实践角度，分别对推进乡村振兴五个方面——产业振兴、人才振兴、文化振兴、生态振兴和组织振兴的路径进行探讨。"五个振兴"各有侧重，不可割裂开来，只有坚持"五位一体"的有机统一，协调推进，才能实现乡村全面振兴的目标。

一、推进乡村产业振兴的实践路径研究

乡村振兴战略，是新时代我国"三农"工作的总抓手。乡村要振兴，产业必须振兴，产业兴旺是重点。产业是发展的根基，产业兴旺，农民收入才能稳定增长。乡村振兴理念的提出，助推了农村经济，并对农业产业化的发展有了更高的标准。习近平总书记多次强调，要始终把农村和农业的发展放在首要位置，要加快发展农村产业，构建现代化生产、种植、管理体系，转变落后的经营模式，不断缩小城乡差距，培养更多农民走专业化、文明化的发展道路，加快我国乡村振兴战略的步伐。乡村振兴战略的目的就在于增加农民收入、提高农民生活水平，建设美丽富裕、人民满意的新农村。大力发展乡村产业，从微观角度看能够直接增加当地农民的收入，促进当地经济的发展；从中观角度看能够助力乡村振兴战略的实施，推动乡村振兴；从宏观角度看有利于实现国家富强、民族复兴。

（一）加快培育乡村产业、乡土产业，促进农村产业融合发展

习近平总书记在二十大报告中指出要践行乡村振兴战略，必须促进两个融合：一个就是乡村本身的第一、二、三产业的融合建设，另一个就是城乡的融合发展，也就是县域、城镇与乡域、村域的融合发展。推进农村产业融合发展，是拓宽农民增收渠道、构建现代农业产业体系的重要举措，是加快转变农业发展方式、探索中国特色农业现代化道路的必然要求。

要牢固树立创新、协调、绿色、开放、共享的发展理念，主动适应经济发展新常态，用工业理念发展农业，以市场需求为导向，以完善利益联结机制为核心，以制度、技术和商业模式创新为动力，以新型城镇化为依托，推进农业供给侧结构性改革，着力构建农业与第二、三产业交叉融合的现代产业体系，形成城乡一体化的农村发展新格局，促进农业增效、农民增收和农村繁荣，为国民经济持续健康发展和全面建成小康社会提供重要支撑。

1. 发展多类型农村产业融合方式

农村产业融合发展与新型城镇化建设有机结合。将农村产业融合发展与新型城镇化建设有机结合，引导农村第二、三产业向县城、重点乡镇及产业园区等集中。加强规划引导和市场开发，培育农产品加工、商贸物流等专业特色小城镇。强化产业支撑，实施差别化落户政策，努力实现城镇基本公共服务常住人口全覆盖，稳定吸纳农业转移人口。

（1）加快农业结构调整。以农牧结合、农林结合、循环发展为导向，调整优化农业种植养殖结构，加快发展绿色农业。建设现代饲草料产业体系，推广优质饲草料种植，促进粮食、经济作物、饲草料三元种植结构协调发展。大力发展种养结合循环农业，合理布局规模化养殖场。加强海洋牧场建设。积极发展林下经济，推进农林复合经营。推广适合精深加工、休闲采摘的作物新品种。加强农业标准体系建设，严格生产全过程管理。

（2）延伸农业产业链。发展农业生产性服务业，鼓励开展代耕代种代收、大田托管、统防统治、烘干储藏等市场化和专业化服务。完善农产品产地初加工补助政策，扩大实施区域和品种范围，初加工用电享受农用电政策。加强政策引导，支持农产品深加工发展，促进其向优势产区和关键物流节点集中，加快消化粮棉油库存。支持农村特色加工业发展。

加快农产品冷链物流体系建设，支持优势产区产地批发市场建设，推进市场流通

体系与储运加工布局有机衔接。在各省(区、市)年度建设用地指标中单列一定比例,专门用于新型农业经营主体进行农产品加工、仓储物流、产地批发市场等辅助设施建设。健全农产品产地营销体系,推广农超、农企等形式的产销对接,鼓励在城市社区设立鲜活农产品直销网点。

(3)拓展农业多种功能。加强统筹规划,推进农业与旅游、教育、文化、健康养老等产业深度融合。积极发展多种形式的农家乐,提升管理水平和服务质量。建设一批具有历史、地域、民族特点的特色旅游村镇和乡村旅游示范村,有序发展新型乡村旅游休闲产品。鼓励有条件的地区发展智慧乡村游,提高在线营销能力。

加强农村传统文化保护,合理开发农业文化遗产,大力推进农耕文化教育进校园,统筹利用现有资源建设农业教育和社会实践基地,引导公众特别是中小学生参与农业科普和农事体验。

(4)大力发展农业新型业态。实施"互联网+现代农业"行动,推进现代信息技术应用于农业生产、经营、管理和服务,鼓励对大田种植、畜禽养殖、渔业生产等进行物联网改造。采用大数据、云计算等技术,改进监测统计、分析预警、信息发布等手段,健全农业信息监测预警体系。

大力发展农产品电子商务,完善配送及综合服务网络。推动科技、人文等元素融入农业,发展农田艺术景观、阳台农艺等创意农业。鼓励在大城市郊区发展工厂化、立体化等高科技农业,提高本地鲜活农产品供应保障能力。鼓励发展农业生产租赁业务,积极探索农产品个性化定制服务、会展农业、农业众筹等新型业态。

(5)引导产业集聚发展。加强农村产业融合发展与城乡规划、土地利用总体规划有效衔接,完善县域产业空间布局和功能定位。通过农村闲置宅基地整理、土地整治等新增的耕地和建设用地,优先用于农村产业融合发展。创建农业产业化示范基地和现代农业示范区,完善配套服务体系,形成农产品集散中心、物流配送中心和展销中心。扶持发展一乡(县)一业、一村一品,加快培育乡村手工艺品和农村土特产品品牌,推进农产品品牌建设。依托国家农业科技园区、农业科研院校和"星创天地",培育农业科技创新应用企业集群。

依托第一、二、三产业在空间上的叠合发展,从建设种植基地→农产品加工制作→仓储智能管理→市场营销体系,构建"全产业链"发展模式,通过在农产品生产优势区域发展加工和流通园区,配套相应的科研、培训、信息等平台,形成生产、加工、流通一体化的融合形式,实现第一、二、三产业融合发展。

(6)推进数字化乡村建设。数字化是乡村经济振兴的产业模式与路径,是乡村经济建设发展的新阶段与新方向。加快乡村经济信息化转型,助力乡村精准化脱贫攻坚,开启城乡经济融合新局面，催生新兴的乡村产业发展形态。建设数字乡村，围绕"一基三化"，以数字技术为基，让乡村产业数智化，乡村生活智慧化，乡村治理现代化。实现技术进乡、人才回乡、金融到乡、农品出乡、农商兴乡。

基于乡村生态的"数字内容传播"模式以数字内容作为传播媒介，可以拓宽乡村经济增长渠道；基于乡村文化的"数字创意 IP 产品"模式以数字创意激活文化元素，可以丰富乡村文化产品供给；基于乡村资源的"数字平台农文旅"模式以数字平台驱动业态创新，可以开拓乡村线上农文旅，促进第一、二、三产业融合发展；基于乡村主体的"数字工具创客"模式以数字工具拓宽创新思路，可以激发创客群体在乡村经济中的活力。

"十四五"时期，数字化生活消费方式变革将重塑农村大市场，农村电商将成为数字乡村最大的推动力和发展基础，农村电商生态要素将加速整合，农村电商对农业生产和农村消费的巨大潜能将加速释放，将成为推动乡村振兴取得新进展、农业农村现代化迈出新步伐的巨大引擎。

要积极探索电商新业态新模式。引领和规范发展社区团购、直播电商、短视频电商、社交电商、农产品众筹、预售、领养、定制等农村电商新业态，在数字技术和数据的驱动下，聚焦商产融合，探索"数商兴农"的新业态新模式。

数字乡村建设赋予了乡村经济振兴的新机遇和新思路，是建设网络强国、数字中国、智慧型社会的"最后一公里"，关乎全局，意义重大。

2. 培育多元化农村产业融合主体

强化农民合作社和家庭农场基础作用。鼓励农民合作社发展农产品加工、销售，拓展合作领域和服务内容。鼓励家庭农场开展农产品直销。引导大中专毕业生、新型职业农民、务工经商返乡人员领办农民合作社、兴办家庭农场、开展乡村旅游等经营活动。支持符合条件的农民合作社、家庭农场优先承担政府涉农项目，落实财政项目资金直接投向农民合作社、形成资产转交合作社成员持有和管护政策。开展农民合作社创新试点，引导发展农民合作社联合社。引导土地流向农民合作社和家庭农场。

支持龙头企业发挥引领示范作用。培育壮大农业产业化龙头企业和林业重点龙头企业，引导其重点发展农产品加工流通、电子商务和农业社会化服务，并通过直接投资、参股经营、签订长期合同等方式，建设标准化和规模化的原料生产基地，带动农户和农民合作社发展适度规模经营。龙头企业要优化要素资源配置，加强产业链建设和供应链管理，提高产品附加值。

鼓励龙头企业建设现代物流体系，健全农产品营销网络。充分发挥农垦企业资金、技术、品牌和管理优势，培育具有国际竞争力的大型现代农业企业集团，推进垦地合作共建，示范带动农村产业融合发展。

发挥供销合作社综合服务优势。推动供销合作社与新型农业经营主体有效对接，培育大型农产品加工、流通企业。健全供销合作社经营网络，支持流通方式和业态创新，搭建全国性和区域性电子商务平台。拓展供销合作社经营领域，由主要从事流通服务向全程农业社会化服务延伸、向全方位城乡社区服务拓展，在农资供应、农产品流通、农村服务等重点领域和环节为农民提供便利实惠、安全优质的服务。

积极发展行业协会和产业联盟。充分发挥行业协会自律、教育培训和品牌营销作用，开展标准制订、商业模式推介等工作。在质量检测、信用评估等领域，将适合行业协会承担的职能移交行业协会。鼓励龙头企业、农民合作社、涉农院校和科研院所成立产业联盟，支持联盟成员通过共同研发、科技成果产业化、融资拆借、共有品牌、统一营销等方式，实现信息互通、优势互补。

鼓励社会资本投入。优化农村市场环境，鼓励各类社会资本投向农业农村，发展适合企业化经营的现代种养业，利用农村"四荒"（荒山、荒沟、荒丘、荒滩）资源发展多种经营，开展农业环境治理、农田水利建设和生态修复。国家相关扶持政策对各类社会资本投资项目同等对待。

对社会资本投资建设连片面积达到一定规模的高标准农田、生态公益林等，允许在符合土地管理法律法规和土地利用总体规划、依法办理建设用地审批手续、坚持节约集约用地的前提下，利用一定比例的土地开展观光和休闲度假旅游、加工流通等经营活动。能够商业化运营的农村服务业，要向社会资本全面开放。积极引导外商投资农村产业融合发展。

3. 建立多形式利益联结机制

创新发展订单农业。引导龙头企业在平等互利基础上，与农户、家庭农场、农民合作社签订农产品购销合同，合理确定收购价格，形成稳定购销关系。支持龙头企业为农户、家庭农场、农民合作社提供贷款担保，资助订单农户参加农业保险。鼓励农产品产销合作，建立技术开发、生产标准和质量追溯体系，设立共同营销基金，打造联合品牌，实现利益共享。

鼓励发展股份合作。加快推进农村集体产权制度改革，将土地承包经营权确权登记颁证到户、集体经营性资产折股量化到户。地方人民政府可探索制订发布本行政区域内农用地基准地价，为农户土地入股或流转提供参考依据。

以土地、林地为基础的各种形式合作，凡是享受财政投入或政策支持的承包经营者均应成为股东方，并采取"保底收益+按股分红"等形式，让农户分享加工、销售环节收益。探索形成以农户承包土地经营权入股的股份合作社、股份合作制企业利润分配机制，切实保障土地经营权入股部分的收益。

强化工商企业社会责任。鼓励从事农村产业融合发展的工商企业优先聘用流转出土地的农民，为其提供技能培训、就业岗位和社会保障。引导工商企业发挥自身优势，辐射带动农户扩大生产经营规模、提高管理水平。完善龙头企业认定监测制度，实行动态管理，逐步建立社会责任报告制度。强化龙头企业联农带农激励机制，国家相关扶持政策与利益联结机制相挂钩。

健全风险防范机制。稳定土地流转关系，推广实物计租货币结算、租金动态调整等计价方式。规范工商资本租赁农地行为，建立农户承包土地经营权流转分级备案制度。引导各地建立土地流转、订单农业等风险保障金制度，并探索与农业保险、担保相结合，提高风险防范能力。

增强新型农业经营主体契约意识，鼓励制定适合农村特点的信用评级方法体系。制定和推行涉农合同示范文本，依法打击涉农合同欺诈违法行为。加强土地流转、订单等合同履约监督，建立健全纠纷调解仲裁体系，保护双方合法权益。

4. 完善多渠道农村产业融合服务

搭建公共服务平台。以县(市、区)为基础，搭建农村综合性信息化服务平台，提供电子商务、乡村旅游、农业物联网、价格信息、公共营销等服务。优化农村创业孵化平台，建立在线技术支持体系，提供设计、创意、技术、市场、融资等定制化解决方案及其他创业服务。建设农村产权流转交易市场，引导其健康发展。采取政府购买、资助、奖励等形式，引导科研机构、行业协会、龙头企业等提供公共服务。

创新农村金融服务。发展农村普惠金融，优化县域金融机构网点布局，推动农村基础金融服务全覆盖。综合运用奖励、补助、税收优惠等政策，鼓励金融机构与新型农业经营主体建立紧密合作关系，推广产业链金融模式，加大对农村产业融合发展的信贷支持。推进粮食生产规模经营主体营销贷款试点，稳妥有序开展农村承包土地的经营权、农民住房财产权抵押贷款试点。

坚持社员制、封闭性、民主管理原则，发展新型农村合作金融，稳妥开展农民合作社内部资金互助试点。鼓励发展政府支持的"三农"融资担保和再担保机构，为农业经营主体提供担保服务。鼓励开展支持农村产业融合发展的融资租赁业务。积极推动涉农企业对接多层次资本市场，支持符合条件的涉农企业通过发行债券、资产证券化等方式融资。加强涉农信贷与保险合作，拓宽农业保险保单质押范围。

强化人才和科技支撑。加快发展农村教育特别是职业教育，加大农村实用人才和新型职业农民培育力度。加大政策扶持力度，引导各类科技人员、大中专毕业生等到农村创业，实施鼓励农民工等人员返乡创业三年行动计划和现代青年农场主计划，开展百万乡村旅游创客行动。

鼓励科研人员到农村合作社、农业企业任职兼职，完善知识产权入股、参与分红等激励机制。支持农业企业、科研机构等开展产业融合发展的科技创新，积极开发农产品加工贮藏、分级包装等新技术。

改善农业农村基础设施条件。统筹实施全国高标准农田建设总体规划，继续加强农村土地整治和农田水利基础设施建设，改造提升中低产田。加快完善农村水、电、路、通信等基础设施。加强农村环境整治和生态保护，建设持续健康和环境友好的新农村。

统筹规划建设农村物流设施，逐步健全以县、乡、村三级物流节点为支撑的农村物流网络体系。完善休闲农业和乡村旅游道路、供电、供水、停车场、观景台、游客接待中心等配套设施。

支持贫困地区农村产业融合发展。支持贫困地区立足当地资源优势，发展特色种养业、农产品加工业和乡村旅游、电子商务等农村服务业，实施符合当地条件、适应市场需求的农村产业融合项目，推进精准扶贫、精准脱贫，相关扶持资金向贫困地区倾斜。鼓励经济发达地区与贫困地区开展农村产业融合发展合作，支持企事业单位、社会组织和个人投资贫困地区农村产业融合项目。

5. 健全农村产业融合推进机制

加大财税支持力度。支持地方扩大农产品加工企业进项税额核定扣除试点行业范围，完善农产品初加工所得税优惠目录。落实小微企业税收扶持政策，积极支持"互联网+现代农业"等新型业态和商业模式发展。

统筹安排财政涉农资金，加大对农村产业融合投入，中央财政在现有资金渠道内安排一部分资金支持农村产业融合发展试点，中央预算内投资、农业综合开发资金等向农村产业融合发展项目倾斜。创新政府涉农资金使用和管理方式，研究通过政府和社会资本合作、设立基金、贷款贴息等方式，带动社会资本投向农村产业融合领域。

开展试点示范。围绕产业融合模式、主体培育、政策创新和投融资机制，开展农村产业融合发展试点示范，积极探索和总结成功的做法，形成可复制、可推广的经验，促进农村产业融合加快发展。

落实地方责任。地方各级人民政府要切实加强组织领导，把推进农村产业融合发展摆上重要议事日程，纳入经济社会发展总体规划和年度计划；要创新和完善乡村治理机制，加强分类指导，因地制宜探索融合发展模式。县级人民政府要强化主体责任，制定具体实施方案，引导资金、技术、人才等要素向农村产业融合集聚。

强化部门协作。各有关部门要抓紧制定和完善相关规划、政策措施，密切协作配合，确保各项任务落实到位

(二)深入推进农业供给侧改革，实现农业生产从量变到质变

中央经济工作会议强调，必须坚持以供给侧结构性改革为主线不动摇。要推动更多产能过剩行业加快出清，降低全社会各类营商成本，加大基础设施等领域补短板力度。推进供给侧结构性改革的主要目的一方面是淘汰落后产能，化解产能过剩问题；另一方面是推进产业转型升级，培育新兴产业和新的经济增长点。推进供给侧结构性改革的实质是要正确处理好政府与市场的关系，发挥好市场在资源配置中的决定性作用，同时更好地发挥政府宏观调控的作用。

1. 推进农业供给侧改革，要坚持以市场为主导的改革策略

农业供给侧改革会贯穿农业生产、加工和流通各个产业链，不仅会给农业生产者和下游加工企业、销售企业带来利润，也会带动很多新的机遇，从而促进农业农村发展。

通过农业供给侧改革调节市场价格，激发市场的活力。推进供给侧结构性改革，就是要着力清除市场壁垒，完善主要由市场决定价格的机制，关键是进一步发挥市场配置资源的决定性作用，提高资源配置效率和公平性。对于政府来说，要进一步深化劳动力、资源、利率、汇率等要素价格的市场体制改革，通过简政放权、放管结合、优化服务来充分释放各类资源和要素的活力，同时给广大企业减轻负担，切实降低企业生产、运营和流通成本。

比如在农村市场，农民要想通过出售农产品增收，价格就不能太低，太低就没有利润，但是也不能太高，太高就卖不出去。供需双方本来就是存在矛盾的。另外，生产成本、中间商差价等因素都会影响农产品的价格波动。一方面，我们可以通过市场本身来调节价格，优化资源配置。另一方面，政府主要起引导作用，通过间接手段，引导市场发挥最大的效用，管好那些市场管不了的事情。农业的供给侧改革，就是要通过政策引导、恢复市场主导等策略，让"有为政府"促进"有效市场"。比如，去库存的策略，纠正了长期以来大家用最低收购价政策对市场价格造成的扭曲。政府提出的调结构、提品质、强科技等策略都是对经济转型新时代的适应。

通过农业供给侧改革解决供需失衡矛盾。实现供需平衡（平衡—不平衡—再平衡），是改革的最终取向。供给与需求是经济运行的两翼，我国当前经济的主要矛盾是供给与需求不匹配、不协调、不平衡，而矛盾的主要方面在供给侧。由于当前供给体系和产品品质不适应市场需求变化，不适应居民消费结构从"有没有"向"优不优"升级的转变，导致出现供需失衡状况。必须通过供给侧结构性改革，提高供给侧的适应性和灵活性，以适度扩大总需求稳住经济运行，以加强供给侧结构性改革，实现更高水平的供需平衡，这样才能保障经济持续健康平稳增长。当前，我国社会的主要矛盾是人民日益增长的美好生活需要和不平衡不充分发展之间的矛盾，大家的愿望不仅限于吃好吃饱，还要买得到、买得起高品质的农产品。这些年，绿色蔬菜、柴鸡蛋、野生菌等一批原生态的农产品特别受欢迎，但是，它们比普通农产品价格贵很多，普通老百姓一般消费不起这些优质的农产品。高质量农产品市场打不开，生产就没有积极性。

通过农业供给侧改革帮助重塑农产品品牌。三聚氰胺奶粉、瘦肉精、苏丹红等食品安全危机的阴影犹在眼前，类似案例屡见不鲜，让老百姓对食品安全产生了不信任感。这些年，我国对食品安全、粮食安全进行了重新定义，赋予了更加丰富的含义，更加符合我国经济发展的需要和我国人民美好生活的需要。我国现阶段农产品，虽然在数量上供给充足，但是在质量上还存在很大的提升空间。农业供给侧改革非常迫切，通过强科技等手段，重塑消费者对国内生产的农产品的信任，打破一味追求外国的东西、认为外国的东西质量好的消费观念，通过优质、健康、可信赖的质量和口碑，打造属于我国自己的农产品品牌。

2. 推进农业供给侧改革，要以农业发展的重点领域为抓手实施突破[①]

第一要确保中国的粮食和食品安全。党的二十大报告指出："全面推进乡村振兴，坚持农业农村优先发展，巩固拓展脱贫攻坚成果，加快建设农业强国，扎实推动乡村产业、人才、文化、生态、组织振兴，全方位夯实粮食安全根基，牢牢守住十八亿亩耕地红线，确保中国人的饭碗牢牢端在自己手中。"稳住农业基本盘、守好"三农"基础是应变局、开新局的"压舱石"。习近平总书记强调，对我们这样一个有近14亿人口的大国，手中有粮，心中不慌，任何时候都是真理；中国人的饭碗必须牢牢端在自己手上，我们的饭碗里应该主要装中国粮。当前，我国经济下行压力加大，外部环境复杂严峻。越是在这种情况下，越是要稳住粮食生产，守住"三农"这个战略后院，发挥

---

① 韩长赋：《十三届全国人大常委会专题讲座第十讲：关于实施乡村振兴战略的几个问题》，http://www.npc.gov.cn/npc/c541/201903/67b16a3e754f4e59908a75789882f2d1.shtml，2019-03-25。

好"三农"压舱石的作用。如果粮食和重要农产品供给出了问题，不仅会带来物价上涨，使经济运行陷入增长下行和物价上行"双碰头"的被动局面，而且会影响人民生活和社会稳定。虽然当前粮食供给比较充裕，但也要看到，我国粮食生产能力基础并不稳固，粮食需求仍处在上升通道。这两年玉米库存消化较快，供求关系在发生变化，现在库里压得比较多的是稻谷，而且主要是粳稻，粮食并不是多得不得了，粮食生产也并不是完全过关了。这个阶段粮食供给要是像芯片一样被人卡住脖子，麻烦可就大了。不能因为当前粮食供给总量比较充裕，就产生放松情绪和忽视粮食生产的倾向。必须从战略上看待和把握粮食安全问题，全面实施好"藏粮于地、藏粮于技"战略，确保谷物基本自给、口粮绝对安全。要毫不放松抓好粮食生产，确保粮食播种面积稳定，保持产量稳定。全面划定粮食生产功能区和重要农产品生产保护区，巩固和提高粮食生产能力。全面落实好稳定粮食生产的各项政策措施，充分调动主产区和种粮农民的积极性。还要统筹利用好国际国内两个市场、两种资源，建立多元化的进口渠道，提高粮食安全保障能力。同时，要深化农业供给侧结构性改革，调整优化农业结构，大力发展紧缺和绿色优质农产品生产，推进农业由增产导向转向提质导向。

推进供给侧改革，可能会调减一部分非优势产区的粮食生产，但是会确保口粮的绝对安全和谷物的供给。所以，我们除了要采取藏粮于地、藏粮于地技的战略，保护并优化粮食产能，还要落实"长牙齿"的耕地保护硬措施。实行耕地保护党政同责，严守耕地红线。按照耕地和永久基本农田、生态保护红线、城镇开发边界的顺序，统筹划定落实三条控制线，把耕地保有量和永久基本农田保护目标任务足额带位置逐级分解下达，由中央和地方签订耕地保护目标责任书，作为刚性指标实行严格考核、一票否决、终身追责。分类明确耕地用途，严格落实耕地利用优先顺序，耕地主要用于粮食和棉、油、糖、蔬菜等农产品及饲草饲料生产，永久基本农田重点用于粮食生产，高标准农田原则上全部用于粮食生产。大力推进种源等农业关键核心技术攻关。全面实施种业振兴行动方案。加快推进农业种质资源普查收集，强化精准鉴定评价。推进种业领域国家重大创新平台建设。启动农业生物育种重大项目。加快实施农业关键核心技术攻关工程，实行"揭榜挂帅""部省联动"等制度，开展长周期研发项目试点。强化现代农业产业技术体系建设。开展重大品种研发与推广后补助试点。贯彻落实种子法，实行实质性派生品种制度，强化种业知识产权保护，依法严厉打击套牌侵权等违法犯罪行为。

第二要完善产权制度，实现要素的市场配置。完善的现代产权制度和有效的生产要素市场化配置机制是一个成熟市场经济体制的基本条件和必然要求。改革开放以来，我国一直努力建设社会主义市场经济体制，已经取得了巨大的进展，初步建成了社会主义市场经济体制。但是，我国的社会主义市场体制还存在不完善、不成熟的地方。这一方面表现在产权制度还有待进一步完善，另一方面表现在有效的要素市场化配置机制还没有形成。

完善产权制度，需要拥有完善的市场准入和退出机制，打破行业垄断和地区封锁，实现商品和各种要素在全国范围的自由流动和充分竞争。具体而言，在国有经济内部，拥有开放的产权结构，国有资本有进有退、合理流动，非国有资本能够参与国有资本置换。个体私营经济转型升级、提高素质，国有资本和各类非国有资本相互渗透和融合，形成以股份制为主要形式的混合产权的经济格局。规范的产权市场是实现企业存量资产流动的必要条件。它对淘汰落后企业和产业，即时地实现产业结构和企业组织结构的调整有决定性的作用。因此，必须有一套完整的企业兼并、破产的制度，包括资产的清算与评估、资产的转让、人员的安排等。只有这样，才能推进国有企业混合所有制改革，才能使社会主义市场经济体制走向成熟和完善，从而实现毫不动摇巩固和发展公有制经济，毫不动摇鼓励、支持、引导非公有制经济发展。

对于农民来说，他们最关心的始终是土地问题。党的十九大报告提出要保持土地承包关系稳定且长期不变，第二轮土地承包到期后再延长 30 年，三轮承包期限加起来有 75 年。这给广大农民打了一剂稳定剂，实际上强调要进一步完善产权制度，给农民增加了稳定长期的预期。目前，我国的实际情况是，农户分散，数量巨大，而且人多地少。所以，我们不可能走美国、澳大利亚的大农场发展道路。小农生产将长期存在，这是我国农业生产的基本现实。所以要健全农业社会化服务体系，要考虑如何将小农户与现代化农业发展相衔接。从农业政策的基本点出发，要求我们一方面要完善土地经营权的流转市场，培育家庭农场等新型经营主体，发展多种形式的适度规模经营，提高土地利用效率；另一方面也要重视扶持和保护普通小农户利益，挖掘小农户增收的潜力。

经过 40 多年的改革开放，我国商品市场发育较为充分，要素市场建设和改革也取得了重要进展，资本、土地、劳动力市场从无到有、从小到大，市场配置要素资源的能力明显增强。但是，与商品和服务市场相比，要素市场发育还不充分，存在着市场决定要素配置范围有限、要素流动存在体制机制障碍、要素价格传导机制不畅等问题，影响了市场发挥资源配置的决定性作用。正因为如此，完善要素市场化配置是深化经济体制改革、建设高标准市场体系的客观要求，也是解决我国经济结构性矛盾、推动高质量发展的根本途径。

从培育新动能角度来看，要扩大优质增量供给，就要建立促进要素自由流动的机制，使科技创新、现代金融、人力资源等现代生产要素，能够从低质低效领域向优质高效领域流动，提高要素宏观配置效率，共同支撑实体经济发展，形成协同发展的产业体系。

在农村，我国已经在玉米、棉花、大豆等一些重要农产品的价格形成机制和收储制度改革方面做了一些尝试，就是要让市场来决定资源配置，政府发挥引导作用。事实证明，这些举措的效果不错，但改革任务还没有完成。要继续坚定不移地按照"分品种实策，渐进式推进"的思路，加紧谋划部署稻谷、小麦等价格形成机制和收储制度改革。

第三要保证农业可持续发展。农业的可持续发展有利于更好地解决农业发展与环境保护的双向协调。在发展经济的同时，注意资源、环境的保护，使资源和环境能永续地支撑农业发展，同时，通过农业的发展促进资源和环境有效保护，使资源与环境的开发、利用、保护有机结合，既避免农业发展以破坏资源与环境为代价，又避免单纯强调保护而阻碍了开发、利用。在党的十九大报告中，生态文明建设被放在前所未有的高度。为了增加农产品数量，不断滥用资源破坏环境，过度使用农药化肥的现象，都需要通过政策导向加以遏制。加快推进生态文明建设，农业方面的任务尤其重要。要推进农业清洁生产，推行农业绿色生产方式，推广高效生态循环的种养模式，尽快形成资源利用高效、生态系统稳定、产地环境良好、产品质量安全的农业发展新格局。要继续抓好化肥农药减量增效，通过集中治理农业环境突出问题，切实把过量使用的化学投入品减下来，把超过资源环境承载能力的生产退出来，把农业废弃物资源化利用起来，让透支的资源环境得到休养生息，加快实现我国农业生产从过度依赖资源消耗到更加注重绿色生态的可持续转变。

第四要统筹好国内外两种资源和两个市场。未来，中国只会越来越开放，带给农业领域的机会也会越来越多。我国本来就是农产品的第二大贸易国，是大豆、棕榈油、棉花等农产品的全球最大买家。我国进口市场高度集中，主要来自美国、巴西、东盟、澳大利亚等国家和地区。随着"一带一路"的深入，沿线国家的农产品进口也有所增长。但是，目前只占总进口农产品的20%。农产品贸易，缓解了我国国内农业资源的压力，使得国内的市场能够供需平衡。但是也对国内农业造成了一定的冲击。所以在谋划下一步改革开放格局的时候，要统筹处理好与贸易伙伴国家的关系，扩大我国优势农产品的出口，带动农民增收。要聚焦"一带一路"，拓展农产品的来源渠道。同时，促进中国的农业企业走出国门，培育具有国际竞争力的粮商和农业集团。

(三)充分发挥农村资源优势，突出特色发展，实施产业振兴"品牌乡村"战略

推进乡村产业振兴，必须坚持因地制宜，突出特色发展。要充分挖掘自身的自然、

人文等资源，综合考虑村庄历史沿革、群众意愿、政府相关政策以及市场因素等相关内容，宜农则农、宜工则工、宜游则游，把发展特色产业作为突破口，突出特色化、差异化，打造"人无我有、人有我优、人优我特"的核心竞争力，使之在自然和文化意义上真正成为不可替代的"特"，进而促进品牌建设，构建符合当地发展、具有当地特色的产业体系。

1. 强化品牌意识，挖掘乡村自身的资源优势和品牌潜力

过去，乡村因为地域相对封闭和观念保守等，是不重视品牌建设的。但是，在乡村振兴战略背景下，品牌已经成为农业竞争力的象征。如果没有一个响当当的品牌，乡村产业发展就会受阻。品牌不仅是现代农业的重要引擎，也是乡村振兴的重要支撑，是一种宝贵的无形资产。因此，品牌强农，已经成为转变发展方式、实现乡村振兴的必然选择。

要创立品牌，强化品牌意识是前提。要充分挖掘乡村自身的优势所在，要搞清楚乡村有没有特色产品。我国地大物博，不同地域都有标志性的农产品，其特色也取决于当地的气候和地理环境，受自然和人文环境的影响，会产生不同的特色。大家耳熟能详的西湖龙井、赣南脐橙、五常大米等就是有地域特色的产品，品牌已经立起来了。所谓"一村一品"，并不是指一个村一个品牌，而是一个村要做好一个产品。

在确立本村的特色产品的基础上，形成产业化。这里的产业化，不是盲目地要求做大规模，而是要拉长产业链。要种养加产供销、农工商、农旅文，第一、二、三产业一体发展，促进产业链相加、价值链相乘、供应链相通的"三链重构"，构建全环节提升、全链条增值、全产业配合的农业产业体系、生产体系、经营体系，让特色农业产业化。让农产品从田间地头种植到终端消费无缝对接，把产业链上的每一份收益都留在农村，反馈给农民。

2. 树立长远和全局观念，精心打造乡村品牌体系

百年老品牌之所以屹立不倒，是因为它们有着明确的定位和核心竞争力。要打造乡村品牌，就要有长远和全局观念，让品牌自身散发出独特的个性和魅力，这就需要注意打造品牌的规划和手法。

全面调研和精准定位。要为乡村品牌制定一个蓝图，展开调查。一方面，要对自身拥有的优势资源，和其他乡村相比的竞争优势，以及本村的乡土文化等，做到详细的了解。另一方面，要了解外界如何评价乡村，最好能够针对本村村民、外村村民、城市游客等群体，通过问卷调查或者访谈形式，获得他们的真实评价，为设计品牌形

象、描述品牌价值等做准备。

在调查的基础上，给品牌一个调性和定位，诉说品牌的价值。实际诉说的是一个乡村的故事和精神，这也是品牌的核心价值。环境、资源、产业、历史、人文是构成和决定一个乡村品牌价值的要素，这些要素结合起来最终决定了乡村品牌的本质。然后要瞄准目标市场，确定乡村产品的目标受众是谁，才能够明确品牌价值、品牌营销的对象，才能有的放矢。

依靠企业法人式的市场经营主体。一个产品品牌的塑造，只依靠小农户是不行的，必须依靠企业法人式的市场经营主体，它们可以是职业农民、农业专业合作组织、家庭农场。要把小农户组织起来，发动起来，利用这些新型的经营主体，把他们镶嵌在产业链上。也可以考虑把农产品品牌的培育和招商引资结合起来，引进一些知名度高、实力雄厚的名牌企业和龙头企业，通过拉长品牌农业产业链条，让这些企业与小农户实现有效对接，提升产品的品质和影响力。

打造乡村品牌体系。品牌是一个塑造的过程，通过一系列实践活动将品牌的定位、价值和概念附着在一系列软件和硬件上面，满足目标市场的项目开发、战略规划、环境改造等。

首先，要着力打造农产品品牌。这是乡村品牌建设的常见形式。需要我们健全农产品标准化生产体系，加强农产品质量安全体系，打造突出的农产品品牌形象，建设农产品品牌推广和销售体系，建设多样化的农产品销售渠道，建立完善的农产品品牌保护体系。

其次，要打造节庆品牌。中国那么多乡村，各地的乡风民俗、历史文化都是值得挖掘的品牌价值。节庆活动就是这些地域文化的重要组成部分和表现形式，兼具观赏性、娱乐性和体验性，但是也要避免同质化。要挖掘乡村文化内涵，深化节庆内容，构建节庆形象识别，丰富节庆传播媒介，建立节庆品牌管理机构。

最后，要打造乡村旅游品牌。乡村旅游是乡村产业的一大形式，但是，也暴露出缺乏新意、一哄而上、同质竞争等严重问题。有些乡村旅游产品缺乏投入，进入门槛低，质量参差不齐，不能形成独具特色的品牌吸引力。因此，要从强化乡村生态环境保护、创新更新乡村旅游项目、深挖乡村文化内涵、挖掘网络营销潜力、提高旅游服务质量等方面下功夫。

3. 不断提高品牌光鲜度，注重品牌营销和管理

创立品牌需要一个艰难的过程。但是，要保持品牌的品质和荣耀经久不衰，这就需要我们进行严格的品牌管理和有效的品牌营销，让品牌家喻户晓，永葆青春魅力。

精心塑造品牌的视觉冲击力。乡村品牌是需要形象的标志和一系列视觉规范的，要让别人对特定的乡村留下特定的印象，具有强烈的视觉上的识别度。

要学会乡村品牌营销。可以从本村开始进行推广，让村民们首先了解本村的品牌形象和品牌内涵，对保持的精神风貌了如指掌，从中获得一种认同感和归宿感。要让村民们养成热爱家园、保护环境、传承文明的良好习惯，让乡村的精神文明更上一层楼。其次将品牌价值推广到村外，针对目前受众，在村庄所在城镇、乡，城市的主要生活、商业场所开展系列性的大规模推广活动，还可以在公交车站、主要街道等人流密集区域张贴品牌形象标志等。要依托传媒产业在品牌营销、IP 塑造、价值输出等方面的专业优势，实现对"三农"产品的价值升华，提振品牌效能，借力电子商务、直播电商等互联网营销手段，实现"有质电商、价值直播"，打破"三农"产品"低价营销"怪圈。

要对品牌进行长期监管。一个品牌的塑造，必然是一个长期的过程。大家对品牌的了解，源于细水长流的吸收和过滤，不是一蹴而就的。所以，一个品牌创建之后，还要有系统的规划和管理。建议设立专门机构进行推广，并建立专门的网站主页加以介绍宣传。设计一款标志容易，难得的是持之以恒地将一项可能要经过一两代人努力的目标坚持下去，并且通过市场反馈，合理地调整原有的品牌规划战略。

总之，对于我国数量巨大、风格各异的乡村来说，构建乡村品牌，就是在构建一座座精神丰碑，需要持久的战斗力和不断的投资。未来的乡村，只有借助品牌的凝聚力、吸引力和辐射力，才能增强乡村的竞争力，让乡村焕发永久的生命力。

二、推进乡村人才振兴的实践路径研究[①]

新时代乡村人才振兴是一个系统性、规模性工程。既要大力发挥党的领导作用，积极探索综合性教育模式，也要不断优化人才的成长环境，加强青年乡村人才的引导和培育，全方位、立体化地促进乡村人才振兴。为此，必须深刻理解"乡村振兴，关键在人"的重要论断，深入贯彻落实习近平总书记关于推动乡村人才振兴的重要指示精神，落实党中央、国务院有关决策部署，促进各类人才投身乡村建设。

(一)深刻理解和把握乡村人才振兴的总体要求

第一，要领会乡村人才振兴的指导思想。一是以习近平新时代中国特色社会主义

---

① 丁文锋、马景、马天昊：《乡村人才振兴的战略地位与实现路径》，https://m.gmw.cn/baijia/2021-05-25/34872597.html，2021-05-25。

思想为指导，全面贯彻党的二十大报告精神。二是坚持和加强党对乡村人才工作的全面领导，坚持农业农村优先发展，坚持把乡村人力资本开发放在首要位置。三是吸引各类人才在乡村振兴中建功立业，大力培养本土人才，引导城市人才下乡，推动专业人才服务乡村。四是健全乡村人才工作体制机制，强化人才振兴保障措施。五是培养造就一支懂农业、爱农村、爱农民的"三农"工作队伍，为全面推进乡村振兴、加快农业农村现代化提供有力人才支撑。

第二，要明确和紧盯乡村人才振兴的目标任务。到2025年，乡村人才振兴制度框架和政策体系基本形成，乡村振兴各领域人才规模不断壮大、素质稳步提升、结构持续优化，各类人才支持服务乡村格局基本形成，乡村人才初步满足实施乡村振兴战略的基本需要。

第三，要遵循乡村人才振兴的工作原则。

加强党对乡村人才工作的全面领导。贯彻党管人才原则，将乡村人才振兴纳入党委人才工作总体部署，引导各类人才向农村基层一线流动，打造一支能够担当乡村振兴使命的人才队伍。

全面培养、分类施策。围绕全面推进乡村振兴需要，全方位培养各类人才，扩大总量、提高质量、优化结构。尊重乡村发展规律和人才成长规律，针对不同地区、不同类型人才，实施差别化政策措施。

多元主体、分工配合。推动政府、培训机构、企业等发挥各自优势，共同参与乡村人才培养，解决制约乡村人才振兴的问题，形成工作合力。

广招英才、高效用才。坚持培养与引进相结合、引才与引智相结合，拓宽乡村人才来源，聚天下英才而用之。用好用活人才，为人才干事创业和实现价值提供机会条件，最大限度激发人才内在活力。

坚持完善机制、强化保障。深化乡村人才培养、引进、管理、使用、流动、激励等制度改革，完善人才服务乡村激励机制，让农村的机会吸引人，让农村的环境留住人。

(二)要把握乡村振兴的人才需求，明确加快培养人才类型

第一，要加快培养农业生产经营人才。包括新型农业经营主体培养、农村实用人才带头人培养，家庭农场经营者、农民合作社带头人培育。鼓励农民工、高校毕业生、退役军人、科技人员、农村实用人才等创办领办家庭农场、农民合作社等。

第二，加快培养农村第二、三产业发展人才。包括培育农村创业创新带头人、加强农村电商人才培育、培育乡村工匠、打造农民工劳务输出品牌。

第三，加快培养乡村公共服务人才。包括加强乡村教师队伍建设、加强乡村卫生健康人才队伍建设、加强乡村文化旅游体育人才队伍建设、加强乡村规划建设人才队伍建设。

第四，加快培养乡村治理人才。包括加强乡镇党政人才队伍建设、推动村党组织带头人队伍整体优化提升、实施"一村一名大学生"培育计划、加强农村社会工作人才队伍建设、加强农村经营管理人才队伍建设、加强农村法律人才队伍建设等。

第五，加快培养农业农村科技人才。包括培养农业农村高科技领军人才、培养农业农村科技创新人才、培养农业农村科技推广人才、发展壮大科技特派员队伍等。乡村人才作为产业振兴的引领者，从事绿色农业、旅游农业、农产品电商等多样化农业，将极大地促进乡村产业的发展。一方面，乡村人才根据市场所需，将自身所掌握的专业技术、技能以及管理经验运用于农业生产过程中，不断促进农业转型升级，提高农产品标准化、规模化和品牌化水平。另一方面，乡村人才在创新创业过程中，把农业与生态、旅游、文化深度融合，有效开发农业资源，促进农村第一、二、三产业的融合发展。

（三）要解决好"人才从哪里来"的问题，努力拓展人才来源渠道

第一，畅通人才返乡下乡制度通道。推进乡村振兴不能"就农论农"，而是必须将城市和乡村纳入统一的制度框架，促进更多要素向乡村流动，为乡村振兴注入新动能。推动城乡融合是新时代我国城乡发展进入全新阶段的重大战略举措，其核心要义是通过全面深化改革进一步突破城乡二元结构的体制性矛盾，构建以城带乡、以乡促城、城乡一体的新型城乡关系。其中，更大力度推进城市人才返乡下乡不仅可以有效缓解乡村人才短缺矛盾，而且能够以人才为载体，牵引资金、技术、信息、管理等关联要素导入乡村，使乡村要素总体数量增加、组合结构优化，促进乡村全面振兴的持续性动力机制加快形成。从根本上看，构建城乡融合新格局迫切需要打通城市人才进入乡村的制度通道，形成外来人才与乡村本土人才的共生成长格局，有效弥补乡村发展短板，实现城乡互补、全面融合、共同繁荣。

第二，强力培育乡村本土人才。一方面，要加大力度培育高素质农民，以种田能手、专业大户、家庭农场主等本土人才为重点培育对象，创新多层次、多形式培训模式。通过职业认证、定向扶持和社会保障强化政策激励，培养一支不仅懂技术善经营，而且示范带动性更强的乡村产业领军人才。另一方面，应切实建强农村基层人才队伍，除了进一步选优配强村级领导班子、强化村干部发展激励之外，还特别需要根据乡村振兴和产业发展新的需要，加快培育农村新型集体经济组织和农民合作社带头人，全

力打造真正懂农业、爱农村和爱农民的乡村骨干人才队伍。

第三，大力吸引返乡下乡人才。要进一步完善进城务工人员返乡创业的外部环境，重点从用地、融资、税费等方面予以精准有效的政策支持，促使返乡的进城务工人员能够成长为乡村振兴的中坚力量。要结合农村改革的深度推进和成果的充分应用，完善农村产权制度体系，为城市人口下乡投资农业和建设乡村提供有效的产权保护激励，使越来越多的"新村民"能够顺利融入农村，助力农业产业发展和乡村全面振兴。

第四，创新性开展柔性借智引才。要以人才"不为所有，但为所用"为基本遵循，通过制度机制创新引导更多农业科研机构、大专院校和龙头企业以产学研结合方式进入农业农村，建立农业科技人员多元化、轮换式的短期人才服务格局，有效破解目前农村科技人才引不来和留不住的双重困局。还应进一步探索完善乡村志愿者制度和社工义工制度，搭建制度化的柔性平台，吸引更多类型的人才进入乡村发展，汇聚更强大的社会力量，弥补乡村振兴的人才短板。

(四)正确认识"谁来培养"，充分发挥各类培训主体作用

第一，要完善高等教育人才培养体系。全面加强涉农高校耕读教育，将耕读教育相关课程作为涉农专业学生必修课。深入实施卓越农林人才教育培养计划2.0，加快培养拔尖创新型、复合应用型、实用技能型农林人才。用生物技术、信息技术等现代科学技术改造提升现有涉农专业，建设一批新兴涉农专业。引导综合性高校拓宽农业传统学科专业边界，增设涉农学科专业。加强乡村振兴发展研究院建设，加大涉农专业招生支持力度。加强农林高校网络培训教育资源共享，打造实用精品培训课程体系。

第二，加快发展面向农村的职业教育。加强农村职业院校基础能力建设，优先支持高水平农业高职院校开展本科层次职业教育，采取校企合作、政府划拨、整合资源等方式建设一批实习实训基地。支持职业院校加强涉农专业建设、开发技术研发平台、开设特色工艺班，培养基层急需的专业技术人才。采取学制教育和专业培训相结合的模式对农村"两后生"进行技能培训。鼓励退役军人、下岗职工、农民工、高素质农民、留守妇女等报考高职院校，可适当降低文化素质测试录取分数线。

第三，依托各级党校(行政学院)培养基层党组织干部队伍。发挥好党校(行政学院)、干部学院主渠道、主阵地作用，分类分级开展"三农"干部培训。以县级党校(行政学校)为主体，加强对村干部、驻村第一书记、基层团组织书记等乡村干部队伍的培训。采取线上线下相结合等模式，将党校(行政学院)、干部学院的教育资源延伸覆盖至村和社区。

第四，充分发挥农业广播电视学校等培训机构作用。支持职业院校、农业广播电

视学校、农村成人文化技术培训学校(机构)、农技推广机构、农业科研院所等,加强对高素质农民、能工巧匠等本土人才培养。探索建立农民学分银行,推动农民培训与职业教育有效衔接。建立政府引导、多元参与的投入机制,将农民教育培训经费按规定列入各级预算,吸引社会资本投入。

第五,支持企业参与乡村人才培养。引导农业企业依托原料基地、产业园区等建设实训基地,推动和培训农民应用新技术。鼓励农业企业依托信息、科技、品牌、资金等优势,带动农民创办家庭农场、农民合作社,打造乡村人才孵化基地。支持农业企业联合科研院所、高等学校建设产学研用协同创新基地,培育科技创新人才。

(五)运用综合性教育培养模式,提高乡村人才素养

第一,乡村精英帮扶模式。乡村精英主要指政治、经济、文化方面的能人,例如养殖大户、农场主、村干部等。乡村人才的培养要充分利用当地现有人才资源,挖掘技术、经营、服务才能,形成多样化的帮扶小组,使能劳者带动后进者,全面促进农民与现代农业的衔接。

第二,现场教学模式。农业生产教育成长土壤在"农",农业人才的培养过程更要注重产学结合,使更多的农业学习者投身于农业实地生产、深入田间地头。

第三,项目推动培育模式。政府和培训机构要结合当地农业生产情况,选择一批具有示范性的产业项目,通过多样化的教学方式,例如理论教学、现场教学、观摩教学等,引导人才参与项目的生产、经营和管理,真切体验农业生产的全过程,强化教育效果。

第四,信息化培育模式。将农业生产教育与互联网结合,充分利用互联网信息,丰富乡村人才视野,运用大数据、云计算等提高人才培育的效率和质量。

(六)要重点解决好"如何使用好和留得住"问题,努力实现人尽其才

第一,加强党对乡村人才的领导,健全人才机制。乡村人才振兴离不开党对人才工作的部署领导。只有全面加强党对乡村人才工作队伍的领导作用,各部门通力协作,才能形成健全的乡村人才管理机制。

地方政府要根据党的领导,积极发挥应有职能,认真考察调研乡村人才基本情况,并制定积极有效的人才管理政策,为乡村人才振兴提供保障。各地要建成人才管理机构,在工作实践中不断完善人才管理机制,加强党对乡村人才的整体规划和指导。加强对乡村人才的思想引导,建成各级乡村人才会议机制,通过开展乡村人才会议掌握最新人才情况和动向,对当地人才工作进行领导和部署。乡村人才应进行交流学习,

提高工作效率。

第二，优化农村人才成长环境，确保留住人才。人才的引进、培育和发展离不开优良的成长环境。促进乡村人才振兴就要不断改善乡村人才环境，创新用人政策及评价激励机制，全方位打造良好的人才成长平台，增加乡村人才的获得感和幸福感。

充实物质环境。国家应大力改造乡村基础设施建设，优化公共产品和公共服务的供给，完善住房、交通、教育、医疗多方面建设。

营造文化环境。强化重视人才的意识，大力宣传相关人才政策在乡村振兴战略中的意义。利用多种形式大力宣传农村人才工作政策、各地农村人才工作的好经验好做法、各类优秀人才成长历程和典型事迹，营造识才、爱才、敬才、用才的良好氛围。

完善市场环境。完善与乡村人才振兴相关的法律法规、政策条例，在法律上为人才振兴提供切实保障，优化乡村人才市场，完善农村人才市场管理，不断改进就业信息、职称评定、社会保障等方面。

第三，发挥青年人才作用，增加乡村振兴活力。青年具有生命力和创造力，是中华民族伟大复兴的主力军。《乡村振兴战略规划（2018—2020）》中明确写道："乡村兴则国家兴，乡村衰则国家衰"。十九大报告也曾强调"青年兴则国家兴，青年强则国家强"。可见，青年在乡村振兴中发挥着重要作用。目前，乡村发展中青年人才流失问题突出，导致乡村发展动力不足。因此，要通过多元化发展，培养乡村青年人才，留住青年人才，给乡村发展提供源源不断的新生力量。

丰富乡村教育内容。乡村教育在内容上不仅要涉及基础文化知识，更要拓展学生对农业的基本认知，使其认识到农业文化在中华文明的重要历史地位。同时，乡村教育要普及好"三农"基本知识，引导青年深入学习"三农"工作的重要表述。

增强青年人才的农业本领。要不断优化农村青年人才的专业知识体系，丰富知识储备，提高农业技能。同时，要充分发挥青年人才的实际作用。要清楚地认识到青年人才是有文化、懂技术、会经营的新型乡村人才，在乡村振兴过程中充当资源链接者，承担行动执行者、倡导者、引领者等角色。青年人才在乡村振兴中可以发挥正向作用，应提供更多的机会和平台培育乡村青年人才的过硬本领。

三、推进乡村文化振兴的实践路径研究①

乡村文化振兴是乡村振兴之魂，加强乡村文化振兴是乡村振兴的应有之义。乡村

---

① 徐文静：《乡村振兴视域下村文化建设路径探究》，载《中国经贸导刊（中）》2021 年第 8 期，第 78~79 页。

文化自信的缺乏是制约乡村振兴的重要因素，加强乡村文化建设对于促进乡村文化自信、乡村全方位振兴具有重要的价值和意义。要解决乡村文化建设的主体缺失、承载资源退化、主流价值观念弱化等现实难题，需要在主体维度吸引乡村文化建设多元主体的参与，在载体维度坚持守正创新，在价值维度坚持社会主义核心价值观。

乡村文化建设是实施乡村振兴战略的动力源泉。习近平总书记在党的二十大报告中提出，推进文化自信自强，铸就社会主义文化新辉煌。全面建设社会主义现代化国家，必须坚持中国特色社会主义文化发展道路，增强文化自信，围绕举旗帜、聚民心、育新人、兴文化、展形象建设社会主义文化强国，发展面向现代化、面向世界、面向未来的，民族的科学的大众的社会主义文化，激发全民族文化创新创造活力，增强实现中华民族伟大复兴的精神力量。

乡村文化振兴贯穿于乡村振兴过程中的各个方面，为更好解决"三农"问题，推动中国农民农业农村"又好又快发展"提供内生动力。良好的乡村文化、文明的乡风不仅能够加强农村精神文明建设，消解农民的精神贫困，而且能够巩固脱贫攻坚成果、培育社会主义新农村的文明风尚、为实现乡村全面振兴注入强大精神动力。因此，将文化建设纳入新时代乡村建设蓝图，把握乡村振兴视阈下加强乡村文化建设的价值意蕴，客观分析我国目前乡村文化建设存在的现实困境，积极探求新时代乡村文化建设的实践路径，这不仅是一个理论问题，更是事关如何消解城乡发展二元结构、满足广大农民对美好生活需要的现实课题。

（一）抢抓战略新机遇，优化农村文化供给①

第一，立足乡村振兴战略，打赢文化扶贫攻坚战。步入新时代，农村的生活样貌已经有了很大的变化，家家户户的生活变得较为富裕了，但是，在农村文化生活方面还没有达到和物质生活水平相适应的程度，究其原因，一方面是农民自身产生的文化需求问题，另一方面则是在城乡差异中产生的巨大落差，城乡之间有着文化差异、地域差异及经济发展水平差异。实现 2020 年全面建成小康，不等同于单纯的温饱脱贫，更要在人们吃得饱穿得暖的基础上保障农民的文化权利，相比起经济脱贫，文化脱贫并不容易。因为在一些农村贫困地区，交通不便，与外界联系少，村民见识也少，大家安于现状，缺乏积极向上的生活面貌，导致出现了不愿脱贫的家庭贫困现象，而在一些经济发展不错的非贫困地区，受封建迷信及盲目信教的影响，部分农民抱有"小富即安"的消极观念，抵制文化脱贫。因此，抢抓乡村文化振兴战略新机遇，在推动

---

① 王星：《新时代乡村文化振兴路径研究》，太原科技大学 2019 年硕士论文。

农业产业发展，实现农业现代化、农民富裕的同时不能忽略乡村文化建设，比起经济扶贫，文化扶贫可能需要一个漫长的过程。因此，我们不能把振兴乡村文化作为可实现可不实现的软任务排除在乡村振兴战略之外。

第二，着眼于文化需求侧，优化农村文化供给。从目前的农村文化产品供给来看，可能存在三个具体问题。一是供给不平衡。受城乡发展差异的影响，整个文化供给体系中，文化供给更倾向于城市，从一组统计数据可看出，2013—2016年城乡文化消费差距约5倍，这一差距远远高于城乡人民的收入差距。一些农村贫困地区处于文化供给体系的最低端，它们的物质贫困，文化更贫困。二是供给难以激发需求。文化发展和经济发展有所不同，绝大多数农村地区物质需求基本满足，精神需求却刺激不足，相比于城市的文化需求，农村地区还存在很大的发展空间。三是有效供给引导需求不足。文化供给有健康和不健康之分。一所高校的农村研究院的抽样调查显示，今天的农民闲暇时间增多，但文化消费层次不高，81.56%的人选择看电视，45.57%的人选择打牌，而打牌中则会带入赌博等问题。因此，从以上三点来看，我们要提高文化产品的供给质量和效率。

优化农村文化供给，可以从以下三个方面着手。一是立足于农村整体，规划公共文化设施。充分考虑村镇自身特点、城乡存在的差异点及群众的需求差异，除了在村镇建图书馆、电子阅览室和综合性的文化服务中心之外，还可以修建电影院、美术馆、博物馆、健身广场这样有益于陶冶身心的文化娱乐场所。二是发展农村"共享文化"，根据中国农村及人口的分布特点，推广使用数字文化平台，探索新型"互联网+"公共文化服务模式，建设"文化中心户"，有效辐射周边村户，打造"农村一刻钟文化服务圈"。三是加强乡村文化艺术创作，培育农村特色文化，要深入乡民生活，鼓励乡民搜集自身生活素材，创作具有活力的生活作品。同时，鼓励组织文化专才工作者自觉深入农村地区给予专业指导，以便能够创造出更多的集现实价值与艺术价值于一体的文艺作品。此外，可以组建具有本土特色的文化队伍，发扬民俗文化优秀传统。

(二)发掘地域优势，创新发展文化产业

第一，立足乡村现有条件，丰富乡村文化产业类型。将文化产业化，是时代发展的产物，也是经济社会发展的必然结果。乡村文化产业为的是获取经济效益，因此，产业发展要满足市场需求，同时也要立足于自身，因为不同的村落，发展历史不一样，所具有的资源优势也不同，只有发掘自身的特色文化资源，才能壮大文化产业前途。有的农村适合发展乡村文化旅游产业，比如晋中市祁县东观市乔家堡村的乔家大院、昔阳县大寨镇大寨村的大寨景区，还有介休市龙凤镇张壁村的张壁古堡景区等都是利

用农村现有的历史文化资源开发的；有的农村适合发展饮食文化产业，具有乡土文化的特色美食一直都是文化产业中的一大亮点及经济增长点，以健康、新鲜、地道风味吸引众多游客，这是对某一区域独具特色的文化的表达，以山西地区来讲，面食闻名天下，而面食又以晋北地区闻名，这主要是受地理位置、气候条件及历史传承的影响，因此，山西农村地区有着深厚的饮食文化历史，是需要我们进一步挖掘的；有的农村适合发展农村手工艺产业，古老的农村手工艺可以与文化创意元素融合来提升文化产品的经济附加值。目前，全国各地有着众多的手工艺村，例如著名的江西景德镇，被誉为"瓷都"，生产的陶瓷享誉全世界，且品类繁多，景德镇的陶瓷文化底蕴深厚，并且顺应时代发展要求，锐意创新，积极推动该产业转型升级，使古老的陶瓷业焕发生机活力。这一产业的发展也为拉动就业发挥了积极作用。乡村文化产业类型繁多，关键在于乡村能够整合村落文化资源，形成乡村特色。

第二，抓住时代发展机遇，创新乡村文化产业。习近平总书记在二十大报告中指出，繁荣发展文化事业和文化产业，要健全现代公共文化服务体系，创新实施文化惠民工程。健全现代文化产业体系和市场体系，实施重大文化产业项目带动战略。加大文物和文化遗产保护力度，加强城乡建设中历史文化保护传承，建好用好国家文化公园。加强青少年体育工作，促进群众体育和竞技体育全面发展，加快建设体育强国。

我国乡村社会历经几千年的积淀，在自然经济基础上创造了发达的农耕文明，蕴含着丰富的乡村文化资源。坚持在保护中开发和利用乡村文化资源，对于乡村文化振兴具有十分重要的意义。要加强对乡村文化资源的保护，对于承载乡村记忆的物质文化遗产，基层政府和相关部门应该重视摸底和普查工作，将承载传统文化的农业遗迹和文物古迹纳入保护名单，划好历史文化保护红线，对于民间零散的多种文化资源进行系统的梳理，制定科学化的保护措施。对于承载着核心技艺和文化底蕴的非物质文化遗产要抓好传承人的培养，同时积极探索其经济价值，以达到村民物质需要与精神需要的双重满足。坚持在保护中开发和利用乡村文化资源，实现乡村文化资源创造性转化，打造一批特色鲜明、人文底蕴浓厚的美丽乡村和特色小镇。此外，要盘活农村文化资源，发展文旅融合的新型文化产业，将艺术设计、资金、技术融入文化产业的生产和消费过程之中，实现文化产品的"生产及消费"，以达到经济效益和文化效益的良性互动。

时代发展从来都不缺少机遇，关键在于能否抓住这一机遇。我们已经步入第四次科技革命的时代，人工智能、大数据、物联网、云计算也发展得日趋成熟，互联网则更是渗透到家家户户。但是，乡村文化产业对互联网的运用还不充分。为此，我们应该从以下三个方面加以改进。第一，创新人才的使用。乡村现有劳动力素质低且不足，乡村互联网产业的开发需要更多的优质人才和高校大学生，国家应该将更多的政策倾向于乡村，培养致力于乡村发展的创新性人才。第二，商业模式。伴随着市场环境的变化，村民们需要提升应对纷繁复杂市场环境的能力，面对农村电子商务、"淘宝村"的商业模式的出现，意味着人们需要通过互联网探索新路子，寻找新的致富路。第三，政府给予财政支持，建设互通便利的互联网基础设施。政府要切实加大对乡村文化产业建设的经费投入力度，缩小城乡数字鸿沟，全面普及互联网应用，增强卫星信号，让偏远地区的乡民也可以利用到网络，打开眼界，观察到更多的新鲜事物。

（三）积极挖掘文化资源，弘扬传承乡村文化

第一，立足经典，着眼创新，营造新时代乡风文明。中国特色社会主义文化，是从古代中国、近代中国及现代中国这样一段又一段的具有不同的历史特征的阶段中发展而来的，凝结了中华民族人民五千年的文化智慧结晶，体现在国人争取摆脱半殖民地半封建社会、谋求独立的革命年代，也体现在实现国家富强的建设过程中，更体现在为了实现两个百年奋斗目标的社会主义现代化建设中。这一切都植根于中国特色社会主义的伟大实践当中。中华民族蕴藏了丰富的传统文化资源。传统文化资源要想焕发生机，就需要结合新时代的背景，走在文化发展前沿，强化文化自信心，把握文化发展规律，满足人民生活所需。我国农村发展历史悠久，乡土文化资源丰富，很多资源因没有得到很好的传承而渐渐淡出人们视野。这是国家和人民的损失。因此，我们需要保护好既有的优秀传统乡村文化资源，还要在新时代的发展中创新。创新主要指内容及表演形式的创新。传统文化资源常因内容古板、表演形式单一而不被新生代所接受，得不到发扬，最终而被淘汰。2016年的春晚舞台上，相信有一首曲目肯定让观众们记忆深刻，那就是谭维维和华阴老腔艺人一起表演的《华阴老腔一声喊》。华阴老腔作为陕西的一种古老的戏曲艺术，同时也是国家的非物质文化遗产，在春晚的舞台上通过与流行歌手的合作以及与流行乐器的结合，以一种全新的表演形式让人们眼前一亮并被广为传播，这为新时代乡村传统文化的发展提供了一个很好的范式。另外，我们在创新的基础上也不能忘记传承。"和谐"是我国的传统思想精华，体现了我国传统文化的本质特征。新时代，我们仍需本着和谐的理念通过调整各方利益来实现社会公平公正，建设社会主义和谐新农村，推动我国优秀传统文化的可持续发展。

第二，送现代文化下乡，带乡村文化进城。要增强中华文明传播力影响力。坚守中华文化立场，提炼展示中华文明的精神标识和文化精髓，加快构建中国话语和中国叙事体系，讲好中国故事、传播好中国声音，展现可信、可爱、可敬的中国形象。城乡发展差异明显，文化差异也很明显。因此，应坚持"送文化"和"种文化"并重，让不

同于乡村文化的现代智慧文化进入农村地区，逐渐形成一项文化交流制度，并且最好形成常态，为现代文化在农村生根发芽提供广阔的生存空间。政府应注重为乡村购买和投放公共文化资源，比如组织广播电视村村通、农村公益电影放映、农家书屋、"乡村记忆"、送戏下乡等各项文化活动，弥补乡村文化工作中的不足之处。尤其是要为青年人提供一个可以亲身感受、深入基层学习的机会，高校可在暑期组织学生去了解我国的农村，为农村地区注入青春的活力，这种类型的活动是值得各大高校推广开来的。此外，还需要组织高层次的文化专才走进农村，带去先进的科技技术、文艺作品，并对这些活动进行辅导和指导，帮助农民提高思想道德水平和科学文化素质，推动乡村文化焕发新气息新气象。

乡村文化作为文化之"根"、文化之"源"，也是文化之"宝"，因地理区域的不同有着各自的优势，要号召当地老百姓发挥个人才智，创作一批有关农业、农村的文艺作品，比如可以根据农民日常的农田劳作及生活创作一些展现农民群众身上优秀品质的作品，充分展示出新时代下农民特有的精神风貌。还可以结合最新科技进行实景演出，推出民俗表演、原创小品、互动演出等形式，例如一些乡村会在过年的时候举办大型乡村晚会，不同类型的表演节目展现出的是乡土文化中蕴含的农耕、孝廉、诚信、休闲、养生、生态等文化要素，正面积极地宣传了本地农村，提升了自身独有的文化魅力，为推动本村文化"走出去"铺路奠基。比如我们也可以让乡村晚会走进城市社区，鼓励农民以自家文化习俗为主题，自编自导自演文艺节目，介绍新时代下美丽乡村的建设状况。以这种文艺表演、体育竞技的方式可以让更多的城市居民了解乡村，提升他们对乡村文化的认同感，鼓励他们走入农村、感受乡风。

第三，以社会主义核心价值观涵养文明乡风。要弘扬以伟大建党精神为源头的中国共产党人精神谱系，用好红色资源，深入开展社会主义核心价值观宣传教育，深化爱国主义、集体主义、社会主义教育，着力培养担当民族复兴大任的时代新人。推动理想信念教育常态化制度化，持续抓好党史、新中国史、改革开放史、社会主义发展史宣传教育，引导人民知史爱党、知史爱国，不断坚定中国特色社会主义共同理想。

社会主义核心价值观作为当代中国的主流价值观念，凝结着全体人民共同的价值追求。让社会主义核心价值观在农村落地生根，有助于加强农村精神文明建设，培育文明乡风。

首先，要加强社会主义核心价值观的宣传引导，创新宣传社会主义核心价值观的形式，吸引广大农民群众的参与。第一，依托阵地进行宣传，在村镇文化宣传栏、公共交通站点等常规化宣传阵地设置以社会主义核心价值观为内容的宣传图文材料。第二，深入基层，运用文艺节目进行宣传。在村居社区文化场所开展文艺活动，以社会主义核心价值观为内容编排人民群众喜闻乐见的文艺节目，在娱乐中营造向善向好的乡村文化氛围。

其次，要加强社会主义核心价值观的践履。第一，充分发挥榜样示范作用，以社会主义核心价值观为出发点，评选身边的道德模范、文明公民标兵、孝老敬老等典型，通过榜样激励来感召、增强农民对社会主义核心价值观的认知，内化为情感认同，外化为行为习惯。第二，加强村镇之间的文化联系，结成文明共建帮扶对子。推动经济共谋发展、"美丽乡村"共建等活动，促进村民团结和谐，形成共建文明乡风的强大合力。

（四）强化人才建设，壮大乡村文化振兴队伍

第一，提升农民文化素养，保障农民文化权益。提升农民文化素养，关键还是要通过教育这一手段，教育为我们开化民智。虽然从古至今，一直都在强调教育的作用，但在今天仍然会出现一些农村地区因教育水平不高而导致农民自身素质低下，甚至还会由此引发其他一系列的社会问题。我们必须改变这种教育落后的现状，通过政策、资金等方面，提高农民的文化素养。除了必要的科学文化知识之外，还需要加强两个方面的学习，一是加强思想教育和舆论宣传，弘扬主旋律。教育工作者在做好科学文化知识传授的同时，要向农民宣传新时代的中国特色社会主义教育，使农民能够具体了解其内容，敦促其接受先进文化，远离落后文化。最终，内化于心，发挥农民主体的主观能动性，自觉改造自身的主观世界。二是帮助农民朋友们塑造主流价值观和道德观。在发展农村经济的过程中，一些阻碍乡村发展、阻碍农民进步的错误观念可能会涌入农村，农民因自身知识水平有限，难免会被一些不正确的思想所误导。因此，教育工作者要用先进文化帮助农民树立良好的精神风貌、高尚的道德情操，培养农民形成科学的意识和习惯。我们要保障农民的文化权益，每位农民都是乡村振兴的一份子，在乡村振兴的过程中享有充分的话语权，农民深受几千年传统文化的影响，只有唤醒农民群众的文化生命主体意识，他们的文化创造性才会被激发出来。因此，政府部门要坚决贯彻执行乡村文化振兴的政策，切实保障农民的文化权益不受损害。

第二，聚集文化人才，壮大文化振兴队伍。乡村文化振兴需要一批有素质、有情怀，有知识的文化创作者。相关部门应重视培养文化专才，完善农村文化振兴的用人制度，增强农村文化人才队伍的实践性、专业性。

保障文化工作者的福利待遇是非常重要的，要有一个系统完善的考评制度，激发农村文化工作者的工作积极性，要健全社会保障体系，保障文化工作者的生活权益，

解决乡村文化工作者的后顾之忧。只有这样，文化工作者才愿意全身心地投入到乡村文化振兴的工作中。一些乡村地区，存在着一批优秀的民间文化艺人。我们要重视这部分民间老艺术家，发挥他们的力量优势，通过举行特定活动来进行特色文化及手工艺创作的传授，尤其是民间非物质文化遗产的传承者，要想方设法吸引年轻一代的目光，为乡村文化振兴注入新鲜血液。大学生村官政策公开选拔积极优秀的大学毕业生到农村文化工作站服务，这一政策既为乡村文化发展注入了新活力，又能够解决高校毕业生的就业问题，一石二鸟。

第三，加强乡村文化建设多元主体的参与。加强乡村文化振兴的主体参与，鼓励农民、乡贤、其他社会力量参与到乡村文化建设之中，凝聚不同主体的作用，搭建多元主体参与文化建设的格局，形成乡村文化建设的强大合力。

首先，基层政府和机关要加大对农村地区的财政扶持，完善相关政策，发展文化产业与乡村支柱产业融合的新型产业，在乡村提供更多就业机会，吸引农民返乡就业。此外，要完善用人机制，借助"选调生""三支一扶"等国家政策吸引人才回流，补充乡村文化建设的人才缺口。

其次，发挥乡贤在乡村文化建设中的独特作用。乡贤是乡村文化振兴的精英力量，是教化乡民、反哺桑梓、泽被故土的有效载体，能在乡村文化建设中发挥积极作用。应发挥乡贤的强大号召力和凝聚力，带领村民参与乡村文化建设，为乡村文化振兴注入新动力。

最后，鼓励其他社会组织参与乡村文化建设。社会各界都应该支持乡村公共文化的建设，建立乡村公共文化发展结对帮扶机制，加强城乡互动，形成以城带乡、以强扶弱的局面。鼓励高校、企业、社会参与到乡村建设之中，引进企业的资金、技术、人才发展乡村特色文化产业，充分利用高校的教育、智力、文化资源，对接学生课外社会实践、科研等活动，将先进文化观念、教育理念引入乡村之中，促进乡村文化建设人才队伍整体水平的提升。

四、推进乡村生态振兴的实践路径研究

全面振兴的乡村应该是绿色乡村、美丽乡村、宜居乡村。坚持以乡村生态振兴推进绿色美丽宜居乡村建设，深入推进绿色发展，加强乡村生态保护和修复，持续改善农村人居环境，为中国人提供优质安全健康的农产品和优美的生态环境人居环境，有效保障人们身心健康，事关全面建成小康社会，事关广大农民的获得感和幸福感，事关农村社会文明和谐。我们要统筹谋划，系统施策，全程公开管控，全民参与，久久

为功，在推动乡村生态振兴方面迈出坚实步伐。

（一）深入推进农业绿色发展

农业是立国之本，兴邦之本，安民之基。农业不仅是国民经济的基础，还是生态文明建设的重要组成部分。绿色发展既是农业发展的目标，也是农业发展的重要理念举措和方式。中国农村实施改革开放以来，农业生产取得了举世瞩目的成就，为有效保障世界粮食安全作出了巨大贡献。同时，我们也应该清楚并清醒地看到，农业生产在获得巨大成就时所付出的高昂的生态环境代价。因此，必须努力推进农业绿色发展。

农业绿色发展的生命力、活力，在于将绿色发展理念转化为生态经济效益。这是一个系统工程和长期战略，要持之以恒，久久为功。当前和今后的一个时期，深入推进农业绿色发展需要重点抓好以下几方面的工作：

1. 坚持"发展和保护相统一"的理念，优化农业主体功能与空间布局

深入推进农业绿色发展，必须坚持"发展和保护相统一"，注重在发展中保护，在保护中发展。农业主体功能与空间布局是实现农业绿色发展的重要基础和前提保障。中央提出，要重点围绕解决资源错配和供给错位的结构性矛盾，落实农业功能区制度，推动农业生产力合理布局，建立农业资源环境保护利用管控，农业绿色循环低碳生产制度，建立贫困地区农业绿色开发机制。

第一，合理区分城市城镇空间、农业空间和生态空间。立足水土资源的匹配，将农业发展区域细化为优化发展区、适度发展区、保护发展区、明确区域发展重点。优化农业生产力区域布局，坚持最严格的耕地保护制度，严格控制城市城镇空间扩张，严格耕地、草原、渔业水域、湿地等用途，严控围湖造田、滥垦滥占草原等不合理开发建设活动对资源环境的破坏，切实保护好平原和城市周边的永久基本农田，积极发挥农业的生态景观和间隔功能，大幅提升农业的生态效能。

第二，坚持农业生产与资源环境承载力相匹配。以资源环境承载力为基准，按照优化发展区、适度发展区、保护发展区的布局，积极引导农业发展向优势区聚集，防止和解决空间布局上资源错配和供给错位的结构性矛盾，努力建立反映市场供求与资源稀缺程度的农业生产力布局。建立农业产业准入负面清单制度，因地制宜制定禁止和限制发展产业名录，积极控制种养业发展规模和强度。

第三，坚持以系统思维布局农业生产。将绿色导向贯穿于农业发展的全过程，推行绿色生产方式，严禁侵占水面、湿地、林地、草地生态空间的农业开发活动，构建田园生态系统。着力优化种养业结构，推行标准化生产，发展生态健康养殖，增加绿

色优质农产品供给。遵循生态系统整体性，生物多样性规律，立足空间均衡和稳定，明确区域生产功能，保障国家粮食安全和重要农产品有效供给。

第四，大力推进生态农业发展。发展生态农业是新时代推动农业绿色发展的必然要求。要着眼于乡村生态振兴，大力推进生态农业发展，坚持以市场需求为导向，更好地满足人民群众对绿色有机农产品的消费需求，积极开发生态农业多种功能，深入推进生态农业与文化旅游、健康养生和体育等产业深度融合，着力提升生态农业养眼洗肺悦心的生态价值、休闲价值和文化价值，更好地满足城乡人民群众对农产品安全优质、营养健康的消费需求。

第五，大力发展绿色生态产业。积极培育一批生态产业，大力拓展"生态+"模式，做大做强生态产业。将乡村绿化美化与林草产业发展相结合，培育林草产业品牌，推进乡村第一、二、三产业融合发展，带动乡村林草产业振兴。做好"特"字文章，发展具有区域优势的珍贵树种用材林及干鲜果、中药材、木本油料的特色经济林。推广林草、林花、林菜、林菌、林药、林禽、林蜂等林下经济发展模式，培育农业专业合作社、家庭林场的新型经营主体，推进林产品深加工，提高产品附加值。用好古村落民居、民俗风情、名人古迹、古树古木、乡村绿道的人文景观和自然景观资源，大力发展森林观光、林果采摘、森林健康养生、森林人家、乡村民宿的乡村旅游休闲观光项目，带动农民致富增收。

2. 坚持"尊重自然，顺应自然，保护自然"理念，强化资源保护与节约利用

深入推进农业绿色发展，必须尊重自然、顺应自然、保护自然。要重点建立耕地轮作休耕，节约高效农业用水的制度，健全农业生物资源保护与利用体系，加强农业生物多样性保护，着力强化渔业资源养护修复。

第一，切实强化耕地资源保护。必须守住18亿亩耕地数量红线，严防死守耕地质量底线，这是确保国家粮食安全的根基。要建立耕地轮作休耕制度，集成推广绿色生产综合治理的技术模式，在确保国家粮食安全和农民收入稳定增长的前提下，让耕地休养生息，实现永续利用。建立相应的长效机制，在全国范围内深入开展耕地保护督查行动，并建立督察信息公开制度，接受人民群众监督，及时解决耕地资源保护中的违法违规问题。

第二，大力推进节水农业发展。建立节约高效的农业用水制度，推行农业灌溉用水总量控制和定额管理，着力提高农业用水效率。要强化农业取水许可管理，严格控制地下水利用，加大地下水超采治理力度。采取有效措施，积极推广农业节水技术，不断提高农民有偿用水意识和节约用水积极性、主动性和创造性。

第三，坚决保护生物多样性。加强野生植物资源和畜禽遗传资源保护，加大野生动植物自然保护区建设力度，开展濒危动植物物种专项救护，完善野生动植物资源监测预警体系，努力遏制生物多样性减退速度。建立农业外来入侵生物监测预警体系，以及风险性分析和远程诊断系统，严格防范外来物种入侵。

3. 坚持"绿水青山就是金山银山"的理念，加强产地环境保护与治理

自然生态是有价值的，良好的自然生态在一定条件下会变成稀缺资源。深入推进农业绿色发展，要牢固树立生态就是资源、生态就是生产力的思想，坚决把保护自然生态放在优先位置。要紧扣农业投入品和农业废弃物资源化利用问题，建立工业和城镇污染向农业转移防控机制，健全化肥农药的农业投入品减量使用制度，完善农作物秸秆、畜禽粪便污染等资源化利用制度，建立健全废旧地膜和农药包装废弃物等回收处理制度。

第一，严防工业和城镇污染向农村转移。制定农田污染控制标准，建立健全法规标准体系。建立监测体系，统一规划，整合优化土壤、水质等环境质量监测网络。严格工业和城镇污染物处理和达标排放，依法禁止未经处理达标的工业和城镇污染物进入农田、养殖水域等农业区域。

第二，提高农业废弃物资源化利用水平。农作物秸秆要坚持因地制宜、农用为主、就地就近的原则，大力推进肥料化、饲料化、燃料化、原料化、基料化利用。畜禽粪污要以沼气化生物天然气为主要处理方向，以就地就近转化为农村能源和农用有机肥为主要使用方向。

第三，持续推进化肥农药减量增效。全面加强农业面源污染防控，科学合理使用农业投入品，不断提高使用效率，减少农业内源性污染。普及深化测土配方施肥，改进施肥方式，鼓励使用有机肥、生物肥料和绿肥种植。转变病虫防控方式，大力推广化学农药替代、精准高效施药、轮换用药等科学用药技术和高效低毒低残留的生物农药以及先进施药机械，深入推进病虫害统防统治和绿色防控，实现农药施用减量至负增长。

4. 坚持"山水林田湖草是一个生命共同体"的理念，养护修复农业生态系统

农业和环境最具相容性，稻田是人工湿地，菜园是人工绿地，果园是人工园林，梯田是人工景观，都是生态之肺。深入推进农业绿色发展，必须高度重视农业生态安全，将山水林田湖草作为完整的生态系统予以规划和管理，构建科学合理的农业生态安全格局。促进粮经饲统筹，农林牧渔结合，种养加一体化，第一、二、三产业融合，

重点构建田园生态系统，推进草原生态保护与修复，加快水生生态保护修复，林业和湿地养护等，实现农业永续发展。

第一，着力打造环境优美的田园生态系统。树立"山水林田湖草是一个生命共同体"的发展理念，不断优化乡村种植、养殖、居住等功能布局，积极拓展农业多种功能，着力打造种养结合、生态循环、环境优美的田园生态系统。遵循生态系统整体性，生物多样性规律，合理确定种养规模，建设完善生物缓冲带，防护林网，灌溉渠系的田间基础设施，恢复田间生物群落和生态链，实现农田生态良性循环。大力发展生态循环农业，着力推进农业资源利用节约化，构建点串成线、线织成网、网覆盖面的生态循环农业示范体系。

第二，全面加强草原保护建设。稳定和完善草原承包经营制度，建立草原生态空间用途管制制度，明确草原生态保护红线，完善基本草原保护制度，推进落实草原生态补偿机制。加强严重退化沙化草原治理力度，实现草原资源的永续发展利用。

第三，加强保护与修复水生生态系统。科学划定江河湖海的限捕禁捕区域，健全海洋伏季休渔和长江黄河珠江淮河海河等重点河流禁渔期制度，率先在长江流域水生生物保护区实现全面禁捕。积极采取流域内节水，适度引水和调水，利用再生水等措施，增加重要湿地和河湖生态水量，实现河湖生态修复与综合治理。大力加强水生生物自然保护区和水产资源保护区建设，继续实施增殖放流，推进水产养殖生态系统修复。不断加大海洋渔业生态保护力度，严格控制捕捞强度。切实加强自然海岸线保护，适度开发利用沿海滩涂，重要渔业海域禁止实施围填海，积极开展以人工鱼礁建设为载体的海洋牧场建设。

第四，全面加强林业和湿地养护。建设覆盖全面、布局合理、结构优化的农田防护林和村镇绿化林带。严格实施湿地分级管理制度，严格保护国际重要湿地、国家重要湿地、国家级湿地自然保护区和国家湿地公园。深入开展退化湿地恢复和修复，严格控制开发利用和围垦强度。加快构建退耕还林、退耕还湿、防沙治沙以及石漠化、水土流失综合生态治理长效机制。

(二) 加强乡村生态保护与修复

生态是统一的自然系统，是相互依存、紧密联系的有机链条。自然生态系统是人类社会的母体，人类生存需要自然环境提供水、空气、土壤和食物。人工生态系统和人类社会实现和谐稳定，需要经历一个营养物质循环、气候与水文调节、污染物降解的生态调节过程。这些物质条件和功能构成了包括人类在内的所有生物的生命支撑系统。健康稳定的自然生态系统能够为人类持续提供生命支持、生态调节、产品供给和文化娱乐等服务，对于维护生态安全和经济社会可持续发展具有重要意义。要以"山水林田湖是一个生命共同体"的发展理念为统领，优化国土生态安全的空间管制，统筹推进山水林田湖草系统保护与修复，国家生态安全屏障保护与修复和大规模国土绿化行动，持之以恒地保护好乡村生态环境，全面提升生态系统质量和稳定性。

1. 优化国土生态安全的空间管控

重要生态功能区和自然保护地在经济社会发展中发挥着巨大的生态支撑与保障作用。为确保生态产品与服务的持续供给，有效保障国土生态安全，应该采取以下几点空间管控策略。

(1)针对不同类型的生态功能区，采取面向生态服务功能的管理策略。

第一，水源涵养生态功能区。要严格控制区内人类活动内容及强度，鼓励发展节水农业；有效保护森林草地和湿地等生态系统以及冰川雪原；有效管护具有水源涵养功能的植被，增强水源涵养功能。

第二，土壤保持生态功能区。因不合理的土地利用，特别是陡坡开垦、交通矿业开发以及城镇建设等人为活动，导致地表植被退化，水土流失和石漠化严重。应严格执行退耕还林、退耕还草等生态工程，开展小流域综合治理；尊重自然规律，恢复和重建退化植被；调整产业结构，宜林则林，宜草则草，大力发展有利于土壤保持的特色产业。

第三，生物多样性保护生态功能区。要禁止威胁生物多样性的开发活动，特别是要禁止大型基础设施建设，严格控制水电开发；严格控制区内生物资源的利用方式和数量，减缓人类与野生动植物对生物资源利用的冲突；加强自然保护区建设和管理，建立科学的自然保护区体系；加强区内生物廊道建设，通过自然恢复的措施促进栖息地的恢复与物种的交流。

第四，防风固沙生态功能区。应保护好现有植被，建设防风固沙林草带；草地的利用要实行以产草量确定载畜量，从而达到草畜平衡；对草地沙化退化地区，实行以牧为主，封禁沙化退化土地。着力加强流域规划和综合治理，合理利用水资源，要从整个流域角度着手合理分配上下游用水量，确保流域关键地区有足够的水资源来维持固沙植被的生存。

第五，洪水调蓄生态功能区。坚决禁止在洪水调蓄生态用地围垦湖泊湿地，加快退田还湖，增加调蓄量；大力发展避洪经济，处理好蓄洪与经济的矛盾。

(2)完善土地利用规划体系，增加生态保护用地，实现生态功能区的落地。

要实现国土生态安全，需要与土地利用规划体系相接轨，从而将具有重要生态保护功能的土地落实到地块。建议在土地利用规划体系中，增加生态用地一级类型。进一步细化为水源涵养、土壤保持、生物多样性保护、防风固沙、洪水调蓄等二级类型。各地可根据生态系统服务功能的不同，对二级类型予以补充完善，增加海岸防护、河岸防护、城市绿地等其他生态支撑与调节生态防护用地类型，实现生态功能区的落地。保护乡村自然生态，加强乡村原生林草植被、自然景观、小微湿地及野生动植物栖息地保护，全面保护乡村自然生态系统的原真性和完整性。

2. 统筹推进山水林田湖草系统保护与修复

人类要实现绿色发展，就必须保护自然，保护好自然生态系统。要坚持山水林田湖草生命共同体理念，遵循空间开发以承载能力相匹配，聚集开发与均衡发展相协调，分类保护与综合整治相促进，资源节约与环境友好相统一的理念，统筹推进森林、湿地、流域、农田、草原五大生态系统保护与修复，着力优化空间组织和结构布局，着力提高发展质量和资源利用效率，着力增加绿色资源，提高生态承载能力，厚植绿色发展优势，实现格局优化、系统稳定和功能提升，实现整体保护、系统修复，打造多元共生的生态系统。

第一，加大森林生态系统保护与修复。在保护现有森林资源的基础上，加大国土绿化力度，努力增加绿量，优化树种、林分、林种结构，积极推广使用良种壮苗，积极营造异龄、混交、复层、近自然的多功能森林，及时对中幼龄林进行抚育间伐，利用林间空地补植乡土树种，促进天然更新，优化森林结构，培育健康稳定的多功能森林。加强濒危野生动植物和生物多样性保护，强化自然保护区，森林公园和森林旅游，森林康养基地建设，全面提升森林生态系统服务功能。开展乡村裸露山体、采石取土创面、矿山废弃地、重金属污染地等绿化美化。积极提升乡村绿化质量，坚持以水定绿、适地适树，构建优美森林生态景观。

第二，加大流域生态系统保护和修复。在重点流域全力推进环境综合治理，要加快推进重点流域水污染防治，对现状水质达到或优于三类的湖库水体开展生态环境安全评估，强化湖泊生态环境保护，加强重点湖库蓝藻水华防控。要加强水源涵养林、生态保护林等建设以及河道湖泊渠线等廊道绿化，增加绿化带宽度，合理优化配置造林树种，充分发挥森林在水源涵养、水质提升、水土保持中的功能和作用。围绕水源地和流域生态治理，荒坡全面造林，斜坡营造水流调节林，侵蚀沟营造水土保护林，河岸营造护堤林，水库旁营造固坡林，实现全国湖泊水库周边和河道渠道沿岸流域森林或廊道绿化全覆盖。

第三，加大湿地生态系统保护与修复。要全面加强湿地保护与建设，实行湿地资源总量管理，构建适应全面保护要求的湿地保护体系。在国际和国家重要湿地自然保护区、国家湿地公园实施湿地保护与修复工程，对功能降低、生物多样性减少的湿地进行综合治理，深入开展退耕还湿、退耕还滩、扩水增湿、生态补水，稳定和扩大湿地面积。深入开展污染和有害生物防控，修复受损湿地，恢复水生植物，保护生物多样性，改善湿地生态质量，维护湿地生态系统完整性和稳定性，着力提升湿地生态系统功能。

第四，加大湖泊生态系统保护与修复。一是减压发展。全面降低湖泊的生态环境负荷，开展湖泊流域城市人口和产业发展规模，调整产业结构，转变生产方式和经营方式，合理整合布局产业，实现经济与生态建设的协调发展；划定流域生产生活生态空间开发管制界限，严格控制新增污染性建设项目用地规模，严格控制临湖开发搞旅游，限制和优化农业化肥农药的使用。二是优化发展。适度扩大保护范围，充分考虑湖泊水资源和流域土地资源的承载力，充分考虑环境敏感性和环境容量。重新划定生态红线，所有产业和布局应离湖建设，借湖发展，加大离湖功能区的配套建设。三是综合治理。坚持让湖泊休养生息的理念，坚持一湖一策，全流域系统保护的原则。抓好源头预防、过程控制和末端治理三大环节，全面推进湖泊水环境治理工作。

第五，加大农田生态系统保护好修复。要完善和提升农田防护林体系，在道路河流沟渠两侧营造防护林带，重点栽植乡土树种，积极营造混交、乔灌搭配林带，着力提升防护功能，有效减少病虫危害。加强农田及畜禽养殖场周边污染土壤生态治理，大力栽植用材林，吸附降解土壤污染，促进生态修复。

第六，加大草原生态系统保护与修复。继续实施草原生态保护建设重点工程，大力保护建设基本草场；禁止开垦草原滥采滥挖等破坏草原的行为；推进草原绿色产业兴旺，大力发展生态产业、绿色产业和环保产业，逐步形成结构完善协同高效，第一、二、三产业融合发展的高质量草原绿色生态产业体系及现代经济体系，使人类发展行为造成的草原生态破坏逐渐减少。不断加强草原生态环境的治理与修复，推进草原生态系统结构合理，机制完善，功能高效，良性循环，进展演替。

3. 深入推进国土绿化行动

开展大规模绿化行动，就是要通过生态资源扩增量提质量保存量，不断提高生态产品生产能力，积极回应人民群众的所急所想所盼，让人民群众呼吸上新鲜空气，喝上干净的水，吃上放心的食物，还人民群众蓝天白云、青山绿水、繁星闪烁，为人民群众留住鸟语花香、田园风光。

实现应绿尽绿，增加生态资源总量。要进一步开展大规模国土绿化，以大工程带动国土绿化大发展；要保持较快的植树造林速度，进一步加强森林资源保护与管理，确保森林资源总量持续增长。要积极开展村屯街巷和庭院绿化，充分利用闲置土地见缝插针，因地制宜种植树木花草，加强农田防护林建设。既要做好"加法"，切实有效增加绿量，加大人工造林的力度；又要做好"减法"，科学合理利用，防止森林资源过度消耗。

高标准提升生态资源质量。要按照数量和质量并重、绿化和美化相统一的原则，实现国土绿化由数量扩张型向质量效益型转化，着力提升森林草原质量和生态服务功能。走科学生态节俭的国土绿化之路，坚持因地制宜，量水而行，根据水资源承载能力，宜造则造，宜封则封，宜荒则荒，宜林则林，宜灌则灌，宜草则草，实现自然恢复与人工恢复的有机统一。加强优质种苗生产，广泛选用优良品种和乡土树种，强化森林经营，实施森林质量精准提升工程，科学管理森林草原等自然资源，着力抓好低质低效林改造、退化林修复、退化草场改良，着力培育健康稳定的林草生态系统，不断提升林草资源质量和功能。加大社区、营区、校区、矿区、通道绿化美化，让越来越多的生产生活区成为绿色之区、生态之区、美丽之区，让越来越多的公路线、铁路线变成绿化线、风景线。让人民群众实实在在享受到绿色之美。

严格保护生态资源成果。严格执行《天然林保护修复制度方案》，全面落实天然林保护责任，保护好天然林资源。科学划定生态保护红线，严厉打击滥砍滥伐、滥捕滥猎、毁林毁草开垦、非法占有林地草原湿地等各种破坏生态资源的违法犯罪行为。加大古树名木保护力度，严密防控森林草原火灾和林草生物灾害，着力抓好有害生物防治和外来物种入侵。

（三）持续改善农村人居环境

实施农村人居环境整治，不仅可以改善农村人居环境本身，而且是深化农村基层社会治理改革的重要举措，更有着其日益凸显的时代价值。美丽宜居是乡村的颜值；记住乡愁是乡村的气质；补齐农村人居环境和公共服务短板，是乡村振兴的基石。推动乡村生态振兴，实施农村人居环境整治，必须始终坚持以人民为中心，全力组织推动，抓好重点工作。

1. 精心做好农村村庄村落规划

坚持全面规划的理念，擘画美丽宜居乡村蓝图。一是科学制定村庄村落布局规划和建设规划，坚持与土地利用总体规划、农村土地综合整治规划、农村住房改造建设规划、历史文化村落保护利用规划有机衔接。二是采取有针对性、可操作性、接地气的措施，予以不同规划，避免雷同；要对村庄村落建筑风格、村庄村落风貌乡土人情特色化产业等进行个性化指导，体现乡村风貌和特色，最大限度地保持原汁原味。三是规划方案要兼顾当前需求和长远发展，兼具乡土气息和现代理念，始终坚持做到"一村一品""一村一景""一村一韵"。四是对保留下来作为农村永久性居住地的村，要建设永久性卫生设施。五是按照布局合理、设计科学、风格独特要求，加强农村居住地的景观环境建设。六是以实施重大建设工程和重大行动为抓手，坚持绿色创新和重点突破，着力打造农民集中居住区、公共服务功能区、绿化景观休闲区和特色产业园区，建设美丽宜居乡村。

2. 全力推进农村生活垃圾治理

深入开展非正规垃圾堆放点排查整治，重点整治垃圾山、垃圾围村和工业污染上山下乡。统筹考虑生活垃圾和农业生产废弃物利用和处理，加强农村生活垃圾分类处理能力建设，合理布局垃圾分类处理资源化站点。鼓励农民形成绿色的生活生产方式，形成农民真心支持、主动参与、自觉分类的长效机制，提高垃圾减量水平。全面实施农村生活垃圾治理工程，逐步实现乡村垃圾收运处置全覆盖。要因地制宜，有条件的地区要大力推行适合农村特点的垃圾就地分类和资源化利用方式。构建村庄保洁长效机制，鼓励有条件的地方建立城乡统一的保洁机制，保障稳定的经费来源，设立保洁员岗位，优先安排家庭经济困难的劳动力从事村庄保洁工作。

3. 深入推进农村厕所治理革命

农村户厕改造主要有卫生厕所、无害化卫生厕所两大方向。卫生厕所指厕屋有墙有顶无蝇蛆无臭，粪池不渗不漏密闭有盖，适时清除粪便并进行无害化处理。无害化卫生厕所指具备有效降低粪便中生物致病因子传染性设施的卫生厕所。建设无害化卫生厕所是农村改厕的主要方向。要把厕所改造纳入各地的重点民生实事项目，选择推广适应地域特点、农民群众能够接受的改厕模式，加大改造投入力度，让农民既用得好又用得起，防止脱离实际。应遵循因地制宜、灵活多样的原则来推行无害化卫生改厕模式，实现粪便无害化处理和资源化利用。引导农村新建住房及保障性安居工程等项目配套建设无害化卫生厕所，人口规模较大的村庄应配套建设公共厕所。鼓励各地结合实际，将厕所粪便污染、畜禽养殖废弃物一并处理并资源化利用，将农村改厕与生活污水治理有效衔接。

4. 梯次推进农村生活污水治理

要着力加强农村水环境治理和饮用水源保护。根据农村不同的区位条件、村庄村落人口聚集程度、生产污水的规模，因地制宜采用污染治理与资源利用有机结合，工程措施与生态措施有机结合，集中与分散有机结合的建设模式和处理工艺。大力推动城镇污水管网向周边的村庄村落延伸覆盖。加强生活污水源头减量和尾水回收利用。在地理位置相对偏远的村庄村落，积极采取人工湿地、净化槽等方式，着力解决生活污水治理问题。要将农村水环境治理纳入河长制、湖长制管理，严格禁止工业和城镇污染向农业农村转移。

5. 深入推进乡村绿化美化行动

要始终将农村绿化美化纳入乡村整体发展建设和改善农村人居环境的工作布局，坚持高位推进，科学谋划，认真落实。要全面实施乡村绿化美化行动，大力保护乡村生态资源，尤其对乡村范围内的森林草原湿地、野生动植物等自然资源，要严格保护。要全面保护乡村绿化成果，持续增加乡村绿化总量，持续加强公共空间庭院绿化美化。构建山地森林化、道路林荫化、农田林网化、庭院花果化的乡村绿化格局和完整的村庄森林防护屏障，提升其生态功能。着力提升乡村绿化美化质量，逐步改善农村人居环境，提升农民生活品质，带动乡村旅游森林康养、特色林草产品发展，实现生态产业化、产业生态化，让广大农民共享绿化成果。

五、推进乡村组织振兴的实践路径研究

组织振兴是乡村振兴的"第一工程"，一个强有力的农村基层党组织是实现农业农村现代化的重要前提和根本保障。习近平总书记在参加十三届全国人大第一次会议生动代表团审议时提到，要推动乡村组织振兴，打造千千万万个坚强的农村基层党组织，培育千千万万名优秀的农村基层党组织书记，深化村民自治实践，发展农民合作经济组织，建立健全党委领导、政府负责、社会协同、公众参与、法治保障的现代乡村社会治理体制。这就指明了实现乡村组织振兴的根本路径和基本方式：一是要建强农村基层党组织，发挥农村基层党组织的战斗堡垒作用；二是要深化村民自治实践，增强村民参与治理的主动性和积极性，激发农村内生活力；三是要发展农民合作经济组织，解决小农户与大市场对接问题，发展集体经济，让老百姓真正获利；四是要完善乡村社会治理体系，安排配置好各层级组织在乡村振兴中的角色和任务，建好村民自治制度，加强农村法制建设，培育良好社会风尚。以下择要点进行简述。

（一）加强农村基层党组织建设

农村基层党组织是党在农村全部工作的基础，农村基层党组织建设是乡村振兴战略的首要问题，唯有加强基层党组织建设，才能把握乡村振兴的机遇，有效应对这一过程中的挑战。这是因为：

第一，我国正处在改革的攻坚期和发展的关键时期，要实现中华民族的伟大复兴，必须先实现乡村的全面振兴。党的十九大规划了乡村振兴的伟大蓝图，提出要建成产业兴旺、生态宜居、乡风文明、治理有效、生活富裕的现代化农村，并标明各个阶段的目标：2021年，农村基层党组织建设需要进一步加强，乡村治理体系、党的农村工作领导体制机制更加完善和健全；2035年基本实现农业农村现代化，乡村振兴取得决定性进展；2050年，达到乡村的全面振兴，实现农业强、农村美、农民富。农村基层党组织直接面对农民群众对美好乡村的向往和追求。因此，迫切需要提升组织力、凝聚力、服务力，更好团结带领农民建设社会主义新农村。

第二，乡村振兴，机遇与挑战并存，需要农村基层党组织攻克一系列障碍。随着城市化、工业化、市场化的发展，有的农村由于自身发展不充分、发展动力不足，许多年轻人背井离乡前往城市务工，导致田地荒芜、人才流失严重、"空心化"问题、老年化问题突出，出现了"农村衰败"的景象。有的村党组织责任机制不明确，责任界限模糊，组织软弱涣散，事事推诿，结果为"微腐败"、黑恶势力的滋生留下空隙；有的农村干部能力素养不强，站位不高，思想保守，缺乏创新变通意识，无法带领村民走富裕之路。当然，"三农"工作始终是我党工作的重中之重。近年来，中央和地方支农惠农力度加大，随着资本下乡、技术下乡，乡村旅游、农村电商等新模式层出不穷，为乡村带来了新的发展机会。在新的历史使命下，要体现农村基层党组织的领导地位，发挥战斗堡垒作用，农村基层党组织需要与时俱进，提高党员的思想站位和政治觉悟，突出政治功能；细化基层党组织的责任清单，加大监督和考核力度；优化党员人才队伍结构，创新治理方式，着力解决城乡发展不平衡，农村发展不充分的矛盾，切实为广大农民谋福利。

第三，加强农村基层党组织建设有利于发挥中央—地方协作的优势。农村开放程度日益增强，农民的思想观念和利益诉求呈现多元化"碎片化"的特点；我国幅员辽阔，各地的自然条件、历史条件千差万别，"一刀切"的方式显然不符合各地的实际情况。地方政府通常掌握丰富的本地信息，能够根据实际情况，把握自身的发展规律和特色，确定具体目标，凝聚共识，有效整合农村资源，服务农村经济发展。而中央拥有顶层设计的决策能力，能在国家层面上进行系统规划，整合统筹。一个强有力的农村基层党组织有助于结合中央和地方的优势，精准出击，对症下药，以民为本，解决农村发展的各种障碍。农村基层党组织要充当党与农民联系的桥梁，积极贯彻落实中央的各种政策方针，将中央的意见、思想动向传达给农民，并及时有效回应农民的诉求和期待。农村基层党组织的建强和壮大将为中央与地方分工协作，实现有效治理的目标提供坚实的基础。

农村基层党组织要做好政治建设、人才建设和制度建设，提升服务力、组织力和凝聚力，可以从以下方面着手：

加强基层党支部的政治建设，重视对农村基层党员的教育和管理。推进"两学一做"常态化，深入学习贯彻习近平新时代中国特色社会主义思想，增强"四个意识"，坚定"四个自信"；严格落实"三会一课"、组织生活会、民主评议党员、主题党日等制度，创新思想建设的方式方法，丰富党员的组织生活，增强党员群众的凝聚力和认同感。

乡村振兴关键在人。组织振兴离不开高质量人才的支撑。在乡村振兴的关键时刻，需要村干部，党员发挥敢为人先、主动作为、艰苦奋斗的精神，破除守旧的思想藩篱，带头创新，带头服务，充分发挥凝聚群众的主心骨作用。农村基层党组织扎根于农民之中，其发展离不开农民的力量，乡村干部要将民众意愿吸纳进党的政策执行之中，提升农村基层党组织的效能。要打造优秀的农村工作队伍，要先选好"领头雁"。可以从市镇各部门、事业单位等选拔优秀干部担任驻村"第一书记"。在人才引进方面，要注重选拔年轻的优秀力量，优化党员结构，为乡村振兴积累后备力量。可以从本土大学生、村里致富带头人、退伍军人等群体中物色村干部，让有责任心、有热情、有知识的年轻人参与到乡村建设中来；鼓励与企事业单位、大专院校建立引进机制，为农村工作注入新鲜血液。要开展一系列教育培训活动，建立科学实效、灵活多样、制度完善的农村基层干部教育培训体制，采取多种形式提高村干部的素质和能力。为了使人尽其才、才尽其用，要做好激励工作，建立容错机制，激发村干部的创造活力和工作热情。

在制度建设上，要健全党委统一领导、政府负责、党委农村工作部门统筹协调的农村工作领导体制。其一，完善责任机制，发挥五级书记的作用，压实各级领导的责任，打通横向纵向的界限，避免村委/党委，乡/市镇"两张皮"的问题；设置科学的考评奖惩机制，建立详细准确全方位的联合评价体系。其二，要充分建立"党员联系群众"制度，倾听民意，体察民情，坚持决策民主化，科学化；同时发挥农民的主体性，鼓励农民参与到农村工作的监督评议工作中来，拓宽村民民主表达通道。其三，要完善依法治村的制度体系，制定"小微权力清单"制度，规范村级权力运行，将权力关进制度的笼子；增强村干部和村民的法律意识，开展"法制进农村"活动，强调用法律武器解决问题。

基层党组织还应该充分提高自身服务能力和组织能力，突出政治功能，提高基层党组织的执行力和创造力。要建设好村级组织活动场所，打造党员群众议事中心、文化活动中心、教育培训中心和综合服务中心。对不同层次不同需求的党员提供个性化的政治关怀和人文服务。基层组织干部要按照"服务型党组织"的功能定位，在实践中不断强化服务功能，增强服务意识，改善服务态度和作风；密切联系群众，开展逐户走访，包户帮扶，及时反馈解决群众诉求，帮助群众和困难党员解决生产生活问题。在具体实践中，杜绝形式主义、官僚主义，将精力投入到为人民服务的一线工作中，解决好"最后一公里"的问题。

党的基层组织是党的全部工作和战斗力的基础。加强农村基层党组织建设，就是为实现乡村振兴、农业农村现代化提供坚实的组织保证。因此必须要重视发挥农村基层党组织的战斗堡垒作用，提升其战斗力、执行力和创造力。

(二) 深化村民自治实践

基层群众自治制度，是中国基本的政治制度。它与人民代表大会制度、中国共产党领导的多党合作和政治协商制度、民族区域自治制度一起，共同构成了中国特色社会主义政治制度体系。基层群众自治是农村和谐有序，促进广泛社会参与，凝聚力量和共识的重要路径。村民自治在乡村治理体系中处于重要地位，发挥着主体性作用。实施村民自治充分体现了人民当家作主，体现了社会主义制度的本质特征。在乡村振兴战略的总体格局之下，村民自治拥有更大的形式创新、实践创新的空间。其中党建引领村民自治，党建引领社区协商，就是行之有效的重要途径。

1. 坚持党建引领村民自治

村民自治最重要的是破解"群众如何发动"的难题。党建引领村民自治，要让村民在基层党组织的指导下，不断提高自我管理、自我教育、自我服务水平，保障村民当家作主。

农民经济合作组织在农业现代化中发挥着重要的作用，解决的是小农户与大市场对接的问题，是农业经营形态的创新。面对农产品销售难、管理方式粗放等问题，农民经济合作组织能够最大限度集中资源，将个体农户联合起来，共同面对变化的市场。在乡村振兴的背景下，农民合作社在乡村振兴方面具有主导作用。农民合作社有利于农业的规模化集约化生产，拓宽产业链，增加抗风险能力，提供更为多元化的服务；

有利于更好汇集信息，顺应市场形势的变化和消费结构的升级，生产更加适销对路的产品；有利于使技术人才资源的要素转化为资本收益，让农民直接增收致富。

首先，要凸显村民的主体地位，提高村民自我参与的积极性和主动性，增强自我管理、自我教育、自我服务的能力。村规民约的修订、村干部的选举都要充分尊重村民的意见；村党组织根据实际需要召开村民代表大会。让村民参与到乡村政治生活中，选举自己信任的人进入村委会，学会做自己的主人；让村民参与到村里大事小事的决策中，改变农村中"等、要、靠"的思想。

其次，要畅通村民民主选举、民主决策、民主管理、民主监督的渠道。坚持信息公开制度，确保村内信息，政策和工作透明，凡是涉及村民利益的事项，都要将议事结果、各项规定和政策全部张榜公示，接受村民监督，做到家喻户晓、人人皆知。

再次，要完善村民自治组织，基层党组织应该自觉将村民自治作为乡村治理的重要渠道，防止越俎代庖。其一，要形成多层次、科学有效、灵活精准的治理格局，创新工作机制。通过村民小组的形式建立村民理事会，使其成为商议、解决集体事务及公共事业的平台。还可以通过网格化管理、三级联动等方式，将乡村治理重心进一步下沉，纵深拓宽治理范围，形成乡镇政府、村民自治组织之间良性合作关系。其二，要通过党的统一领导和部署，链接村内的多元主体，搭建民主协商平台，完善民主协商程序。在组建村民理事会、委员会时，要注重引进村内乡贤、致富带头人、技术人才等才能出众、德高望重的村民代表，使他们发挥在各自领域的长处，提高自治组织整体素质，确保参与主体的多元化，代表不同群体的需求。其三，要不断提高农民组织化程度，将农民自治组织纳入乡村整体布局，形成统一有序高效的乡村治理格局。

最后，要达到治理有效的目标，离不开基层党组织对村民自治的科学合理的监督管理，避免过程不规范、权力集中等问题。基层党组织要充分认识到党的领导与村民自治组织的关系，明确各自的职能定位，形成有效互动、多元共治的局面；基层党组织还要充分发挥监督和管理的职责，严格按照村民自治章程、村规民约等规定的要求，使各自治组织和自治个体在法律框架内发挥各自的作用，行使各自的权力；协调好村内的集体经济组织、合作社、工商企业等各类经济社会组织之间的关系。

总而言之，村党组织要引导村民自治组织和广大群众发挥民主权利，凸显村民主体作用，使村民做到自主参与、民主选举，完善村民自治组织，达到治理有效的目标。

2. 让村民自治有效运转

村民自治实践要以群众为主体，聚焦乡村治理的难点、痛点和堵点，找到适合当前、适合自身的"最优解"自治模式，在实践中不断丰富完善和发展。在乡村振兴战略的具体实施过程中,可以从经济建设、政治建设、社会建设、文化建设和生态建设五个领域深化村民自治,让自治有效运转起来。

在经济建设方面,农村基层党组织需要支持、组织村民依法发展各种形式的合作经济,要大力培育新型农业经营主体,培育多元化农村基层集体经济社会组织,服务和协调本村生产活动,支持集体经济组织依法开展经济活动。

在政治建设方面,要发展农村基层民主。要建设好村民委员会,使其成为为村民谋福利求发展的服务型组织,体现村民意志,尊重村民的主体地位;鼓励村民依法广泛参与服务型、公益性、互助型的社区组织,例如红白理事会、产业协会、老年人协会等。要切实维护村民的合法权益,教育和引导各民族村民、合法宗教团体增进团结,互相尊重,互相帮助。

在社会建设方面,要发挥农民群众的自主力量,成立村民小组、公益小组、志愿者队伍等,对村内老年人、留守儿童、贫困户等群体进行帮扶,及时回应村民对基本公共服务的需求,维护邻里和谐氛围,调节邻里友好关系,对基层党组织的社会服务功能起补充作用,为村民解决日常生活难题。

在文化建设方面,要发展文化教育,普及科技、法律常识,倡导移风易俗,厚养薄葬。开展人民喜闻乐见、多种形式的社会主义精神文明建设活动,支持村民组建和参与老年大学、象棋社、舞蹈队等社团,让村民自主决定自主上报文化表演比赛等活动,丰富村民的精神文化生活。

在生态建设方面,要积极践行"绿水青山就是金山银山"的发展理念,依法引导村民合理利用自然资源,保护和改善生态环境;鼓励村民自发保护村内文化遗产、自然景观,为村民创造良好环境。

总之,深化村民自治实践,有利于破解农民参与不足、基层政府职能认识不到位、农村自治组织力量弱小等问题。将村民自治实践嵌入五位一体的总体格局中,最大限度地提高村民积极性,扩大村民参与面,发挥村民自治"四个民主""三个自我"功能,为组织振兴提供充足的动力。

(三)发展农民合作经济组织

发展集体经济,培育农民合作社,提高农民生产积极性和创新意识,是乡村振兴的应有之义。

我国对农村经济合作组织的尝试始于20世纪70年代末,实行市场经济后,为了适应市场需求,农民更加积极主动地参与"新型农村合作经济组织"建设,合作经济组织的功能逐步延伸到加工环节。进入新时代,党的十九大报告专门提及要巩固和完善农村基本经营制度，保持土地承包关系稳定并长期不变，农村经济合作组织发展迅速。农业农村部数据显示，截至 2019 年 8 月底，依法登记的农民合作社达到 220.7 万家，覆盖产业逐渐拓展，服务能力也有所提升。

虽然总体趋势向好，但在乡村振兴过程中，农民合作经济组织也面临许多问题。第一，农民专业合作社数量多，但是覆盖农户的比例很小，农民参与性不强。第二，一些合作社的竞争力和专业性不强，服务能力不足，远不能满足农民发展生产的需求。第三，现在农民增收的模式并非全部来源于农业农村，而是以外源性的力量为主，且存在利益分配机制不完善不合理的情况，难以达到使农民直接增收的目的，对农民利益的保护不够。第四，有的企业或村集体承担了大部分风险，负担过重，不利于农业产业的持续发展。第五，法律和政策环境还有待进一步完善，为农民合作经济组织的发展提供稳定的空间。针对以上问题，涌现出了不同的创新之举，可借助共享发展解决发展不平衡不充分的问题，利用形式创新培育新型农业经营主体，提供技术和人才保障，打造科学合理、稳定灵活的法律政策环境，走出有自身特色的产业发展之路。

1. 农民合作经济要实现共享发展

习近平总书记指出："共享发展是人人享有，各得其所，不是少数人共享，一部分人共享。"[①]在农业产业发展中，一方面存在利益分配不均等不平衡的现象，农民直接增收乏力，需要创新收益分享模式，完善利益分配机制；另一方面，针对村内贫困户劳动力，要为他们提供脱贫致富的机会，激发村庄的内生动力，使全村居民享受乡村振兴红利。

创新收益分享模式，构建适合当地的利益联结机制，有利于拓宽农民的财产性收入来源，打通资源变资本、资本变财富的渠道。利益联结机制是指"各经济主体之间在领域方面相互联系相互作用的制约关系及其调节功能"。因而，利益联结机制可以根据主体之间关系特点划分为利益调节机制、利益保障机制和利益分配机制。三者有机协调和共同作用，有助于约束各方行为，确保长期合作，构建良性的制度环境。近年来，我国多地根据自身历史条件和自然地理特点，实施"资源变资产，资金变股金，农民变股民"的"三变"模式，取得了显著成效。

资源变资产，就是用市场化的机制将分散的资源要素进行整合，用组织化的运作模式管理，实现收益共享。资金变股金，就是聚集资金要素，确保资金积累以及效益提升。农民变股民即着重提高了农民在土地增值收益中的分配比例，有利于培育农民

---

① 习近平：《习近平谈治国理政》（第二卷），北京：外文出版社 2020 年版，第 215 页。

的主体意识和市场观念。"三变"模式有效提升了资源的利用率和效益，增强了农村居民的参与度，激活了产权、资金市场等生产要素，进一步激发了农村经济社会发展活力。

除了外源性的资本技术组织支持，还可以借助村内结对帮扶等形式，激发村民自身致富的内生动力，为贫困户、留守群体参与乡村发展提供机会，增强乡村内部自身造血功能。

2. 农民合作经济要实现创新发展

第一，形式创新应当从实际出发，因地制宜，实事求是。选取有基础、适合当地自然条件历史条件的特色产业，坚持"一村一品""一乡一品"，避免出现大范围农产品同质化现象。通过实地调查、专家评估，选择发展适宜当地土壤气候等条件且符合村民意愿的产业和农产品。

第二，要综合配置农村的资源要素，推进第一、二、三产业融合发展，延长产业链，坚持"质量兴农，绿色兴农"，促进农村产业提质、增效、升级。许多农村产业仍然停留在初级农产品层次，市场价格低，品牌价值不足，难以与城市精加工产品竞争。为了实现品牌溢价增效，农村还可以利用电商平台为品牌创建和农业增收提高更多渠道，或者参加推介会、美食节、博览会等活动，打响自身品牌。

第三，要大力培育新型农业经营主体，在当地优势资源和特色产业基础上，广泛吸纳农民和各类新型农业主体加入农业合作社，扩大提高农民经济合作组织经营范围和层次，使多方关系不断发展。要从资金扶持项目安排等方面培育壮大农民合作社，增强带动贫困户的能力，提升合作社的市场竞争力。要建立激励机制，在整合好、用好涉农资金的前提下，对"产业优势明显，利益联结紧密，带贫效果突出的龙头企业，农民给予奖励"，补贴重点在发展前景好或薄弱生产经营环节，帮助其快速发展壮大。

第四，在引进金融资本、技术、现代设备下乡的同时，要警惕资本方与农民利益不对等带来的风险，完善相应的制度环境。其一，要建立相应的约束机制，严厉禁止企业圈占土地、造成环境污染、转嫁投资风险等侵害农民利益的做法。其二，要做好知识和法律下乡，让农民对各项政策以及资金收益方式等信息有更加清晰的认识了解；建立负面清单制度，维护法律权威和尊严，提升市场经营主体参与农业产业水平和质量。其三，要尊重农民的主体地位和首创精神，确保农民在自愿知情的前提下参与合作社、企业分红等。

第五，农村集体经济的发展离不开思想、技术和人才的保障。思想上，要发挥党建引领作用，把党组织建立在乡村企业上、农民专业合作社上。设定党员先锋示范岗，发挥党员先锋模范作用，推动组织优势转化为产业发展优势。技术上，要对农业项目进行相应的生产技术培训，提供政策指导、市场信息、销售渠道等服务，让农户少走弯路，降低生产风险，提升农民合作经济组织的专业化水平。人才上，要建立鼓励创新创业机制，调动当地生产大户、技术能人的积极性，让他们到相应重要岗位上发挥才能，提高乡土人才的致富能力和综合素质，发挥在产业生产方面的示范作用。同时，农村还要发挥帮扶资源优势，将上一级选派的专家人才充实到农业项目中作为技术指导，配合当地企业、合作社部署调度规划农业项目，形成强大推动力。

3. 完善乡村社会治理体系

党的十九大报告要求，加强农村基层基础工作，健全自治、法治、德治相结合的乡村治理体系。实现乡村振兴，基层治理有效是基础，必须发挥好党委领导、政府负责、社会协同、公众参与、法治保障等各方面的作用，进一步建立健全现代乡村社会治理体制。

当前，我国乡村治理仍然存在一些历史遗留的治理困境，面临乡镇政权与非正式组织/代理人之间的协同性和平衡问题，具体体现为国家直接治理绩效不足，基层治理缺位，乡村治理不足。伴随着全球化、工业化、城市化、市场化等浪潮，农村面临一系列挑战，如"空心化"、弃耕、老年化、留守问题。乡村振兴必须要重塑乡村的主体性，恢复乡村生活空间的地位。作为生活空间的乡村，应当提供更加完善，对接乡村实际需求的基础设施和服务，应当发展成为当地人共识的公共秩序，应当成为乡村文化发育的土壤。党的十九大报告提出要"健全自治、法治、德治相结合的乡村治理体系"，乡村治理的要求从管理民主变为治理有效，更加强调乡村治理的结果与程序正义民主的双重价值导向，自治、法治、德治涉及的各资源整合，以及乡村治理体系和治理能力现代化相结合。通过提升乡村治理能力，打造乡村治理体系，实现国家治理重心下移。在乡村治理过程中，要发挥社会组织作用，实现政府治理和社会调节，居民自治良性互动。乡村治理不仅需要农村基层党组织的参与，还要充分吸收国家、市场、社会等方面力量共同参与，协同共治。实现多元治理主体对社区公共事务各司其职、各负其责，打造充满活力、和谐有序的善治乡村，形成共建共治共享的乡村治理格局。

第一，要确保党始终总揽全局，协调各方，提高新时代党领导农村工作的能力和水平。基层党组织在农村社会治理中处于领导核心的地位，发挥着凝聚民心、发动群众、引领发展的作用，是农村社会治理的领导者、推动者和实践者；是落实党的目标任务，实施党的方针政策的根本组织保障。要坚持把党建作为引领发展、推进基层治理的"牛鼻子"，确保党的全面领导落实到基层工作。加强乡村治理的信息化建设，利用互联网技术和媒介平台，建立当地的"减贫数据库"，创新基层治理方式，提高基层治理效率。

第二，要建好村民自治制度，增强农村居民社区参与意识，支持农村社会组织活动开展，实现"三自""四民主"。坚持村级重大事项决策实行"四议两公开"，引导农村基层组织，社会组织和村民有序参与政治生活。发挥好各级组织协调合作的作用，使村"两委"协调良性运转；尊重人民群众的主体地位，发挥村内乡贤等各类人才在乡村振兴中的作用，为群众办好事。

第三，要秉持法治精神，维持乡村公共秩序。大力推进法治文化进乡村，引导村民尊法懂法守法用法，为乡村建设营造良好的法治环境。完善法治文化广场、农民夜校、法制宣传画廊、法律图书室建设等，使法制宣传教育常态化。引进法律顾问、基层法律服务工作者等主动承担农村法律顾问工作，建立基本法律服务体系，提供优质高效的法律服务。要指导修订村规民约，特别要处理好农村非正式规则与正式法律文本的关系，系统梳理和修改完善有关规章制度和行为准则，切实引导广大农民群众的日常行为。

第四，要营造良好社会风尚，注重保护乡村独特的文化生态，树立良好乡风。乡村振兴不仅要增加乡村的物质财富，还要丰富人们的精神生活，重建乡村居民的精神家园。可以开展文艺表演、广场舞、读书会、下棋等群众喜闻乐见的文体活动，丰富乡村居民的日常生活。发掘新乡贤文化、民俗文化、孝文化等乡土文化资源，拯救保护当地的本土文化；邀请专家学者口述历史，进行民俗文化研究，举办庙会赛龙舟等各种传统文化活动，尽可能保留乡土特色。推动移风易俗，践行社会主义核心价值观，在农村广泛开展文明家庭创建活动，做好公共卫生建设，形成讲文明除陋习树新风的良好社会氛围。

第五，加强农村的基础设施建设，使农村的基础设施和各类公共服务满足村民的基本要求，切实做到"两不愁，三保障"，创造良好的农村经济政治文化社会和生态环境。要进一步加大农村公共服务建设，增强村民的自豪感和归宿感。要创造更多当地就业机会，让村民能够在家门口就业，做到离土不离乡。

习近平总书记指出："治理和管理一字之差，体现的是系统治理，依法治理，源头治理，综合施策。"[①]乡村治理不仅是简单的行政手段上的管理，还包括社区治理能

---

① 中共中央文献研究室：《习近平关于全面建成小康社会论述摘编》，北京：中央文献出版社 2016年版，第 142 页。

力和治理体制、服务能力与服务体制、文化建设与价值重构三方面内容的结合，需要系统思维、精准思维、辩证思维和整体意识。以自治为目标，以德治为保障，以法治为支撑，以农村社区文明祥和的愿景，提高村民参与的积极性，重建乡土意识，完善服务设施，增强法律意识，提高社会治理社会化、法治化、智能化、专业化水平，使农村社区充满活力，有条不紊，成为农村居民的生活和精神家园。

乡村振兴的"振兴"意为活力，充满生机。实现组织振兴，就是破解怎样提高农村组织的可持续发展的动力与创新力的问题。组织振兴需要农村基层组织充满活力，成为乡村振兴的组织保障和政治基石，需要农村干部有干劲有能力；组织振兴需要农村自治组织充满活力，需要村民进行自我管理、自我教育、自我服务，实行民主选举、民主决策、民主管理、民主监督，让农民发挥主观能动性，积极参与农村建设；组织振兴需要农民经济合作组织有活力，发展集体经济，培育新型农民合作组织，夯实农村物质基础，强化农村产业支持；组织振兴需要动员社会力量，从国家社区市场中汲取活力因子，立足于"自治，德治，法治"的基础，确保农村充满活力、和谐有序。这四条根本路径彰显了国家顶层设计的治理智慧。要达到农村治理有效、充满活力的目标，还需要我们在实践中处理好顶层设计和分层对接的关系，注重乡村经济建设、政治建设、文化建设、社会建设和生态建设各个领域协调推进、相互作用，提高乡村治理能力和现代化水平，把握全局，完善乡村治理体系。

六、相关链接：赤壁在乡村振兴中崛起

借力华润　示范园区扬帆起航

赤壁作为中蒙俄贸易开放源地和武汉都市圈重要成员，具有独特的区位优势。赤壁是中蒙俄贸易开放通道的商贸源头。茶马古道开通于汉朝，三国时期蒲圻茶业已饮誉江南；及至明、清两代，赤壁茶已远销整个亚、欧大陆。在丝绸出口和茶马交易中，赤壁始终是鄂州、岳州两大市场口岸的源头。特别是唐宋以来赤壁成为茶马古道上的源头和起点。而今武汉一带一路节点城市作用凸显，武汉是中欧班列内陆主要货源地节点和主要铁路枢纽节点城市，中欧班列(武汉)已覆盖欧亚大陆34个国家、76个城市，重箱率位居全国首位，已经形成国家对外贸易的重要枢纽，对赤壁的辐射效应更加突出。

在双循环发展的新形势下，赤壁又是支持武汉建设内陆开放的新门户城市。武汉将成"双循环"在内陆开放的新门户，持续强化的"交通强市"战略，枢纽优势明显；同时基础设施完善，已经建成全国供应链管理枢纽；由于培育领军型大平

台、大项目，形成了集群规模效应；通过推动新一代新技术应用，抢占了"新贸易"制高点；以贸促产，以产带贸，将使武汉形成"双循环"下的"双轮驱动"。天时地利，给赤壁带来发展的新机遇。

2020 年 8 月 19 日，为了深入贯彻习近平总书记关于统筹推进新冠肺炎疫情防控和经济社会发展工作的重要讲话和重要指示精神，落实国务院国资委《关于积极支持湖北省应对新冠肺炎疫情影响促进经济社会发展的措施》，华润集团有限公司与湖北省人民政府签订了战略合作框架协。2021 年 2 月 4 日，华润电力与咸宁市人民政府、赤壁市人民政府，就赤壁长江经济带乡村振兴示范区、华润电力蒲圻电厂扩建三期、咸宁百万千瓦清洁能源基地三个项目签订了正式投资协议，计划投资总额超过 600 亿元。其中，华润·赤壁长江经济带乡村振兴示范区投资 500 亿元。

示范区地处江汉平原与幕府山脉的连接点，京港澳、武深、武洪、武松、武监、江北等高速公路的交汇点，赤壁、洪湖、临湘、嘉鱼四县市的结合部，主体规划区 64.02 平方公里以及赤壁古战场 0.56 平方公里、港口 2 平方公里，涉及四个乡镇场、12 个村级组织、54 个村民小组，总户数 3926 户、15982 人，土地确权总面积 10.2 万亩，其中，水田面积 33559.3 亩，旱地面积 12857.3 亩，山林面积 28603.8 亩，水面面积 17883.6 亩，其他土地面积 9345.3 亩。

示范区以国际标准建设"生态为基、产业为核、文化为魂、智慧多元"的中国最前沿模式的乡村振兴示范区和全国样板，构建由农业派生出来一二三产融合发展的绿色产业生态圈，探索现代农村农业发展路径，创新"企业+政府合作共赢模式"，建设全球高品质的内陆开放国际级文化旅游目的地、国家高标准的未来乡村发展样板区、长江经济带高质量的绿色乡村发展示范区。赤壁市高起点的发展将支撑中部崛起和特色化增长极。

以农为本　现代乡村产业迎风初绽

乡村产业是乡村振兴的基础。作为以农业为主体的城市——赤壁，始终坚持以农为本，构建现代乡村产业体系。为防范"非农化""非粮化"，确保耕地总量不减少，质量有提升，打造出以"三个万亩""四个千亩"作为一产龙头项目，并从种植入手，推动由一产到 1.5 产的演进，增加农业体验项目。

一、打造"三个万亩"项目：1. 万亩高标准农田。高标准农田建设区域(现代农业示范基地)进行土地整理后约有耕地 28777 亩，其中集中连片的太平口现代农业基地、汤家咀现代农业基地、小柏山稻虾共养示范基地。三个功能组团总面积 18572 亩，其中可整理出高品质耕地约 12000 亩，围绕七彩稻种植基地、稻虾稻蟹共养、蒲圻儿童农场、田间民宿聚落等项目，进行高标准农田建设。2. 万亩中药材种植。利用原有的部分林地、园地规整后进行中草药种植(水生药材、竹林药材、喜光药材、林下药材、现代中医药展示区)，形成集中的六个中草药种植区块和水生中草药种植区，集中进行中草药种植面积8300亩，其余区域可进行中草药、粮食作物套种、间种，中草药种植总面积可达10000亩。3. 万亩水产养殖。养育四大家鱼、甲鱼、黄鳝等、水生经济作物等。

二、建设"四个千亩"：即现代蔬菜基地(现代设施蔬菜)、现代林果园(果香园、鲜果工坊、水果文创店)、特色茶园(茶香小镇、茶香苑、品茗馆、茶园体验帐篷民宿)、渔光。整理耕地、园地、林地进行现代蔬菜种植，用于蔬菜种植的面积约2000亩，位于沧湖北岸。现代蔬菜基地采用立体套种技术，种植高品质高附加值蔬菜，结合乡村文旅开展采摘活动。分为两个片区，每个片区种植面积约为1000亩。

同时，赤壁结合农业农村基础，延伸二产绿色化发展产业链，构建以稻米加工、果品加工、水产品加工、茶叶加工的绿色食品产业园，智能设备、新材料、电子元器件、智能家居、生物质能源的绿色能源产业园，水体治理、淤泥处理、环保建材的绿色建材产业园，中医药加工、保健食品、农民职业培训、种子基因库、中医药博物馆、药食同源实验室的中医药产业园，以"四大产业园"为重点，推进农业产业延伸发展。

赤壁还积极探索新型农村发展模式，以农为基延长服务业链条。以乡村建设行动为抓手，以公共服务(民教育、康养培训、企业团建、高等院校、科技研发)、商业服务(购物中心、商业集市、零售商业)、文旅服务(三国潮流文化体验、高端酒店、时空小镇、特色美食、主题民宿)、康养服务(远程医疗、健康管理、康复养生)为载体，推进现代服务业发展。

示范区以产业带动乡村振兴，以公服提升实现生活升级，直接提升区域内4000户、1.5万名村民生活水平，间接提升周边乡镇2万名村民生活水平，预计吸引和直接服务近10万人。

坚持绿色发展，打造长江经济带生态发展标杆

山水相依，林田交映，赤壁是一个自然环绕的栖息之地、深入心境的生态绿谷，自然景色优美，物产资源丰饶。区域内有松柏湖、沧湖、清江寨、国公湖及大佐湖，共五座大湖；此外还有小佐湖，前进湖及羊角湖三座小湖。示范区水域面积1753公顷，占总面积28%。依托丰富的湖泊资源可发展各类生态休闲项目。赤壁依托千亩茶叶种植，凭借优越的自然环境以及华润的品牌支撑。通过茶文化

创新，推动赤壁茶文旅品牌建设；从旅游景观、度假等角度，依托集团优势，打造高端茶休闲旅游胜地。区域温泉出水口位于赤壁镇石头口社区二组。出口水温59度，日出水量500吨，富含锶、氡、氟等微量元素，医疗康养贡献显著，可为示范区发展医疗、康养、文旅提供优质资源。赤壁温泉不仅矿物质含量丰富，而且构成巧妙，比例适中，特色显著，是一处极为稀少珍贵的医疗矿泉。区内长江鱼等水产更加成为优势特色农产品。沧湖每天销售鱼苗40000公斤，鱼苗年产量80万公斤。2500亩精养鱼池水面产值达到2300万元，105户农户受益，户年均增收6万元。区域内以各类瓜果为产业发展基础，现状果园面积约2000亩，种植了哈密瓜、西瓜、桑葚以及黄桃。其中汤家咀村的桑葚、普庵村以及周郎咀的黄桃种植已成规模，每年吸引众多游客前来采摘。

以三国文化为代表的文化资源声名远播，因《三国演义》而兴起的"三国文化热"，本质是一个传统的文化IP；三国文化旅游的发展潜力巨大，以资源共享、市场共拓、信息共通推进示范区与三国古战场协同发展，打造三国文化创意聚集区。

特别是赤壁市位于中三角的中心，具有优越的区域位置，增加体验型旅游项目，与周边产品错位发展，承接大都市圈的旅游客群，打造"中三角"的度假后花园。

在推进乡村振兴战略的背景下，赤壁充分践行"两山"理论，构建产业生态化和生态产业化的生态经济体系，推动绿色低碳发展。赤壁属于国家限制开发区中的农产品主产区。要求深入实施乡村振兴战略，发挥农村生态资源丰富的优势，把绿水青山变成金山银山。赤壁是长江经济带绿色发展节点，以长江黄金水道为依托，发挥武汉核心作用，以沿江主要城镇为节点，构建沿江绿色发展轴。

赤壁交通区位得天独厚，作为武汉都市圈成员，可以承接优质旅游资源和产业资源。1小时交通圈促进武汉都市圈一体化发展。一大批重点项目的推进和武汉旅游资源外溢效应，将带动周边城市旅游产业发展，为赤壁带来一体化红利。

立足高远示范园区风景会更好

示范区建立之初，周边公共服务设施匮乏并且分布不均：主要公共服务设施集中在赤壁镇内，包括两所学校、医疗卫生机构、政府驻地等，场地5公里缺乏公共服务设施，无法满足组团需求的大型公共服务设施，示范区范围内学校、养老设施、福利设施均处于空白，旅游服务设施均位于赤壁镇，但品质不高。

为此，赤壁在打造示范区的同时，注重基本公共设施的建设，提升农村基本公共服务水平。

（1）构建乡村社区生活圈。面对农民生活基本需求，增加乡村远程医疗中心、健康管理中心、康复疗养中心(含养老)、教育及文化中心等基本公共服务设施。面对农业生产现代化需求，增加管理中心、大数据中心等为农业现代化提供高质量的发展支撑。

（2）提高文化振兴实力。面对文化旅游提升需求，增加乡村旅游接待中心、时空小镇(老街商业服务)、乡村医养酒店、乡村民宿等重要载体。

（3）推进村庄更新和提升改造。分城镇融合集聚提升、搬迁撤并等措施。安置周郎嘴、小柏山、普安村3个村庄，保留提升太平口、汤家咀。结合建设时序分为三期进行村庄整治改造，采用"原址提升改造，就近就地安置，生活品质提升"的原则进行。一期安置人数732人，安置面积4.4公顷，一期拆迁安置村组严格控制近期自发建设，集中安置于公共服务中心组团的居住区内。二期安置人数3620人，安置面积22公顷．二期拆迁安置村组适当限制近期自发建设，分为四个拆迁组团，各自搬迁至规划组团附近的居住片区，与康养社区共同建设。三期安置人数2788人，安置面积16.7公顷，三期拆迁安置村组不限制近期建设，分为两个拆迁组团，各自搬迁至备用发展区。

目前，示范区正按照"4+3+3"的时序稳步推进，形势喜人，前景可期。

一期建设四年，以生态治理和农业开发为主，配套基础设施建设。一是生态建设，结合渔光互补项目进行湖泊水生态治理，打造整体优美环境；二是产业为核，结合现代农业产业建设，导入中药材种植、研发、加工、展示等，启动工业板块；三是人才就业，部分用地调整后就近安置村民，同时提供满足就近需要的部分居住用地，吸引人才；四是完善基础设施，优化乡村基础设施，为农民提供良好的居住环境。总投资约为220亿元。

二期建设三年，采取点状的建设模式，以项目带动建设。进一步推动产业发展，提供农产品增值途径以及农民就业新路径。提升企业员工素质，开展集培训、康养、医疗等于一体的高端定制化培训。依托现有老街进行修复建设，依托三国古战场打造三国文化展示地，提供乡村休闲服务，注重片区景观提升，增加休闲娱乐建设。二期建设产业为核，提供就业导入人才，开始引入文旅康养服务，完善基础设施建设，总投资约为150亿元。

三期建设三年，全面提升乡村振兴水平，打造全国知名的示范区强化品质，塑造品牌：经过前两期的运营，保证示范区的可持续增长。三期主要是强化服务品质，吸引周边地区的人群前来落户。打造示范区宜居宜业宜游的品牌。三期建设提供完善的休闲和公共服务，进行产业提升和乡村全面振兴，总投资约为130

亿元。

示范区建成后，将产生巨大的经济效益和社会效益。

示范区以农业产业、生态产业、文旅产业，作为发展基础。随着农业种植技术推广，以及经营收入的增加，农民人均收入水平将获得较高增长，提高农民生活质量。直接提升4000户，1.3万名村民生活水平，人均从2.23万元/年增长到5.38万元/年，辐射周边乡镇间接发展。

能够快速增强城市吸引力，塑造有品质、有温度、有口碑、有活力、有魅力的"五有"康养文旅品牌，吸引文旅、康养、迁移人口，拉动旅游经济，成为周边康养目的地，成为江北地区人口迁移目的地，示范区能够容纳2万名迁移人群并提供就业。同时引进高等教育培养科技人才，发展职业教育培养产业人才。整个示范区能够容纳1万名高校学生2000名教育科研相关从业人员，成为企业人才培养摇篮；预计吸引80%以上打工人员返乡，聚集乡贤成为乡村振兴的带头人。

通过对生态修复湖泊治理，将赤壁打造成为长江经济带绿色发展标杆；优化生态宜居环境，提升生态文明水平。随着农业种植技术推广，以及经营收入的增加，农民人均收入水平将获得较高增长。

推进乡村三变改革，将资源变资产、村民变股民；创新合作共赢机制，推动当地农民、入驻企业、政府三方形成可持续的合作共赢模式。总之，示范区将引领赤壁经济社会发展，成为"十四五"发展的新增长极和主战场。

思　考　题

1. 如何加快培育乡村产业促进农村产业融合发展？
2. 怎样实现人尽其才？
3. 如何积极挖掘文化资源，弘扬传承传统文化？
4. 简述对乡村生态保护与修复。
5. 如何深化村民自治实践？

第六篇　乡村振兴案例研究

实施乡村振兴战略是实现中华民族伟大复兴的中国梦的重大举措，也是一条漫长且充满艰辛的道路，意义深远，举世闻名。古语有云：路虽远行则将至，事虽难做则即成。勤劳智慧的中华民族，从来就有不惧任何艰难险阻，咬定目标执着前行的韧劲，写就了一部部惊天动地的历史华章。同样，面对乡村振兴战略这一前所未有的伟大事业，他们在探索中学习，在学习中探索，创造出了一个个现代奇迹，演绎出了一篇篇精彩故事。在此我们试图通过乡村振兴案例研究专篇把它们展现出来，以资大家在实践中借鉴。由于版面有限，加之永远在路上的乡村振兴战略实践会不断涌现更加鲜活的情节，我们无法尽收眼底，只能拾取其中的几朵浪花，略加品味。

当然这些案例仅仅是发生在特定环境，特定地域事情，可以仿效或依据，但不可机械的复制或照搬。这是学习案例的基本原则。

乡村振兴案例研究专篇分为两个部分。第一部分为国外乡村振兴案例，遴选了德国、日本、美国、荷兰、韩国、新加坡等国的做法，从更加广阔的视角上进行研究。

第二部分为国内的案例，我们按照产业兴旺、生态宜居、乡风文明、治理有效、生活富裕、人才建设、组织领导分别列举了上海、福建、河南、山东、黑龙江、湖南等省以及湖北省的仙桃市、赤壁市、钟祥市、京山市、东宝区、掇刀区等案例，这些案例本土特色浓郁，具有现实的借鉴意义。

一、他山之石：国外乡村振兴案例

（一）荷兰：独特的土地治理模式①

提到荷兰，我们就会自然联想起闻名全球的郁金香产业和库肯霍夫郁金香公园，

---

① 《荷兰的土地治理模式与乡村振兴》，腾讯网，https://new.qq.com/rain/a/20211004A0A7V400，2021 年 10 月 4 日。

还有荷兰的羊角村，都是荷兰农业发达的高度体现，也是吸引游客的重要窗口。

"以农业为中心的旅游业"，这句话在荷兰具有独特的实践意义，本身也是和荷兰的国情相联系的。

荷兰的国土面积仅为 4 万多平方公里，却成为仅次于美国的世界第二大农业出口国。

地少人多、资源匮乏，从 20 世纪初就开始了农村土地整治，荷兰的土地整治历史就是荷兰农业发展史，同时也贯穿了荷兰乡村发展史。

大致可分为这样几个阶段：

第一，20 世纪初，荷兰的农村土地整治以提高农业生产力为目标，实行机械化耕种、规模化农业生产。

第二，20 世纪 60—70 年代，荷兰为发展现代化农业，进行全域土地整治，合并农村土地，统一规划建设，调整农业产业结构，建设乡村农业基础设施。

第三，20 世纪 70 年后期，由于农业大规模整治破坏了传统乡村景观，荷兰耕地整治从只关注农业发展转向可持续农业、乡村旅游和服务业开发等综合发展（董祚继，2018）。

近年，荷兰乡村发展战略又迎来更多的目标，要求乡村土地整治需要更加全面和综合，兼顾环保、节约、生态保护等政策要求。

可见，对于土地整治这项专业化极强的工作，荷兰的发展路径可谓非常清晰，每个阶段都有不同的发展目标，有针对性地强化某个目标，有侧重有重点。

在土地整理的过程中，从最开始的追求效率和生产力提升，到乡村的基础设施建设，再到产业结构的调整和乡村生态环境的改善，可谓工作非常细致，有着精细化的管理目标。

所以，从这个意义上来讲，荷兰的土地治理，是一种精简集约型的模式。在国土面积不大、乡村资源相对匮乏的国家，通过整合现有农村资源，充分发挥地区优势，促进农村社会的和谐发展。

荷兰注重法律的规范和引导，有专业的法律法规做支撑，并且与时俱进地进行调整和迭代。

早在 20 世纪 50 年代，荷兰政府就颁布实行了《土地整理法》，明确了政府在乡村治理中的各项职责和乡村发展的基本策略。

在此之后通过的《空间规划法》对乡村社会的农地整理进行了详细的规定，明确乡村的每一块土地使用都必须符合法案条文。

1970 年以后，荷兰政府重新审视了农地整理的目标，通过更加科学合理的规划和管理，避免和减少农地利用的碎片化现象，实现农地经营的规模化和完整性。

从荷兰农地整理推行的发展方向来看，政府已经改变了过去单方面只强调农业发展的单一路径，转向多目标体系的乡村建设。这种模式通过对乡村的精耕细作、多重精简利用的方式，到规模化和专业化的经济社会效益。

案例的启示意义：如何解决地少人多、资源匮乏的现实问题，荷兰的做法值得我们学习和借鉴。可以说，荷兰的乡村振兴，很大程度上是从土地整理开始的，在其多年的乡村发展实践中，将土地治理与农业发展、景观营造、旅游等结合起来，成为重要的推动荷兰农业发展的重要力量。在精简集约型模式运作下，一方面促进了农村经济的发展，保护了乡村地区的自然生态环境；另一方面也达到了村庄城市化、可持续性发展的目的。

(二)韩国：上下协同型"新村运动"[①]

20世纪60年代韩国经历了与日本类似的发展阶段，出口导向的工业化发展背景下，城乡差距拉大，农村社会的颓败直接导致国内消费市场的萎缩，粮食进口增加也带来了潜在粮食安全问题。迫于经济社会的可持续发展，70年代初，韩国政府主导推动了上下协同的"新村运动"，以期在改善生产生活性基础设施、提高公共服务供给水平的基础上培养农民现代化意识，改变农村贫困落后的现状。

"新村运动"初期，政府加强了农村倾斜发展政策的顶层设计，通过建立生产基金、免费供给水泥钢材等物质生产资料的方式改善农村生活环境。有限补偿、择优资助的财政支持政策有效激发了农村居民参与新村建设的主动性。根据农民参与新村建设的主动程度，政府制定了"基础村庄—自助村庄—自立村庄"的三级村庄升级制度，级别越高的村庄可获得更多的资金物质支持，财政资金的撬动作用也借助该制度发挥到了极致。在道路建设、农田水利改造的过程中遇到的土地占用等问题均由村民协商讨论解决，存在大量捐赠土地、无偿投工投劳、资金自筹的现象。基础设施改善后，韩国农村进一步采用"政府动员与社会组织双轨提升"的模式培育其自主发展的内生力量。通过兴建村民会馆，下派官员及专家学者到农村与村民同吃住、共同培训讨论的方式深化官民互助意识。举办综合性的科学文化讲座，提升农民综合素质，改变其生活生产习惯，为现代化建设奠定基层人力基础。开展农技研修班，推广农业生产经营管理技术，强调农村妇女在遏制农村社会赌博等陈规陋俗及合作社销售经营活动中的管理能力培养。培育新村领导人，组建独立于村长的发展委员会体系，联合民间组织

---

① 邓文钱：《韩国"新村运动"的成功经验》，《学习时报》2013年12月17日。

等新兴社会力量共建"新村振兴"组织框架。农协作为新村运动的重要组织力量,为农民提供农产品的统一销售和资金低息贷款活动,降低农业生产交易成本。20世纪80年代"新村组织培育法案"通过后,韩国乡村振兴进入农村社会自主管理的自主性阶段。

韩国"新村运动"以政府的非强制性动员为发端,遵循乡村共同体内部的基本社会结构和秩序规则,赋予农民适当的自主发展决策的权利,强化各主体振兴乡村这一目标的一致认同,促进政府与社会双主体力量的深度融合协同,最终进入农民主导的乡村自主性发展阶段,这一乡村振兴过程也是循序渐进培育农村内生增长动力的过程。

韩国作为东亚重要组成部分,为我们展现了典型后发型国家的工业化历程。随着工业化进程的日益深化,其城乡差距也越来越大,成为"压缩式"发展最突出的"后遗症"。因此,城乡关系的妥善处理,激活传统乡村,推行乡村组织化,进而推进乡村振兴具有非常重要的现实意义。

随着韩国现代化步伐的加快,乡村振兴社会政策逐渐成为韩国处理乡村振兴问题的重要手段。韩国作为东亚各国乡村振兴社会政策推进的"居中者",其乡村振兴社会政策从乡村振兴产业政策中衍生分离后,形成确立了乡村振兴社会政策体系,在乡村振兴过程中发挥着重要作用。尽管中韩两国在乡村规模和类型、城乡二元结构、土地所有制、政策运作方式等方面存在诸多差异,但是两国在小农社会、"赶超式"工业化、社会文化传统、以村为中心的基层体制等方面也具有较强的同质性。毫无疑问,韩国从传统迈向现代的具体进程中的乡村变迁过程,尤其是这一过程中乡村振兴社会政策的形成与实践是值得我们关注的领域。这不仅为中国的乡村振兴提供一面"镜子",也能够丰富中、日、韩等东亚各国乡村振兴社会政策比较研究。梳理东亚乡村振兴的经验教训及其运行规律,提炼出乡村振兴的东亚模式,能为世界现代化进程作出独特的贡献。

(三)新加坡:发展都市农业[①]

放眼新加坡,一片繁华奋起之景,城中绿地多,根本看不到一片农田。新加坡人根据土地面积少的特点,造就了这个城市农业发展的特殊结构。在种植业结构上,大力发展果树、蔬菜、花卉等经济作物;在产业类型上,以高产值出口性农产品如

[①] 《新加坡农业的乡村振兴新干法》,农业行业观察,http://www.nyguancha.com/bencandy.php?fid=64&id=17728,2022年11月2日。

种植热带兰花、饲养观赏用的热带鱼等为主；在粮食结构上，主要限于鱼类、蔬菜和蛋类的生产，蔬菜仅有 5% 自产，绝大部分从马来西亚、中国、印尼和澳大利亚进口。

1. 高集约型农业科技

现代集约的农业科技园是新加坡都市农业重点的都市农业发展模式。其发展以追求高科技和高产值为目标，以建设现代化的农业科技园为载体，最大限度地提高农业生产力。农业科技园的基本建设由国家投资，然后通过招标方式租给商人或公司经营。每个科技园内都有不同性质的作业，如养鸡场、胡姬花园（出口多品种胡姬花）、鱼场（出口观赏鱼）、牛羊场、蘑菇园、豆芽农场和菜园等。这些农场应用最新、最适用的技术，以取得比常规农业系统更高的产量。

2. 创意垂直农场

提起新加坡现代化都市农业，不得不提其创意"垂直农场"。这一节能环保型农场的动力能源取自太阳能、风力及不可食用的植物废料，并用污水来灌溉。人们还可以在封闭的灌溉系统中循环用水以减少用水量、避免径流造成土肥流失。占地 3.65 公顷天鲜农场率先推出垂直种植蔬菜技术，优化农场土地利用，日平均目标生产 10 吨叶菜，比传统地面农场的生产力高出 5 倍。

3. 农业发展服务业化

城内小区和郊区建立小型的农、林、牧生产基地，既为城市提供了时鲜农产品，又取得了非常可观的观光收入。

4. 案例的启示意义

新加坡作为城市国家，素有"花园城市"之美誉。在几乎没有农业的背景下发展都市农业，在乡村实行的"创新技术型"乡村振兴发展模式，核心点在于：①大力发展农业高科技，以技术手段作为现代化农业建设的基本保障，提高农业的种植效率、生产效率、销售效率的全产业链服务。②借助国家政策力量，大力开发建设各种类型的园区、产业园，通过招标的形式，实现能者管理和运营，保证园区的高效性，这一点值得中国参考和借鉴。③搭建起绿植与城市相融合，既解决了城市的污染、城市环境等问题，还实现了观光旅游等服务，值得借鉴和反思。

二、本土制造：国内乡村振兴案例

（一）产业兴旺案例

1. 荆门掇刀区：创建"基地+农户"产业化模式①

乡村振兴，产业兴旺是重中之重。掇刀区蔡院村以种、养殖业产业化发展为核心，围绕"基地+农户"的模式，带动更多村民发家致富，描绘出"村美、民富、业兴、人和"的新画卷。

蔡院村位于掇刀区麻城镇东南角，与钟祥市石牌镇胡刘村毗邻，和沙洋县双庙村接壤，荆新线傍身而过，杨竹大道贯通南北，交通十分便利。近年来，该村按照"环境优美、产业发展、管理规范、村风文明"总体目标，着力打造美丽乡村，凭借着得天独厚的地理优势和自然资源，已逐渐成为荆门市民休闲的"后花园"。

蔡院村以前村里收入主要依靠传统作物种植，伴随工业化和城镇化的不断推进，村中大量人口向城镇转移，导致种植产业低效，农田荒芜。为解决这些问题，该村党支部、村委会经过探索，依托现有资源，积极培育新型农业经营主体，引进企业助推种、养殖业产业化发展，带动村集体经济发展。

目前，蔡院村硕隆高端水产养殖、蔡家大院渔业、圣裕特色养殖、德胜农贸、垚森稻虾养殖、柏果食品等一批涉农龙头企业进驻，凤凰阁养鸡专业合作社、绿庄高端花卉苗木专业合作社也应运而生。这批产业已经成为蔡院村重新振兴的"主心骨"。

荆门绿庄高端花卉苗木专业合作社是由蔡院村能人蔡中权2013年回乡创立的。合作社成立之初，蔡院村10组村民彭永忠只在合作社做零工，每月2000元左右的工资就让他颇为满足。但看见合作社的高档花卉苗木面积两年内从300亩发展到过1000亩，加入合作社的16家农户也纷纷踏上了致富路，彭永忠按捺不住了，决定加入合作社，将自家的40多亩责任田全部种上花卉苗木。如今，彭永忠年收入超过15万元，也成了蔡院村远近闻名的"小康户"。

"在家门口企业做工，既能挣钱还能照顾家人，一举两得。"蔡院村德胜农贸生态示范基地内50岁的施德兵感慨道。施德兵以前和妻子郑孝香守着家里的几亩薄田，过

---

① 周宗国、朱丰：《荆门市掇刀区：产业撑起乡村振兴主心骨》，荆门新闻网，http://www.jingmen.gov.cn/art/2018/3/12/art_16588_823105.html，2018-03-12。

着看天吃饭的日子。如今夫妻二人都在德胜农贸打工，每月有近 6000 元的工资，年底根据企业效益还能拿到分红，不仅让家里光景越来越红火，自己也掌握一门水产养殖技术。

荆门东宝区：乡镇产业兴旺。

近年来，牌楼镇来龙村以打造"美丽乡村示范村"为目标，按照"支部有力、产业有底、机制有效、发展有利"的原则，充分发挥"协会建支部，带领群众富"的重要作用，在"三农"工作中成绩突出。特别是在发展村集体经济上取得了明显的成效，实现了村集体年均收入过 100 万元、完成积累资金 620 万元与农民人均年收入达到 23800元的目标；先后获得了"土地流转先进集体""集体经济发展先进村""红旗党支部""省级文明村"和"全国文明村"等荣誉称号。

过去的来龙村一穷二白、遍地棚屋、泥泞难行。村里无企业、无资源、无积累。村民分散种植蔬菜，综合产出低。为摆脱贫困，来龙村在区、镇两级政府的帮扶下，积极探索实施闲置宅基地所有权、资格权与经营权三权分置，按照"村集体统一流转、企业一体化打造、农户参与经营"的发展模式，充分利用村级 52 处闲置宅基地，流转后进行统一规划、统一建设，引进现代农业企业、专业合作社、种养大户等经济实力强的"三乡"经营主体统一运营。同时，改造提升整体风貌，打造出"与田园共融，与乡水互动"的原生态精品民宿。村集体和村民通过"租金、薪金、股份分红"等形式获取收益。通过土地流转、盘活资源与发展特色农业促使土地效益最大化。

经过多年发展，如今的来龙村共培育出彭墩物流园、现代农业体验园和辰龙花卉等 7 家公司，建立了来龙蔬菜专业合作社、绿兴苗木专业合作社和龙虾养殖合作社 3个专业合作社，发展了鑫农品果蔬种植基地、多肉花卉苗木种植基地等种植基地。这些新型经营主体的落户，不仅为村民们提供了就近工作的机会，还让村民获得了稳定的土地流转收入。"我家 8 亩地全部流转了，每年有 5000 多元的收入。再加上打工收入，比以前自己种菜强多了。"村民李凤菊说。

东宝区子陵铺镇新庙村"两委"利用自然资源和农业基础优势，在荆门市农机发展中心驻村工作队的大力支持下，大力发展主导产业和生态特色产业，积极培育新型农业经营主体，先后成立荆门惠众家禽养殖等专业合作社 3 个，修建 50 千瓦光伏电站 1个，以"村+公司+农户"模式发展土鸡养殖 2.5 万只，种植经济药材 50 亩，养殖湖羊400 多只，养殖蜜蜂 200 箱，新建休闲农庄 3 个，引导外出务工就业人员 200 余人。新庙村利用特色产业带动休闲、采摘、垂钓、乡村旅游观光等产业，并已取得初步成效。据统计，2021 年全村人均纯收入达 1.6 万元，村集体收入达 20 万元。

村里有了钱，不忘回馈乡里。全村在各级党委、政府的领导下，在相关部门和驻村工作队的大力支持下，积极开展美丽乡村建设，完善乡村基础设施建设。近几年又投资452.87万元，高起点规划，高标准投入，高质量建设，继续加大美丽乡村建设。从道路硬化、广场亮化、小区文体设施配套完善以及环境卫生治理等方面全域推进，打造出环境优美、生态文明、公共服务完善、城乡协调发展的美丽乡村。

目前村内通组入户道路已全部完成了硬化达标，并实现了主干道路灯亮化全覆盖，彻底解决了村民出行难的问题；水网电网已全部完成改造，进一步提升了村民生活质量；全村生活垃圾全部实现了集中处理并新建卫生室1处，文明实践站1个，成立志愿服务队8支，设置垃圾集中处理点1个，建成积分兑换超市1个，新增公益性岗位保洁员16人，等等，为村民提供相应的公共卫生服务并形成长效机制；村里新建广场与休闲长廊的设置，为村民提供了休闲娱乐的理想场所，极大地丰富了群众文化生活，促进了农村文明新风尚和社会和谐安定。

2. 仙桃毛嘴："神菊"绽放"智造"升级①

"华夏神菊"是一种兼药用、食用双重价值的菊科牧草长年生植物，由国外引进，经过多年培育改进的一种优质牧草，本身营养含量丰富，蛋白质含量是玉米秸秆的3倍之多，含有多种矿物质、维生素和18种人体需要的氨基酸。尤其是它超氧化物歧化酶(SOD)是人体中不可缺少的具有特殊生物高活性的酶，能够促使超氧自由基分解，功效是常见维生素C、E的几十倍，具有抗氧化、抗辐射、抗衰老的功效，几乎对所有疾病都有抑制的作用。华夏神菊提取生物制品剩余的草渣，是禽畜饲料的上好原料，营养高，成本低，抗病能力强，效果超过普遍使用的任何植物性原料。

"华夏神菊"的神奇功效和经济价值让精明的毛嘴镇人茅塞顿开。他们远赴山东，引进了山东锦绣三元朱农业装备有限公司"华夏神菊"项目落户梁城村，并且将此项目作为乡村振兴项目重点打造。

种植基地上，数十位村民正一字排开将"神菊"幼苗从花钵中移栽到薄膜覆盖的土地里，放眼望去，青翠的植株在阳光的照射下棵棵精神抖擞。

"眼前这一片基地面积是28亩，都是从农户们手中流转过来的，村民们都非常支持。"村支书记童军杰告诉记者，梁城村在去年被纳入美丽乡村示范点后，在镇党委的领导下进入高速发展阶段，为了实现美丽乡村建设的可持续性，落实产业兴旺这一要求，该村恰逢其时的引进了"华夏神菊"这一产业项目。

"'华夏神菊'首年育苗移栽不长杆不开花，头三年为生长期，生长期内一年收二

---

① 尹立群：《"智造"升级！毛嘴又有大动作》，《仙桃日报》2022年6月29日。

至三茬；三年后进入盛产期，一年可收四茬，可连续收获15年以上，综合经济收益每亩过万元，可带动全村人就业，是农民增收、农业增效的好项目。"童军杰手指栽苗的村民欣喜地说道。

该项目计划种植300亩，梁城村作为首个示范基地，为增加农民收入，推动现代农业发展增添了强劲动力，对乡村振兴起到了带头引领作用。镇长朱从博表示，全镇各级各部门将全力以赴为项目搞好服务，以一流的服务为项目营造一流的环境，确保"华夏神菊"种植项目的顺利推进，力促项目早建设、早投产、早见效。

作为仙西服装产业集聚区"头雁"，毛嘴镇月月都有活动，月月都有变化。该镇党委书记刘涛勇说，毛嘴镇是全市服装产业的主导区，也是仙西服装产业集聚区的核心区，加速产业扩能、提质、增效，动力正强劲。裤子折叠包装机、全自动熨烫整形机……毛嘴镇举行了一场缝纫设备新品展示会，来自全国各地的成套智联生产设备，让与会服装企业老板们心动不已，纷纷表示要推进设备升级，提升"智造"能力。

近几年来，虽然疫情严重，毛嘴镇在机器换人、发展电商、叫响品牌上仍然跑出了"加速度"。千丝佳人是当地智能改造样板工厂，整厂更换全新吊挂流水生产线，引进物联网缝纫机、自动裁床机、自动铺布机、自动贴袋机等智能化设备，生产效率提高30%。目前，全镇企业吊挂流水生产线逐步实行全覆盖。

借力电商平台，叫响女裤品牌。该镇组织"源头好货、毛嘴女裤"淘宝直播带货，邀请拼多多公司工作人员现场授课，对接京东等企业，已引导76家服装企业发力线上销售，搭建工厂直播间，入驻淘宝、拼多多、抖音、快手等平台，让毛嘴女裤直达全国各地顾客手中。

按照市委市政府进一步做实做优"两擎三区"部署，仙西服装产业集聚区聚焦打造三产融合发展、新型城镇化和乡村振兴见势成效的示范园区目标，认真推行"战区负责制"，通过"一个市领导挂帅、一个规划引领、一个清单推进、一批项目落户、一套专班服务"机制的推动，不断完善产业配套链、延伸创新制造链、打造特色区域链、提升品牌价值链，促进全产业链素质整体跃升。

围绕服装全产业链协同发展进行规划、建设、配套，仙桃市与武汉纺织大学合作，启动仙西服装产业园中长期发展规划编制工作，建设服装产业园智慧管理平台。市财政局、市交通运输局、城投公司等部门继续加大项目和资金支持力度。同时，持续升级产业平台，毛嘴镇加快建设大道西延、集镇及产业平台雨污管网等项目续建，郑场镇积极启动服装产业园二期建设，陈场镇筹备拉通服装产业园南侧快速通道，三伏潭镇发动小微企业进驻园区。

近年来，仙西服装产业集聚区，共签约项目 32 个，协议引资 34.94 亿元，已有 14 个项目集中开工，总投资 16 亿元。目前，还有一批项目正在洽谈，即将签约落地，进一步延链补链强链。

(二)生态宜居案例

1. 湖北宜昌：探索"生态赋能、农旅互促"的转化模式

宜昌古称夷陵，因"水至此而夷，山至此而陵"得名。2018 年 4 月，习近平总书记考察长江、视察湖北、首站到宜昌，对宜昌破解"化工围江"、推进新旧动能转换、培育生态小公民等做法给予充分肯定，为宜昌改革发展指明前进方向、注入强大动力。2019 年 10 月，宜昌市委决定以夷陵区为主体，规划建设宜昌市环百里荒乡村振兴试验区，完整、准确、全面贯彻新发展理念，全面落实长江经济带"共抓大保护、不搞大开发"重要要求，深入落实"双碳"战略，全力推动绿色低碳可持续发展。

(1)以绿色发展为理念的试验区实践探索有声有色

宜昌环百里荒乡村振兴试验区，地处湖北省宜昌市的东北端，是以夷陵区百里荒为核心，地跨 3 个县级行政单元的独立区域，覆盖当阳市、远安县、夷陵区 3 个县(市、区)、6 个镇(街道)、43 个村，总面积 769 平方公里，总人口 9.18 万人。试验区拥有优越的自然生态资源优势，属于国家重点生态功能区中的三峡库区水土保持生态功能区，承载着华中和华南地区重要的生态屏障功能。

2019 年 10 月，宜昌市委决定以夷陵区为主体，规划建设宜昌市环百里荒乡村振兴试验区。近年来，宜昌坚持以习近平生态文明思想为指引，深入践行"绿水青山就是金山银山"理念，依托优美的生态环境优势，不断探索"两山"转化路径，趟出了一条"生态赋能、农旅互促"的新路。2021 年 7 月 15 日，《中国环境报》专版推介了环百里荒"两山"实践经验。特别是作为张艺谋导演的电影《山楂树之恋》的取景地，百里荒已成为游客探寻纯美爱情的圣地。

①坚持规划引领，夯实绿色发展根基。市委市政府高度重视试验区的绿色发展，组织编制环百里荒乡村振兴试验区建设工作总体发展规划，引领探索乡村振兴新模式、培育乡村产业新业态、部署乡村建设新项目、塑造乡村治理新面貌、重构城乡共享新流动。制定实施试验区"两山"实践创新基地建设实施方案，系统架构总体目标和重点任务，指引试验区"绿水青山"持续向"金山银山"转化。对标乡村振兴和长江大保护典范城市要求，围绕生态保护修复、绿色高质量发展、文化及惠民共享、创新生态制度，谋划实施美丽乡村、国土综合整治等重大项目 77 个，总投资 70.8 亿元，夯实

了绿色发展项目基础。

②呵护绿水青山,保值增值自然资本。实行最严格环境准入制度,落实"三线一单"硬约束,严格执行污染物排放总量控制制度。深入打好蓝天、碧水、净土保卫战,严格落实河湖长制、林长制,不断加强生态保护和修复,推进区域生态环境质量稳步提升,试验区内水质断面稳定达到或优于Ⅱ类标准,空气质量优良天数超过330天,林草覆盖率达到71%,生态产品供给能力大幅提升。

③发展生态经济,促进生态惠民富民。一是精品化发展有机农业。对标有机农业标准,建设有机种养基地,打造全市有机农产品核心产地、国家有机农业示范基地,形成了"高山养殖、浅山特色种植、丘陵柑橘、河谷粮蔬"的产业布局。现有"二品一标"产品总数76个,其中绿色食品63个、有机食品5个、农产品地理标志8个。二是特色化打造农产品加工业。充分发挥雷家畈村"三峡最美柑橘园"、高场村"宜昌高山有机农业示范基地"等特色产业村优势,打造粮油果蔬、生态畜产品、桑蚕等农产品绿色食品加工产业园,开发了"夷陵牛""宜昌白山羊""扬子果园""三桥鱼子酱""清溪羊肚菌"等特色品牌。三是线路化发展生态旅游业。以百里荒片区与县城周边景区资源为优势,以乡村旅游为特色,打造精品旅游区,百里荒景区年游客接待量已达200万人次。聚焦试验区的"四区三线",推动当地居民与景区周边市场主体建立紧密合作关系,拉动合作伙伴经济指标同比增收50%以上,创造就业岗位达600多个,村民实现了家门口就业和就地致富。

④创新体制机制,保障两山持续转化。推进党建创新,为打破区域壁垒,以百里荒景区为点,以普百路、宋百路、花百路、玉百路为轴,建立"夷陵龙泉镇-远安花林寺镇-当阳玉泉街道"党建联盟,实行"四统四分",即规划统编、分区实施,审批统管、分类监督,资源统享、分享收益,产业统育、分离社事。推进金融创新,将试验区核心村授予信用示范村,引导金融机构释放惠农贷近5000万元。推进平台创新,建设供销E家"智慧试验区"电商平台,为试验区建设注入金融"活水"。

(2)生态"高颜值"与发展"高素质"良性互动模式异彩纷呈

试验区不断探索实践"两山"转化模式,取得了显著成效,形成了五类典型模式。

初心不改——乡村文化显文明。传承发展提升乡村传统文化,支持文艺作品创作,赋予乡村、景区独特的文化内涵,让原生态的乡村文化成为永恒的乡愁。夷陵区的百里荒村,一手抓古树等物质文化遗产保护,保留乡愁记忆,打造村域特色景点;一手抓民间吹打乐、皮影戏、传统手工艺等非遗传承人梯队建设,引领百里荒村"人文乡村"建设。

变荒为景——旅游助推生态治理。立足生态环境和资源优势,大力发展旅游业,加强传统资源保护和活化，推进区域生态环境治理，守住绿水青山，盘活自然资源，实现"资源"变"风景"。百里荒之所以得名，是因为在古代这里方圆百里荒无人烟，就是宋代大文豪欧阳修笔下的"荒烟几家聚，瘦野一刀田"。如今，这里依托独特的高山草原地貌，开发草原风光、游牧休闲、康体娱乐，把"蛮荒之地"打造成了独具特色的生态草场旅游风景区。年接待游客超过60万人次，旅游综合产值突破6000万元。百里荒村的一家"山上人家"民宿，年产值达150万元，雇佣脱贫户及村民20人，带动农户就近务工，让村民收入获得实质上的增长，被央视《新闻联播》专题推介报道。

高山草场——有机农业创特色。坚持"打绿色有机牌，走特色产业路"，大力发展夷陵黄牛、宜昌白山羊、宜昌蜜橘、有机粮油、有机蔬果等有机农产品，聚力打造集生产、育种、科研、加工、冷链、物流、营销为一体的草食畜牧业产业链，着力实现产品增值、产业增效、农民增收。远安县罗家院村作为产业扶贫示范村，按照"科学化、规模化、产业化、品牌化"思路，引进宜昌百里荒云顶旅游开发公司入驻，推进土地流转，配套完善供水灌溉设施，同步建设冷链贮存、运输系统和蔬菜加工基地，实现了高山蔬菜提档升级。

景观改造——助推"旅游+"新模式。以景区理念提升村庄形象，规范试验区内美丽乡村、民宿、农家乐、生态庭院的建设标准，推进田园生态化、景观化改造，打造"一村一品、一村一韵"精品示范点。远安县的龙凤村为保护古村落，坚持修旧如旧，因势就形，顺应自然，减少人工雕琢痕迹，使基础设施、村落建筑都与自然相适应，与周边环境相协调。以此开发特色民宿，村民可通过房屋租赁、景区务工、入股合作社分红，无须离家务工，就能让自己的钱袋子鼓起来。

绿色生活——创美丽生态乡村。开展美丽庭院建设，推进农房生态化改造，推动垃圾分类、雨污分流、厕所革命、绿化美化、清洁能源等项目向试验区倾斜，支持引导群众增强生态理念，自觉践行生态生活方式。夷陵区龙泉镇雷家畈村，坚持"兴生态经济、建生态环境、树生态文化、立文明新风"发展思路，全面推进"一池三改"村庄整治工程，建成了"生态田园、现代庄园、生活乐园"的生态宜居新农村。

试验区"两山"转化模式的探索实践，都是从"百里荒"到"百里旺"的生动注脚，闪耀着宜昌"两山"转化的鲜明特点：一是试验区跨3个县域行政单元，对于跨区域"两山"基地的创建具有较好借鉴意义；二是试验区地处三峡生态安全屏障区域，对于促进长江中游地区的绿色发展具有带动示范作用；三是"两山转化"案例形式多样，涉及生态农业、生态旅游等多个方面，既具有地域特色，又为案例模式的推广奠定了基础。

2. 福建泉州：绘就生态宜居画卷①

民族要复兴，乡村必振兴。2018 年以来，福建泉州积极探索乡村振兴新路径，着力打造乡村振兴的"泉州样板"。近日，泉州从 64 个乡村振兴典型示范村（成效显著村）、实绩突出村典型案例中，评选出 15 个 2020 年度乡村振兴试点村典型案例，从中总结提炼出"产业兴旺型、生态宜居型、乡风文明型、治理有效型"四类乡村振兴样板，并结合试点村的实际案例，对每个样板进行剖析，梳理其可供借鉴推广的发展模式。

乡村振兴，生态宜居是关键。近年来，福建泉州在乡村振兴的进程中，农业生态环境保护扎实推进，绿色发展理念日益深入人心，农村发展方式更趋"绿色"，一批样板模式脱颖而出。

（1）"多维一体"生态宜居模式

西溪村位于泉州市安溪县长卿镇西部，当地以"多维一体"为有效抓手，明确定位发展优势和短板弱项，精准激发乡贤优势力量，建立人居环境整治长效机制，培育特色产业形成，探索乡村旅游，建成宜居宜业宜游的山水西溪。在建设山水西溪中，西溪村始终坚持新发展理念引领，以玉湖小流域水土流失治理项目列入省级重点为契机，实现村容村貌从一处美向全域美、一时美向持久美、外在美向内在美、环境美向生活美转变。

成功经验主要体现在：持续创新"多维一体"工作法，上下、左右、新旧"碎块化"推进项目建设，内培外引，凝心聚力，多点开花，开创西溪乡村振兴建设新局面。

（2）"乡土记忆"生态宜居模式

永春县东关镇外碧村位于东关镇东部，当地以"碧溪风情·乡土记忆"为核心，围绕"耕读传家、家风家训"主题，聚焦生态宜居精准发力，建设永春家风家训文化园、党建文化走廊、沐野拾光农耕园等，做足文化，精心规划旅游线路，建设旅游服务中心做活旅游业态，以旅游特色产业带动第一、二、三产业融合发展，激活产业造血功能，建立以产业振兴为主线，人才振兴为支撑，组织振兴为保障，文化、生态协同发展的现代乡村治理体制，将外碧村打造成宜居宜业宜游的乡村振兴示范村。外碧村通过生态宜居治理，全村规划建设更加科学合理，村庄变得更加和美，来村旅游观光的游客络绎不绝，人气不断聚集，绿水青山正变为广大村民的金山银山。

---

① 佚名：《守护乡村绿水青山　绘就生态宜居画卷》，中国网新闻中心，http://www.china.com.cn/zhibo/content_77838805.htm，2021-10-28。

成功经验主要体现在：坚持做到"留住乡土味、建设宜居环境、推动产业发展"的"三结合"，充分挖掘妈祖文化、华侨文化、乡村文化资源，全力打造独具特色的"乡村记忆"生态宜居示范村。

（3）"点绿成金"生态宜居综合发展模式

位于泉州市洛江区中北部的新庵村依托新庵岭闲置三层楼房，引进福建口袋精酿啤酒有限公司，打造集啤酒工厂、花园式餐酒吧、创客空间于一体的网红打卡地。深化与泉州海丝野生动物世界合作，通过村级综合楼出租、土地流转、经营熊猫美食园等方式，每年可增加村集体收入约 60 万元。通过入股分红等方式，引进种植 11 亩黄金枸骨壮大村集体经济。改造仰恩湖畔仙境水上游公园，打造集仰恩湖畔花海、沿湖风景、灯光夜景、公益培训、特色餐饮等为一体的休闲庄园。该村深入实施"红色动力"工程，牵头打造区域联动党建"同心圆"，发挥山水生态环境优势，推动村级各项事业健康发展。

成功经验主要体现在：强化党建引领，区域互动，将绿色生态转化为富民强村新动能，"点绿成金"探索产业振兴新亮点，将"荒地"变"景点"，将"景点"变"产业"，将"产业"变"效益"，闯出了一条宜居宜业宜游的生态宜居综合发展模式。

3. 汝州小屯：打造生态宜居乡镇[①]

从社会主义新农村建设，到美丽乡村，再到乡村振兴，展现了国家对"三农"工作的高度重视。乡村振兴战略必将为我国农业农村的发展注入强大动力。

作为资源型乡镇，小屯因煤而兴，也因煤而困，曾有上百个大小煤窑同时生产。所需的木材多是就地取材，生态环境遭到了严重破坏。近年来，小屯镇把三山寨及周边植树造林任务摆在重要位置，生态环境逐步好转环境明显改善。围绕"一乡一业，一村一品"乡村振兴战略实施，争取了牧原集团 200 万头生猪养殖屠宰综合体项目，谋划了 207 国道南北两个美丽乡村示范带，为小屯产业结构调整、乡村振兴战略实施注入了新的生机和活力。

（1）铁腕治污，换来绿树蓝天

小屯镇是个煤炭大镇，与煤炭相关企业高峰期达到上百家，粗放的发展造成了生态环境的严重破坏，郁郁葱葱的森林被砍伐，变成了虎狼爬岭地，没有了森林，污水横流，地下水位快速下降，黑、黄、白各色烟雾飘荡。生态环境破坏带来的严重后果，

---

① 宋乐义、任世超、王辉辉：《汝州小屯：实施乡村振兴战略，打造生态宜居乡镇》，新时代新汝州，https://mo.mbd.baidu.com/r/WhUTvUcHlm? f=cp&u=7c0b09633451d774，2020-05-19。

再次勾起了小屯人民对天蓝、地绿、水净的美好家园的追忆。汝州市委、市政府对小屯镇环保存在的严重问题高度重视，在全市开展的环境污染防治攻坚百日会战行动中，要求小屯镇必须以壮士断腕的决心，实现脱胎换骨的变化。小屯镇广大党员群众举全镇之力，下定决心，背水一战。镇政府印发了《关于开展选煤行业全面整顿的公告》，全镇94家疑似"散乱污"企业全部停产整顿，形成了打击环保违法的压倒性态势。小屯镇还在矿区实行机械化保洁，清理矿区煤尘、垃圾400余车，在朝川街，对2.5公里两侧立面进行改造；在青年渠市场，对7.7公里两侧立面进行改造，统一颜色，统一门头。在历经几十年的脏乱差后，矿区群众又一次过上了干净、舒适的生活。对拆除的"散乱污"企业、清运后的"三场一矿"，镇党委政府一律要求复垦绿化。在杨寨村已取缔的砂石场内，栽植柳树、杨树等生态林600亩；在达意洗煤厂及周边栽植大叶女贞、黄杨球等50余亩；在时屯转盘，栽植紫薇、黄杨、石楠等50余亩。207国道两侧100米、S241两侧50米约1150亩的廊道绿化工程已全部完成。刮骨疗毒的重拳治理，改善的不仅仅是环境，更是可持续发展的强劲动力。小屯镇党委政府组织洗煤企业到平顶山市环保先进企业学习，对洗煤行业进行规范。同时，还积极争取引进煤矸石综合利用项目，让煤矸石变废为宝，减少固体废弃物污染。如今的小屯镇，面貌一新，每个人都真真切切地感受到了实惠。在党中央方针政策的指引下，在市委、市政府的关心支持下，在全镇人民的共同努力下，小屯镇坚决打赢环境污染防治攻坚战，再现绿树蓝天。

(2)变美了村庄，扮靓了乡镇

"现在家家户户门口都统一修建了栅栏式花池，街上的道路也铺成了柏油，村里有游园，村口有凉亭，就连村头学校门口也划分了专用的学生通道，村里的环境比城里不差。"正在自家门口修整花木的小屯镇史庄村村民史民江笑着说。近年来，小屯镇大力实施乡村振兴战略，不断改善人居环境，投资280万元引进市新洁环卫中心清扫设备，对矿区及周边道路高标准机扫，做到路面见底色、无灰尘，道牙见本色，有效治理了矿区人工保洁难问题，实现了全域市场化保洁的全覆盖。为持续开展示范创建工作，组织群众定期开展卫生大扫除，确保星级示范村创建成果，2019年共评选出五美庭院2480户。全镇现有人居环境一星级示范村30个、二星级示范村4个、三星级示范村2个、四美乡村1个。小屯镇还加大垃圾分类宣传教育力度，引导居民商户按照规定倾倒生活垃圾，确保做到垃圾应收尽收，环境卫生面貌得到持续改善。该镇丁堂村、史庄村、西村3个村入选省级美丽乡村建设试点。在G207、S241、时宝线以及镇主要道路两侧显要位置刷写党建、乡风文明、安全等宣传标语50余幅，制作宣传版面60幅，发放创文知识宣传页2万份，每周五下午镇政府机关人员组织志愿者活动，带动各村两委干部在本村开展志愿者活动，营造了文明创建的浓厚氛围。同时，小屯镇持续完善基础设施，实施集镇建设。镇区完成了道路硬化、亮化、绿化等，建设公厕2个、垃圾中转站1个、文化广场1个、农贸市场1个，游园及公园35余亩，公共设施得到改善。还投资800余万元，聘请市规划设计院高标准设计，对朝川街2.5公里两侧，青年渠7.7公里两侧进行改造，统一颜色，统一门头，规范广告张贴栏，实行门前"五包"责任制，对外形象明显提升。此外，该镇利用拆除厂矿的闲置地，新增了停车场、公厕等配套基础设施，马路市场得到了有效治理。如今的小屯镇，村庄美了，庭院靓了，人居环境更加舒适了。该镇已经把全面推进农村人居环境改善提升作为一项系统工程，为下一步实施乡村振兴，建设和谐美丽的新小屯夯实基础，让群众收获实实在在的幸福感。

（3）推进美丽乡村建设，实现乡村振兴目标

古朴的村头牌坊，宽敞平坦的村庄道路，"感恩亭"里老人们笑谈美好生活的场景……给人一种走进休闲旅游度假村的感觉。村中校门口是高标准的人性化设施，村庄里有怀旧的民俗小景，各项建筑设施都是就地取材，充分利用村里的旧砖、旧瓦、废弃石头以及群众捐出的石磙、牛槽、瓦罐等散落民间的"记忆碎片"，为文化旅游、美丽乡村建设探索了新模式，开启了新思路。史庄村是小屯镇第一批美丽乡村建设的示范点，也是该镇把美丽乡村建设作为实施乡村振兴战略的有效探索。近年来，小屯镇为"把农村建设得更像农村"作为美丽乡村建设的出发点和归宿，按照"三个突出"的原则，推进美丽乡村建设实现乡村振兴目标。突出建管并重，推进环境美起来。乡村规划是乡村振兴的重要前提，在示范点的打造中，小屯镇坚持规划引领，镇村两级干部群众共同修订完善了"两图一表一说明"（即村域空间规划图、村庄居民点规划图、人居环境整治建设项目一览表和村庄规划说明书），作为示范点建设的依据，避免了项目的重复建设，提高了项目落地的科学性和可行性。该镇重视文脉传承，充分挖掘三山寨及示范村流传已久的女娲传说、海瑞传说等，遵循群众意见，把这些故事用适当的形式表现出来，并赋予新的内涵。突出融合发展，带动农民富起来。产业兴旺是乡村振兴的关键所在，鼓励示范村成立内置金融合作社，实行村社一体化，盘活山林水塘、闲置民房等资源资产，通过统一经营、对外出租、参股共营等形式，获取稳定的经营性、租赁型、服务性等集体收入。该镇在实行村社一体化后，由合作社统一运营，拓展农家乐、民宿、电商等业务，不但能够实现农民的增收，进一步完善生态旅游观光产业链，提高农业附加值，还吸引了人才的回归、资金的关注，实现了美丽乡村向美丽经济的蝶变。突出基层治理，推动乡村强起来。治理有效是乡村振兴的根本保障，小屯镇在全镇明确了党建引领乡村振兴的思想，加强基层班子建设，选准选好

用好党支部书记，充分发挥村支部书记承上启下的关键节点作用。在村庄治理上，提出了"五个所有"，即"所有决策村民定、所有讨论都参与、所有决定都签字、所有干部不碰钱、所有财物都公开"。还建立了"五个和事佬"的调解机制，创新发展新时代枫桥经验，实现了小事不出村、大事不出镇、矛盾不上交、问题能解决。同时，在户级层面晒家规家训，在党员中开展微承诺上墙，促进乡风文明提升。美丽乡村的建设过程中，小屯镇注重普遍获益，没有形象工程；注重长效管理，让村庄越来越美；注重内外兼修，保障健康发展；注重以村为主体，激发内生动力。该镇让村支部书记带领村班子，在干中学、在学中干，靠做事树威信、靠威信做成事。建设的美丽乡村，不仅是村庄秀美、环境优美、生活甜美、社会和美，更是通过美丽乡村建设探索出乡村振兴的路径，让农业成为有奔头的产业，让农民成为有吸引力的职业，让农村成为安居乐业的美丽家园。

（三）乡风文明案例

1. 上海市宝山区月浦镇月狮村①

上海市宝山区月浦镇月狮村户籍人口841人，外来人口约2600人。月狮村基于美丽乡村建设，结合自然禀赋，充分发挥基层党组织战斗堡垒作用，呈现生态宜居、文化深植、产业多元的活力图景，携手共建新型乡风文明新格局。

（1）党员成为乡风文明传播者

基层党支部和党员带头，发挥党员在德治方面的帮、传、带作用，传扬好党风、树立好作风、带动好村风、营造好民风。线上依托"社区通"，24小时收集民意，服务村民，线下组织党员干部入户走访大调研，收集、解决村民关心、关注的问题。利用村党建服务站和"花漫月狮"服务点、睦邻点等党员群众聚集地，定期开展道德宣讲活动，实现"身边人讲身边事、身边事教身边人"，进一步发挥基层党员的先锋模范作用。2019年通过"四议两公开"程序，修订群众认可、切合实际、约束有力的《月狮村村规民约》作为约束村民的"草根宪法"，强化群众自我教育、自我管理、自我服务。

（2）百姓成为乡风浸润受益者

村史馆里承载乡愁文化。在村史馆内，村民自发捐献的残缺独轮车、斑驳的木犁、破旧的油灯、泛黄的粮票等一件件富有乡村特色和泥土气息的物件勾起了不少人的记

---

① 佚名：《全国村级"乡风文明建设"优秀典型案例之八：上海市宝山区月狮村》，中国农村网，http://www.crnews.net/zt/xcwh/xcwm/874235_20201209105016.html，2020-05-08。

忆，让村民忆起"乡愁"，保持文化传承。村史馆的建设，凝聚人心，把月狮村的发展过程、红色历史记忆、变迁过程完完全全地展现出来，进一步传承优秀村风、家风、乡风，让村民记住承载生活历史文化传承的精神家园，让乡愁文化得以延续。

村头坊间孕育非遗文化。月狮村是一个有着浓厚文化底蕴的村落，有不屈不挠的龙狮精神，有巧手慧心的农家手工艺，还有缕缕炊烟带来的记忆和乡愁。龙狮坊：走进龙狮坊，神龙与丰收锣鼓的组合，寓意着风调雨顺、五谷丰登的美好祝愿。手工坊：月狮村定期开展竹编、手工编织、泥塑等非遗文化展示，让更多的村民了解非遗，培养兴趣爱好，将非遗文化弘扬传承下去。美食坊：月狮村成立民间小吃坊，旨在将传统民间小吃传承和发扬下去，让更多的人尝到家乡美食。

（3）品牌活动弘扬传统文化

在元宵节、端午节、重阳节等重大传统节日，根据节日特点开展品牌文化活动，凸显传统特色，弘扬和传承中华民族传统文化。作为月浦镇两届花艺节的承办村，立足农耕文化，发掘民俗文化，传唱村落文化，弘扬乡贤文化。

（4）线上拓展推动平台创新

月狮村积极打造乡村发展共同体，把乡风文明建设阵地拓展到线上，一网集聚，一呼百应。"社区通"平台实现两个突破：突破了"时空壁垒"，线上随时收取村民诉求，并且村干部要随时响应；突破了"少数代表多数壁垒"，个体的急、难、愁、盼及时得到关注和回应，实现矛盾不出村。

（5）众文空间带动载体创新

众文空间打造家门口的"文化客厅"，上海美术学院乡村画展、花艺展、竹编课堂等节目轮番推出，有效推动"15分钟文化圈"的建设，打通农村公共文化服务"最后一公里"。2019年总计举办文化活动52次，儿童、老人、青少年等参与文化服务活动，全面提升村域文化氛围；花间睦邻点内，手工针织、农家点心制作、花艺交流、品茶对弈成为村民自发聚集的固定活动，在一派田园花香氛围中度乡里时光、话百姓生活、续近邻情谊。

（6）设施升级打造庭院花园

村委会推进文化设施建设，将供人休憩的凉亭升级为"文化亭"，改造成人们最喜爱的晨昏文化交流处，供村民品花茶、象棋对弈、交流花卉种植心得等，打造出充满文化气息的庭院花园。

（7）文化提升打造幸福乐园

月狮村紧抓时代机遇，以"花漫月狮"为主题，建立"月狮村农户花卉种植园"，以"龙头企业+合作社+农户"合作模式，村民从赏花、爱花到规模化种植，以花卉产业促进花卉文化，以经济效益反哺花卉文化。乡风是维系文化基因的重要纽带，是流淌在田野上的故土乡愁。月狮村在乡村振兴工作推进中，把提升村民的幸福感作为初心使命，把乡风文明作为摘取硕果的重要动力源，散发着"花的馨香"。

2. 河南信阳：弯柳树村吹拂文明风①

弯柳树村原名"竖斧村"，源自东晋道学家、医学家葛洪"竖斧春耕"的典故。该村位于河南省信阳市息县路口乡政府南5公里处，全村483户2375人，南距S337省道5公里，北距息邢高速息县北出口2公里，G230穿境而过。弯柳树村曾是河南省省级贫困村，村基层党组织涣散，环境脏、乱、差，全村没有一条像样的水泥路，塑料袋等固体垃圾随处可见，生活污水肆意横流；村民庸、懒、散，不赡养父母、家庭不睦、邻里不和、喝酒赌博、打架斗殴现象时有发生。近年来，通过开讲堂、办讲座等方式，弘扬中华优秀传统文化，组织村民学习德孝文化，深入推进文明乡风建设，革除陈规陋习，树立文明新风尚。如今弯柳树村村风民貌焕然一新，环境优美，产业兴旺，从一个省级贫困村华丽转身成为乡风文明、产业兴旺的小康村、明星村。

（1）开讲堂树新风　提升思想道德素质

弯柳树村坚持以道德讲堂为主要阵地，以中华传统节日为主要结合点开展"讲文明树新风"活动，按照农民的兴趣爱好成立多样社团，丰富村民精神生活。2013年弯柳树村开办息县第一个村级道德讲堂，引导村民学习《二十四孝》《婆婆道》《媳妇道》等优秀传统文化，目前已开展道德讲堂200多场次，广大群众道德素质持续提升、内生动力不断增强。被村民称为"赌博队长"的许兰珍主动戒掉牌瘾，成了弯柳树村第二届村民义工团长；被村民戏称为"赌博之家"的骆同军夫妇戒了牌瘾，立志为儿孙做个好榜样；多年前因车祸瘫痪、曾试图自杀的赵久均，重拾对生活的信心，还积极为村歌舞团创作文艺节目。通过举行道德讲堂等活动，弯柳树村一改过去贫穷愚昧、发展乏力的落后面貌，人人向往新生活，家家生活更幸福，处处展现新气象。如今，走进弯柳树，村庄干净整洁，村民热情好客彬彬有礼，恢宏大气的"弯柳树大讲堂"让整个村子熠熠生辉。

（2）倡导"德孝"文化　弘扬传承文明家风

孝道文化的最大作用，是唤醒农民的内心文化基因，从而激发村民的内在动力，树立向上志向，树立文明家风。为激励村民参与学习的积极性，从2015年开始弯柳树村"两委"每年定期开展"好媳妇""好婆婆""好村民""好乡贤""十大孝子"等先进表彰

---

① 《河南省息县弯柳树村：德孝文化扶心志　移风易俗村貌新》，《河南日报》2021年7月14日。

活动，截至目前已开展表彰活动 10 余次、评选"好媳妇""好婆婆"等先进村民 300 多个。活动中，村"两委"不仅给受表彰的村民颁发荣誉证书和礼品，还在村民家门前高高悬挂表彰奖牌；如果是外地嫁来的媳妇，村委会还会敲锣打鼓到其娘家送奖牌。村民王玲面对采访时说："人家都争当好村民、好媳妇、好儿女啥的，跟以前比都有了很大的改变，看着别人改变了，我们如果再跟以前一样，感觉很丢人。"通过身边榜样和先进典型的引领带动，弯柳树村民的行为举止在潜移默化中得到改变，再也不见夫妻吵架、邻里不和等现象。

（3）制定村规民约　弘扬乡村正能量

弯柳树村积极顺应时代发展趋势，突出以党建引领为抓手，以德孝文化为切入口，为脱贫攻坚和乡村振兴注入正能量。在弯柳树村"两委"的组织下，全体村民参与制定了"弯柳树村两约四会"，即《村规民约》《生态文明公约》、村民议事会、红白理事会、道德评议会、禁毒禁赌会。关注村留守老人的养老问题，弘扬社会主义正能量。通过共同制定《村规民约》，村民参与意识更加强烈，乡村治理更加规范，村"两委"凝聚力向心力更加强劲，村风民风进一步好转。比如弯柳树村第四任义工团团长付新福在临终前立下遗嘱，要求子孙丧事简办，为弯柳树村红白理事活动树立了榜样，受到干部群众的高度赞扬。2018 年，弯柳树村在息县县委、县政府开展的乡村振兴"五面红旗"党支部评选中，一举夺得了两面红旗，其中一面就是"乡风文明党支部红旗"。

（4）发挥村民主体作用　丰富乡土文化特色

弯柳树村在 2014 年组织村民成立义工团、歌舞团、宣讲团，发挥村民在文明乡风建设中的主体作用，把社会主义核心价值观变成群众的思想底色，文明乡风建设特色鲜明。村义工团成立以来，定期在村里进行义务劳动，不辞辛劳、不计报酬。尤其是在 2016 年开始的垃圾分类工作中，义工团积极引导村民参与垃圾分类，广大村民爱卫生、讲文明的意识显著增强，如今的弯柳树村人人讲卫生、处处皆风景。同时，在村"两委"的组织下，义工团在阴历每月的初一、十五，为 60 岁以上老人举办"孝善敬老饺子宴"，极大地提升了弯柳树村民的幸福感和凝聚力。2015 年，弯柳树村组织村民成立了德孝歌舞团和宣讲团，自编自演了《五星红旗》《婆婆也是妈》《孝和》《手拿锄头心向党》《垃圾分类真是好》等优秀文艺节目，受邀到上海、重庆、郑州等地义演 40 多场，把将脱贫致富奔小康的农民新风貌展现给更多的人、感染帮助更多的人。

在各级党委、政府的坚强领导下，在广大干部群众的共同努力下，弯柳树村已从曾经的省级贫困村蝶变为全国知名的先进村、明星村。文联立项、中央电视台著名导演曲良平执导的音乐报告剧《弯柳树的故事》走上舞台，反映弯柳树村脱贫攻坚事迹的长篇报告文学《小村大道》被河南省委组织部、信阳市委组织部作为"不忘初心　牢记使命"主题教育活动第二批学习教材，反映弯柳树村巨变的文学作品《光明的道路》《润物细无声》作为向共产党建党 100 周年献礼书出版发行。同时，优秀的文明乡风民风也吸引了 9 家企业到弯柳树村投资建厂，为弯柳树村提供了 600 多个就业岗位，村民人均年收入由 2012 年的不足 2000 元提高到 2020 年的 17800 多元，村集体经济收入 2020 年达到 27.8 万元，实现了弯柳树村全民物质文明和精神文明双丰收。

（四）治理有效案例

1. 荆门东宝：探索乡村治理新模式①

湖北省荆门市东宝区马河镇党委集智创新，摸索出基层治理新模式——"五员议事"；即以党支部为引领，由村优秀党员、退伍军人、老教师与回乡能人等基层优秀代表组成"能人团队"，参与乡村治理。"五员议事"模式，即打造出一支高素质的村（居）民自治队伍，也打通了基层治理的"最后一公里"，实现了"矛盾不上交、平安不出事、服务不缺位"的目标。

"五员议事"模式最早可以追溯到 2017 年的"五老议事"。当时东宝区在探索基层治理新模式是，在部分乡村试行"五老议事"，着力化解村级各类矛盾纠纷。即在每村组织一个以老党员、老干部、老教师、老退伍军人和老村民为主要成员的议会性质的小团队，充分利用他们的社会生活阅历、农村工作经验、人脉关系等资源优势，协助村干部对村内各类矛盾纠纷进行排解、调停与仲裁，或为上级政府政策在村内推行进行必要的协助。

2019 年，马河镇结合几年来"五老议事"实践经验，针对"五老"代表面偏窄、思想偏保守、"议事"内容较单一及无法及时应对、解决新形势新环境下出现的新问题等情况，学习推广"枫桥经验"，将"五老议事"升级为"五员议事"，即由党员和村民优秀代表大会从本村优秀党员、退伍军人、农村老教师与回乡能人中，选举出 5 名优秀代表成为村情民意信息员、政策法规宣讲员、矛盾纠纷调解员、移风易俗倡导员、特殊人群帮扶员，并由 1 名优秀党员担任议事长，成立"五员议事"工作室，协助村干部处理村内事务。

马河镇三里岗村，自开展"五员议事"工作以来，共调解处理村内矛盾纠纷 18 起，且均得到村民认可与肯定。其中在处理村民蔡运成和张宏运山林界线矛盾时，前期，

---

① 余惠玲：《湖北荆门东宝区：探索乡村治理新模式 激发乡村振兴新动能》，《中国县域经济报》2022 年 4 月 7 日。

工作组先后调处三次，双方均达成和解。但工作组并未放弃，继续调查取证，先后入户走访相关人员 26 名，取调 1988 年、2004 年、2008 年两家的林权证及分山到户花名册，并收集所有证据。最后村两委和五员在村委会召集当事人，双方现场用证据说话，摆事实，讲道理，终于达成和解，成功地化解了埋在双方心里 11 年的心结。

2022 年年初，马河镇党委结合各村"乡贤库"，充实"五员议事"力量，打造村级发展智囊团，持续探索党建引领社会基层治理促进乡村振兴模式升级版。不仅越来越多的本村能人加入"五员"队伍，越来越多身在外乡的能人也返回村里，加入"五员"队伍，带动村民致富。村民王祖友就是其中一员。

王祖友在外地做光伏发电项目，在村里颇有名气。2020 年 3 月，三里岗村"两委"想扩大村集体领办产业林家沟柑橘基地的种植规模，需要占用 4 组村民林思圆的十亩自留山地。林思圆十分犹豫。村里的老代表、"五员"之一马启亮前后三次上门做思想工作。第四次上门时，马启亮叫上了林思圆的舅舅王祖友，经过一番沟通，林思圆同意将林地流转。后来，林思圆还参与到柑橘基地的管护工作中，一年有 2 万元收入。这件事让第一次被请去调解问题的王祖友大受触动。"村里发展机会多，我在村里人脉广，也能帮助做不少实事。"2019 年 5 月，王祖友回到村里，正式成为一名"五员"议事长。王祖友带领村民们发展产业，带头参与种植了 30 余亩的桂花树苗木基地，80 亩的柑橘基地，冬桃基地 60 亩、油茶基地 90 亩、虾池 10 亩、鱼池 10 亩、八月瓜 20 亩……日子越过越红火。"五员"的工作范围，也从帮忙调解纠纷，扩大到参与村里的产业发展，带动村民共同致富。

在三里岗村，"五员议事"还起到了上传、下达、调处、监督、帮扶的作用。"五员"下组入户，倾听村民心声，逐一将诉求落实到位，做到"事事有响声，件件有回声"；"五员"深入田间地头宣传法律法规，讲解政策，让村民树立依法办事理念，提高安全防范意识和法治意识；"五员"主动加强对特殊人群的帮扶和管教，做到"人留在组户，问题消除在村"。

"经过几个月的试行，村里面貌焕然一新，出现了无民转刑案件；信访案件、矛盾纠纷双减少；咨询了解政策的多，环境卫生、社会治安越来越好的'一无两少、一多两好'新局面。"三里岗村党支部书记丁照葵自豪地说。

2021 年，东宝区为破解区内城乡基层社会治理任务繁多、人力有限、群众利益诉求多元等难题，在全域开始推行"五员议事"治理机制，共同构建党建引领的共建共治共享城乡基层社会治理新格局。东宝区坚持试点先行、以点带面，选取 10 个城市社区、38 个村分别开展试点和示范，带动开展"五员议事"的村（社区）162 个，实现城乡全覆盖。截至目前，"五员"共调解邻里、物业服务、婚姻家庭、山水林田权属等方面矛盾纠纷924件，收集群众诉求、安全隐患等信息2800余条。2021年10月，东宝区"五员议事"模式入选全国社会治理创新案例。

2. 湖南涟源：以乡村"微治理"盘活振兴"大棋局"①

"现在办事越来越顺利了，正计划回乡创业。"在外拼搏的湖南省涟源市三甲乡长江村刘功德如是说。据悉，涟源市于2019年被列入全国乡村治理体系建设试点县市，三年来，涟源市精准落子"微治理"，以推动村级小微权力改革、加强基层党组织建设、优化基层议事协商机制、开展运用"积分制"考评、完善村规民约规范村级事务管理为主要突破口，盘活了乡村振兴的"大棋局"。

（1）下好先手棋，防控小微权力

涟源市探索建立村级小微权力风险防控机制，构建制度化、规范化、透明化、系统化村级权力运行体系。

划清权力边界。对村级权力事项进行全面梳理、归纳、审核，建立"村级小微权力清单"，明确每一项权力的政策依据、执行和监督主体、程序步骤等内容，做到有据可依、有图可循。

扎紧权力笼子。建立健全权力运行的制约机制和保障机制，保证每一项权力始终在制度的框架下运行，通过县乡纪检监察精准监督等机制，推动工作落地落实。

推动权力公开。打造线上线下相结合的"互联网+监督"平台、监督服务微信群、村务公开栏等载体，公开发布村级小微权力和村级集体"三资"等信息，让群众看得到、看得懂、能监督。"互联网+监督"平台已累计公开村级工程项目6177个、资产资源3079个、办事结果141万余条，微信群开展政策宣传186403件次、发布公开信息13448件次、收集群众诉求60811件。

确保长效运行。建立健全"党委统一领导、政府统筹协调、纪委监督推动、部门分工负责、镇村具体落实"的工作机制，市纪委设立"村级小微权力和监督服务微信群办公室"，各乡镇街道和相关市直部门成立专门机构、明确人员负责，将工作专项经费纳入财政预算，将"互联网+村级小微权力监督"工作纳入市纪委监委日常监督和"涟源市落实全面从严治党主体责任监督管理系统"的重要内容，全力保障组织、人员、经费、监督到位。

① 肖星群、夏松青、刘洪池、吴选群：《湖南涟源：以乡村"微治理"盘活振兴"大棋局"》，人民网–湖南频道，http://www.moa.gov.cn/xw/qg/202212/t20221208_6416818.htm，2022-12-08。

（2）下好关键棋，优化人才队伍

坚持把村干部队伍建设作为村级组织建设的最基础性工作，从"选、育、管、爱"四个方面着力，充实乡村建设人才，夯实乡村治理基础。

做足"选"的文章，不断选优配强村级班子。坚持"凡进必审"，通过采取民主测评、实地考察、个别访谈、党委研判等方式，对村（社区）"两委"班子及其成员严格进行政治考察。从农村致富能手、外出务工经商人员等群体中推荐村（社区）"两委"候选人，引导高素质人才充实到村（社区）党组织书记队伍和班子队伍。

做足"育"的文章，确保党在农村各项事业后继有人。每年对全市村级党组织书记和村主任进行集中培训，两年累计培训14258人次，其中村党组织书记2022人次。开展导师帮带，做好换届后半篇文章。围绕"以老带新""以新促老"的工作思路，安排经验丰富的老同志与新上任的乡村年轻干部结对进行"一对一"传帮带，解决年轻干部应对复杂局面能力的经验不足、能力急需提升的问题。推行送技下乡、送训上门，开展柑橘、畜牧、农机等专业培训班300余期，培育"新农人"7000余名。举办现代农业领军人才、乡村振兴专题班等高层次培训班30余期，培育领军型人才800余人次。组织企业经理人到清华大学、浙江大学、复旦大学等知名高校进行专题培训，累计培训6批260人。围绕先进装备制造产业及乡村振兴人才需求，累计培训电工、焊工、育婴师等职业技能工种8555人。

做足"管"的文章，严管厚爱激发村级组织活力。注重日常管理和考核，定期不定期检查了解村干部工作完成情况及出勤情况，严肃落实问责处理。注重任职备案管理，为全市506个村（社区）的党组织书记和村（社区）主任逐一建立个人档案，实行"一人一档"统一管理。注重政治建设和履职能力评估，对全市506个村（社区）3749名村（社区）干部和1344名村级后备干部进行政治建设考察和分析研判，对"政治体检"不合格的干部，一律不予使用，共对全市不合格、不称职的25名村（社区）干部予以调整撤换，其中撤换党组织书记9人，履职能力和队伍向心力不断增强。

做足"爱"的文章，通过提高基层干部待遇、拓宽基层干部出路、抓实驻村帮扶、激发村级集体经济组织活力等形式，多方关爱激发担当作为。

（3）下好制胜棋，焕发自治动能

推广运用积分制"公益银行"，助力村民自治。积分制"公益银行"是以积分考核管理为主要形式，通过登记、审核、公示、奖惩等环节，使村里环境卫生整治、村规民约遵守、志愿者服务等村级事务通过积分制得到有效处理。涟源市共在35个村进行积分制"公益银行"试点示范，通过建立"红黑榜""文明榜"等奖惩措施，推动村里形成知荣辱、讲正气、促和谐的新风尚，弘扬了社会正能量。积分制"公益银行"被评为湖南省第一批基层治理创新典型案例。

创新推广"屋场会"群众工作法。涟源"屋场会"源自乡村聚居社会中宗族议事的传统习俗，起源于杨市镇板桥村。涟源市为突破乡村治理中的难点、堵点、痛点，坚持工作重心下移，挖掘总结屋场会的经验做法，探索乡村治理和群众工作新模式，推动形成"群众说事、屋场共治"的基层治理新格局。屋场会让群众当"主角"，干部当"配角"，提升普通群众的话语权，真正做到民事民议、民事民办、民事民管，进一步转变了干部作风、融洽了干群关系。涟源市"屋场会"2020年成功获评"全国创新社会治理优秀案例"。

完善村规民约，激发群众自治动能。将"村规民约"作为规范村民行为和实现村民自治的有力抓手，坚持"市乡指导、村级引导、群众参与"的原则，通过召开屋场会、小组会、村民代表大会，以及在村民微信群发布公告等方式，广泛征求村民代表和乡孝贤能意见，因地制宜修订村规民约、居民公约。通过定规矩、立良俗、破陋习、扶正气，激发群众自我管理、自我教育、自我服务、自我约束的主体意识，为涟源基层社会治理和乡村振兴注入了新动能。全市506个村(社区)村规民约、居民公约全部通过司法审查，在法律允许的前提下设立奖罚措施，着力强化约束性、彰显实用性、突出时效性，形成人人遵规守约、共建文明村镇的良好风尚，为乡村振兴工作注入了"民众力量"。

(五)生活富裕案例

1. 江苏金湖：致富三招①

农民有持续稳定的收入来源，经济宽裕，衣食无忧，生活便利，共同富裕，是实施乡村振兴战略的根本出发点和最终落脚点，是农村广大群众对美好生活的向往和需求。江苏金湖县委、县政府聚焦乡村振兴战略，有效拓宽了农民增收渠道，提高了农民生活质量，让全县群众走上共同富裕的道路。

(1)让农业产业化实现增值获益

夏风吹来，麦浪此起彼伏，一阵阵花香沁人心脾，还有10多天时间就要收获了……万丰农机专业合作社理事长姜勤望着一望无际的麦田，笑意溢满了脸。

俗话说："三百六十行，行行出状元。"姜勤今年49岁，这名地地道道的"泥腿子"

---

① 佚名：《[新时代　新作为　新篇章]淮安金湖"多元"增收让百姓幸福满满》，http://www.xhby.net/ha/yw/201905/t20190530_6211641.shtml，2019-05-30。

组织当地 30 位农机大户带机械、带资金入股，成立了万丰农机专业合作社，到目前，合作社拥有的农机数量位居全县农机专业合作社之首。近年来，姜勤为县农村土地流转、专业化管理、社会化管理、农业现代化建设作出了积极的贡献，万丰合作社为推进农业标准化、生产机械化，转变农业发展方式提供了鲜活的样本。万丰农机专业合作社年收入在 8000 万元以上，人均收入 10 万元，姜勤本人年收入达到 500 万元。

"火龙果真的能在我们这儿栽植和培育成功吗？""一只半斤重的桃子，能卖到 8 元钱？"当地老百姓心存疑惑……对此，金绿源蔬果专业合作社理事长顾仕举总是耐心向每一位乡亲们解释着。

重点建好基地、带动农户，推进农业产业化经营，走"一户带多户，多户带全村，全村成基地"发展模式。随着"金绿源"粗具规模，理事长顾仕举让当地渴望拥有一技之长的 140 多户农民加入合作社，大家心往一处想，劲往一处使，抱团发展，共同走上致富的道路，规模化的生产格局，让农民真正得到了实惠。

在黎城街道工农村一品葡萄种植家庭农场里，凉亭、小桥、流水，戏水的大鹅构成了一幅惬意恬静的生态农场图。谁能想到几年前该家庭农场所在地却是一片荒地，不适合种粮食，长满了野草，现如今却成了葡萄种植的沃土。这片沃土正慢慢酝酿着一位农场主的生态农庄梦。农场主陈跃红在生态种植的路上越扩越宽，2018 年一户葡萄种植家庭农场纯收入达 100 多万元。

农民合作社和家庭农场等新型农业经营主体以分工协作为前提，都是以规模经营为依托，以利益联结为纽带的一体化农业经营组织联盟。数据表明，县农民专业合作社、家庭农场发展均居全市第一名，成为农村经济发展"新引擎"，它们覆盖了种植业、养殖业、旅游观光业、涉农服务业，基本围绕县农业优势主导产业发展。这两大经济合作组织带动全县 90% 以上的农民走上富裕的道路。

近年来，县委、县政府通过"公司+农民合作社+家庭农场"组织模式，让各类新型农业经营主体发挥各自优势、分工协作，促进家庭经营、合作经营、企业经营协同发展，推动订单农业和"公司+农户"等经营模式创新，促进农业提质增效；通过提升农业产业价值链，完善利益联结机制，引导龙头企业、农民合作社和家庭农场紧密合作，示范带动普通农户共同发展，将其引入现代农业发展轨道，同步分享农业现代化成果，实现全产业链增值增效，让农民有更多获得感。

（2）拓宽农民增收渠道

农民要增收，就要围绕"农业增效、农民增收"，坚持以"工"促"农"，大力发展民营经济，加快小城镇建设，使农民角色实现了向工人、商人和市民的转变。

金南镇贯彻落实乡村振兴政策与特色富民产业建设联系起来，成立南望生态旅游开发公司，发展了南望菊花茶，使不适合强度大的老年群体也有了工作和经济来源，仅仅在 2018 年便种植了菊花 120 亩，吸引 100 多名农民来工作，人均收入 6000 多元。

不仅如此，县里按规划，招商引资了一批重特大项目，这些项目的建成，为周边村的群众就业提供了好渠道。农民变工人、分散变集中、低效变高效，这样的转变正在农村悄悄进行着，这样的举措深刻影响着附近农民的生活生产方式，成为拓宽农民增收的一大助力。

这两年，塔集镇青年农民李树松尝到了"鼠标一点，生意就来"的甜头。他在高邮湖畔的"老鳖滩"尝试养殖生态甲鱼获得成功，他尝试在网上直播甲鱼生态养殖的专题片，其养殖方式、环境营造等流程在网上一目了然。他发布专题片的信息跟帖上万人次。目前李树松已和苏南、苏中等地的 40 多个客户建立了长期联系，生意做得顺风顺水。目前，李树松已向国家商标局申请注册了"树松"商标，脱胎换骨的"树松甲鱼"从此在市场占有了一席之地。如今，特色水产养殖形成了当地的一个农业特色产业，年创收益在 400 万元以上。

塔集镇东方红村 5 组 68 岁的陈富强老汉，早年跟父辈一起做手工磨麻油，虽技艺在身，但因经济收益低放弃了祖传磨麻油的事业，除了耕种家中几亩地外，别无经济来源，因此生活不太富裕。现以技术入股的形式加入塔集农副产品专业合作社，为合作社提供纯手工小磨麻油，合作社对产品进行检验、包装、销售。

合作社通过拓宽电子商务销售渠道、与快递公司签订合作协议、开设微店、淘宝企业店铺、微信公众号等，打通了农产品到消费者的"最后一公里"，并申请了"塔集""尧乡""荷香金湖""金湖荷花荡"等商标，不仅叫响了农产品品牌，更是让村民赚得盆满钵满。目前，仅陈老汉每月分红就有 2000 余元，实现了由农民向小老板的华丽转身。

近年来，金湖县实施"富脑工程"，对农村青年，尤其是种养大户、科技能手、农民经纪人、村组干部等，免费集中培训计算机应用知识，以及网上获取和交换信息的技能。在金湖，像李树松这样能熟练使用电脑做生意的农户越来越多。他们不断扩大规模，走种、养、加的发展路子，带动地方农业转型升级。同时，全县绿色、无公害品质农副产品，渐渐引起了省内外高端市场的关注，网销活力迸发，绿色的田野希望无限。

"我们以前居住在 80 平方米的砖瓦房，房屋还是 1985 年砌的，30 多年了，已经破旧不堪了……村里推进集中居住，这是大好事呀，我们全家积极带头，终于如愿以偿拿到了一幢 230 平方米的小洋楼，也没贴多少钱，现在想想，像是梦中一样！家里的农田也流转了出去，每年坐在家里就可以领到承包金，那日子真叫一个惬意。"看着新居，今年 70 岁的吕良镇孙集村村民周兴汉乐得合不拢嘴。

像吕良镇这样的集中居住点只是全县的一个缩影。这几年，让"农村变城市，农民变市民"取得长足的成效，小集、新丰、张丰三个自然村在"万顷良田工程"中实现整体搬迁进城，近万名农民摇身变成市民，脱离多年每日"朝黄土背向天"的辛勤劳作，家中土地集中流转拿租金，成为进城上班拿工资一族。"农民变市民"更重要的意义是丰富了村民的生活，改善了农民居住条件。现如今的"农村变城市，农民变市民"真正实现了城镇一体化。

(3)打好农民脱贫攻坚战

"现在我自己有 3 份收入呢！我家的 8 亩土地村里帮我流转出去了，每年土地流转租金有 7500 多元；我在种田大户那里做做杂工每个月的工资也有 2000 多元；还有家里养着 2 头猪，每年收益也有 2000 多元，一年总收入 3 万多元！儿子、儿媳在村里的帮助下在县城里找到了工作，现在一家人有了一定的经济收入，这日子真的有了盼头。"谈到今年来家庭发生的巨大变化，天堂村村民冯怀楼非常兴奋。曾经的冯怀楼可是村里有名的贫困户，常年患有糖尿病，妻子患有严重的腿疾，家中所有的积蓄都用来治疗妻子的病，因为经济无法承担，妻子只好截肢。村里考虑到冯怀楼家中的情况，立即帮助其妻子办理了残疾证用来补贴家用，好景不长，截肢后短短几个月妻子便离世，沉浸在悲伤中的冯怀楼更是雪上加霜，村里得知这个情况立马实行了项目扶持，便有了刚刚描述的一番情景。

天堂村坐落在银涂镇，顾名思义，当初取名"天堂村"，就是梦想着能够拥有"天堂"般幸福、美妙的生活，可事实却并非如此，由于该村地处偏远，交通不便，成为远近闻名的市级经济薄弱村。几年前，村里共有 39 户低收入贫困户，共计 86 人，几年来，经过多方共同努力，终于摆脱了"穷帽子"。如今的天堂村，映入眼帘的是宽阔干净的乡村道路，栽植整齐的绿化苗木，美丽古朴的民居，还有村民开心满意的笑容，一派和谐景象。截至 2018 年年底，已经脱贫 31 户 71 人。2018 年该村实现村集体经营性收入 20.3 万元。

实现乡村振兴，摆脱贫困是前提，全力以赴消除农村贫困，推动乡村生活富裕。由此可以看出，做好做扎实乡村振兴，前提是打赢脱贫攻坚战。

因此，金湖县在"生活富裕"上求突破。把提高脱贫质量放在首位，坚持精准扶贫、脱贫，全面落实脱贫攻坚战三年行动，实现"就业一人，脱贫一户"的目标；大力推广"扶贫车间""扶贫工厂"等产业化扶贫模式，变"输血式"扶贫为"造血式"扶贫；加大金融扶贫力度，不断扩大覆盖面；创新资产收益扶贫方式，探索资源变资产、资金变股金、贫困户变股民的"三变路径"；大力开展电子商务扶贫，支持促进贫困群众

"多头"增收。还结合贫困户实际，足额落实农村低保、医疗救助、教育补贴、危房改造等行业扶贫政策，做到义务教育、基本医疗、住房安全、饮水安全有保障、全达标；紧盯低收入群体，推动提标合线，实现"低保线"与"扶贫线"动态合一。建立县级扶贫项目库，实施到户项目 3000 多个、入库经济薄弱村产业项目 15 个、县级统筹带动项目 1 个，部分经济薄弱村扶贫项目开始受益。举办 6 场扶贫专场招聘会，提供适合低收入户劳动力就业岗位 2000 多个。

2018 年，全县脱贫率达 80%，2 个市定经济薄弱村完成转化，全县村平集体经济收入达 68.46 万元，同比增长 11%。

2. 荆门东宝区：勠力奔赴幸福路①

湖北省荆门市东宝区立足自身优势和基础条件，坚持城乡统筹、融合发展，通过兴产业、护生态、抓治理、强要素，积极探索促进农民农村共同富裕路径。

兴产业，夯实共富之基。东宝区坚持特色化、集群化发展，着力构建"生产在农村、加工在园区、销售在线上、发货在云仓"的乡村产业发展格局，不断打牢农民农村共同富裕基础。按照"一镇一业、一村一品"的思路，聚焦"小而精""小而优""小而美"的特色优势，依托 1009 家农业龙头企业、家庭农场、合作社，建立了一批规模化产业基地，拓展形成食用菌、中药材、食用酱、特色蔬果、蜂蜜、畜禽 6 条产业链，全力打造农副产品特优区。聚焦农产品附加值提升，高起点规划建设农产品加工产业园，突出休闲食品、中药材和畜禽产品加工板块，招引一批精深加工产业企业集聚发展，推动卖"原字号"向卖制成品转变。加快发展农村电商，实施农副产品"出村进城"工程，建成鄂中电商直播基地，发展网红经济，助力农民卖得多、卖得远、卖得好。2021 年，东宝区从事电子商务的经营主体发展到 1600 余家，吸纳从业人员 6200 人，农副产品线上交易额突破 2 亿元。挖掘乡村多元价值，推进"农林文旅康"融合发展，培育休闲农业、森林康养、体育旅游、精品民宿等旅游示范点 120 家，促进乡村经济多元发展。深化农村集体产权制度改革，完善乡村产业利益联结机制，推行"政府引导、集体领航、市场主导、群众参与"的抱团发展模式，实现农民和集体"双增收"。

护生态，紧扣共富之要。东宝区紧扣生态宜居要求，坚持整体规划、示范引领、全域提升、共建共享，让绿色成为共富底色，绘就美丽乡村画卷。深入推进美丽乡村建设，实施"擦亮小城镇"行动，投资 1 亿元推进 6 个精致城镇建设，投入 1.63 亿元建成两条美丽乡村示范线，打造"幸福来龙""红色八角"等一批精美村庄和精品农舍，催

① 陈治军、杨临如：《奋力开启东宝高质量发展新篇章》，《荆门日报》2020 年 12 月 8 日。

生了一批"美丽经济"。大力补齐农村基础设施短板，安全饮水、农网改造、光纤升级、村组公路等基本实现往户延伸；申报创建国家整县推进水美乡村示范县，投资5.8亿元高标准完成两条水系连通建设试点，加快建设河湖相连、库塘多点的水利基础设施。全域推进人居环境整治，实施"厕所革命、防护林建设、集镇生活污水治理、城乡垃圾无害化处理"四大生态工程，全区农户卫生厕所普及率达到94.2%，森林覆盖率达61.95%，农村生活垃圾处理率达100%，乡镇集镇污水收集处理实现全覆盖。积极推动公共服务向农村布局、社会事业向农村覆盖，全面完成义务教育阶段教师"区管校聘"改革，提标建设便民服务中心、老年日间照料中心、文化体育广场、新时代文明实践站、村卫生室等服务阵地，人民群众幸福感、获得感越来越强。

抓治理，恪守共富之本。东宝区坚持党建引领铸魂，探索政治、法治、德治、自治、智治"五治"融合实践，持续擦亮积分制管理、五员议事、"红领章"先锋行等三大基层治理首创品牌，夯实社会安定、人民安宁的共富基石。大力实施"墩苗、头雁、强基"工程，选优配强镇村党组织书记；扎实开展"红领章"先锋行活动，以"红"色教育、"领"办实事、建"章"立制，推动基层党组织全面进步、全面过硬。深入推行积分制管理，调动农民群众共同缔造美好家园的积极性。全域推行"五员议事"，引导农村优秀党员、退伍军人、老教师、村民代表、回乡能人5类人员参与乡村治理。深入推进平安乡村建设，完成"雪亮工程"建设，实现区镇村视频监控联网应用；建成区、镇、村三级综治中心，发挥"一村一辅警一法律顾问"作用，开展"一站式"受理矛盾纠纷调处，成功化解了一大批信访积案。常态化开展文明乡村、"十星级文明户"评选活动，推进移风易俗，整治婚丧陋习，推动形成文明乡风、良好家风、淳朴民风。

强要素，激活共富之源。东宝区一以贯之打好资金、土地、科技、人才等要素保障"组合拳"，不断夯实乡村振兴基础支撑。强化资金保障，抓实涉农资金统筹整合工作，每年安排财政收入增量的15%、存量的50%充实本级衔接资金预算，以财政投入引导构建乡村振兴多元投入机制。强化用地保障，高质量推进土地综合整治，盘活存量建设用地、保障设施农业发展用地，不断优化生产、生活、生态空间格局，实现乡村发展与资源保护双赢。强化科技保障，积极申报创建国家农业高新技术产业示范区，全力打造长江经济带生态循环农业示范点；选派65名科技特派员助力乡村产业发展，推广应用新品种新技术120项。强化人才保障，引培有文化、懂技术、会经营的高素质农村实用人才1360人，并向农村实用人才提供安居住房、职业培训和公共服务，努力让更多人才更好地服务乡村振兴。

（六）人才建设案例

1. 湖北钟祥：一花引得百花香①

"守着湖泊没鱼吃、抱着金矿缺钱花。"荆门"三农"发展所面临的问题，表面看是难破"资源变现"瓶颈，根本上则是产业发展内生动力相对不足。新的发展形势下，如何破题乡村振兴？

"乡村振兴，人才是关键。"荆门市充分发挥人才等要素在转变农业发展方式中的"催化剂"作用，激活乡村发展新动能。

在荆门市乡村振兴战略实施过程中人才引进被摆在头等位置。

瞄准在外能人，荆门农业产业"强筋健骨"迈出第一步。在外能人"QQ群""微信群"纷纷成立，各类恳谈会、推介会轮番上演，及时推介发展形势、产业规划，邀请农业、发改等部门人员进群，为能人们提供政策咨询和项目申报等服务。

以钟祥市柴湖镇为例，当地大力实施能人回归工程，盘活人力资本，按照经济能人、管理能人、技术能人等分类建立数据库，登记在外人才台账数千条，定期更新、实时跟踪。

打好乡情牌，算清资源账，资金、项目、企业成群打捆跟随能人"衣锦还乡"。

寒意料峭季节，柴湖镇却处处鲜花盛放、春意盎然。一栋栋智能园艺温室鳞次栉比，温室外等候的车辆排起了长队，高峰时期每天有几万盆时令花卉从这里销往全国。

在湖北农青园艺公司，数十万平方米智能温室大棚如同花的海洋，白掌、红掌、凤梨、绿萝、仙客来……有的植株上已吐露出或白、或红、或黄、或紫的花蕊，有的棚顶还吊着一盆盆红花，浓密的枝叶间点缀着朵朵红花，将花盆覆盖，仿佛悬挂着一帘帘绿色的瀑布……

粗具雏形的柴湖花卉小镇，温室盆花基地每亩年产值达30万元，1000亩的产值就相当于全镇过去10万亩耕地传统种植业的产值。曾几何时，这个全国最大的移民集中安置区，还是遍地芦苇荡、到处沙化地，农作物产量低到填不饱肚子，一拨拨年轻人不得不离开家乡外出打拼。

"废地"变宝地的背后，离不开在外能人的"点石成金"。

2014年，在外打拼多年的农青园艺董事长李志慧受家乡人民的热情感召，在经过认真调研后，毅然将工作重心从上海转移，重新扎根阔别十几年的故乡。

---

① 邓欣慧、黄健、陈媛：《相向而行　为高质量发展赋能》，《荆门日报》2021年1月5日。

面对乡村振兴的时代浪潮，李志慧坚持产品和市场两手抓，用工厂化理念推动规模化、标准化的花卉产业发展，振兴家乡的理想在市场竞争中变成了美好现实。

一花引得百花香。据统计，荆门市"三乡工程"实施过程中，请回 2000 多名能人回乡创业；引进 255 个企业、470 个项目，累计为招商引资企业（项目）兑现优惠政策资金 8401 万元。

湖北京山：壮大新主体，既要"广引智"，还要"深挖潜"。

京山市钱场镇的"种龟大王"盛常斌，20 年来搜集繁育了一代、二代百万只野生乌龟种群，建成"国家级乌龟原种场"，成为全国最大的种龟场，每年向全国 10 多个省市的养殖户供应乌龟苗种 500 多万只，约占全国市场需求量的 1/6。

对待自己"抠门"，盛常斌对待农民却十分大方。他免费把乌龟养殖技术手把手传授给全国各地的客户，承担了 23 户贫困户的脱贫任务，每年都要在周边村组用工上百人，支付工资 500 多万元。

丰富农业资源打下硬实底子，新主体的加入激活一池春水，再加上机制上的变革引发了一系列连锁反应。工商资本、先进技术、优秀人才等要素源源不断流入，荆门市现代农业之火"旺"了起来。

"荆门'三农'工作在全国全省有了新亮点，农村融合发展拓展了新业态。"曾分管荆门"三农"工作多年的荆门市委常委、统战部部长郑中华说，荆门各民主党派、工商联、无党派人士，特别是民营企业家们，正积极投身乡村振兴和"三乡工程"建设，营造出齐心协力、团结奋斗的社会氛围。

2. 河南舞阳　选育乡土人才　助力乡村振兴①

"我到省食用菌研究所和福建省三明市食用菌研究所拜师学艺，经过自己的摸索实践总结了一套成功的香菇种植经验，现在我们的香菇成品率达 98% 以上。"舞阳县"香菇大王"张德山说。

从 20 世纪 90 年代初开始，舞阳县"无中生有"发展壮大香菇种植产业，张德山可谓是产业发展的领军人物。在他的带动下，舞阳县文峰乡李斌庄村成为远近有名的香菇种植基地，张德山也成为一个家喻户晓的"土专家"，被乡亲们亲切地称为"香菇大王"。

像张德山这样的乡土人才舞阳还有很多，比如探索"藕稻轮作"种植模式，帮助农

---

① 仵树大、宁迪、张景龙、张伟：《舞阳县：选育乡土人才　助力乡村振兴》，《河南日报（农村版）》，2022 年 9 月 13 日。

户增收超 600 万元的返乡创业"泥坑博士"吕伟增；带领孟寨镇吴庄村群众脱贫致富、壮大村级集体经济的"花生专家"王献勇等。

近年来，舞阳县坚持把乡土人才培养作为乡村振兴人才培养的重要任务，深挖乡土人才资源，引导乡土人才投身乡村振兴主战场，充分发挥乡土人才的示范带动作用，真正让懂农业、爱农村、爱农民的乡土人才助力乡村振兴发展。

据了解，该县在对乡土人才、农村实用人才开展统计工作的基础上，制定了《舞阳县级乡土拔尖人才选拔和管理工作暂行办法》《舞阳县农村乡土拔尖人才选拔管理办法》等一系列乡土人才政策文件，明确乡土人才选拔机制和管理办法，将乡土人才的示范引领作用发挥到最大。

目前，该县先后选拔和命名表彰了县级乡土拔尖人才 30 名，乡镇级乡土拔尖人才 339 名，并纳入人才信息库常态化管理，形成了一个扎根泥土、贴近农民，具有较强带动和吸纳作用的"土专家""田秀才""明白人"群体。

不仅如此，该县不断加大乡土人才工作宣传力度，开设电视台"舞阳人才"专栏，利用学习强国平台、"舞阳微党建""舞阳人才"公众号等各类媒体，对乡土人才创业兴业的成功案例大力宣传推介，在全社会营造了尊重乡土人才、重视乡土人才、支持乡土人才的浓厚氛围。

(七)组织振兴案例

1. 黑龙江虎林："四边工程"引领乡村振兴①

在黑龙江省委农办举办的首届全省乡村振兴典型案例征集活动中，虎林市作为鸡西地区唯一县市入选乡村组织振兴典型案例名单。虎林市作为典型的边境县、农业县，在多年的边境农村基层党建工作中，结合自身实际，逐渐探索出"堡垒领边、经济富边、基础固边、治理稳边"的"四边工程"，为推进全市农村基层党建工作提质增效奠定了坚实基础。

(1)"堡垒领边"工程——基层组织由弱变强

在基层组织工作中，虎林市抓实"全覆盖"，坚持"地域相邻、行业相近、规模适当、便于管理、应建尽建"原则，在健全 85 个村级党组织基础上，组建农村新型合作组织党支部 36 个、村屯党小组 215 个，彻底消除边境农村党组织覆盖盲点、工作空

① 严璐璐、石启立：《虎林市实施"四边工程"推进边境农村基层党建提质增效》，黑龙江网，http://www.cfgw.net.cn/2021-12/12/content_24994212.htm，2021-12-13。

隙。选好"领头雁"，突出强化党的领导抓换届，严格人选政治关、素质关、年龄关、学历关，明确"三好三强"标准，坚决把"好人"选进班子、把"坏人"挡在门外。打造"硬队伍"，坚持从源头抓起，注重挖掘培养党的"新鲜血液"，大力开展美丽乡村建设的"带头人"、脱贫解困的"贴心人"、农民创业的"领路人"、小农业与大市场对接的"经纪人"、村务管理的"清白人"、活跃群众生活的"文艺人"这农村党员干部"六种人"评比表彰活动，激励农村党员在推进乡村振兴中建功立业。

(2)"经济富边"工程——集体家底由薄变厚

虎林市从聚焦土地、发展项目、强化管理三个方面，全面加强基层组织不断增收，集体经济收入逐步丰盈。在具体工作开展中，虎林市把集体土地有偿使用作为增加村集体收入的"突破口""重头戏"，创新采取责任"三联动"、部署"三步走"、价格"三统一"、方式"三先后"、进度"三时限"的"五个三"工作方法，有序推进全市 57.6 万亩集体土地 100%有偿使用。坚持"有利于盘活集体资产、有利于推动产业结构调整、有利于转移农村劳动力、有利于带动农民增收致富"的"四个有利于"原则，采取自主投入、合作经营、上级扶持等方式，先后谋划落地"金鸡归巢"产业项目 52 个，申请中央专项扶持资金 1050 万元发展产业项目 25 个，助推村集体实现增收 1018 万元，切实提高村集体"造血"功能。

制定出台《关于进一步加强农村"三资"管理的意见》，成立乡村两级承包合同管理机构；实行村集体资产资源公示制度和村干部任期资产资源审计制度，2016—2020年，全市 85 个村集体总收入由 1091 万元一跃增至 5957.88 万元，同比增长 446%，村均收入 70 万元且全部在 20 万元以上，24 个村收入超过 100 万元，彻底消灭了 20 个"空壳村"。

(3)"基础固边"工程——生活环境由差变美

开展农村环境整治，建设美丽乡村，是实施乡村振兴战略的重要任务，虎林市注重建强主阵地，采取"财政担大头、部门帮小头、村级补零头"的方式，统筹资金 1300余万元，新建、维修村级组织活动场所 52 个，推进全市村党支部阵地建设全部达到"六有"标准；注重提升"软实力"，创新制定《党支部基础档案归档整理"3+2+1"制度》，将党支部建设软件材料系统梳理为 6 类 26 卷 83 项，实现党支部标准化建设"全程纪实"。按照建强中心村、发展中等村、扶持薄弱村的思路，聘请专业团队为各村制定基础规划，分类推动农村基础设施提档升级，村民生产生活环境得到极大改善。深入开展"清五堆、治五乱、创五净"整治行动，组建巾帼、党员、民兵、老年、低保等多类型环境管护分队，号召 3000 余名农民党员开展"扮靓城乡、万名党员齐创城"主题党日活动；积极开展绿化美化行动和乡村生态保护修复工作，省级生态村实现全覆盖；以"厕所革命"带动农村垃圾污水治理，建成卫浴一体化水冲厕所 6012 户，其中，宝东镇东兴村建成分布式能源 147 户，全面拆除了村内旱厕，被评为全国文明村和国家级生态村。

（4）"治理稳边"工程——村风民风由坏变好

良好的村风民风是乡村振兴之魂，虎林市以"自治""法治""德治"为抓手，凝心聚力，化解民忧，引领风尚，培育了良好的村风民风。全面推行"四议两公开"工作法，充分保障村民的知情权、参与权、监督权，推动实现村民"当家作主"；深入推进"一约四会"全覆盖，有效治理天价彩礼、薄养厚葬、大办学子宴等不良风气；大力开展军地共建，疫情期间及时发现拦截俄罗斯籍越境人员 1 名，有效化解了境外疫情输入风险。注重提高乡村公共法律服务资源普惠、精准配置，建设普法阵地 32 处，创新建立"121+N"人民调解机制，组织律师、基层法律服务工作者下基层，提供法律咨询服务 5000 余人次。挖掘培育乡村道德模范，积极开展"脱贫示范户""星级文明户""五好文明家庭""爱老孝敬户等创建活动，培育敬老爱幼、勤劳节俭、知礼守则的良好风气；成立了乌苏里、黑土地、杨岗 3 个农民艺术团，组建了 21 支乡村群众文化队伍，常年开展"绿野放歌"送文化到农村巡演活动，推动形成了文明守法、团结互助、尊老爱幼的良好乡风。

2. 兰陵代村：党建引领　奏响强村富民最强音①

山东省兰陵县代村地处城乡接合部，村域面积 3.6 平方公里，1196 户、3685 人，社区居住人口 1.5 万人，现有经营权土地 2 万亩。2019 年，村集体各业总产值达到 30 亿元、村集体纯收入 1.3 亿元、村民人均纯收入 6.9 万元。近年来，代村在村"两委"一班人的团结带领下，按照习近平总书记乡村振兴战略指示精神和山东省委全面打造乡村振兴"齐鲁样板"要求，以党建引领为核心，抓住土地集体经营改革关键，坚持农业为基础、农文旅商融合发展，不断壮大集体经济，逐步实现了村强民富的目标。代村先后荣获"全国文明村镇创建先进村镇""全国敬老模范村居"等称号。

（1）筑堡垒——给钱给物不如建个"好支部"

人民公社时期，代村曾创下连年上缴粮食百万斤的纪录，是远近闻名的"先进村"。到 20 世纪末，代村却成了兰陵县有名的乱村、穷村，"全村背外债 300 多万元，"村书记王传喜回忆说。

---

① 佚名：《兰陵代村：党建引领　奏响强村富民最强音》，人民网，http://health.people.com.cn/n1/2021/1013/c441091-32252450.html，2021-10-13。

1999年年初，30岁出头的王传喜当选村党支部副书记、村委会主任，一上任，就一门心思地想让代村重现往年的辉煌。真正开展工作了，才体会到什么叫"难"：因为债务纠纷，法院传票如雪花般纷至；交不起水电费，三伏天全村停水、停电；经常"招贼"，有时一晚上十几家被偷。这些事对新任的村"两委"一班人触动很大，连续3天早6点开晨会研究治乱。就这样，每天的晨会坚持了下来，直到现在，风雨无阻、雷打不动。

面对困境，村"两委"干部广泛听取党员群众意见，出台治安制度治乱，想方设法还清欠债，着力解决各类历史遗留问题。自此，代村工作开始走上正轨。

多年来，代村"两委"牢记党中央"要把农村基层党组织建成坚强战斗堡垒"的指示精神，始终把抓班子、带队伍当作重中之重。按照《中国共产党农村基层组织工作条例》《中华人民共和国村民委员会组织法》等法律法规，村"两委"成员带头示范，"约法三章"：村里工程绝不许亲朋好友插手，惠民政策绝不因沾亲带故徇私，干部选用绝不让直系亲属沾光。凡事民主决策，建立了党组织"提事"、村委会"议事"、党员和村民代表大会"定事"、村务监督委员会"监督事"工作机制，对村级发展、重大事项必定进行民主决策。创新监督全覆盖机制，2012年5月，在兰陵县委、县纪委支持下，代村在临沂市率先成立了第一个农村社区纪委，从社区居民中推选了30名廉政监督员，对"两委"干部和党员实行"零距离"监督。

村"两委"良好的工作作风，吸引了大量优秀人才。2003年，出生于湖北红安的大学生聂晓燕嫁到代村。2010年，村"两委"急需用人，她毅然放弃了供销社工作，到代村社区服务中心工作。如今，她已经是代村的党委委员，是代村吸引来的众多人才之一。

党的十九大提出乡村振兴战略后，代村"两委"围绕总书记打造"两个千千万万"的重要指示，继续深化组织建设，加强党员教育，依托村史馆、辉煌中国馆、知青村等，定期开展党员现场说教，着力引导广大党员投身乡村振兴，激励党员在发展壮大村集体经济、带领群众共同致富中更好地发挥先锋模范作用。

（2）谋发展——在现代高效农业上下功夫

党支部建强了，就有了发展的底气。代村"两委"班子成员深入探讨后，确立了发展现代高效农业的思路。

发展高效农业首先要解决用地问题。在探索土地集约化经营过程中，有老板想在代村建工厂、搞开发，都被村里回绝。"卖地等于卖母鸡，鸡没了怎么生蛋？土地有限，建工厂有污染肯定不行，房地产干完了，往后再搞啥？"村"两委"班子意见很一致："土地是咱们的根本，还得做好这篇大文章。""党的惠农政策越来越好，可用不好也白搭，咱们就是要在没有污染的现代农业上下功夫。"

2002 年，村"两委"开始搞现代农业规划。2005 年，全村所有土地进行了流转，集体统一经营。2006 年，山东省兰陵县农业生态园落户代村，2008 年又流转了周边 5 个村的 7000 亩土地，达到一万亩的体量规模。

党的十八大后，村"两委"逐渐意识到，仅仅做一些亮点型的科技示范，只是好看，无法真正带领村民增收致富。

2013 年，代村依托现代农业科技示范园，建设了占地 2 万亩的全国首个国家农业公园，发展更大体量的现代综合农业产业。自此，代村发展迈入快车道。到 2019 年，建成年产 3000 万株的种苗工厂 1 家、蔬菜采摘园 4 处、花卉苗木基地 15 家、蔬菜加工出口企业 1 家。

为了深挖资源优势，实现产业转型升级，从 2013 年到 2019 年，兰陵蔬菜产业博览会在代村农业公园连续举办了 7 届，入园游客量达到了 180 万人次，除了来自全国各地的游人和客商，欧美、日、韩等几十个国家和地区的外国友人，也走进兰陵菜博会，实现了经济和社会效益"双赢"。代村现代农业开始向智慧农业方向迈进。

（3）抓融合——立体发展让土地"生金产银"

2018 年 3 月，习近平总书记在参加山东代表团审议时强调，要紧紧围绕发展现代农业，围绕农村产业融合发展，构建乡村产业体系，实现产业兴旺，把产业发展落到促进农民增收上来。

有要求就有贯彻落实，代村"两委"全力按照总书记的指示精神，顺应新时代的发展要求，搞产业融合发展。有村民说，村"两委"这一班人就是"枕着扁担睡觉想得宽"。他们却不以为然："干事创业没有个闯劲咋行？"

村"两委"班子带领广大党员群众，以兰陵国家农业公园为基础，发展农事体验，丰富农耕文化，进军商贸物流，实现了"农文旅商"多业态融合。

在农旅结合上，代村深挖农业公园潜力，建设了 3 万平方米的临沂农展馆、1 万平方米的"雨林王国"、15 万平方米的"竹林水岸"、3000 多亩油菜基地、30 万平方米涵养湿地。建成"兰香东方"馆，引进台湾蝴蝶兰等各类兰花名品 100 多种。新建辉煌中国馆、幸福家园馆、中国知青村；观光火车沿线新增"一带一路"景观。建成了集观赏游览、体验农艺、购物为一体的 4 万平方米的"沂蒙老街"，把农旅结合发展提到了新高度，同时也在繁荣夜游经济上作了探索性尝试。

休闲农业和乡村旅游的大发展，带来的是流动人口的激增。瞄准了农旅融合带来的人气，村"两委"抓住机遇，发挥地处城乡接合部的区位优势，建设了 1000 亩的"代村商贸物流城"。凭借代村这张名片，商城建设商铺 2126 家，年交易额达 6 亿多元，集体经济增收 4000 多万元；增加管理岗位 200 多个，商贸物流服务就业 6000 多人，车辆 1000 多台。

村"两委"的志向并不仅限于此，他们认为，产业融合发展需要更多的要素保障，才能做出更大体量、实现深度融合，于是他们将目光投向了邻近村庄。

2019 年年初，依托"兰陵现代农业产业园联合党委"，代村联合周边占地约 20 平方公里的 11 个村庄，按照"城乡一体、产业为基、民生为本"原则，规划共建"田园新城"，在发展智慧农业、农产品精深加工、休闲观光农业上实现区域整体提升，形成连片发展效应。为了深入发挥党组织引领作用，村"两委"选派刘建永、王传海、刘聪 3 名优秀年轻党员干部到邻村任第一书记，挂职帮扶。其中最年轻的党员刘聪到挂职到村后，帮助村里强化村级班子，给村里修路建渠，结合高标准农田项目架设电路，为"田园新城"内村庄的共谋发展、共同富裕打下了基础。在"田园新城"内，15000 亩高标准农田、山东省现代农业产业园、新农人培训中心项目都将于 2020 年完成。

产业逐步强大，业态渐次丰满。党支部已经无法满足代村对整个产业体系的监督和管理。2018 年 2 月，报经上级批准，代村成立了村级党委，下设 1 个村支部，4 个企业支部，党员发展到 106 人。在村"两委"统一组织和监督管理下，村里产业全部实行党组织领导下的村企合一，党委委员实行交叉任职，比如党委委员王传海就兼任代村商贸物流城党支部书记。这一举措，构建了在党的旗帜引领下，党员群众共建共商共享的发展新模式。

(4)守初心——走得再远都不忘"为了谁"

走得再远都不忘"为了谁"。代村走的是发展壮大集体经济的路子，只有这样，村里的基础性公益性事业才能延续，村集体也才能有凝聚力和向心力，村民的福利才能有长久保障。"村里有了结余，日子过得不是那么紧巴了，必须让村民的生活质量同村庄发展同步起来，这钱要花在民生保障这个'刀刃'上。"

村"两委"班子发动本村和邻村党员和种植大户实行租赁土地规模化、标准化生产，壮大产业规模，园区年亩收益超过了 1.2 万元。在集体分红、土地分红的基础上，村级从集体可支配的纯利润中拿出 30%用来分红，搞二次分配，带领群众增收；花大力气整治人居环境，建设住宅楼 65 栋，小康楼 170 户，老年公寓 2 处 200 户，以 500 元每平方米低价安置，让村民拆旧房住新房；配套建设了便民服务中心、村民文化广场、老年健身广场、社区医院、公共浴池、公共食堂、省级规范化小学、幼儿园等；居民区实现了"五化""六通"，物业统一管理，污水和垃圾集中处理。

为进一步提高村民幸福指数，实现"幼有早育、学有所教、病有良医、老有颐养"，村"两委"实行了 16 项社会保障政策：村民基本生活食品由村集体统一无偿配供；60 岁以上老人住进"老年公寓"，按月享受"老年优待金"；村民 100%参加"新农合""新农保"，资金由村集体全部负担；非义务教育阶段学生每年享有村集体发放的"助学金""奖学金"4000~50000 元不等；有劳动能力的村民实现了人人就业、人人有工资性收入，家家每年有村集体"分红"收入，等等，村民的幸福感逐年提升。

70 岁的李苍松和老伴一直住在老年公寓。他说，"村委一帮人待我们这些老年人是真好啊"。60 多岁的龙志江曾经对代村的改革不理解，甚至跟村"两委"唱过对台戏。现在他说："代村能够有今天，这在当年是不敢想象的！"

王传喜带领村"两委"班子，敢闯敢试，敢为人先，正在农村这片广阔天地中用忠诚和奋斗书写着新时代的精彩答卷，赢得了群众的真心拥护，用实际行动和富一方群众的业绩践行了他们"不忘初心，牢记使命"的诺言。2018 年全国"两会"，习近平总书记到山东代表团点赞王传喜。有了总书记的激励和鼓舞，代村"两委"一班人的信心更加坚定。如今的代村，正大踏步走在实施乡村振兴战略的康庄大道上。

附录一 《中华人民共和国乡村振兴促进法》及其解读

中华人民共和国乡村振兴促进法

目　录

第一章　总　则

第一条　为了全面实施乡村振兴战略，促进农业全面升级、农村全面进步、农民全面发展，加快农业农村现代化，全面建设社会主义现代化国家，制定本法。

第二条　全面实施乡村振兴战略，开展促进乡村产业振兴、人才振兴、文化振兴、生态振兴、组织振兴，推进城乡融合发展等活动，适用本法。

本法所称乡村，是指城市建成区以外具有自然、社会、经济特征和生产、生活、生态、文化等多重功能的地域综合体，包括乡镇和村庄等。

第三条　促进乡村振兴应当按照产业兴旺、生态宜居、乡风文明、治理有效、生活富裕的总要求，统筹推进农村经济建设、政治建设、文化建设、社会建设、生态文明建设和党的建设，充分发挥乡村在保障农产品供给和粮食安全、保护生态环境、传承发展中华民族优秀传统文化等方面的特有功能。

第四条 全面实施乡村振兴战略，应当坚持中国共产党的领导，贯彻创新、协调、绿色、开放、共享的新发展理念，走中国特色社会主义乡村振兴道路，促进共同富裕，遵循以下原则：

（一）坚持农业农村优先发展，在干部配备上优先考虑，在要素配置上优先满足，在资金投入上优先保障，在公共服务上优先安排；

（二）坚持农民主体地位，充分尊重农民意愿，保障农民民主权利和其他合法权益，调动农民的积极性、主动性、创造性，维护农民根本利益；

（三）坚持人与自然和谐共生，统筹山水林田湖草沙系统治理，推动绿色发展，推进生态文明建设；

（四）坚持改革创新，充分发挥市场在资源配置中的决定性作用，更好发挥政府作用，推进农业供给侧结构性改革和高质量发展，不断解放和发展乡村社会生产力，激发农村发展活力；

（五）坚持因地制宜、规划先行、循序渐进，顺应村庄发展规律，根据乡村的历史文化、发展现状、区位条件、资源禀赋、产业基础分类推进。

第五条 国家巩固和完善以家庭承包经营为基础、统分结合的双层经营体制，发展壮大农村集体所有制经济。

第六条 国家建立健全城乡融合发展的体制机制和政策体系，推动城乡要素有序流动、平等交换和公共资源均衡配置，坚持以工补农、以城带乡，推动形成工农互促、城乡互补、协调发展、共同繁荣的新型工农城乡关系。

第七条 国家坚持以社会主义核心价值观为引领，大力弘扬民族精神和时代精神，加强乡村优秀传统文化保护和公共文化服务体系建设，繁荣发展乡村文化。

每年农历秋分日为中国农民丰收节。

第八条 国家实施以我为主、立足国内、确保产能、适度进口、科技支撑的粮食安全战略，坚持藏粮于地、藏粮于技，采取措施不断提高粮食综合生产能力，建设国家粮食安全产业带，完善粮食加工、流通、储备体系，确保谷物基本自给、口粮绝对安全，保障国家粮食安全。

国家完善粮食加工、储存、运输标准，提高粮食加工出品率和利用率，推动节粮减损。

第九条 国家建立健全中央统筹、省负总责、市县乡抓落实的乡村振兴工作机制。

各级人民政府应当将乡村振兴促进工作纳入国民经济和社会发展规划，并建立乡村振兴考核评价制度、工作年度报告制度和监督检查制度。

第十条 国务院农业农村主管部门负责全国乡村振兴促进工作的统筹协调、宏观指导和监督检查；国务院其他有关部门在各自职责范围内负责有关的乡村振兴促进工作。

县级以上地方人民政府农业农村主管部门负责本行政区域内乡村振兴促进工作的统筹协调、指导和监督检查；县级以上地方人民政府其他有关部门在各自职责范围内负责有关的乡村振兴促进工作。

第十一条 各级人民政府及其有关部门应当采取多种形式，广泛宣传乡村振兴促进相关法律法规和政策，鼓励、支持人民团体、社会组织、企事业单位等社会各方面参与乡村振兴促进相关活动。

对在乡村振兴促进工作中作出显著成绩的单位和个人，按照国家有关规定给予表彰和奖励。

第二章 产业发展

第十二条 国家完善农村集体产权制度，增强农村集体所有制经济发展活力，促进集体资产保值增值，确保农民受益。

各级人民政府应当坚持以农民为主体，以乡村优势特色资源为依托，支持、促进农村一二三产业融合发展，推动建立现代农业产业体系、生产体系和经营体系，推进数字乡村建设，培育新产业、新业态、新模式和新型农业经营主体，促进小农户和现代农业发展有机衔接。

第十三条 国家采取措施优化农业生产力布局，推进农业结构调整，发展优势特色产业，保障粮食和重要农产品有效供给和质量安全，推动品种培优、品质提升、品牌打造和标准化生产，推动农业对外开放，提高农业质量、效益和竞争力。

国家实行重要农产品保障战略，分品种明确保障目标，构建科学合理、安全高效的重要农产品供给保障体系。

第十四条 国家建立农用地分类管理制度，严格保护耕地，严格控制农用地转为建设用地，严格控制耕地转为林地、园地等其他类型农用地。省、自治区、直辖市人民政府应当采取措施确保耕地总量不减少、质量有提高。

国家实行永久基本农田保护制度，建设粮食生产功能区、重要农产品生产保护区，建设并保护高标准农田。

地方各级人民政府应当推进农村土地整理和农用地科学安全利用，加强农田水利等基础设施建设，改善农业生产条件。

第十五条 国家加强农业种质资源保护利用和种质资源库建设，支持育种基础性、前沿性和应用技术研究，实施农作物和畜禽等良种培育、育种关键技术攻关，鼓励种业科技成果转化和优良品种推广，建立并实施种业国家安全审查机制，促进种业高质量发展。

第十六条 国家采取措施加强农业科技创新，培育创新主体，构建以企业为主体、产学研协同的创新机制，强化高等学校、科研机构、农业企业创新能力，建立创新平台，加强新品种、新技术、新装备、新产品研发，加强农业知识产权保护，推进生物种业、智慧农业、设施农业、农产品加工、绿色农业投入品等领域创新，建设现代农业产业技术体系，推动农业农村创新驱动发展。

国家健全农业科研项目评审、人才评价、成果产权保护制度，保障对农业科技基础性、公益性研究的投入，激发农业科技人员创新积极性。

第十七条 国家加强农业技术推广体系建设，促进建立有利于农业科技成果转化推广的激励机制和利益分享机制，鼓励企业、高等学校、职业学校、科研机构、科学技术社会团体、农民专业合作社、农业专业化社会化服务组织、农业科技人员等创新推广方式，开展农业技术推广服务。

第十八条 国家鼓励农业机械生产研发和推广应用，推进主要农作物生产全程机械化，提高设施农业、林草业、畜牧业、渔业和农产品初加工的装备水平，推动农机农艺融合、机械化信息化融合，促进机械化生产与农田建设相适应、服务模式与农业适度规模经营相适应。

国家鼓励农业信息化建设，加强农业信息监测预警和综合服务，推进农业生产经营信息化。

第十九条 各级人民政府应当发挥农村资源和生态优势，支持特色农业、休闲农业、现代农产品加工业、乡村手工业、绿色建材、红色旅游、乡村旅游、康养和乡村物流、电子商务等乡村产业的发展；引导新型经营主体通过特色化、专业化经营，合理配置生产要素，促进乡村产业深度融合；支持特色农产品优势区、现代农业产业园、农业科技园、农村创业园、休闲农业和乡村旅游重点村镇等的建设；统筹农产品生产地、集散地、销售地市场建设，加强农产品流通骨干网络和冷链物流体系建设；鼓励企业获得国际通行的农产品认证，增强乡村产业竞争力。

发展乡村产业应当符合国土空间规划和产业政策、环境保护的要求。

第二十条 各级人民政府应当完善扶持政策，加强指导服务，支持农民、返乡入乡人员在乡村创业创新，促进乡村产业发展和农民就业。

第二十一条　各级人民政府应当建立健全有利于农民收入稳定增长的机制，鼓励支持农民拓宽增收渠道，促进农民增加收入。

国家采取措施支持农村集体经济组织发展，为本集体成员提供生产生活服务，保障成员从集体经营收入中获得收益分配的权利。

国家支持农民专业合作社、家庭农场和涉农企业、电子商务企业、农业专业化社会化服务组织等以多种方式与农民建立紧密型利益联结机制，让农民共享全产业链增值收益。

第二十二条　各级人民政府应当加强国有农(林、牧、渔)场规划建设，推进国有农(林、牧、渔)场现代农业发展，鼓励国有农(林、牧、渔)场在农业农村现代化建设中发挥示范引领作用。

第二十三条　各级人民政府应当深化供销合作社综合改革，鼓励供销合作社加强与农民利益联结，完善市场运作机制，强化为农服务功能，发挥其为农服务综合性合作经济组织的作用。

第三章　人才支撑

第二十四条　国家健全乡村人才工作体制机制，采取措施鼓励和支持社会各方面提供教育培训、技术支持、创业指导等服务，培养本土人才，引导城市人才下乡，推动专业人才服务乡村，促进农业农村人才队伍建设。

第二十五条　各级人民政府应当加强农村教育工作统筹，持续改善农村学校办学条件，支持开展网络远程教育，提高农村基础教育质量，加大乡村教师培养力度，采取公费师范教育等方式吸引高等学校毕业生到乡村任教，对长期在乡村任教的教师在职称评定等方面给予优待，保障和改善乡村教师待遇，提高乡村教师学历水平、整体素质和乡村教育现代化水平。

各级人民政府应当采取措施加强乡村医疗卫生队伍建设，支持县乡村医疗卫生人员参加培训、进修，建立县乡村上下贯通的职业发展机制，对在乡村工作的医疗卫生人员实行优惠待遇，鼓励医学院校毕业生到乡村工作，支持医师到乡村医疗卫生机构执业、开办乡村诊所、普及医疗卫生知识，提高乡村医疗卫生服务能力。

各级人民政府应当采取措施培育农业科技人才、经营管理人才、法律服务人才、社会工作人才，加强乡村文化人才队伍建设，培育乡村文化骨干力量。

第二十六条　各级人民政府应当采取措施，加强职业教育和继续教育，组织开展农业技能培训、返乡创业就业培训和职业技能培训，培养有文化、懂技术、善经营、会管理的高素质农民和农村实用人才、创新创业带头人。

第二十七条　县级以上人民政府及其教育行政部门应当指导、支持高等学校、职业学校设置涉农相关专业，加大农村专业人才培养力度，鼓励高等学校、职业学校毕业生到农村就业创业。

第二十八条　国家鼓励城市人才向乡村流动，建立健全城乡、区域、校地之间人才培养合作与交流机制。

县级以上人民政府应当建立鼓励各类人才参与乡村建设的激励机制，搭建社会工作和乡村建设志愿服务平台，支持和引导各类人才通过多种方式服务乡村振兴。

乡镇人民政府和村民委员会、农村集体经济组织应当为返乡入乡人员和各类人才提供必要的生产生活服务。农村集体经济组织可以根据实际情况提供相关的福利待遇。

第四章　文化繁荣

第二十九条　各级人民政府应当组织开展新时代文明实践活动，加强农村精神文明建设，不断提高乡村社会文明程度。

第三十条　各级人民政府应当采取措施丰富农民文化体育生活，倡导科学健康的生产生活方式，发挥村规民约积极作用，普及科学知识，推进移风易俗，破除大操大办、铺张浪费等陈规陋习，提倡孝老爱亲、勤俭节约、诚实守信，促进男女平等，创建文明村镇、文明家庭，培育文明乡风、良好家风、淳朴民风，建设文明乡村。

第三十一条　各级人民政府应当健全完善乡村公共文化体育设施网络和服务运行机制，鼓励开展形式多样的农民群众性文化体育、节日民俗等活动，充分利用广播电视、视听网络和书籍报刊，拓展乡村文化服务渠道，提供便利可及的公共文化服务。

各级人民政府应当支持农业农村农民题材文艺创作，鼓励制作反映农民生产生活和乡村振兴实践的优秀文艺作品。

第三十二条　各级人民政府应当采取措施保护农业文化遗产和非物质文化遗产，挖掘优秀农业文化深厚内涵，弘扬红色文化，传承和发展优秀传统文化。

县级以上地方人民政府应当加强对历史文化名镇名村、传统村落和乡村风貌、少数民族特色村寨的保护，开展保护状况监测和评估，采取措施防御和减轻火灾、洪水、地震等灾害。

第三十三条　县级以上地方人民政府应当坚持规划引导、典型示范，有计划地建设特色鲜明、优势突出的农业文化展示区、文化产业特色村落，发展乡村特色文化体育产业，推动乡村地区传统工艺振兴，积极推动智慧广电乡村建设，活跃繁荣农村文化市场。

第五章 生态保护

第三十四条 国家健全重要生态系统保护制度和生态保护补偿机制，实施重要生态系统保护和修复工程，加强乡村生态保护和环境治理，绿化美化乡村环境，建设美丽乡村。

第三十五条 国家鼓励和支持农业生产者采用节水、节肥、节药、节能等先进的种植养殖技术，推动种养结合、农业资源综合开发，优先发展生态循环农业。

各级人民政府应当采取措施加强农业面源污染防治，推进农业投入品减量化、生产清洁化、废弃物资源化、产业模式生态化，引导全社会形成节约适度、绿色低碳、文明健康的生产生活和消费方式。

第三十六条 各级人民政府应当实施国土综合整治和生态修复，加强森林、草原、湿地等保护修复，开展荒漠化、石漠化、水土流失综合治理，改善乡村生态环境。

第三十七条 各级人民政府应当建立政府、村级组织、企业、农民等各方面参与的共建共管共享机制，综合整治农村水系，因地制宜推广卫生厕所和简便易行的垃圾分类，治理农村垃圾和污水，加强乡村无障碍设施建设，鼓励和支持使用清洁能源、可再生能源，持续改善农村人居环境。

第三十八条 国家建立健全农村住房建设质量安全管理制度和相关技术标准体系，建立农村低收入群体安全住房保障机制。建设农村住房应当避让灾害易发区域，符合抗震、防洪等基本安全要求。

县级以上地方人民政府应当加强农村住房建设管理和服务，强化新建农村住房规划管控，严格禁止违法占用耕地建房；鼓励农村住房设计体现地域、民族和乡土特色，鼓励农村住房建设采用新型建造技术和绿色建材，引导农民建设功能现代、结构安全、成本经济、绿色环保、与乡村环境相协调的宜居住房。

第三十九条 国家对农业投入品实行严格管理，对剧毒、高毒、高残留的农药、兽药采取禁用限用措施。农产品生产经营者不得使用国家禁用的农药、兽药或者其他有毒有害物质，不得违反农产品质量安全标准和国家有关规定超剂量、超范围使用农药、兽药、肥料、饲料添加剂等农业投入品。

第四十条 国家实行耕地养护、修复、休耕和草原森林河流湖泊休养生息制度。县级以上人民政府及其有关部门依法划定江河湖海限捕、禁捕的时间和区域，并可以根据地下水超采情况，划定禁止、限制开采地下水区域。

禁止违法将污染环境、破坏生态的产业、企业向农村转移。禁止违法将城镇垃圾、工业固体废物、未经达标处理的城镇污水等向农业农村转移。禁止向农用地排放重金属或者其他有毒有害物质含量超标的污水、污泥，以及可能造成土壤污染的清淤底泥、尾矿、矿渣等；禁止将有毒有害废物用作肥料或者用于造田和土地复垦。

地方各级人民政府及其有关部门应当采取措施，推进废旧农膜和农药等农业投入品包装废弃物回收处理，推进农作物秸秆、畜禽粪污的资源化利用，严格控制河流湖库、近岸海域投饵网箱养殖。

第六章　组织建设

第四十一条　建立健全党委领导、政府负责、民主协商、社会协同、公众参与、法治保障、科技支撑的现代乡村社会治理体制和自治、法治、德治相结合的乡村社会治理体系，建设充满活力、和谐有序的善治乡村。

地方各级人民政府应当加强乡镇人民政府社会管理和服务能力建设，把乡镇建成乡村治理中心、农村服务中心、乡村经济中心。

第四十二条　中国共产党农村基层组织，按照中国共产党章程和有关规定发挥全面领导作用。村民委员会、农村集体经济组织等应当在乡镇党委和村党组织的领导下，实行村民自治，发展集体所有制经济，维护农民合法权益，并应当接受村民监督。

第四十三条　国家建立健全农业农村工作干部队伍的培养、配备、使用、管理机制，选拔优秀干部充实到农业农村工作干部队伍，采取措施提高农业农村工作干部队伍的能力和水平，落实农村基层干部相关待遇保障，建设懂农业、爱农村、爱农民的农业农村工作干部队伍。

第四十四条　地方各级人民政府应当构建简约高效的基层管理体制，科学设置乡镇机构，加强乡村干部培训，健全农村基层服务体系，夯实乡村治理基础。

第四十五条　乡镇人民政府应当指导和支持农村基层群众性自治组织规范化、制度化建设，健全村民委员会民主决策机制和村务公开制度，增强村民自我管理、自我教育、自我服务、自我监督能力。

第四十六条　各级人民政府应当引导和支持农村集体经济组织发挥依法管理集体资产、合理开发集体资源、服务集体成员等方面的作用，保障农村集体经济组织的独立运营。

县级以上地方人民政府应当支持发展农民专业合作社、家庭农场、农业企业等多种经营主体，健全农业农村社会化服务体系。

第四十七条　县级以上地方人民政府应当采取措施加强基层群团组织建设，支持、规范和引导农村社会组织发展，发挥基层群团组织、农村社会组织团结群众、联系群众、服务群众等方面的作用。

第四十八条 地方各级人民政府应当加强基层执法队伍建设，鼓励乡镇人民政府根据需要设立法律顾问和公职律师，鼓励有条件的地方在村民委员会建立公共法律服务工作室，深入开展法治宣传教育和人民调解工作，健全乡村矛盾纠纷调处化解机制，推进法治乡村建设。

第四十九条 地方各级人民政府应当健全农村社会治安防控体系，加强农村警务工作，推动平安乡村建设；健全农村公共安全体系，强化农村公共卫生、安全生产、防灾减灾救灾、应急救援、应急广播、食品、药品、交通、消防等安全管理责任。

第七章 城乡融合

第五十条 各级人民政府应当协同推进乡村振兴战略和新型城镇化战略的实施，整体筹划城镇和乡村发展，科学有序统筹安排生态、农业、城镇等功能空间，优化城乡产业发展、基础设施、公共服务设施等布局，逐步健全全民覆盖、普惠共享、城乡一体的基本公共服务体系，加快县域城乡融合发展，促进农业高质高效、乡村宜居宜业、农民富裕富足。

第五十一条 县级人民政府和乡镇人民政府应当优化本行政区域内乡村发展布局，按照尊重农民意愿、方便群众生产生活、保持乡村功能和特色的原则，因地制宜安排村庄布局，依法编制村庄规划，分类有序推进村庄建设，严格规范村庄撤并，严禁违背农民意愿、违反法定程序撤并村庄。

第五十二条 县级以上地方人民政府应当统筹规划、建设、管护城乡道路以及垃圾污水处理、供水供电供气、物流、客运、信息通信、广播电视、消防、防灾减灾等公共基础设施和新型基础设施，推动城乡基础设施互联互通，保障乡村发展能源需求，保障农村饮用水安全，满足农民生产生活需要。

第五十三条 国家发展农村社会事业，促进公共教育、医疗卫生、社会保障等资源向农村倾斜，提升乡村基本公共服务水平，推进城乡基本公共服务均等化。

国家健全乡村便民服务体系，提升乡村公共服务数字化智能化水平，支持完善村级综合服务设施和综合信息平台，培育服务机构和服务类社会组织，完善服务运行机制，促进公共服务与自我服务有效衔接，增强生产生活服务功能。

第五十四条 国家完善城乡统筹的社会保障制度，建立健全保障机制，支持乡村提高社会保障管理服务水平；建立健全城乡居民基本养老保险待遇确定和基础养老金标准正常调整机制，确保城乡居民基本养老保险待遇随经济社会发展逐步提高。

国家支持农民按照规定参加城乡居民基本养老保险、基本医疗保险，鼓励具备条件的灵活就业人员和农业产业化从业人员参加职工基本养老保险、职工基本医疗保险等社会保险。

国家推进城乡最低生活保障制度统筹发展，提高农村特困人员供养等社会救助水平，加强对农村留守儿童、妇女和老年人以及残疾人、困境儿童的关爱服务，支持发展农村普惠型养老服务和互助性养老。

第五十五条 国家推动形成平等竞争、规范有序、城乡统一的人力资源市场，健全城乡均等的公共就业创业服务制度。

县级以上地方人民政府应当采取措施促进在城镇稳定就业和生活的农民自愿有序进城落户，不得以退出土地承包经营权、宅基地使用权、集体收益分配权等作为农民进城落户的条件；推进取得居住证的农民及其随迁家属享受城镇基本公共服务。

国家鼓励社会资本到乡村发展与农民利益联结型项目，鼓励城市居民到乡村旅游、休闲度假、养生养老等，但不得破坏乡村生态环境，不得损害农村集体经济组织及其成员的合法权益。

第五十六条 县级以上人民政府应当采取措施促进城乡产业协同发展，在保障农民主体地位的基础上健全联农带农激励机制，实现乡村经济多元化和农业全产业链发展。

第五十七条 各级人民政府及其有关部门应当采取措施鼓励农民进城务工，全面落实城乡劳动者平等就业、同工同酬，依法保障农民工工资支付和社会保障权益。

第八章　扶持措施

第五十八条 国家建立健全农业支持保护体系和实施乡村振兴战略财政投入保障制度。县级以上人民政府应当优先保障用于乡村振兴的财政投入，确保投入力度不断增强、总量持续增加、与乡村振兴目标任务相适应。

省、自治区、直辖市人民政府可以依法发行政府债券，用于现代农业设施建设和乡村建设。

各级人民政府应当完善涉农资金统筹整合长效机制，强化财政资金监督管理，全面实施预算绩效管理，提高财政资金使用效益。

第五十九条 各级人民政府应当采取措施增强脱贫地区内生发展能力，建立农村低收入人口、欠发达地区帮扶长效机制，持续推进脱贫地区发展；建立健全易返贫致贫人口动态监测预警和帮扶机制，实现巩固拓展脱贫攻坚成果同乡村振兴有效衔接。

国家加大对革命老区、民族地区、边疆地区实施乡村振兴战略的支持力度。

第六十条 国家按照增加总量、优化存量、提高效能的原则，构建以高质量绿色发展为导向的新型农业补贴政策体系。

第六十一条 各级人民政府应当坚持取之于农、主要用之于农的原则，按照国家有关规定调整完善土地使用权出让收入使用范围，提高农业农村投入比例，重点用于高标准农田建设、农田水利建设、现代种业提升、农村供水保障、农村人居环境整治、农村土地综合整治、耕地及永久基本农田保护、村庄公共设施建设和管护、农村教育、农村文化和精神文明建设支出，以及与农业农村直接相关的山水林田湖草沙生态保护修复、以工代赈工程建设等。

第六十二条 县级以上人民政府设立的相关专项资金、基金应当按照规定加强对乡村振兴的支持。

国家支持以市场化方式设立乡村振兴基金，重点支持乡村产业发展和公共基础设施建设。

县级以上地方人民政府应当优化乡村营商环境，鼓励创新投融资方式，引导社会资本投向乡村。

第六十三条 国家综合运用财政、金融等政策措施，完善政府性融资担保机制，依法完善乡村资产抵押担保权能，改进、加强乡村振兴的金融支持和服务。

财政出资设立的农业信贷担保机构应当主要为从事农业生产和与农业生产直接相关的经营主体服务。

第六十四条 国家健全多层次资本市场，多渠道推动涉农企业股权融资，发展并规范债券市场，促进涉农企业利用多种方式融资；丰富农产品期货品种，发挥期货市场价格发现和风险分散功能。

第六十五条 国家建立健全多层次、广覆盖、可持续的农村金融服务体系，完善金融支持乡村振兴考核评估机制，促进农村普惠金融发展，鼓励金融机构依法将更多资源配置到乡村发展的重点领域和薄弱环节。

政策性金融机构应当在业务范围内为乡村振兴提供信贷支持和其他金融服务，加大对乡村振兴的支持力度。

商业银行应当结合自身职能定位和业务优势，创新金融产品和服务模式，扩大基础金融服务覆盖面，增加对农民和农业经营主体的信贷规模，为乡村振兴提供金融服务。

农村商业银行、农村合作银行、农村信用社等农村中小金融机构应当主要为本地农业农村农民服务，当年新增可贷资金主要用于当地农业农村发展。

第六十六条 国家建立健全多层次农业保险体系，完善政策性农业保险制度，鼓励商业性保险公司开展农业保险业务，支持农民和农业经营主体依法开展互助合作保险。

县级以上人民政府应当采取保费补贴等措施，支持保险机构适当增加保险品种，扩大农业保险覆盖面，促进农业保险发展。

第六十七条 县级以上地方人民政府应当推进节约集约用地，提高土地使用效率，依法采取措施盘活农村存量建设用地，激活农村土地资源，完善农村新增建设用地保障机制，满足乡村产业、公共服务设施和农民住宅用地合理需求。

县级以上地方人民政府应当保障乡村产业用地，建设用地指标应当向乡村发展倾斜，县域内新增耕地指标应当优先用于折抵乡村产业发展所需建设用地指标，探索灵活多样的供地新方式。

经国土空间规划确定为工业、商业等经营性用途并依法登记的集体经营性建设用地，土地所有权人可以依法通过出让、出租等方式交由单位或者个人使用，优先用于发展集体所有制经济和乡村产业。

第九章 监督检查

第六十八条 国家实行乡村振兴战略实施目标责任制和考核评价制度。上级人民政府应当对下级人民政府实施乡村振兴战略的目标完成情况等进行考核，考核结果作为地方人民政府及其负责人综合考核评价的重要内容。

第六十九条 国务院和省、自治区、直辖市人民政府有关部门建立客观反映乡村振兴进展的指标和统计体系。县级以上地方人民政府应当对本行政区域内乡村振兴战略实施情况进行评估。

第七十条 县级以上各级人民政府应当向本级人民代表大会或者其常务委员会报告乡村振兴促进工作情况。乡镇人民政府应当向本级人民代表大会报告乡村振兴促进工作情况。

第七十一条 地方各级人民政府应当每年向上一级人民政府报告乡村振兴促进工作情况。

县级以上人民政府定期对下一级人民政府乡村振兴促进工作情况开展监督检查。

第七十二条 县级以上人民政府发展改革、财政、农业农村、审计等部门按照各自职责对农业农村投入优先保障机制落实情况、乡村振兴资金使用情况和绩效等实施监督。

第七十三条 各级人民政府及其有关部门在乡村振兴促进工作中不履行或者不正确履行职责的，依照法律法规和国家有关规定追究责任，对直接负责的主管人员和其他直接责任人员依法给予处分。

违反有关农产品质量安全、生态环境保护、土地管理等法律法规的，由有关主管部门依法予以处罚；构成犯罪的，依法追究刑事责任。

第十章 附 则

第七十四条 本法自 2021 年 6 月 1 日起施行。

学习贯彻《中华人民共和国乡村振兴
促进法》应从三个方面理解

第一，弄清制定《中华人民共和国乡村振兴促进法》（后简称《乡村振兴促进法》）的原因。制定《乡村振兴促进法》原因很多，主要有两个方面：

一方面，乡村发展积累了很多宝贵经验，其中的共性部分需要加以固化和推广。立法将更加明确乡村振兴地位的重要性，更加明确如何让乡村更好地发挥功能，将已有的政策、制度、措施法定化。乡村振兴要真刀真枪地干，真金白银地投，防止"说起来重要，做起来次要，忙起来不要"的现象出现。

另一方面，总结乡村发展的深刻教训。

实施乡村振兴战略以来，各地农民生活，乡村面貌得以改善，但也有地方违背乡村发展规律，脱离农村实际，把好事办成了坏事。特别是推进工业化，城镇化的过程中，有些乡村受到了损害，陷入人财、地"失血"的困境，比如耕地流失和减少，生态受到破坏，这些都是乡村振兴过程中的难点和痛点。

《乡村振兴促进法》就是给地方划出了红线，设置了底线。让地方不能急躁，冒进，要不能肆意妄为。

第二，明确《乡村振兴促进法》的重要意义。

2021年4月29日，十三届全国人大常委会第二十八次会议审议通过《乡村振兴促进法》，自2021年6月1日起实施。它是"三农"领域一部固根本、稳预期、利长远的基础性，综合性法律，是"重大改革于法有据"的具体表现，可使乡村振兴战略与全面推行依法战略的布局并行不悖。

制定《乡村振兴促进法》，是贯彻落实党中央决策部署，保障乡村振兴战略全面实施的重要举措；是立足新发展阶段，推动实现第二个百年奋斗目标的重要支撑；是充分总结"三农"法治实践，完善和发展中国特色"三农"法律体系的重要成果。制定出台《乡村振兴促进法》，为全面实施乡村振兴战略提供了有力法治保障，对促进农业全面升级、农村全面进步、农民全面发展，全面建设社会主义现代化国家、实现中华民族伟大复兴的中国梦，具有重要意义。

1. 制定《乡村振兴促进法》，是贯彻落实党中央决策部署、保障乡村振兴战略全面实施的重要举措

党的十九大报告强调："农业农村农民问题是关系国计民生的根本性问题，必须

始终把解决好"三农"问题作为全党工作重中之重。"2018年中央一号文件系统阐述了新时代实施乡村振兴战略的重大意义导思想、目标任务、基本原则和主要内容,并明确提出要强化乡村振兴法治保障,抓紧研究制定乡村振兴法的有关工作,把行之有效的乡村振兴政策法定化,充分发挥立法在乡村振兴中的保障和推动作用之后,中共中央、国务院印发《乡村振兴战略规划(2018—2022年)》将乡村振兴战略的各项具体措施作了系统化、细致化安排。2019年中央一号文件提出要全面推进乡村振兴,确保顺利完成到2020年承诺的农村改革发展目标任务。2020年,《中共中央关于制定国民经济和社会发展第十四个五年规划和二○三五年远景目标的建议》(以下简称《"十四五"规划建议》)把优先发展农业农村,全面推进乡村振兴作为重要内容。2021年2月,中共中央、国务院发布《关于全面推进乡村振兴加快农业农村现代化的意见》(2021年中央一号文件),这是近年来第二个以乡村振兴为主题的中央一号文件,对新时代全面推进乡村振兴作出部署。此外,党中央、国务院还就建立健全城乡融合发展体制机制和政策体系、实现巩固拓展脱贫攻坚成果同乡村振兴有效衔接、加快推进乡村人才振兴、加强和改进乡村治理、促进乡村产业振兴等发布了专门的文件。2022年中央一号文件是21世纪以来第19个指导"三农"工作的中央一号文件。文件指出,牢牢守住保障国家粮食安全和不发生规模性返贫两条底线,突出年度性任务、针对性举措、实效性导向,充分发挥农村基层党组织领导作用,扎实有序做好乡村发展、乡村建设、乡村治理重点工作,推动乡村振兴取得新进展、农业农村现代化迈出新步伐。

制定《乡村振兴促进法》,就是要以法律的形式将党中央有关乡村振兴的系列重大决策部署制度化,把行之有效的政策措施法定化,通过发挥法治的引领和保障作用,进一步做好乡村振兴的顶层设计,进一步规范和健全推进乡村振兴战略全面实施的制度体系、体制机制和具体举措,将其转化为国家意志和全社会的行为准则,确保意志、准则在全国范围内得到有效的贯彻和落实。

2. 制定《乡村振兴促进法》,是立足新发展阶段、推动实现第二个百年奋斗目标的重要支撑

习近平总书记在2020年中央农村工作会议上指出,在向第二个百年奋斗目标迈进的历史关口,巩固和拓展脱贫攻坚成果,全面推进乡村振兴,加快农业农村现代化,是需要全党高度重视的一个关系大局的重大问题。全党务必充分认识新发展阶段做好'三农'工作的重要性和紧迫性,举全党全社会之力推动乡村振兴,促进农业高质高效、乡村宜居宜业、农民富裕富足。党的十八大以来,在以习近平同志为核心的党中央坚强领导下,我国的农业农村发展取得了历史性成就,粮食年产量连续多年保持在1.3万亿斤以上,农民人均收入较2010年翻了一番多,新时代脱贫攻坚目标任务如期

完成，为党和国家战胜各种艰难险阻、稳定经济社会发展大局，发挥了"压舱石"作用。

"十四五"时期，是乘势而上开启全面建设社会主义现代化国家新征程、向第二个百年奋斗目标进军的第一个五年。第一个百年以脱贫攻坚战取得伟大胜利，全面建成小康社会的奋斗目标画上句号，第二个百年建成富强民主文明和谐美丽的社会主义现代化强国目标从乡村振兴开始起笔。

在这一历史性的转折点上，脱贫攻坚政策进一步优化调整，有序推进由脱贫攻坚向乡村振兴的平稳转型都需要法治的保驾护航。《乡村振兴促进法》的出台，让乡村振兴的第一笔更显苍劲有力。全面推进乡村振兴，是解决人民日益增长的美好生活需要和不平衡不充分的发展之间矛盾的必然要求，是实现全体人民共同富裕的必然要求。制定《乡村振兴促进法》，就是要发挥立法的引领和推动作用，为全面建设社会主义现代化国家开好局、起好步，为实现第二个百年奋斗目标、实现中华民族伟大复兴提供有力法治支撑。

3. 制定《乡村振兴促进法》，是充分总结"三农"法治实践、完善和发展中国特色"三农"法律体系的重要成果

党和国家历来重视"三农"立法。改革开放以来，全国人大常委会先后出台 20 余部"三农"相关法律，已经形成了以《中华人民共和国宪法》为统帅以《中华人民共和国农业法》为基础，以《中华人民共和国森林法》《中华人民共和国畜牧法》《中华人民共和国草原法》《中华人民共和国渔业法》《中华人民共和国乡镇企业法》《中华人民共和国种子法》《中华人民共和国动物防疫法》《中华人民共和国农产品质量安全法》《中华人民共和国农村土地承包法》《中华人民共和国土地管理法》《中华人民共和国村民委员会组织法》《中华人民共和国农民专业合作社法》《中华人民共和国农业技术推广法》《中华人民共和国农业机械化促进法》等专门法律和其他相关法律为主干，由法律、行政法规、地方性法规等多个层次的法律规范构成的中国特色"三农"法律制度体系，对农村双层经营体制、农业生产经营、农村土地制度、农村基层组织建设、农业农村发展支持保护等各个方面作出规范。

党的十八大以来，为落实党中央关于农村土地制度改革部署，修改了《中华人民共和国农村土地承包法》《中华人民共和国土地管理法》；为适应发展现代种业、保障粮食安全的要求，修改了《中华人民共和国种子法》；为适应扶持新型农业经营主体、鼓励发展农民专业合作社的要求，修改了《中华人民共和国农民专业合作社法》；为贯彻习近平总书记生态文明思想，适应森林资源保护和林业发展工作的要求，修改了《中华人民共和国森林法》；为强化公共卫生安全法治保障，修改了《中华人民共和国

动物防疫法》。同时，关于粮食安全保障、农村集体经济组织、畜牧、农产品质量安全等方面的法律正在抓紧制定修订中。这些涉农立法有一个共同的特点，就是法律的政策性特别强。从立法项目的提出上看，许多法律的立项来自党中央提出的明确要求；从立法的主要目的上看，制定修改涉农法律的重要目的，就是将党中央关于"三农"问题的大政方针和决策部署以法律的形式予以固定；从法律的主要内容上看，许多涉农法律的具体条款，是由党中央提出的具体政策措施转化而来的。

《乡村振兴促进法》也是如此，它是在充分总结、提升"三农"领域丰富法治实践经验的基础上，更好地将政策法治化、将措施制度化的一部"三农"领域的基础性法律，是完善和发展中国特色"三农"法律制度体系的最新成果，为中国特色"三农"法律制度体系奠定了乡村振兴的基调。

总之，《乡村振兴促进法》对于促进乡村产业振兴、人才振兴、文化振兴、生态振兴、组织振兴和推进城乡融合发展，具有里程碑的意义。

第三，弄懂乡村振兴促进法的调整范围。

一是行为范围。

习近平总书记在十九届中共中央政治局第八次集体学习时指出，乡村振兴是包括产业振兴、人才振兴、文化振兴、生态振兴、组织振兴的全面振兴，是"五位一体"总体布局、"四个全面"战略布局在"三农"工作中的体现。坚持乡村全面振兴、坚持城乡融合发展是《乡村振兴促进法》的一个突出特点。

坚持乡村全面振兴，就是准确把握乡村振兴的科学内涵，紧紧围绕乡村振兴的目标任务，统筹推进农村经济建设、政治建设、文化建设、社会建设、生态文明建设和党的建设，整体部署促进乡村产业振兴、人才振兴、文化振兴、生态振兴、组织振兴的制度举措；坚持城乡融合发展，就是顺应农业农村发展要求和城乡关系变化趋势，协同推进乡村振兴战略和新型城镇化战略的实施，促进城乡要素有序流动平等交换和公共资源均衡配置，坚持以工补农、以城带乡，推动形成工农互促、城乡互补、协调发展、共同繁荣的新型工农城乡关系。在篇章结构和主要内容方面，《乡村振兴促进法》的第二章至第七章，对产业发展、人才支撑、文化繁荣、生态保护、组织建设、城乡融合进行了专章规定，构成了本法的主体内容。

实施乡村振兴战略是关系全面建设社会主义现代化国家的全局性历史性任务，做好"三农"工作，除了要在"三农"问题上下功夫也要综合考虑影响"三农"工作的外部因素，从推动城乡融合、构建新型工农城乡关系的高度来把握。《乡村振兴促进法》的调整范围，既不只限于农业、农村和农民的范围，也不仅规范某几个特定领域、某几个特定主体的行为，而是包括党组织在内的全社会各类主体，只要参与全面实施乡村振兴战略的有关工作，开展促进乡村产业振兴、人才振兴、文化振兴、生态振兴、组织振兴，推进城乡融合发展等各类活动，都受《乡村振兴促进法》的调整，都享有《乡村振兴促进法》规定的各项权利，承担《乡村振兴促进法》规定的各项义务。

二是地域范围。

顾名思义，《乡村振兴促进法》调整的地域范围主要是在"乡村"。我国是一个幅员辽阔的国家，东中西部、南北方差异较大，各地经济社会发展的情况，特别是城镇化的情况、小城镇发展的情况、城乡统筹的情况等各有不同，各方对"乡村"的理解也有所不同，特别是城市郊区以及"城中村"属不属于"乡村"，应不应该受《乡村振兴促进法》的调整，一直存在争论。对"乡村"的概念作出一个符合我国国情和经济社会发展现状、能够取得最大共识的定义，是立法的一个难点。

《乡村振兴战略规划（2018—2022年）》提出，乡村是具有自然社会、经济特征的地域综合体，兼具生产、生活、生态、文化等多重功能，与城镇互促互进、共生共存，共同构成人类活动的主要空间。这是党中央有关文件和规划中首次对"乡村"的概念作出明确的表述。为在法律上规范"乡村"的概念和范围提供了重要依据。但这个表述是一种对主体性质和功能的描述，没有对地域范围的描述，只是明确"乡村"是与"城镇"相区别的人类活动的主要空间。

为此，《乡村振兴促进法》结合《城乡规划法》的有关规定，引入了"建成区"的概念，对"乡村"的概念进一步作出规范。现有的表述，突出了乡村的特有价值和功能，基本体现了行政管理的实际做法和大多数人对"乡村"的认知，同时也没有进行过于细致的规范，给各地实践操作留出了一些空间，防止一些乡村被遗忘或遗漏，确保促进乡村振兴的制度措施能够全面覆盖、不留死角。

"乡村"的地域范围在"城市建成区"以外。《城乡规划法》第二条规定，本法所称规划区，是指城市、镇和村庄的建成区以及因城乡建设和发展需要，必须实行规划控制的区域。《乡村振兴促进法》明确"乡村"的地域范围在"城市建成区"以外，并且符合本法规定的其他限定条件，因此属于本法调整的"乡村"的范围。

"乡村"是具有自然、社会、经济特征和生产、生活、生态、文化等多重功能的地域综合体。即虽然在"城市建成区"以外，但没有相关的特征和功能的区域，就不属于《乡村振兴促进法》调整的"乡村"的范围。

"乡村"主要包括乡镇和村庄，而一些小城镇，只要其属于城市建成区以外，就属于《乡村振兴促进法》调整的范围。另一方面，《乡村振兴促进法》调整的范围也不仅仅只有乡镇和村庄，一些农场、林场牧场、渔场等，只要符合《乡村振兴促进法》的规定，就属于《乡村振兴促进法》调整的范围。

　　虽然《乡村振兴促进法》调整的地域范围主要是乡村，但促进乡村振兴行为的发生地不受"乡村"的限制，包括了更广阔的范围，并不是说出了"乡村"的地域范围就不受《乡村振兴促进法》的调整，一方面，解决好"三农"问题是全党工作的重中之重，促进乡村全面振兴是各级人民政府的法定职责，全国各省区市、各县乡的党委、政府及其有关部门和单位，只要其行为涉及乡村振兴促进工作，无论其所在地和行为发生地是否在乡村，都在《乡村振兴促进法》调整的范围之内。另一方面，党中央明确提出要建立健全城乡融合发展体制机制和政策体系，加快形成工农互促、城乡互补、全面融合、共同繁荣的新型工农城乡关系。

　　《乡村振兴战略规划（2018—2022年）》对城乡一体规划和建设协调城乡布局、延伸农业产业链、加强重要生态系统保护和修复、弘扬中华优秀传统文化、增加公共文化产品和服务供给、建立健全城乡劳动者平等就业和同工同酬制度、推动农业转移人口市民化、鼓励社会人才投身乡村建设、吸引社会资本参与乡村振兴、加大金融支农力度等作出了具体安排，这些乡村振兴的具体事项，无论从参与的主体看，还是从行为发生的地域看，都不仅仅限于农业、农村和农民的范围，都是全社会共同参与、城乡均有涉及的事项，必须一体把握，整体推进。

附录二　中共中央办公厅　国务院办公厅印发
《乡村振兴责任制实施办法》

新华社北京 12 月 13 日电　近日，中共中央办公厅、国务院办公厅印发了《乡村振兴责任制实施办法》，并发出通知，要求各地区各部门认真遵照执行。

《乡村振兴责任制实施办法》全文如下。

乡村振兴责任制实施办法

（2022 年 11 月 28 日中共中央批准　2022 年 11 月 28 日中共中央办公厅、国务院办公厅发布）

第一章　总　则

第一条　为了全面落实乡村振兴责任制，根据《中国共产党农村工作条例》、《中华人民共和国乡村振兴促进法》，制定本办法。

第二条　实行乡村振兴责任制，坚持以习近平新时代中国特色社会主义思想为指导，增强"四个意识"、坚定"四个自信"、做到"两个维护"，实行中央统筹、省负总责、市县乡抓落实的乡村振兴工作机制，构建职责清晰、各负其责、合力推进的乡村振兴责任体系，举全党全社会之力全面推进乡村振兴，加快农业农村现代化。

第三条　坚持党对农村工作的全面领导，健全党委统一领导、政府负责、党委农村工作部门统筹协调的农村工作领导体制，省市县乡村五级书记抓乡村振兴。

第四条　在党中央领导下，中央农村工作领导小组负责巩固拓展脱贫攻坚成果、全面推进乡村振兴的牵头抓总、统筹协调，推动建立健全乡村振兴责任落实、组织推动、社会动员、要素保障、考核评价、工作报告、监督检查等机制并抓好组织实施。

第二章 部门责任

第五条 中央和国家机关有关部门乡村振兴责任主要包括：

(一)深入学习贯彻习近平总书记关于"三农"工作的重要论述和重要指示精神，认真落实党中央、国务院关于乡村振兴战略的方针政策和决策部署，以及相关法律法规要求，结合职责研究和组织实施乡村振兴战略。

(二)加快建设农业强国，扎实推动乡村产业、人才、文化、生态、组织振兴，拟订并组织实施乡村振兴战略规划、重大政策、重大工程等，组织起草有关法律法规草案，指导推进和综合协调乡村振兴中的重大问题。

(三)全方位夯实粮食安全根基，强化藏粮于地、藏粮于技物质基础，健全辅之以利、辅之以义保障机制，执行最严格的耕地保护制度，牢牢守住十八亿亩耕地红线，逐步把永久基本农田全部建成高标准农田，深入实施种业振兴行动，强化农业科技和装备支撑，健全种粮农民收益保障机制和主产区利益补偿机制，持续提高农业综合生产能力，确保粮食和重要农产品有效供给。树立大食物观，发展设施农业，构建多元化食物供给体系。深化农业供给侧结构性改革，推动品种培优、品质提升、品牌打造和标准化生产，提升农业质量效益和竞争力。

(四)巩固拓展脱贫攻坚成果，完善并组织实施配套政策，健全并推进实施防止返贫动态监测和帮扶机制，重点帮扶支持国家乡村振兴重点帮扶县、易地搬迁集中安置点等重点区域，持续做好中央单位定点帮扶工作，让脱贫攻坚成果更加扎实、更可持续。

(五)落实行业或者领域内乡村振兴各项任务，提出和落实推进乡村发展、乡村建设、乡村治理的主要目标和重大举措，针对存在的薄弱环节和突出问题，规范和健全制度措施、体制机制和政策体系。

(六)以处理好农民和土地的关系为主线深化农村改革，巩固和完善农村基本经营制度，发展新型农村集体经济，发展新型农业经营主体和社会化服务，发展农业适度规模经营。深化农村土地制度、农村集体产权制度改革，赋予农民更加充分的财产权益。完善农业支持保护制度，健全农村金融服务体系。持续深化供销合作社、农垦、农业水价、集体林权、国有林场林区等重点领域改革，推动农村改革扩面、提速、集成。

(七)坚持农业农村优先发展，在干部配备、要素配置、资金投入、公共服务等方面对乡村振兴予以优先保障，健全城乡融合发展体制机制和政策体系，畅通城乡要素流动。

（八）总结推介乡村振兴经验典型。组织开展乡村振兴战略实施情况监测评价。按照规定组织开展乡村振兴有关督查考核、示范创建、表彰奖励等工作。

第六条 中央农村工作领导小组办公室根据中央农村工作领导小组安排部署，负责牵头组织开展乡村振兴重大政策研究、重大事项协调、重大任务督促落实等工作。

第七条 中央和国家机关有关部门应当根据有关党内法规、法律法规规定和职责分工落实乡村振兴各项任务，加强对本单位本系统乡村振兴工作的领导，建立健全乡村振兴工作机制，加强部门协同，形成工作合力。

中央和国家机关有关部门党组（党委）对本单位本系统乡村振兴工作负主体责任，领导班子主要负责人是第一责任人。

第三章　地方责任

第八条 地方党委和政府乡村振兴责任主要包括：

（一）深入学习贯彻习近平总书记关于"三农"工作的重要论述和重要指示精神，认真落实党中央、国务院关于乡村振兴战略的方针政策和决策部署，以及相关法律法规要求，结合本地区实际实施乡村振兴战略。

（二）以乡村振兴统揽新时代"三农"工作，将乡村振兴纳入本地区国民经济和社会发展规划、党委和政府工作重点统筹谋划部署，结合实际制定推动乡村振兴的政策措施、专项规划和年度任务并组织实施。

（三）把确保粮食和重要农产品供给作为首要任务，全面落实耕地保护和粮食安全党政同责，严格落实耕地和永久基本农田保护、高标准农田建设任务，保质保量完成粮食和重要农产品生产目标任务，调动农民种粮积极性，全面提高本地区粮食安全保障能力。

（四）把巩固拓展脱贫攻坚成果摆在突出位置，确保兜底保障水平稳步提高，确保"三保障"和饮水安全保障水平持续巩固提升，不断缩小收入差距、发展差距，增强脱贫地区和脱贫群众内生发展动力，切实运行好防止返贫动态监测和帮扶机制，守住不发生规模性返贫底线，努力让脱贫群众生活更上一层楼。

（五）立足本地区农业农村优势特色资源规划发展乡村产业，拓展农业多种功能、挖掘乡村多元价值，打造农业全产业链，促进农村一二三产业融合发展，推动建立现代农业产业体系、生产体系和经营体系，推动现代服务业同现代农业深度融合，把产业链延伸环节更多留在乡村，把产业发展的增值收益更多留给农民，拓宽农民增收致富渠道。

（六）鼓励和引导各类人才投身乡村振兴，选派优秀干部到乡村振兴一线岗位，大力培养本土人才,引导返乡回乡下乡就业创业人员参与乡村振兴,支持专业人才通过多种方式服务乡村,推动乡村振兴各领域人才规模不断壮大、素质稳步提升、结构持续优化。

(七)加强农村精神文明建设,组织开展新时代文明实践活动,深化群众性精神文明创建,广泛践行社会主义核心价值观,引导农民群众听党话、感党恩、跟党走。推进城乡精神文明建设融合发展,加强乡村公共文化服务体系建设,传承和发展优秀传统文化,持续推进农村移风易俗,推动形成文明乡风、良好家风、淳朴民风。

(八)加强农村生态文明建设,牢固树立和践行绿水青山就是金山银山的理念,加强乡村生态保护和环境治理修复,坚持山水林田湖草沙一体化保护和系统治理,持续抓好农业面源污染防治,加强土壤污染源头防控以及受污染耕地安全利用,健全耕地休耕轮作制度,防治外来物种侵害,促进农业农村绿色发展。

(九)组织实施乡村建设行动,结合农民群众实际需要,统筹乡村基础设施和公共服务布局,完善乡村水、电、路、气、通信、广播电视、物流等基础设施,提升农房建设质量,加强传统村落保护利用,加强村级综合服务设施建设,持续改善农村人居环境,提高农村教育、医疗、养老、文化、社会保障等服务水平,加快义务教育优质均衡发展和城乡一体化,加强县域商业体系建设,逐步使农村基本具备现代生活条件,建设宜居宜业和美乡村。

(十)加强农村基层组织建设,建立健全党委领导、政府负责、民主协商、社会协同、公众参与、法治保障、科技支撑的现代乡村社会治理体制和党组织领导的自治、法治、德治相结合的乡村治理体系。减轻基层组织负担。健全农村社会治安防控体系、公共安全体系和矛盾纠纷一站式、多元化解决机制,及时妥善处理信访事项,加强农业综合执法,及时处置自然灾害、公共卫生、安全生产、食品安全等风险隐患。持续整治侵害农民利益的不正之风和群众身边的腐败问题。

(十一)协同推进乡村振兴战略和新型城镇化战略的实施,以县域为重要切入点加快城乡融合发展,推进空间布局、产业发展、基础设施、基本公共服务等县域统筹。依法编制村庄规划,分类有序推进村庄建设,严格规范村庄撤并。加快农业转移人口市民化,持续推动农业转移人口融入城镇,积极推进城镇基本公共服务常住人口全覆盖,保障进城落户农民合法土地权益,鼓励依法自愿有偿转让。

(十二)坚持农村土地农民集体所有,坚持家庭经营基础性地位,坚持稳定土地承包关系,维护农户内家庭成员依法平等享有的各项权益,在守住土地公有制性质不改变、耕地不减少、粮食生产能力不减弱、农民利益不受损等底线基础上,充分尊重基层和群众创造,发挥农民主体作用,用好试点试验手段,推动农村重点领域和关键环节改革攻坚突破、落地见效。

(十三)统筹资源要素配置支持乡村振兴,优先保障乡村振兴财政投入,提高土地出让收入用于农业农村比例,县域新增贷款主要用于支持乡村振兴,落实政策性农业保险制度,确保投入力度与经济发展水平相同步、与乡村振兴目标任务相适应。完善农村新增建设用地保障机制,满足乡村产业、公共服务设施和农民住宅用地合理需求。

(十四)加强党对"三农"工作的全面领导,发挥各级党委农村工作领导小组牵头抓总、统筹协调等作用,推进议事协调规范化制度化建设,建立健全重点任务分工落实机制。加强各级党委农村工作部门建设,充实工作力量,完善运行机制,强化决策参谋、统筹协调、政策指导、推动落实、督导检查等职能。坚持大抓基层的鲜明导向,抓党建促乡村振兴。

第九条 省级党委和政府对本地区乡村振兴工作负总责,并确保乡村振兴责任制层层落实。

省级党委和政府主要负责人是本地区乡村振兴第一责任人,责任主要包括:

(一)结合本地区实际谋划确定乡村振兴阶段性目标任务和针对性政策措施,抓好乡村振兴重点任务分工、重大项目实施、重要资源配置等。

(二)每年主持召开党委农村工作会议,部署乡村振兴年度重点任务。定期主持召开党委常委会会议、政府常务会议听取工作汇报,研究决策重大事项,研究审议乡村振兴有关重要法规、规划、政策以及改革事项。定期组织党委理论学习中心组开展乡村振兴专题学习。

(三)组织开展乡村振兴督促指导和工作调研,总结推广典型经验,及时纠正和处理乡村振兴领域违纪违规问题。落实乡村振兴联系点制度,带头定点联系1个以上涉农县。

(四)推动完善考核监督、激励约束机制,督促党委常委会委员、政府领导班子成员根据职责分工抓好分管(含协管、联系,下同)行业(领域)或者部门(单位)乡村振兴具体工作。

第十条 市级党委和政府负责本地区乡村振兴工作,做好上下衔接、域内协调、督促检查,发挥好以市带县作用。

市级党委和政府主要负责人是本地区乡村振兴第一责任人,责任主要包括:

(一)研究提出推进乡村振兴的阶段目标、年度计划和具体安排,及时分解工作任务,指导县级抓好落实,对乡村振兴有关项目实施、资金使用和管理、目标任务完成情况进行督促、检查和监督。

(二)每年主持召开党委农村工作会议,部署年度重点任务。定期召开党委常委会会议、政府常务会议听取工作汇报，推进乡村振兴重点任务，及时研究解决乡村振兴重大问题。定期组织党委理论学习中心组开展乡村振兴专题学习。

(三)定点联系1个以上涉农乡镇，定期开展乡村振兴专题调研，总结经验做法、研究解决问题、指导推进工作。

(四)督促党委常委会委员、政府领导班子成员根据职责分工抓好分管行业(领域)或者部门(单位)乡村振兴具体工作。

第十一条 县级党委和政府是乡村振兴"一线指挥部"。

县级党委和政府主要负责人是本地区乡村振兴第一责任人，应当把主要精力放在乡村振兴工作上，责任主要包括：

(一)结合本地区实际谋划制定乡村振兴规划和年度实施方案，明确阶段性目标和年度目标任务，整合各类资源要素，做好乡村振兴进度安排、资金使用、项目实施、工作推进等，组织落实好各项政策措施。

(二)每年主持召开党委农村工作会议，部署年度重点任务。定期主持召开党委常委会会议、政府常务会议专题研究乡村振兴工作，不定期召开工作调度会、现场推进会，扎实推进乡村振兴重点任务。定期组织党委理论学习中心组开展乡村振兴专题学习。

(三)推动建立乡村振兴推进机制，组织攻坚重点任务，谋划推进落实乡村振兴重点任务、重大项目、重要政策，确保乡村振兴每年都有新进展。

(四)以县域为单位组织明确村庄分类，优化村庄布局，指导推动村庄规划编制，分类推进乡村振兴。建立乡村振兴相关项目库，健全乡村振兴资金项目信息公开制度，对乡村振兴资金项目管理负首要责任。

(五)深入基层联系群众，经常性调研乡村振兴工作，定点联系1个以上行政村，原则上任期内基本走遍辖区内所有行政村，协调解决乡村振兴推进过程中的困难和问题。

(六)督促党委常委会委员、政府领导班子成员根据职责分工抓好分管行业(领域)或者部门(单位)乡村振兴具体工作。

第十二条 乡镇党委和政府应当把乡村振兴作为中心任务，发挥基层基础作用，健全统一指挥和统筹协调机制，"一村一策"加强精准指导服务，组织编制村庄规划，抓好乡村振兴资金项目落地、重点任务落实。

乡镇党委和政府主要负责人是本地区乡村振兴第一责任人，谋划符合本地区实际的具体目标任务和抓手，每年制定工作计划，组织落实上级党委和政府部署的乡村振兴重点工作。经常性、制度化进村入户开展调研，原则上任期内走遍辖区所有自然村组。

第十三条 村党组织统一领导村级各类组织和各项工作，村民委员会和农村集体经济组织发挥基础性作用，全面落实"四议两公开"制度，组织动员农民群众共同参与乡村振兴。确定本村乡村振兴重点任务并组织实施，具体落实各级各部门下达的各类政策、项目、资金等。及时公开村级党务、村务、财务情况，公布惠农政策落实、土地征收征用以及土地流转、集体经营性建设用地入市、资金使用和项目建设等情况。

村党组织书记是本村乡村振兴第一责任人，带领村"两委"班子成员抓好具体任务落实，加强与驻村第一书记和工作队等帮扶力量沟通协调，经常性入户走访农民群众，原则上每年走遍或者联系本村所有农户，及时协调解决农民群众生产生活实际问题。

第四章　社会动员

第十四条 中央定点帮扶单位应当履行帮扶责任，聚焦巩固拓展脱贫攻坚成果和全面推进乡村振兴，制定年度计划，发挥自身优势创新帮扶举措，持续选派挂职干部和驻村第一书记，加强工作指导，督促政策落实，提高帮扶实效。

第十五条 东西部协作双方各级党委和政府应当坚持双向协作、互惠互利、多方共赢，统筹推进教育、文化、医疗卫生、科技等领域对口帮扶工作，深化区县、村企、学校、医院等结对帮扶，加强产业合作、资源互补、劳务对接、人才交流等，把帮扶重点转向巩固拓展脱贫攻坚成果和全面推进乡村振兴。

第十六条 工会、共青团、妇联、科协、残联等群团组织应当发挥优势和力量参与乡村振兴。鼓励和支持各民主党派、工商联以及无党派人士等在乡村振兴中发挥积极作用。

第十七条 支持军队持续推进定点帮扶工作，健全长效机制，巩固提升帮扶成效，协助建强基层组织，支持提高民生服务水平，深化军民共建社会主义精神文明活动，积极促进退役军人投身乡村振兴。

第十八条 企事业单位和社会组织应当积极履行社会责任，支持乡村振兴。深入实施"万企兴万村"行动，探索建立健全企业支持乡村振兴机制。发挥第三次分配作用，鼓励引导各类公益慈善资金支持乡村振兴。鼓励公民个人主动参与乡村振兴。

第五章　考核监督

第十九条 实行乡村振兴战略实绩考核制度。

中央农村工作领导小组负责组织开展省级党委和政府推进乡村振兴战略实绩考核，制定考核办法。坚持全面考核与突出重点相结合、统一规范与分类考核相结合、实绩考核与督导检查相结合，重点考核省级党委和政府落实乡村振兴责任制以及党中央、国务院部署的乡村振兴阶段性目标任务和年度重点工作完成情况。中央农村工作领导小组办公室、中央组织部、农业农村部每年制定考核工作方案，明确考核指标和具体程序，经中央农村工作领导小组审定后，会同中央和国家机关有关部门组织实施。考核结果报党中央、国务院审定后，向各省（自治区、直辖市）党委和政府通报，并作为对省级党委和政府领导班子以及有关领导干部综合考核评价的重要依据。

省级党委和政府参照上述规定，结合实际组织开展市县党政领导班子和领导干部推进乡村振兴战略实绩考核。

乡村振兴战略实绩考核应当实事求是、客观公正，坚持定量与定性相结合、以定量指标为主，探索采取第三方评估、暗访抽查、群众认可度调查等方式对各地乡村振兴工作进展情况进行评估评价。考核工作应当力戒形式主义、官僚主义，防止出现频繁报数据材料、过度留痕等问题，切实减轻基层负担。

第二十条　实行乡村振兴工作报告制度。

各级党委和政府应当每年向上级党委和政府报告实施乡村振兴战略进展情况。

各级党委应当将实施乡村振兴战略进展情况作为向本级党的代表大会、党委全体会议报告的重要内容。

第二十一条　中央农村工作领导小组每年对各省（自治区、直辖市）实施乡村振兴战略情况开展督查，督查结果纳入年度乡村振兴战略实绩考核；每年对中央和国家机关有关部门实施乡村振兴战略情况开展督查。

县级以上地方党委和政府定期对下级党委和政府乡村振兴战略实施情况开展监督，及时发现和解决存在的问题，推动政策举措落实落地。

第二十二条　中央纪委国家监委对乡村振兴决策部署落实情况进行监督执纪问责。国家发展改革委、财政部、农业农村部、审计署、国家乡村振兴局等部门和单位按照各自职责对乡村振兴政策落实、资金使用和项目实施等实施监督。

第二十三条　农业农村部、国家统计局依法建立客观反映乡村振兴进展的指标和统计体系。县级以上地方党委和政府应当对本地区乡村振兴战略实施情况进行评估。

第六章　奖　惩

第二十四条　地方党委和政府以及党委农村工作领导小组、中央和国家机关有关部门可以按照有关规定，对落实乡村振兴责任到位、工作成效显著的部门和个人，以及作出突出贡献的社会帮扶主体，以适当方式予以表彰激励。

第二十五条　各级党委和政府及其有关部门在乡村振兴工作中不履行或者不正确

履行职责，存在形式主义、官僚主义等问题的，应当依照有关党内法规和法律法规，追究负有责任的领导人员和直接责任人员的责任；构成犯罪的，依法追究刑事责任。

第二十六条　建立常态化约谈机制，对乡村振兴工作中履职不力、工作滞后的，上级党委和政府应当约谈下级党委和政府，本级党委和政府应当约谈同级有关部门。

第七章　附　则

第二十七条　各省（自治区、直辖市）、新疆生产建设兵团可以根据本办法，结合本地区实际制定实施细则。

第二十八条　本办法由中央农村工作领导小组办公室负责解释。

第二十九条　本办法自发布之日起施行。

参 考 文 献

[1] 王立胜：《乡村振兴方法论》，中共中央党校出版社 2021 年版

[2] 孙景淼：《乡村振兴战略》，浙江人民出版社 2018 年版

[3] 李俊：《乡村振兴全程操盘及案例解析》，当代中国出版社 2022 年版

[4] 王宏甲：《走向乡村振兴》，中共中央党校出版社 2021 年版

[5] 刘彦侠、王晓菊、郭静：《乡村振兴法律法规》，中国农业科学技术出版社 2022
年版

[6] 许莹涟、李意西、段继李：《全国乡村建设运动概况》，中国社会科学出版社 2018
年版

[7] 贺祖斌、林春逸、肖富群、汤志华、张海丰、马姜明：《广乡村振兴与实践》，广
西师范大学出版社 2019 年版

[8] 博思明：《乡村振兴相关政策一本通》，人民出版社 2022 年版

[9] 陈明金、肖小宁、张柏清、夏恒：《素质教育因素研究——美育与美的欣赏》，武
汉大学出版社 2006 年版

[10] 尚道文：《脱贫攻坚与乡村振兴衔接》(生态)，人民出版社 2020 年版

[11] 何兰生、江娜：《我们的美丽家园——中国乡村振兴事故》(丛书)，时代出版传
媒股份有限公司，黄山书社 2022 年版

[12] 丁煌：《基层社会治理现代化的实践创新——深圳宝安区燕罗街道的探索》，武汉
大学出版社 2021 年版

[13] 杨华：《论以县域为基本单元的乡村振兴》，《重庆社会科学》2019 年第 6 期

[14] 王立胜、刘岳：《乡村振兴战略：新时代农业农村工作的总遵循》，中国社会科学
院网站，2018 年 2 月 26 日

[15] 王立胜、陈健、张彩云：《深刻把握乡村振兴战略———政治经济学视角的解
读》，《理论经济研究》2018 年第 4 期

[16] 徐祥临：《实施乡村振兴战略要求巩固和完善农村基本经营制度》

[17] 袁小平：《农村社会工作对乡村振兴的因应研究》，《甘肃社会科学》(兰州) 2019

年第 4 期

[18] 郝继松：《乡村振兴绿色发展的方法论意蕴》，《浙江日报》2018 年 12 月 21 日

[19] 龙花楼：《以空间重构为抓手助推乡村振兴》，《中国科学报》2019 年 10 月 10 日

[20] 陈晓华、吴修成：《实施乡村振兴战略的哲学思考》，《经济日报》2019 年 8 月 28 日

[21] 王薪棋：《乡村振兴战略：马克思主义方法论的生动体现》，《理论视窗·永州站》2022 年 1 月 14 日

后　记

乡村有乾坤，事关天下事。从古至今，无论时代怎么变迁，乡村兴则中国兴，一直是中华文明演化和传承所遵循的规律。

乡村是中华文明之根，蕴含着中华文明的基因。

党的十八大以来，以习近平总书记为核心的党中央提出的实现中华民族伟大复兴的中国梦，其中乡村振兴就是中国梦的重要内容。

党的十九届五中全会对城乡关系理论突破是把城乡关系归结为工农关系。这是最具中国特色的政治关系。即构成城市与乡村的两个主体——工人与农民的关系。城乡关系首先是政治关系，其次才是经济关系。

2020 年 12 月 28 日，习近平总书记在中央农村工作会议上指出，"脱贫攻坚取得胜利后，要全面推进乡村振兴，这是'三农'工作重心的历史性转移"。

2022 年 10 月 16 日，习近平总书记在党的二十大报告中指出："全面推进乡村振兴。全面建设社会主义现代国家，最艰巨最繁重的任务仍然在农村。坚持农业农村优先发展，坚持城乡融合发展，畅通城乡要素流动。加快建设农业强国，扎实推动乡村产业、人才、文化、生态、组织振兴。"

我们按照中共湖北省委"幸福生活，美好环境，共同缔造"的指示精神，秉承着把乡村看作是承载着历史和未来的乡村的精神，编写了《乡村振兴论》。我们认为：乡村的复兴和振兴，关系到中华民族伟大复兴，关系到人类文明的走向。它可以给世界带来新文化、新哲学、新科技、新希望。

乡村振兴是一项复杂的系统工程，不单纯是产业发展，也不单纯是村容村貌的改变，而是文化、经济、教育、社会和生态的全面振兴。

本书撰写分工如下：

龚建国(中共湖北省委党校)、郭国富(荆门职业学院)、陈明金(武汉工商学院乡村振兴学院)共同拟定本书写作提纲，并参与书稿的撰写。本书第一篇和附录部分由陈明金完成，第二篇由龚建国完成，第三篇由郭国富完成，第四篇由王世海(钟祥市职业教育中心)完成，第五篇由董盛坤(中共赤壁市党校)完成，第六篇由叶红伟(武汉工商学院乡村振兴学院）、黎强（荆门职业学院）完成。

各位作者本着高度负责的学术态度，在广泛搜集资料，吸收相关研究成果的基础上，进行悉心思考与缜密构思，形之成文，为本书编写付出了艰苦的努力。全书的统稿，审定由陈明金完成。

参与本书编写的还有荆门职教集团周远富，荆门市政协文史室古学勤，赤壁市委党校魏渊，武汉大学科技园乡村振兴产业研究中心谢东升，咸宁职业技术学院饶坤罗，中国银行荆门分行李永光，武汉工程大学邮电与信息工程学院汪正君，荆楚理工学院米文华、张旭、李娜、伽晓义，三峡旅游职业技术学院喻琴，湖北交投实业发展有限公司张民，咸宁生态环境监测中心吴雅琴，荆门夏天美术陈硕、矫艳，武汉工商学院乡村振兴学院孙雪，武汉城市职业学院李莎，武汉大学社会学院李佳瑜，武汉学院艺术与传媒学院周晓红，同济大学设计院王怀，武汉大学科技园乡村振兴产业研究中心黄顺谋，硕士研究生李帝昂、彭晓、张亚璞、刘红霞。

本书顾问鄢明明（湖北大学原副校长）、巴能强（武汉工商学院乡村振兴学院院长、人民出版社副编审）、张柏清（荆楚理工学院国际学院原院长）、宋宏杰（武汉武大科技园有限责任公司党委书记、董事长）、冯兵（武汉工程大学管理学院院长）、邹灏（荆门职业学院党委书记）、王义春（荆门职业学院院长）、陈红卫（咸宁职业技术学院院长）、熊恒多（武汉农学会副会长）、宋元胜（武汉大学水利水电学院副教授）、蒋迎春（湖北农业科学院果树茶叶研究所所长）、梁华东（湖北耕地质量与肥料工作总站正高研究员）、李善军（华中农业大学工学院副院长）、李果（武汉工商学院音乐舞蹈学院院长）、魏伟（武汉大学城市设计学院副院长）、谭道龙（湖北阴明心理研究院副理事长），为本书的出版作出了具体的指导，提出了许多建议。在此表示衷心感谢。

感谢武汉大学博士生导师叶永刚教授为本书作序。

武汉大学出版社为本书提供了有力支持，特别是责任编辑韩秋婷为本书出版付出辛苦劳动。在此表示衷心感谢和敬意。

本书参考和引用了许多专家、学者、教授的成果和观点，由于篇幅所限，未能一一列出，在此一并表示衷心地感谢。

由于水平有限，加之时间仓促，书中错误在所难免，部分引文来源引用或不全面规范，敬请读者不吝指正。

编　者

2022 年 12 月 26 日于荆门